조각난 마음을 치유합니다

조각난 마음을
치유합니다

재니너 피셔 지음 | 조성훈 옮김

Healing the Fragmented
Selves of Trauma Survivors

트라우마를 넘어
내적 자기소외를
극복하는
통합적 심리치료

더퀘스트

조각난 마음을 치유합니다

초판 발행 · 2024년 3월 13일

지은이 · 재니너 피셔
옮긴이 · 조성훈
발행인 · 이종원
발행처 · (주)도서출판 길벗
브랜드 · 더퀘스트
출판사 등록일 · 1990년 12월 24일
주소 · 서울시 마포구 월드컵로 10길 56(서교동)
대표전화 · 02)332-0931 | **팩스** · 02)323-0586
홈페이지 · www.gilbut.co.kr | **이메일** · gilbut@gilbut.co.kr
대량구매 및 납품 문의 · 02)330-9708

기획 및 책임편집 · 박윤조(joecool@gilbut.co.kr) | **편집** · 안아람, 이민주
제작 · 이준호, 손일순, 이진혁, 김우식 | **마케팅** · 정경원, 김진영, 김선영, 최명주, 이지현, 류효정
유통혁신팀 · 한준희 | **영업관리** · 김명자, 심선숙 | **독자지원** · 윤정아

교정교열 및 전산편집 · 이은경 | **표지디자인** · 유어텍스트 | **CTP 출력, 인쇄, 제본** · 정민

ISBN 979-11-407-0863-5 03180
(길벗 도서번호 040193)

값 27,500원

독자의 1초까지 아껴주는 길벗출판사

(주)도서출판 길벗 | IT교육서, IT단행본, 경제경영서, 어학&실용서, 인문교양서, 자녀교육서 **www.gilbut.co.kr**
길벗스쿨 | 국어학습, 수학학습, 어린이교양, 주니어 어학학습, 학습단행본 **www.gilbutschool.co.kr**

페이스북 **www.facebook.com/thequestzigy**
네이버 포스트 **post.naver.com/thequestbook**

나의 탁월한 스승들에게

모든 트라우마 생존자들은 내게 자신들의 내면세계를
들여다볼 수 있는 창이 되어주었다. 그들은 내게 전문가였고,
항상 말해야 할 것과 절대 말하지 말아야 할 것이 무엇인지
가르쳐주었으며, 무너진 바로 그 자리에서
그들의 치유를 도울 새로운 방법을 찾게끔 영감을 주었다.

치료 대신 영감을, 울음 대신 웃음을,
그리고 모두가 희망을 잃었을 때 믿음을 잃지 않는 것의
중요성을 알려준 바버라 왓슨에게 특별히 고마운 마음을 전한다.

'내 날개 밑의 바람'이 되어준 카미유에게
무한한 고마움을 전한다.

차례

1장 트라우마의 신경생물학적 흔적
: 우리는 어떻게 파편화되었나?

2장 부분들과 트라우마 반응 이해하기

6장 치료의 걸림돌
: 애착외상

7장 자살, 자기파괴, 섭식장애, 중독을 유발하는 부분들과 만나기

8장   치료 과제
: 해리체계와 해리장애

9장   과거 복구하기
: 우리의 자기들 끌어안기

들어가며

어릴 때 내 인생의 목표는 작가가 되는 것이었으나, 대학에 들어가 글을 쓰는 일이 실로 얼마나 많은 피·땀·눈물을 감수해야 하는 일인지 깨닫고는 빠르게 그 꿈을 접었다. 출판사에서 이 책을 써달라고 부탁받았을 때 마음 한편으로는 마침내 작가가 된다는 사실에 기뻤지만, 막상 책을 쓰는 과정은 수십 년 전에 예상했던 것만큼 고됐다.

여러 해에 걸쳐 만나온 나의 내담자들은 이 책에 담긴 생각과 발상에 직접적으로 영감을 주었고 내면 깊은 곳에서 폭발할 듯 일어나는 트라우마의 영향력을 이해하는 데 필요한 모든 것을 가르쳐주었다. 또 자신을 해친 사람을 미워하는 위험을 감당할 수 없어서 스스로를 증오하는 채로 계속되는 소멸의 위협 속에서 살아가는 경험을 이해하도록 이끌어주었다. 가장 끔찍한 고통이란 자신을 소중히 여기고 안전하게 보살펴줘야 했던 이들이 그러지 않은 데서 비롯한다는 것도 알려줬다. 내 내담자들에게는 추락을 막아주고 눈물을 닦아주고 외로움의 고통을 달래줄 손길이 없었다. 수치심을 달랜 치료제가 없었다. 그들이 마음의 평화를 찾으려면 바로 자기 내면의 상처 입은 아이를 사랑해야 한다는 점을 마침내 이해했을 때, 한 가지 통찰이 내 머리를 스쳤다. '내적으로' 얼마나 안전하다고 느끼는지, 나 자신이 된다는 것이 얼마나 쉽거나 어려울지 결정하는 것은 바로 내적 애착의 질이다. 가장 보잘것없는 나 자신의 일부를 무시하고 경멸하고 내버려둘 때, 우리는 이 부분들*의 고통을 느낄 수밖에 없고, 다시금 그것들을 반길 수 없게 된다. 우리가 자기 자신과 이 부분들에게 무조건적으로 '애정 어린 존재'가 되어주는 법을 배울 때에야 비로소 상처가 치료되고 희망이 생긴다.

이 책이 있기까지

치료자는 외상을 입은 내담자의 뿌리 깊은 자기소외나 강렬한 자기혐오를 이해하지 못할 때 종종 좌절감을 느끼고 당황하며 그들을 도울 자격이 없다고 느낀다. 왜 사람들은 자기 자신과 전쟁을 치르

---

* 저자는 인간을 하나의 체계(system)로 보는 입장을 취하고 있다. 가령 하나의 가정이 여러 가족구성원으로 이루어진 체계인 것처럼, 한 사람의 내면에도 다수의 하위인격이 존재한다고 보는 것이다. 책에서는 이 하위인격을 부분(part) 또는 부분들(parts)로 표현했다. 부분은 단지 특정한 정서 상태나 사고 패턴을 가리키는 말이 아니라 개인 내면에 실재하는 인격으로, 서로 구별될뿐더러 자율적인 사고체계를 가지며, 자신만의 고유한 정서·표현양식·능력·욕구·세계관을 갖고 있다Schwartz, 1995. 단수와 복수의 구분이 중요한 만큼 원문에서 복수로 사용되었을 경우 의도적으로 '부분들'로 번역했다. 아울러 저자가 부분과 자기(self)라는 표현을 뚜렷한 구별 없이 혼용해서 사용하고 있는데, 이 점은 저자의 표현대로 옮겼다―옮긴이.

는 것처럼 보일까? 아니면 그들은 혹시 치료자와 싸우는 걸까? 내담자는 외상에서 비롯된 증상이나 문제의 짐을 덜기 위해 찾아오지만, 자기소외를 자기연민으로 바꾸는 작업은 생각만 해도 끔찍할 만큼 힘들 수 있다. 내담자와 치료자 모두 내담자의 마음과 몸에서 벌어지는 내적 투쟁을 설명할 언어가 없다. 성격과 정체성이 조각나서 각기 분리될 수 있다는 개념을 거부하는 정신건강 분야에서 치료자들은 분리split를 알아차리는 훈련을 거의 받지 않으며, 목표와 본능이 서로 엇갈리는 '자기들selves'(이 책에서 자기는 self를, 자기들은 selves를 번역한 것이다. 복수형이 사용된 것은 인간 내면에 존재하는 하나 이상의 인격을 가리키기 위해서다-옮긴이)이 생사를 걸고 주도권 다툼을 벌인다는 것은 더더구나 모른다.

나는 성격장애personality disorder, 2형양극성장애bipolar II, 심지어 조현병schizophrenia처럼 난치성 진단을 받고 우리에게 오는 가장 복잡하고 까다로운 내담자들을 어떻게 이해할지 널리 나누고자 이 책을 썼다. 나와 동료들은 30년이 넘도록 '맨몸으로 부딪쳐가며' 트라우마에 대해 배웠는데, 이는 전적으로 내담자가 자신의 내면세계, 침습적이고 압도하는 증상들, 그리고 소멸과 버림받음을 예상하면서 살아간다는 것이 어떤 것인지를 우리에게 가르쳐주었기에 가능했다. 내담자의 필요에 맞춤한 치료법이 없었기에 우리는 그때그때 새로운 기법과 치료법을 만들어 살펴보고, 조금이라도 효과가 있거나 내담자가 마음이라도 편해지면 계속 사용하는 방식을 따랐다.

1990년대에 나는 외상센터에서 강사이자 지도감독자로 있으면서 트라우마의 이해에 혁명을 일으키기 시작한 신경과학 연구와 "몸은 기억한다"Van der Kolk, 2014라는 베셀 반 데어 콜크Bessel Van der Kolk의 믿음에 깊게 영향을 받았다. 그때부터 우리는 외상과 관련된 장애를 사건에 따른 장애가 아니라 몸과 뇌, 신경계의 장애로 보기 시작했다. 신경생물학적 관점은 또 다른 패러다임의 전환을 가져왔다. 곧 뇌와 몸이 본질상 적응적이라면, 트라우마 반응의 흔적도 병리의 증거가 아니라 적응을 위한 시도여야 한다.

신경생물학 관점에서 보면 임상 장면에서 관찰되는 고착과 저항, 치료할 수 없는 진단, 성격 이상으로 인한 행동은 그저 '자신을 지켜줄 유일한 보호자가 바로 자신을 위험에 빠뜨린 사람'이라는 위험천만한 현실에 마음과 몸이 어떻게 적응했는지를 보여준다. 개별 증상은 성장기 아동이나 위기에 처한 성인에게 그럴듯한 안전함을 만들어주려고 몸이 만들어낸 기발한 해결책이었다. 이제 나는 내담자가 말하는 트라우마 관련 문제들이란, 실제로는 내담자의 삶에 무슨 일이 일어났는지를 그가 의식적으로 기억하는 것보다 더 확실하게 말해주는 '붉은 무공훈장'이라고 믿는다.

트라우마 치료 전문가로 알려지면서 많은 사람이 찾아와서는 "왜 나는 낫지 않나요? 치료자와는 아주 잘 지내는데 증상은 하나도 줄지 않아요. 치료가 잘못된 걸까요? 아니면 나에게 무슨 문제라도 있는 걸까요?"라고 물었다. 내담자와 치료자에게서 무엇을 시도했고 실패했는지를 몇 번이고 들었지만 '실수'가 있다거나 치료법을 잘못 선택한 것 같지 않았다. 그런데 자문해주는 관점에서 치료자와 내담자 모두 보지 못하는 뭔가가 있었다. 바로 내담자의 내면이 파편화되어 있다는 것이다. 내담자는 적응하기 위해 '자기'와 정체성identity이 극단적으로 분리되어야 했고, 이로 인해 내면세계가 전쟁터가 되고 말았다. 또 하나 알아차린 것은 해리성 분리dissociative splitting가 트라우마에 적응하는 정상 반응이라는 점이라고 알려줬을 때 내담자들이 안도감을 느낀다는 사실이었다. 먼저 구조적 해리 이론을 설명하고, 그들이 지금 겪고 있는 힘겨운 투쟁을 구조적 해리 이론의 기초가 되는 '부분들의 언어parts language'와 '동물방어 생존 반응animal defense survival response'의 언어를 사용해 풀이해준다. 얘기 중에 종종 내담자가 납득하는 표정을 지었는데, 마치 내가 해주는 말이 전혀 새롭지 않으며 이미 알고는 있지만 표현할 길이 없었는데 마침내 딱 맞는 언어를 찾은 듯했다. 자기가 낙인 찍혔거나 미쳤다고 느끼기보다는 구조적 해리 모델이 훨씬 마음이 놓이는 것처럼 보였다. 구조적 해리 모델의 핵심 원칙은 분리를 통해 안전하지 않은 세계에 더 성공적으로 적응하고 생존할 수 있다는 것이다. 이는 자긍심이 대단하고 자기애적인 사람조차도 파편화(조각남)를 결함의 증거가 아니라 생존을 위해 타당했던 것으로 받아들이도록 도와준다.

이런 과정을 거치면서 다양한 내담자가 자신의 상처받고 버려지고 외로운 부분을 '받아들이거나' 사랑하면 놀라운 일이 일어난다는 것이 점점 더 분명해졌다. 그들의 자기비하, 자기혐오, 자신과의 단절이 자연스럽게 자기연민으로 바뀌기 시작했다. 내담자들은 자신에게 '친절하고' '돌봄을 제공하고' '연민을 품게' 하자는 발상은 혐오하고 회피하는 반면, 우리의 도움을 받아 자신의 어린아이 부분을 '바라보고' 친절과 보살핌을 베푸는 데는 어려움이 없었다. 자신의 어린 부분들과의 내적 애착관계가 자라나자 그들도 치유되기 시작했다.

물론 '치유'가 뜻하는 바는 주관적이다. 일부 내담자에게 치유란 다시 잘 기능하여 이전의 삶을 되찾는 것일 수 있다. 그런데 어린 자기와 애정 어린 애착관계를 형성하기 시작한 내담자에게서 더 깊은 치유가 일어나는 것이 보였다. 그들이 어린 자기와 유대를 맺고 수치심과 자기혐오가 씻겨나가는 것을 관찰하면서, 나는 우리의 좌뇌

'성인' 쪽이 우뇌 '아이' 쪽과 관계를 맺을 수 있고, 아이 쪽을 아무 잘못 없고 어린 대상으로 경험하면 자연스럽게 온정과 보호하려는 마음이 일어난다는 것을 확신하게 되었다. 잃어버린 내면아이와 결속하면서 내적 상태가 달라지고, 마침내 안전하다고 느끼는 따뜻하고 애정 어린 환경이 조성되었다. 무엇보다도 내담자를 완전히 바꿔 놓는 이 작업은 그들이 자신의 부분들과 내적 애착관계를 형성하는 데 필요한 기본적인 기술을 배우기만 한다면 어렵지 않은 것이 분명했다.

이 책은 다양한 치료자와 매우 폭넓은 유형의 내담자를 염두에 두었지만, 특히 내게 자문을 구한 사람들처럼 트라우마에 따른 만성적 고통에 시달리는 사람들의 고투를 다루려고 했다. 내담자들은 나이를 불문하고 트라우마에서 회복하기 위해 고군분투하며, 좋은 치료, 효과적인 치료, 지지해주는 사람들, 심지어 현재의 충실한 삶에도 불구하고 자신의 문제가 해결되지 않아 혼란스러워한다. 나는 또한 다시 잘 살아갈 희망과 능력을 잃었거나, 아니면 자살·자해·중독·섭식장애를 유발하는 자기파괴적 충동과 씨름하면서 병원·가족·사랑하는 이들의 돌봄에 의존하는 트라우마 내담자들을 치료해 나가기 위해 존중하는 태도를 갖고 효과적으로 상담하는 방법을 설명하려고 한다. 어린 시절의 학대와 이후 경계선성격장애borderline personality disorder 진단 간의 관련성을 입증하는 수십 년에 걸친 연구에도 불구하고, 해당 진단을 받은 내담자가 트라우마 환자로 치료되거나 이들의 '경계선' 증상이 비극적이지만 필연적으로 어린 시절의 안전하지 않은 환경에서 비롯되었다고 인식되는 경우는 매우 드물다. 매사추세츠주와 코네티컷주의 선견지명이 있는 정신건강 부서 덕분에 이 책에 설명한 치료법을 고위험군 환자에게 적용해볼 귀

중한 기회가 생겼다. 외상에 따른 분리와 구획화compartmentalization를 중점적으로 다루는 치료법을 적용하자 환자들이 안정되기 시작했으며, 시설을 떠나 지낼 수 있게 되었고, 자해란 한 부분이 지닌 고통스러운 암묵기억을 급격히 완화하려는 다른 한 부분의 용감한 시도로서 이해하게 되었다. 이 책은 트라우마를 '이겨냈으며' 명망 있는 직업과 사랑하는 가족이 있고 풍요롭고 충실한 삶을 살아가면서도 여전히 자신들이 얻고자 무던히 애썼던 질 좋은 삶을 누리지 못해 힘들어하는 내담자를 위한 것이기도 하다. 또 겉으로 보기에는 삶에 안전과 지지, 보람 있는 직업이 있음에도 내면의 삶은 트라우마를 겪은 과거처럼 여전히 어둡고 고통스러운 내담자들에게 희망을 주기 위한 것이다.

이 책의 치료 패러다임은 어느 특정 장애의 치료를 위한 것이 아니다. 내담자가 외상후스트레스장애post traumatic stress disorder, PTSD 진단을 받았는지, 주의력결핍과잉행동장애attention deficit hyperactivity disorder, ADHD, 양극성장애bipolar disorder, 경계선성격장애나 해리장애 dissociative disorder처럼 외상과 연관되어 흔히 진단되는 장애가 있었는지 그리고 정신건강 전문가를 만나봤는지와 관계없이 모든 트라우마 생존자를 위해 고안되었다. 이 책을 읽는 당신이 누군가에게 거절당했거나 공격당했거나 위협받았거나 버려졌거나 학대를 당했으며 그런 경험의 정서적·신체적 흔적을 여전히 안고 살아가고 있다면, 또는 그런 사람들을 돕고 있다면 이 책이 당신에게 유익할 것이라 믿는다.

조각남과 내부 투쟁

10년 전 외상을 입은 내담자들이 나를 찾아와 왜 자신들이 치료에 진전이 없는지 알려달라고 했을 때, 매우 특징적인 패턴이 보였다. 다시 말해 이 내담자들은 공통으로 독특한 무언가가 있었다. 겉으로는 잘 통합되어 있었지만 내적으로 조각나 있다는 명백한 징후가 나타나기도 했다. 이들은 트라우마와 연관된 인식 및 충동, 가령 '최악의 상황이 벌어질 것이다' '내가 먼저 떠나지 않으면 버려질 것이다' 같은 생각과 '지금 여기가 내게 안전하다는 거 알아. 여기가 안전하지 않다면 내 아이들을 이 집에 살게 하지도 않았을 거야' 같이 지금 여기에서의 위험성에 대한 평가 사이에서 심한 갈등을 겪고 있었다.

그들은 역설적 증상들로 고통스러워했는데, 한편으로는 타인에게 친절하고 동정심을 베풀거나 영적인 삶을 살고자 하는 열망이 있지만 다른 한편으로는 격렬한 분노나 폭력 충동성이 있었다. 이렇게 갈등을 한번 설명하고 나면 그 패턴을 관찰하고 의미가 무엇인지 알기가 쉬워진다. 갈등의 양 측면은 피할 수 없는 상황에서 생존하기 위한 서로 다른 방식을 대변하며, 흔히 외상 경험의 일부로서 나타나는 내면 갈등관계의 반대편과 조화를 이루는 방식에서도 서로 다른 입장을 취한다. 각 반응을 위협이나 유기에 직면했을 때 나타나는 타당하고도 필요한 것으로 보고 이를 자기를 구성하는 각 부분들의 생존반응으로 재구성하면, 우리가 이 부분들과 관계를 맺을 수 있다는 설명 모델을 통해 내담자는 더 빠르고 지속적으로 나아지기 시작했다.

내담자들이 표현하는 현상을 가장 잘 설명하는 이론적 모델은 오노 반 데어 하트Onno van der Hart, 엘러트 니젠후이스Ellert Nijenhuis, 캐시 스틸Kathy Steele[2004]의 구조적 해리 모델이었다. 이 모델은 신경과학적 관점에 뿌리를 두고 있으며 유럽 전역에서 트라우마 모델로 잘 알려져 있는데, 트라우마와 그 치료에 대한 신경생물학적 접근의 확고한 신봉자이자 대변인이랄 수 있는 내게도 적합했다. 이 이론Van der Hart, Nijenhuis & Steele, 2006은 뇌의 타고난 물리적 구조와 둘로 나뉘어 특화된 반구가 위협적인 조건에서 어떻게 좌뇌–우뇌 분리disconnection를 촉진하는지를 설명해준다. 좌뇌가 스트레스하에서도 긍정적이고 과업 지향적이며 논리적인 경향이 있으므로, 저자들은 성격을 이루는 좌뇌와 우뇌가 분리되어 있어 좌뇌가 일상의 과업에 집중하는 동안 우뇌는 생존모드에 머물러 위험에 대비하며 도망칠 준비를 하거나 공포에 얼어붙거나 구조를 바라거나 너무 부끄러워 굴복해버리는 암묵적 자기를 구축한다고 가정했다. 내담자마다 동일시하거나 '내 것'이라고 보기 쉬운 부분이 몇 개 있고, 어떤 부분들은 무시되거나 '내 것이 아니라고' 쉽게 묵살되는 것을 볼 수 있었다. 내적으로는 부분들 또한 갈등을 겪고 있었다. 도망가거나 싸우는 것 중에 뭐가 더 안전할까? 도움을 요청할까? 아니면 그냥 얌전히 있을까? 또 하나 알아낸 사실은 자기의 조각난 측면들의 내적internal 관계는 그것이 한때 해결책으로 기능했던 트라우마 환경을 반영한다는 점이다. 좌뇌의 현재 지향적 자기는 우뇌의 생존 지향적 부분들을 기피하거나 마치 고쳐야 할 나쁜 특성으로 치부하며, 우뇌 부분들의 암묵적 자기 역시 '유약'하거나 반쪽짜리로 인식하는 것들을 멀리하게 된다. 한편 기능하는 자기functioning self는 부분들과 멀어지거나 부분들의 침습적 의사소통에 공격당하면서도 필사적으로 '정상적'이기 위해 애쓴다.

자기소외의 대가: '거짓 자기'

학대, 방임, 그 외의 외상 경험이 있는 생존자들은 종종 자신이 구획화되면서 더 잘 지낸다고 보고하지만 이내 기만이나 '척'하는 느낌으로 고통받는다. 성격의 각 측면이 동등한 '실체'이자 진화론적 관점에서 필요하다는 것을 깨닫지 못한 내담자는 압도적인 고통 앞에서도 끈기 있게 '한 발짝씩 발걸음을 내딛는' 또는 '계속해서 나아가는' '정상적 삶을 살아가는 자기normal life self'의 경험보다도 '내가 아닌' 어린아이의 강렬하고 손에 만져질 듯한 감정기억이 더 '진짜'라고 오해한다. 이러한 모순을 이해할 수 있게 설명해주는 모델이 없다면, 자신들의 강렬한 감정과 왜곡된 인식이 내적 결함이나 가면 뒤에 가려진 기만의 증거가 아니라 조각남, 곧 파편화fragmentation의 증거라는 것을 알 길이 없다.

대다수 사람은 자기소외가 계속되면 자기혐오의 증가, 감정과의 단절, 중독이나 자기파괴적 행동, 그리고 취약성-통제, 사랑-증오, 친밀감-거리두기, 수치심-자신감 사이의 내적 투쟁이라는 대가를 치른다. 사랑받고, 안전하고, 환영받기를 갈망하는 동안 외상을 입은 많은 내담자는 초조해하며 매달리기와 타인 밀어내기, 자신을 미워하는 것과 다른 사람의 결점을 참아주지 못하는 것, 봐주기를 갈망하는 것과 숨기를 갈망하는 것 사이를 오가는 자신을 발견한다. 이런 사람들은 몇 년 뒤 불안, 만성 우울증, 낮은 자존감, 이러지도 저러지도 못하는 삶, 외상후스트레스증후군, 양극성장애, 경계선성격장애, 심지어 해리장애 같은 증상과 함께 치료실에 온다. 그들의 증상이 단지 외상사건만이 아니라 어린 시절의 애착외상을 반영하는 내적 애착장애에서 비롯되었다는 사실을 인식하지 못하면, 치료자와 내담자는 치료를 위한 최선의 노력을 무력화시키는 혼돈과 고착을 이해할 수 있는 틀을 얻지 못한다.

트라우마 치료의 걸림돌: 애착외상

지금까지 내가 전문가로서 활동한 트라우마 치료 분야에서 '당대 최고의 치료' 모델이라고 불렸던 것들은 명백히 무해한 자극에 의해 촉발되고 '트라우마의 소용돌이'에 휩쓸려 고통스러운 감정과 생리적 반응에 압도되는 내담자의 취약성을 해결하는 데 한계가 있었다. 일부 내담자에게는 현재가 과거보다 나을 것이 없었다. 1991년 주디스 허먼Judith Herman의 클리닉에서 박사후 과정을 밟고 1995년 베셀 반 데어 콜크의 외상센터에 지도감독자이자 강사로 부임한 이래, 나와 동료들은 콜크의 지휘하에 트라우마의 은밀한 영향으로부터 내담자를 해방시키는 데 도움이 될 새로운 방법이나 치료법을 탐색했지만, 그 결과는 이전보다 조금 나을 뿐 언제나 꽤 실망스러웠다. 이전에는 엄두를 못 냈던 몇몇 내담자에게는 도움이 되었어도 모두를 위한 해결책이 되지 못했고, 몇 가지 증상은 완화해도 다른 증상들을 줄여주진 않았다. 그리고 장기 치료를 하는 일부 내담자는 힘겹게 두 발짝 전진하면 곧이어 뒤로 미끄러지는 것처럼 보였다. 마치 이번 주에 (예의 시시포스처럼) 바위를 가파른 언덕 위로 겨우 밀어 올렸는데 다음 회기에 보면 바위가 본래 자리로 되돌아온 것처럼 말이다. 우리를 더욱 힘들게 했던 것은 어떤 내담자는 외상 탓에 관계를 향한 소망과 두려움이 똑같이 강렬해서 치료나 치료자를 안전하고 편안하게 느끼기보다 고통스러운 갈망·불신·과각성·분노·

두려움·수치심으로 경험한다는 점이었다. 이 책에 기술한 접근법이 내담자와 치료자가 이러한 문제를 잘 다루고 해결하는 데 도움이 되길 바란다.

고착: 외상과 관련된 내적 갈등

내담자가 기분이 나아지기는커녕 더 나빠졌다고 할 때 치료자는 자신의 능력에 의문을 품기 시작한다. '내가 뭘 잘못하고 있는 걸까?' 이때 내담자와 치료자는 치료의 교착이 심리치료라는 무대에 등장하는 조각난 자기들 간의 외상에서 비롯한 내적 갈등을 반영한다는 점을 깨닫지 못한다. 치료자로서 능력에 의문을 갖거나 내담자의 행동을 '전이'나 '저항'으로 일반화하면 그 내적 갈등이 내담자의 파편화된 내면세계에 재현되는 것을 목격할 기회를 놓친다. 다시 말해 성격이 파편화되면 확고하면서도 상반되는 목표를 동시에 가질 수 있다는 사실을 이해하지 못한다. '죽고 싶어'와 '살기로 했어' 또는 '친해지고 싶어. 하지만 내가 그런 생각을 한다는 것을 아무도 몰랐으면 좋겠어' 또는 '나를 혐오하고 경멸해. 그리고 윗사람들을 존경해. 그런데 그들이 다른 권위적인 사람보다 낫지 않은 것을 보면 그들 역시 혐오하고 경멸하게 돼'와 같은 생각들이 가능하다.

　이 책은 다른 방법이 맞지 않거나 충분치 못했던 내담자들을 더 잘 도울 방법을 찾으려는 치료자를 위해 썼지만 치료를 받는 트라우마 생존자에게도 도움이 된다. 1990년대 초반부터 나는 외상 경험의 부정적 효과를 치료할 수 있는 좀 더 부드럽고 상처가 덜 되는 방법을 찾아왔다. 심하게 상처 입은 사람들을 위한 치료가 같은 강도의 고통을 유발해야 한다는 점을 도무지 이해할 수 없었다. 내담자들이 아동기와 청소년기를 잃어버린 것도 몹시 안타까운데 트라우마의 흔적 때문의 성인의 삶마저 빼앗긴다는 것은 절대 용납할 수 없었다. 마찬가지로 트라우마를 처리하는 과정이 이전의 경험만큼 무섭고 극심해야 하며 이후의 모든 관계, 심지어 치료적 관계조차 어린 시절에 그랬던 것처럼 위협적으로 느껴져야 한다는 것도 받아들일 수 없었다. 어린 시절의 양육자는 우리의 내면세계에 거의 절대적인 통제력을 행사하며 고통과 기쁨의 감정을 불러일으키고 관계가 어떤 것인지에 관해 기대치를 정해줄 힘이 있었다. 하지만 자율성을 약속받는 성인기에 접어들면 사람들은 마침내 고통스러운 경험에서 벗어날 능력을 갖추며, 사람들을 어느 정도로 신뢰할지 결정하고, 경계선을 그을지 친밀하게 다가갈지를 조율하는 능력을 갖춘다. 그러나 트라우마 생존자는 다르게 느낀다. 그들의 몸은 여전히 기쁨과 고통을 조절할 수 없었던 경험을 기억한다. 이 치료방식을 개발한 목적은 트라우마를 받아들이고 치유를 경험하는 법, 다시 말해 피해가 아닌 생존을 말하며 신체를 통해 무서움이 아닌 따뜻함과 기쁨을 느끼는 법을 설명하기 위해서다.

이 책은 복잡하고 역설적인 증상, 자기소외, 내적 갈등, 골치 아픈 치료관계나 치료의 교착 상태로 나타나는 트라우마·애착장애·해리와 씨름하는 내담자와 치료자를 위한 것이다. 일상적으로 치료자는 자기소외가 치료 과정에 영향을 끼치는 탓에 어려움을 겪는다. 자기소외는 수치심, 처벌적 자기혐오, 분리불안과 버림받음에 대한 두려움, 자기파괴적 행동, 자기진정과 자기돌봄을 못하는 것, 희망·행복·자기연민 갖기를 두려워하는 것 등으로 표현된다. 심리치료사를 위한 훈련 프로그램은 애착외상이 무엇인지, 진단되지 않는 트라우마와 관련한 파편화와 분리가 트라우마의 직접적 해결을 어떻게 어렵게 만드는지, 외상으로 인한 장애의 집합체라 볼 수 있는 해리장애를 어떻게 치료할지에 관해 거의 가르치지 않는다. 외상이 만든 상처와 파편화의 치유는 궁극적으로 한 개인의 자기 또는 '자기들'과의 관계에 달렸다. 자기소외는 '그 일'이 있었다는 점을 수용하고 '그 일'을 견뎌내고 살아남은 어린아이를 따뜻하게 맞이하는 능력을 마치 내면의 장벽처럼 가로막아 과거 문제의 해결을 방해할 것이다.

이 책의 구성

모든 책이 그렇듯이 이 책도 저자의 경험과 이론적 패러다임을 반영한다. 베셀 반 데어 콜크의 외상센터(1996년 설립)와 팻 오그던Pat Ogden의 감각운동심리치료 연구소(2003년 설립)에 학문적 뿌리를 두고 현장에서 활동했으며 트라우마를 이해하기 위해 힘써온 나의 이론적 모델은 신경과학과 애착연구에 기원을 둔다. 나는 치료자인 우리가 왜 다른 것 말고 이 치료법을 선택했는지 이해하는 것이 중요하다고 생각하는데, 그래야만 자기가 선택한 치료방식이 즉각 '성공'을 거두지 않더라도 그 원인을 이론을 바탕으로 이해할 수 있고 이번에 놓친 것을 통해 다음번의 치료적 개입이 어때야 할지 알 수 있어서다. 이어지는 장에서 나는 외상, 해리, 신경생물학, 애착에 대한 이론적 이해와 내담자와 치료자 모두가 이해하기 쉬운 실용적이고도 실제적인 치료적 접근을 통합할 것이다. 내담자가 '말하는' 수준보다 더 깊이 도달할 수 있게끔 감각운동심리치료Ogden et al., 2006, 내면가족체계Internal Family Systems, IFSSchwartz, 2001, 마음챙김 기반 접근

Pollack, Pedulla & Siegel, 2014 그리고 임상최면을 포함한 다양한 치료적 접근에서 도출된 치료법을 통합시켰다.

구조적 해리 모델을 토대로 임상 치료법을 만들기 시작했을 때, 나는 마침 감각운동심리치료Ogden & Fisher, 2015; Ogden et al., 2006 강사로서 이 치료법을 직접 치료에 활용하던 중이었다. 그래서 자연스럽게 몸과 신경계에 대해 이해한 것과 해리성정체감장애dissociative identity disorder, DID 환자를 만나면서 부분들에 대해 알게 된 것을 통합하기 시작했다. 구조적 해리 모델에 따르면 각 부분은 동물방어 반응(싸움, 도피 등)에 따라 움직이므로 신체와 연결하기 쉬웠다. 신체가 도피를 준비하는 방식은 싸울 때나 죽은 척할 때 준비하는 방식과 확연히 다르다. 하지만 감각운동심리치료는 몸의 언어를 사용하기 때문에 여전히 부분들을 설명할 용어가 필요했다. 다행히 몇 년 전 해리성정체감장애 내담자들과 만나서 많이 차용한 리처드 슈워츠Richard Schwartz[1995]의 내면가족체계 접근법은 부분의 언어에 유창해지도록 가르쳐준다. IFS에서는 치료자가 내담자에게 부분의 언어로 말하게 할 뿐만 아니라 치료자 자신의 부분들에도 유념해야 한다고 말한다. 나의 '부분들에 대한 마음챙김' 접근법은 내담자가 우선 마음챙김을 통해 자신의 신체와 감정 상태를 살펴서 자신의 조각난 자기들과 소통하도록 돕는데, IFS와 감각운동심리치료 모두 마음챙김 기반 치료법이어서 내 방식과 맞아떨어졌다.

내가 DID 내담자들과 작업할 때 IFS에서 차용한 것은 '자기'와 '자기리더십self-leadership'이라는 개념이었다Schwartz, 2001. '자기'는 얼마나 많은 학대와 트라우마를 겪었든지 간에 손상되지 않은 형태로 존재하는, 모든 사람이 타고난 자질을 말한다. 이런 특성은 호기심, 명료성(메타인식 또는 균형 잡힌 인식을 가능케 하는 능력), 창의성,

침착함, 용기, 자신감, 헌신을 포함한다. IFS에서 말하는 치유란 '추방된 어린아이exiled child'라는 부분의 고통스러운 경험에 대한 해독제로, 앞서 말한 자질들을 제공할 때 나타나는 자연스러운 결과물이다. DID 내담자를 만나면서 나는 그들의 성인 부분이 위와 같은 자기의 특성을 키우도록 돕고, 어린아이 부분이 자신의 두려움과 고독을 진정시켜줄 '자기리더십이 있는' 현명한 성인 자기에게 다가가도록 이끌어주면 내담자가 매우 안정된다는 것을 알게 되었다. 파편화가 해리장애 내담자에게만 국한된 문제가 아니라는 점을 알아차리기 시작했을 때, 구조적 해리 모델과 IFS는 반가운 지원군이 되었다. 구조적 해리 모델은 트라우마 이론으로 PTSD, 복합 PTSD, 경계선성격장애가 있는 사람에게 동일하게 적용된다. IFS는 부분 이론part theory으로 해리장애가 있는 외상 환자뿐만 아니라 모든 인간에게 동일하게 적용된다. 이런 이론들에서 힘을 얻어 나는 감각운동과 IFS의 치료 방식과 기술을 내 방식과 혼합해 사용하기 시작했다. 대상은 복합 PTSD 내담자와 다른 접근법을 기꺼이 시도하려고 나를 찾은 내담자들이었다. 또 위기상황이나 혼란에 빠지거나 해결할 수 없는 양가감정에 붙들려 옴짝달싹하지 못하는 내담자를 만날 때마다 이 방식을 점점 더 많이 사용했다. 마음챙김 접근방식과 각각의 모든 증상을 부분으로 보는 것(IFS에서 차용)은 경계선 내담자는 물론 많은 내담자가 부분들에 호기심을 갖고 덜 두려워하며, 심지어 공감하는 '숨 쉴 틈'을 만들어냈다.

1장 '트라우마의 신경생물학적 흔적: 우리는 어떻게 파편화되었나?'에서는 해리성 분리와 파편화를 비정상적 경험에 대한 적응적 반응으로 설명하면서 서두를 연다. 압도하는 사건과 거리를 유지하고 '좋은 나good me'라는 감각을 유지하려면 부끄럽거나 겁을 먹거나 '내가 아닌 것'으로 경험되는 자기 상태를 부정해야 한다. 그러면 트라우마도 부정할 수 있다[Bromberg, 2011]. 하나의 뇌와 신체에 두 가지 병렬적 경험을 부호화하는 능력은 1970~80년대의 '분할 뇌 연구'[Gazzaniga, 1985]와 외상사건이 어떻게 연대기적 서술이 아니라 암묵적 정서 및 신체 상태로 부호화되는지 입증한 1990년대 후반~2000년대 신경과학의 뇌영상 연구로 뒷받침된다. 2000년에 구조적 해리 모델이 등장하면서 처음으로 신경과학의 입장에서 해리성 분리와 구획화를 이해하게 되었다[Van der Hart et al., 2000]. 이 이론은 해리성 파편화에 대한 초기 모델과 달리 기억의 구획화를 강조하지 않으며, 그 중심 원리에 따르면 구조적 해리는 트라우마 환경의 특정 요구에 맞춘 생존 지향적 반응이자 좌뇌와 우뇌의 분리를 촉진해 '내가 아닌' 부분이나 외상과 관련된 부분들을 부정하고 트라우마를 입었다는 사실을 자각하지 않은 채 잘 기능하도록 해준다. 분리는 또한 위험에 직면했을 때 생존을 위한 동물방어에 따라 움직이는 부분들이 발달하도록 돕는다. 1장은 신경생물학적 지식에 입각한 트라우마 작업과 치료에 '부분(을 염두에 둔) 접근법[parts approach]'(이하 '부분 접근법')이 필요하다는 것을 이해하도록 이론적 기초를 제공한다. 부분 접근법을 사용하면 치료자는 복합적인 성격장애가 있는 내담자와 더욱 효과적으로 작업할 수 있다. 부분 접근법에서는 이런 내담자를 '행동화하는' '조종하는' '저항하는' 또는 '동기가 결여된' 상태로 여기지 않고, 일상 속 자극으로 활성화되고 암묵적 트라우마 반응에 따라 움직이는 외상 관련 부분들이 위협을 감지해 자동으로 싸움·도피·구조 요청·'죽은 척하기' 같은 본능적 반응을 보이는 것이라고 본다[Porges, 2011].

2장 '부분들과 트라우마 반응 이해하기'에서는 내담자의 삶에 파편화의 징후가 나타날 때 그것을 알아차리고 이해하기 위한 기초로서 외상기억에 관한 신경과학 연구의 의미를 살펴본다. 위협에 대한 긴급 스트레스 반응을 간단히 이해하고 트라우마의 흔적이 어떻게 신체에 부호화되는지 설명한다. 어떻게 신체 기반의 트라우마 반응이 동물방어 충동을 통해 안전하지 못한 행동으로 이끄는지, 왜 좌뇌의 '정상적 삶을 살아가는 자기'가 무기력하게 관찰만 할 뿐 충동을 억제하지 못하는지를 이해하는 것이 중요하다. 자동적 과각성·반응성·의심·충동적 행동화의 밑바탕에는 신체의 자율신경계가 존재하는데, 이것이 행동과 행동하지 않음, 강렬한 정서와 둔감화를 관장한다. 외상을 입으면 신경계는 위협적인 세상에 맞서 다가온 위험에 '준비태세'를 취하며 조건화된 환경에 따라 교감신경계의 과각성이나 부교감신경계의 저각성, 또는 둘 다를 동원하도록 편향된다(Ogden et al., 2006). 이 장에서는 치료자들에게 트라우마 치료에서 외상 사건에 초점을 맞추는 대신 먼저 암묵기억의 역할에 관심을 기울이는 패러다임의 전환이 필요하다는 점을 설명한다. 내담자가 외상 관련 부분들을 인지하고 이해하고 다루려면, 치료자는 내담자가 촉발 자극에 대한 자신의 반응을 이해하여 촉발되고 암묵적으로 기억된 감정·신념·생존반응을 정확히 알아보게끔 도와야 한다. 마지막으로 이 장에서는 다음 질문에 대해 논의한다. '기억을 처리한다'는 것은 무엇을 뜻하는가? 그 기억이 암묵적 감정, 신체감각, 활성도의 변화, 어린 부분들의 조절되지 않는 충동적 행동이라면 과연 '무엇'이 처리되는 것인가? 기억에 대한 현대적 관점은 그 불안정성을 강조한다. 다시 말해 뇌는 과거 경험을 업데이트하고 새롭게 쓰며, 이전 및 이후 사건과 통합하도록 조직화된 것으로 보인다. 전문가들은 사건기억을 둔감하게 만드는 데 초점을 맞추기보다는 새로운 경험을 늘려 외상에 따른 상태를 변환하거나 복구하는 데 중점을 둬야 한다고 조언한다. 그래서 내담자가 트라우마 이야기를 서술하기보다는 '자기패배적'인 이야기를 다시 써서 이미 일어난 일에 의미를 부여하는 치유의 이야기를 만들어내도록 권한다^{Michenbaum, 2012}.

3장 '내담자와 치료자의 역할 변화'는 신경과학적 견해에서 트라우마 내담자를 볼 때 필요한 관점과 접근법의 근본적인 변화에 대해 논의하면서 시작한다. 치료는 트라우마와 해리의 본질에 대한 치료자 교육으로 시작하는데, 내담자가 힘겨워하는 증상이 외상에 대한 정상적이고 논리적인 반응이라는 것을 설명해줘서 내담자를 안심시키는 데 목적을 둔다. 또 심리교육은 치료에 사용할 지식 기반을 '공개'하여 내재된 힘의 차이를 평준화하고 내담자가 자신의 치료에 대해 잘 아는 소비자가 되도록 권한을 부여한다^{Herman, 1992}.

대다수 치료자는 성격을 '단일의식uni-consciousness'으로 보는 모델로 훈련받았기 때문에 '다중의식' 패러다임이 익숙하지 않다. 정신역동 기반의 수련을 받은 치료자는 트라우마 치료에서 필요한 것보다 덜 지시적이고 덜 교육적인 역할을 하도록 훈련받았다. 인지행동 치료자는 조율하고 공명하는 훈련은 받지 못했을지 모른다. 조율과 공명은 모두 트라우마라는 맥락과 '부분' 접근법에서 매우 중요하다. 내담자는 본능적으로 외상뿐 아니라 외상 관련 부분을 회피하므로 치료자가 다른 방식으로 이끌어주지 않으면 마치 방관자처럼 외상 관련 부분을 돌보지 않는 행동을 계속할 것이다.

치료자는 내담자에게 부분을 식별하는 데 필요한 '부분의 언어'와 함께 마음챙김 기술을 분명하게 가르쳐야 한다. 치료 시작 단계에서는 치료자가 원하는 것이 아닌 내담자에게 필요한 것에 따라 세심하게 협력해야 한다. 고통스럽고 충격적인 사건의 여파 속에서 자신이 누구인지에 관해 새로운 이야기를 만들어내려면 관찰하고 발견하는 습관을 새로 익혀야 한다. 내담자가 써왔던 이야기는 주관적이고 왜곡된 것일 뿐 자신을 위한 것이 아니었다. 치료자는 내담자가 해석하거나 판단하지 않고 긍정적이거나 부정적인 감정과 감각 모두를 마음챙김하는 기술을 습득하도록 돕는다. 다음으로 내담자는 순간순간 일어나는 혼란스럽고 모순적인 행동과 반응을 설명하기 위해 부분들 또는 '자기들'이라는 용어를 사용하는 법을 배운다. 그러지 않으면 부분들을 내담자 자신과 동일시하거나 당장의 현실을 반영하는 사실처럼 해석할 수 있다. 동일시는 필연적으로 어떤 감정이든 증폭시키고 수치심을 유발한다. '동일시하지 않은 채' 경험을 설명하는 법을 배우면 내담자는 그 경험이 무엇으로 구성되어 있는지 알아차릴 수 있다Ogden & Fisher, 2015. 예컨대 "아빠에 관해 이야기하면 가슴이 조이고 심장이 빠르게 뛰어요" 또는 "내 한 부분이 불안해하는 걸 알겠어요"처럼 말이다. 차분하게 알아차리는 법을 배우면 다음 단계로 나아갈 수 있다. 어떤 감정이나 반응이 관찰되더라도 호기심을 가지고 연민 어린 태도로 보는 능력이 향상되며, 이어서 그 감정과 '친밀해지는' 능력이 생긴다. 불교에서 수용, 환영, '집착 또는 혐오'(감정과 동일시하거나 감정과 싸우고 판단하는 것)를 피하는 것은 평정, 평온함, 평화, 진정 상태를 찾는 데 필수다. 심리치료에 적용하자면, 이런 태도를 훈련하는 것은 내담자가 가장 고통스럽고 굴욕적이며 무서운 감정과 감각을 잘 견디고 수용하는 법을 배우는 데 도움이 된다.

치료자는 고통스럽고 굴욕적인 경험과 압도적인 감정으로 가득한 '과거의 세계'부터 탐색하기보다 기분, 부분들, 생각, 신체 반응에 대한 내담자의 호기심과 흥미를 끌어올리는 데 초점을 맞춘다.

이 접근방식의 목표는 외상사건으로 생긴 상처를 기억하는 것이 아니라(말하듯이 명시적으로 기억해내든 감정과 반응처럼 암묵적으로 기억되든 관계없이) 회복하는 것이다.

4장 '내 '자기들'을 보는 법 배우기: 부분과 만나기'에서 치료자와 내담자는 부분 패러다임으로 상담하는 데 필요한 핵심 기술을 배운다. 첫 단계는 내담자가 기초 기술을 익히는 것이다. 이때 가장 중요한 것은, 내담자에게 구조적 해리 모델을 소개하고 자기 경험과 관련해 무엇이 떠오르는지 말해달라는 것이다. 내담자가 이 모델을 통해 자신의 어떤 점을 알아차리는가? 내담자는 이 모델을 통해 부분들의 징후를 수월하게 파악할 수 있는데, 각 부분들의 동물방어 생존반응은 외상과 관련된 특정 행동과 연관될 때가 많다. 그 내용을 내담자에게 알려주면 내담자는 집중해서 더 큰 관심과 흥미를 갖고 새로운 정보를 받아들일 수 있다. 부분들의 활동을 더 잘 알아차리는 또 다른 접근법은 내담자가 모든 고통스러운 생각, 감정, 신체반응은 외상 관련 부분들이 전달하는 것이라고 '가정'하는 것이다. (이 가정은 두 반구 각각의 활동과 능력에 대한 분할 뇌 연구 결과와 일치한다.) 부분들의 활동을 바로 알아볼 수 있게 되면 내담자는 자신의 내적 경험에 더 쉽게 접근하고, 모든 감정을 다 '내 것'으로 동일시하는 게 아니라 부분들의 감정으로 구별한다. 외상과 관련된 자극뿐 아니라 다른 부분들도 부분들 간의 투쟁을 촉발할 수 있는데, 내담자는 이 투쟁에 따른 내적 갈등·양가감정·혼란을 마음챙김을 통해 살펴보도록 배운다.

5장 '부분들의 친구 되어주기: 연민의 씨앗 뿌리기'에서는 치유를 위한 자기이해와 자기연민을 키우는 과정에 초점을 맞춘다. 스스로에게 연민을 품으라거나 자신을 더 잘 돌보라고 요청하면 대다수 트라우마 내담자는 부정적 반응을 강하게 보인다. 하지만 내담자의 두려움이나 수치심 같은 정서가 어린아이 때 느낀 체감각felt sense과 연결되면 종종 그 어린아이와 공감하고, 심지어 그 어린아이를 위해 분개할 수도 있다. 마음챙김 기반 치료에서는 '우리 자신을 위한' 연민과 '(내면의) 어린아이를 위한' 연민을 구별할 필요가 없다. 누구를 향한 연민인지와 관계없이 연민이 감정적·신체적 감각을 통해 체감되는 것은 동일하며, 체감된 연민이야말로 트라우마와 애착에서 비롯된 상처를 가라앉히고 치유하는 데 도움이 된다. 내담자의 외상 경험에 관한 서술기억을 상세히 살필 필요 없이 내담자 자신의 어린아이 부분이 무엇을 겪어왔는지에 대해 체감각을 갖기만 하면 된다. 내담자의 외상 이력에 대한 '감각' 또는 개요를 파악하면 내담자의 신경계(또는 감정수용력)를 압도하지 않으면서 치료자와 내담자 모두 어린아이 부분들이 겪었던 일을 인정할 수 있다. 부분이 겪은 외상 경험을 인정하는 것은 트라우마 반응을 일으키지 않으면서도 타당하다고 인정받는 느낌을 준다. 이 단계에서는 부분들 하나하나에 대한 연민을 기르는 데 중점을 둔다. 목표는 내담자가 공감할 수 있을 만큼만 부분의 고통을 느끼도록 돕는 것이다. 트라우마 치료에서는 감정을 너무 적게 느끼는 것뿐만 아니라 너무 많이 느끼는 것 역시 공감과 연민을 방해한다는 점을 꼭 기억하라. 이 단계에서 내담자는 감정의 홍수에 빠지거나 어떤 부분의 충동에 따라 행동하기 쉬워지는 '섞임blending'이나 자신과 부분의 동일시를 인식해서 '분리unblending'와 탈동일시dis-identifying를 하는 법을 배운다.*

---

* 본문에서 split과 unblending을 모두 '분리'로 옮겼다. split은 성격과 정체성이 하나의 통합된 상태가 아니라는 점을 의미하며, unblending은 '정상적인 삶의 자기'가 트라우마로 인해

6장 '치료의 걸림돌: 애착외상'에서는 애착외상의 이력이 만들어 내는 내적 갈등과 투쟁을 다룬다. 애착외상의 특징이 안전의 대상 (부모 같은 인물)이 두려움과 삶을 위협하는 대상이 되는 역할 역전 reversal이라면, 그 이후로 생겨나는 모든 친밀한 관계, 심지어 치료조차도 위험 신호를 불러일으킨다. 관계가 점차 가까워지면 위협을 느낄 수도 있지만 안전이나 연결의 가능성을 품을 수도 있으며, 이는 과거에 일어난 버림받음과 배신이라는 암묵기억과는 결코 동반할 수 없는, 애착 대상을 향한 갈망을 담은 감정기억을 불러일으킨다. 애착과 두려움이 내담자의 경험에 얽혀 있으므로 서술기억이나 전이에 초점을 맞춘 치료는 친밀감을 갈망하면서 동시에 버려질 것을 두려워하는 어린아이 부분과 투쟁, 도피, 전적인 순응이라는 방어반응 사이의 내적 투쟁을 촉발한다. 부분들이 더 심하게 단절된 채 자율적으로 움직이는 해리장애 내담자의 경우 이런 내적 투쟁이 훨씬 더 쉽게 활성화되며, 이해와 분석, 행동 관리도 더 어렵다.

치료자가 이 현상을 어떻게 예측하는지, 내담자가 이 현상을 받아들이도록 어떻게 돕는지에 따라 더 깊은 치유가 일어날 수도, 애착 상처를 들쑤실 수도 있다. 집착이나 평가절하를 내담자와 치료자 사이의 대인관계 문제로 해석하면 상황이 악화되는 경우가 많다. 반면 '개인 내적인' 애착장애의 지표로 이해하면, 치료자는 투쟁 중인 양측 모두의 협력자이자 '획득된 안정애착earned secure attachment'의 촉진 자가 될 수 있다Siegel, 1999. '획득된' 안정애착으로 어린 시절과 성인기의 불안정하거나 혼란스러운 애착이 해결된 사람은 조절장애를

암묵기억과 동물방어 생존반응에 이끌리는 부분들과 섞이지 않는 상태를 가리킨다 - 옮긴이)

겪지 않고, 애착 대상을 이상화하거나 악마화하지 않으면서 자신의 초기 애착관계를 돌아볼 수 있으며 수용받는 느낌을 받는다. 획득된 안정애착은 그저 상처 입은 어린 자기들을 어른의 연민 어린 보살핌을 받아 마땅한데도 받지 못했던 순진무구한 아이로 받아들여 유대를 형성하는 내담자의 능력이 향상된 결과일 뿐이다. 이때 치료의 초점을 치료자와의 애착에 두기보다는 부분들과의 공감과 조율을 구축하는 데 두어야 한다는 점을 지속해서 강조해야 한다.

7장, '자살, 자기파괴, 섭식장애, 중독을 유발하는 부분들과 만나기'에서는 안전하지 않고 위험천만한 행동들을 부분들이 낳은 동물 방어 생존반응의 표출로 새롭게 이해한다. 중독, 섭식장애, 자살 및 자해 행동 모두 신경생물학적 관점으로 재해석한다. 신경생물학적으로 인간의 신체는 다른 포유류의 신체와 마찬가지로 자기회복·자기치유 경향이 있다고 전제하는데, 그렇다면 자기파괴적인 행동에도 자기회복의 의도가 있어야 한다. 이런 관점에서 역사적으로 '자기파괴적'이라는 딱지가 붙은 행동은 생존을 위한 절박한 시도이자 수치심, 분노, 두려움을 감내하고 플래시백flashback(현실에서 어떤 단서를 접했을 때 그것과 관련된 강렬한 기억에 몰입하는 현상 – 옮긴이)과 악몽을 억제하거나 트라우마로 손상된 신경계를 조절하기 위해 내인성·외인성 물질을 사용하려는 방편으로 이해하는 것이 더 적절할 수 있다.

코네티컷주 정신건강 부서에서는 트라우마 환자에게 새로운 형태의 치료를 제공하는 비공식 임상지향 예비연구를 진행했는데, 환자들에게서 위험한 행동 전후로 무슨 일이 있었는지에 관한 자료를 비공식적으로 취합했다. 그 결과 관계에서의 실망, 이별이나 관계의 종료, 수치심과 자기혐오에 몰두, 침습적인 기억이나 플래시백 이후 자해 또는 자살시도가 가장 흔하게 발생한다는 점이 드러났다. 이 사실은 그런 사건이 위협적인 경험과 감당할 수 없는 정서적 반응을 불러일으키기 때문에, 다른 충동적인 행동을 해서 정서의 강도를 줄이거나 정서와 신체를 마비시킬 필요가 있었다는 것을 시사한다. 이러한 사건 이후 환자들은 탈진·에너지 저하·휴식이 필요하다는 강렬한 느낌을 보고하곤 하는데, 투쟁 또는 도피 반응 뒤에 따라오는 부교감 반응의 특징적인 지표다. 역사적으로 임상에서는 외상 후에 일어나는 위험한 행동을 관심 끌기, 조종, 회피로 해석했다. 신경생물학에 기반한 접근법을 사용하면 내담자는 자신의 충동적이고 위험한 행동을 동물방어에 이끌려 투쟁하려는 부분의 의사표현으로 재구성하게 되고 위험행동의 빈도는 줄어든다. 충동을 외재화하여 '방어하는 부분'의 탓으로 돌리면 내담자는 전체를 조망하는 전전두피질을 계속해서 사용할 수 있으며, 충동을 '내 것'이 아니라 '투쟁하는 부분'의 것으로 인식해 관리하는 데 도움이 된다. 더욱이 내담자들에게 구조적 해리 모델을 가르치면 부정적 자기판단이 줄어들고 호기심은 증가하는데, 두 가지 모두 충동적 행동의 해독제다. 이들에게 4장과 5장에서 설명한 기본 기술들을 가르치고 실제로 사용하게끔 하는 것은 그 자체로 안정화 효과가 있는 것 같다. 내담자들은 위험한 행동이 지닌 생물학적 효과와 그것이 신경계를 조절하는 '작동'방식을 배우면서 신체의 역할을 이해한다. 충동적 부분들을 분리하는 능력이 커질수록 전전두피질을 더 잘 사용할 수 있으며, 고통스러운 감정과 위험한 충동을 더 잘 알아차리고 그에 반응하기보다 조절할 수 있게 된다.

8장 '치료 과제: 해리 체계와 해리장애'에서는 진단 가능한 해리장애(DID, 달리 분류되지 않는 해리장애DDNOS, 이인성장애)가 있는 내담자에게 고유한 문제를 다룬다. 해리장애로 진단된다는 것은 더욱 극단적인 구획화로 인해 끊김 없이 의식하는 능력, 매 순간 '내가 누구인지'를 알고 일관된 선택과 결정을 내려 끝까지 수행하는 능력, 충동을 조절하고 인과관계와 시간 및 공간을 정확히 지각하는 능력, 트라우마가 있던 과거와 정상적이고 안전한 현재를 통합하는 능력에 문제가 생겼다는 의미다. 해리장애가 있는 내담자가 통계적으로 유의미한 수준으로 해리증상이 있는데도 과소 진단되거나 오진되는 경우가 종종 있는데Korzekwa et al., 2009a, 경계선성격장애, 2형양극성장애, ADD 또는 ADHD로 진단되는 경우가 가장 흔하다. 이 장에서는 DID 진단이 가능한 징후와 평가방식을 검토하고 공식 진단을 위한 기준을 제안한다. 3~5장에서 설명한 치료방식은 DID와 DDNOS 내담자에게 매우 효과적이며, 치료자가 내담자의 기억과 연속성이 어떻게 무너졌는지를 설명하는 방식도 조정해준다.

이 책은 마음챙김을 기반으로 하므로 내담자를 안정시키고 외상뿐만 아니라 일상 속 문제들도 잘 분석할 수 있게 해준다. 부분의 언어는 내담자와 치료자가 해리장애를 다룰 때 핵심 과제가 무엇인지 유념하게 해준다. 다시 말해 내담자가 여전히 하나의 몸과 하나의 뇌를 가진 물리적 개인이라는 점을 염두에 두면서도 동시에 이 하나의 뇌와 몸이 조각나면서 연령, 발달단계, 애착유형, 방어반응이 제각각인 많은 '부분들'을 담게 된다는 점을 인정한다. 치료자는 내담자가 어엿한 성인이라는 사실을 간과하지 않으면서 각 부분의 곤경에 공감하도록 꾸준히 훈련해야 한다. 해리장애 내담자를 치료할 때, 치료자는 통합되어 있지 않은 '그(그녀)'와 작업한다. 내담자를 통합된 한 명의 성인으로 보면, 내담자를 성인의 자원을 갖추지 못한 내면의 아이들로 보는 것과 마찬가지로 유익하기보다 혼란스러울 때가 많다.

전체와 부분 또는 '부분들로 이루어진 전체'라는 양면성은 언제나 DID 치료에서 전면이자 중심을 차지한다. 치료자가 내담자에게 문제 행동에 책임이 있는 부분들의 감정·신념·동기·방어반응에 호기심을 갖게 하면, 성격의 좌뇌 주도적 부분을 관여시켜 우뇌 주도적 외상과 관련된 부분들로 인해 나타나는 문제를 해결하도록 '도울' 수 있다. 이 기술은 DID가 아니면서 파편화된 내담자와 작업할 때도 중요하지만, 해리장애가 있는 내담자와 작업할 때 특히 중요하다. 우뇌 우세형인 부분들이 내담자의 의식적 인식에서 벗어나 자유롭게 행동할 때면, 균형을 맞춰주고 안정화시키는 데 필요한 좌뇌 자기의 존재가 특히 중요해진다.

9장 '과거 복구하기: 우리의 자기들 끌어안기'의 전제는 외상 경험의 해결이 생존과 관련된 자기소외의 극복에 달려 있다는 것이다. 어린아이 자기들과 성인이 된 정상적 삶을 살아가는 자기 사이를 조율하면, 각 측면이 서로의 존재를 더 편하게 느끼고 연결되어 더 큰 안전감과 온정을 경험한다. 그러나 외상을 입은 사람들과 그들의 어린 자기들 사이에 애착유대를 발전시키기 위해서 치료자는 내담자가 자신 안의 정상적 삶을 살아가는 성인을 인정하고 동일시하도록 도와야 한다. 성인 자기는 안전한 애착이 필요한 작은 어린아이를 위해 '지금 여기' 있을 수 있고, 그들을 돌보고 관심을 표현할 능력이 있으며, 본능적으로 안전·정상 상태·안정을 추구한다.

수치심 및 자기혐오와 연관되어 나타나는 왜곡된 인지는 종종 내담자가 스스로의 강점을 인식하는 능력마저 떨어뜨린다. 아마도 어린 시절에는 강점을 갖거나 능숙함을 향한 열망을 품는 것이 외상이라는 결과를 초래했기에 안전하지 못했을 것이다. 이런 부분들은 직업, 파트너와의 관계, 책무, 단순히 눈에 띄는 것과 같은 일상적 활동으로 촉발되어 내담자의 대처능력을 떨어뜨릴 수 있다. 부분들 간의 내적 갈등은 정상적 삶을 살아가는 자기를 약화시키거나 불안정하게 만들 수 있고, 외상 후 삶을 새롭게 일구려는 시도를 방해할 수 있다.

치료자가 어떻게 정상적 삶을 살아가는 자기에게 내재되어 있던 연민을 키워 상처 입은 어린아이 부분을 도울 수 있는지는 임상 사례로 자세히 보여주겠다. 또 내담자의 강점과 인생 경험을 어린아이 부분을 위한 자원으로 삼기 위해 내적 수용을 구축하는 템플릿(서식 또는 절차)을 제공한다. 내담자의 좌뇌 자기가 주된 역량을 익히고 저장하긴 하지만, 우뇌 자기는 그런 역량을 활용할 수가 없었다. 이 장에서는 내적인 안정애착의 기초를 쌓는 개입법을 설명한다. 인간 두뇌의 복잡성 덕분에 우리는 스스로 치유할 수 있다. 다시 말해 이미 갖고 있는 역량에 접근하여 같은 두뇌와 신체를 공유하는 다른 부분을 위해 그 역량을 사용할 수 있다.

10장 '잃어버린 것 되찾기: 어린 자기와의 연결 심화하기'에서는 치유 작업이 한 단계 더 나아간다. 첫째, 내담자는 부분들에게 신뢰를 얻어야 한다. 쉬운 일은 아니다. 잘못된 유대와 깨져버린 믿음에 대한 암묵기억 때문에 부분들은 신뢰하기를 갈망하면서도 지나치게 경계하고 주저하기 때문이다. 치료자는 내담자가 부분들을 대표하여 부분들과 소통하고 협력하며 연민을 베풀도록 지속적으로 요청한다. 그리하여 내면의 애착 애상, 다시 말해 같은 두뇌와 신체를 공유하는 사람, 한때는 부분들과 나이가 같았을지 모르나 지금은 과거와 달리 안전할 뿐 아니라 자신을 돌보고 양육하려고 헌신하는 강인한 성인에 대한 체감각을 형성하도록 돕는다.

11장 '안전과 환영: 획득된 안정애착 경험'에서는 '통합'을 치료의 목표가 아니라 마음챙김 기반 기술로 외상을 입은 부분들의 체계를 알아차리고 연민을 품을 때 자연스럽게 일어나는 과정으로 본다. 대니얼 시겔Daniel Siegel[2010]은 "통합은 연결을 동반한 차별화에서 일어난다"라고 정의했다. 내담자에게 고통을 겪는 어린 부분에 초점을 맞춘 뒤, 이 방 안에 그 부분과 나이가 같고 똑같은 감정을 느끼는 어린아이가 '바로 당신 앞에 서 있다고' 상상해보라고 요청한다. 내면의 어린아이 부분을 '생생하게' 만들어, 치료자는 내담자가 우뇌 기반의 선천적인 연민 어린 반응에 접근하도록 돕는다. 치료자는 어린아이의 얼굴, 몸짓, 곤경의 이미지를 불러일으켜 시각화를 유도함으로써 어린아이와 정상적 삶을 살아가는 성인 사이의 연결감과 공감을 키우고, 성인에게 "지금은 그 부분에 대해 어떤 느낌이 드나요?"라고 질문한다. 내담자와 부분이 서로의 정신적인 활동을 이해하도록, 그리고 한쪽이 다른 한쪽에게 어떤 영향을 끼치는지 알아차리도록 거듭해서 요청하면서 연결의 체감각을 자극하고 서로의 반응을 반복적으로 공유함으로써 유대를 키워가도록 돕는다. "'너를 만나게 되어 기뻐. 네가 안전하다고 느끼면 좋겠어'라는 말을 들을 때 기분이 어떤지 그 여자아이에게 물어보세요." 성인과 부분 간의 양방향 교류를 통해 안정애착의 내적 유대가 형성되는 동안 내담자의 정상적 삶을 살아가는 자기에게 어린아이의 고통스러운 상태를 회복시키거나 고통스러운 이야기에 새로운 결말을 찾아주도록 요청한다. 마치 안정애착의 대상이 해주는 것처럼 말이다. 심상을 통해 건강하고 안전한 애착을 경험하는 것은 실제와 같은 느낌과 감각을 만들어내고 마치 아기와 엄마가 누리는 것과 같은 '조율의 축복'을 자아낸다. 마음챙김의 태도로 이 순간에 집중하면 안전과 조율이 구체적으로, 물리적인 경험처럼 쉽게 부호화될 수 있다Hanson, 2014.

이 장에서는 외상으로 인한 상처의 정서적 치유가 애착에 토대를 두어야 한다는 점을 다시금 강조한다. 내담자는 오래전 잃어버린 어린 혈연처럼 소외된 채 인연이 끊겼던 부분들을 초대해 마음과 생각과 몸짓으로 환영해야 한다. 내담자와 치료자 모두에게 이 과정은 매우 감동적이지만 절대 수월하지 않다. 트라우마 탓에 자기연민을 갖는 것에 대한 두려움이 매우 크고 견고하므로, 치료자는 한 부분이라도 소외시키거나 거절하면 우리가 온전해질 수 없다는 태도를 차분하고 분명하면서도 용감하게 견지해야 한다. 누구 하나 빠짐없이 모든 부분을 환영하여 '집'으로 맞아들이고 안전하고 조건 없이 수용하지 않는다면, 트라우마 생존자들은 자신에게 위해를 가했거나 위해를 당하도록 내버려둔 보호자와의 공감 실패로 생긴 상처를 완전히 치유하지 못한다. 내담자가 성인이 되어 트라우마를 겪었다 하더라도, 치료자는 그 해결이 여전히 외상 후 안전을 모색하는 모든 부분에게 달렸다는 점을 명심해야 한다. 어린 시절 욕구가 안정적으로 채워지지 못했거나 외상사건을 불안정애착의 관점으로 해석하는 어린 부분들, 투쟁 또는 도피 반응을 재개하는 청소년 부분, 피할 수 없는 상황에서 '책임을 뒤집어쓰고' 자포자기하며 순응하는 부분, 심지어 굴욕을 당하거나 버림받기보다 차라리 스스로에게 칼을 겨누어 자살하려는 부분까지도 기꺼이 맞아들여야 한다.

시겔의 '획득된 안정애착' 개념은 안정애착 상태가 '커져가는' 경험을 하면 어린 시절의 애착 상처가 성인기에도 치유될 수 있다는 애착 분야 대다수의 믿음Main, Schore, Lyons-Ruth을 반영한다. 여기에는 자녀 양육, 건강한 우정과 친밀한 관계, 자신의 부분들과 안정애착 관계 형성 등이 해당한다. 획득된 안정감으로 나아가는 방법들은 새로운 신경망을 성장시키고 새롭고 즐거운 감정 상태를 부호화하는 뇌의 능력을 활용한다. 심상을 통해 안전과 조화에 대한 새로운 암묵기억을 불러일으키면, 부분들은 건강한 애착을 내적·감각적으로 경험하면서 이 순간을 실패했거나 좌절된 애착이라는 고통스러운 기억과 나란히 부호화될 수 있는 순간으로 느낀다. 그리고 이야기의 결말이 달라진다. '획득된 안정애착'은 한 개인이 성인애착목록adult attachment inventory을 따라 초기 애착관계를 돌이켜볼 때 드러나는 '일관성'의 정도, 다시 말해 자기 삶의 씁쓸함과 달콤함, 당시의 고통과 지금 관계에서의 즐거움이 통합된 정도로 측정할 수 있다.

인간의 두뇌만이 심상으로든 실제 기억으로든, 경험과 연관된 행복한 상태를 환기시켜 안전하고 친밀하며 연민이 담긴 새로운 이야기를 지어낼 수 있다. 뇌의 신경가소성에 변화가 일어나려면 세 가지 요소가 필요하다. 첫째, 내담자가 습관적인 정서적·신체적·인지적 패턴을 억제하도록 도와야 한다. 둘째, 내담자는 예전의 오래된 패턴을 대체하는 새로운 패턴을 익혀야 한다. 셋째, 내담자는 내면의 어린아이 및 자기 자신의 신체와의 연결감을 잃지 않은 채로 '대체하고 싶은 새로운 패턴'을 반복해서 연습해야 한다. 새 패턴은 오른손을 가슴에 얹어 마음을 진정시키거나 "이제 괜찮아" 또는 "내가 지금 여기 있어"라는 말을 반복하는 것처럼 간단할 수 있다.

예컨대 내담자의 새로운 '치유 이야기'는 다음과 같을 수 있다. "예전에 내 부분들은 내가 어렸을 때 그랬던 것처럼 안전하지 않았고 사랑받지 못한다고 느꼈어. 하지만 이제 나는 거절당하거나 버림받을까 봐 불안하지 않아. 내 부분들도 그럴 거야. 내가 괜찮다는 것 그리고 그들도 괜찮다는 것을 알아. 나는 내 부분들과 나 자신이 연결되어 있다고 느끼고 언제나 여기서 그들을 안전하게 지킬 거야.

그들은 내게 늘 특별할 거야."

부록에 몇 가지 추가 도구를 실었다. 부록 A는 부분들, 특히 전전두피질을 장악하고 내담자를 불안정하게 만드는 격렬한 감정을 가진 부분들을 분리하는 방법을 배우는 간단한 절차다. 부록 B는 부분들을 위한 명상모임 연습이다. 부록 C는 반복적인 연습으로 내면의 의사소통 능력을 키우고, 괴로워하는 부분을 진정시키고 위로하며, 연민 어린 유대를 키우는 내적 대화의 절차다. 부록 D는 내적 애착을 회복하기 위한 치료 패러다임을 제시한다. 부록 E는 내담자가 부분의 활동과 의사소통의 징후를 추적하여 구별하는 능력을 향상시키는 데 도움이 되는 해리 경험 기록지다. 그리고 부록 F에 내적 의사소통과 사랑과 신뢰의 유대를 구축하는 기술로서 '친구가 되어주는 네 가지 질문'을 실었다.

심리치료사들은 수백 년 동안 치유의 본질에 대해 궁금해하고 고민하며 철학적으로 사색해왔다. 이 책에서 나는 트라우마와 애착외상의 영향을 치유하는 하나의 이론을 그간의 임상적 관찰을 기반으로 설명했다. 치유는 오랜 자기소외의 패턴을 뒤집고 우리의 '자기들'을 사랑하고 받아들이는 능력을 구축한 결과다. 잃어버린 영혼과 상처받은 어린아이들을 되찾고 그들과 친구가 되며 그들에게 다가가고자 하는 연민 충동을 신뢰하고 안정애착의 유대를 형성할 때, 그들은 마침내 안전하고 환영받는다고 느낀다. 이때 우리는 온전함을 느낀다.

1장

트라우마의
신경생물학적 흔적
: 우리는 어떻게 파편화되었나?

트라우마의 요소가 거듭 재생되면 그에 따른 스트레스 호르몬이 그 기억을 더 깊이 마음에 새긴다. 평범한 하루하루의 사건들이 점차 덜 흥미로워진다. [우리는] 주변에서 일어나는 일을 깊이 받아들일 수 없게 되면서 온전히 살아 있다고 느낄 수 없다. 평범한 삶의 기쁨과 고통을 느끼기가 더 어려워지고 눈앞의 일에 집중하기가 힘들어진다. 현재에 온전히 살고 있지 않다는 느낌은 [우리를] 과거에 단단히 가둔다.

_반 데어 콜크 2014, p. 67

아이가 학대와 방임에 직면하면, 특히 사랑하는 사람들의 손에서 그런 일이 발생하면 압도되지 않고 심리적으로 온전히 생존하기 위해 자신에게 일어나는 일들과 충분한 심리적 거리를 둘 필요를 느낀다. 약간의 자존감, 가족을 향한 애착, 미래에 대한 희망을 유지하려면 피해자는 일어난 일과 단절하고, 자신의 경험을 의심하거나 기억하지 못하고, 그 일이 일어난 '나쁜 (피해자) 어린아이'를 '내가 아니'라고 부정해야 한다. 자신이 학대당했다는 사실과 단절되어 스스로에 대해 조금의 '좋은' 느낌을 간직하기 위해 학대받은 아이는 인간 두뇌가 타고난 분리 또는 구획화하는 능력을 이용한다. 이 '좋은 아이'는 조숙하고 다정하고 다른 사람에게 도움이 되며 완벽주의적이고 자기비판적이거나 조용하고 수줍음을 탈 수 있다. 그러나 무엇보다 중요한 것은 그 아이에게 위험한 세상에서 받아들여지고 더 안전할 방법이 있다는 점이다. 이런 면에서 분리 또는 파편화는 독창적이고 적응적이면서도 비용이 많이 드는 생존전략이다. 거부당한 '내가 아닌' 어린아이를 곁에 두지 않으려면, 다시 말해 의식의 바깥에 두려면 외상사건이 종결된 지 한참이 지난 뒤에도 단절을 위해 계속해서 해리·부인·자기혐오에 의존해야 한다. 마침내 이 아이는 가장 취약하고 가장 상처받은 '자기들'을 부인하는 대가로 안전 부재, 학대, 배신에서 살아남았다. 하지만 겉으로 드러나는 모습과 한 사람으로 기능하는 능력이 진짜 자신의 한 부분에 불과하다는 것을 인식하므로 자신이 위선적이라고 느낀다. '나쁜' 면을 멀리하고 좋은 면과 동일시하려고 고군분투하면서, 자신이 '그렇게 보이려고 꾸미고 가장하는' 것 같다거나 남들이 원하는 모습이 되려 한다고 느낀다. 자신이 위선적이라는 확신이 들면서 누군가는 분개하고 누군가는 수치심과 자기회의에 휩싸인다. 그러나 두 경우 모두 트라우마의 흔적은 해결되지 않은 채 그대로 남아 있다.

　학대받는 아동이 잠복기를 거쳐 청소년에서 성인으로 계속 성장함에 따라 이러한 자기의 분리는 트라우마에서 살아남는 것과 관련해 또 다른 중요한 측면, 가령 학교에서 공부하는 것, 또래관계를 형성하는 것, 집중하고 즐길 수 있는 취미를 찾는 것과 같은 정상적인 발달과제를 완수하도록 지원한다. 아이의 '좋은' 부분은 정상적으로 발달할 수 있지만 아이의 다른 부분은 과거의 감정적·신체적 흔적을 간직하고, 위험의 징후를 살피며, 다음에 있을지 모를 위협과 버림받음에 대비한다. 상황을 더 복잡하게 만드는 것은, '나라고 느끼는' 자기와 '내가 아니라고 느끼는' 자기 모두 자기이해의 맥락을 부여해줄 수 있는 외상사건에 관해 제대로 된 연대기적 기억이 없을 수 있다는 점이다. 외상기억의 특성상 '회상'할 수 있는 것은 일련의 서술기억(무슨 일이 일어났는지에 대해 '의심할 여지 없이' 명확한 근거가 되는)이 아니라 경고 없이 갑작스럽게 발생하는 침습적인 이미지, 감정 및 신체 반응의 형태로 나타나는 경향이 있다Van der Kolk, 2006; 2014.

과거의 '살아 있는 흔적'

무슨 일이 일어났는지 명확한 연대기적 기록은 없으면서도 외상에 따른 감정과 신체 기억이 느닷없이 활성화되어 취약해진 사람에게는 기억이라고 볼 수 없는 증상과 반응의 흔적만 남는다. 트라우마 생존자들은 치료받으러 오면 불안, 우울, 수치심, 낮은 자존감, 외로움과 소외, 분노, 충동성, 행동화 얘기만 한다. 이들은 만성적으로 위험을 예상하느라 힘들어할 수 있는데, 이는 갑작스럽게 밀려드는 두려움과 공포, 과경계('뒤통수에도 눈이 달려 있다'), 만성 수치심과 자기혐오, 끔찍한 일이 일어날 것이라는 확신, 무망과 무력감, 유기 공포, 감정의 마비와 단절로 나타날 수 있다. 또는 중독, 자해 충동, 섭식장애, 죽음을 바라거나 '지는 싸움'을 계속하는 와중에 마지막 수단으로 치료를 받으러 올 수도 있다. 이들은 대체 무엇이 큰 위험을 무릅쓰는 대가로 잠깐의 위안을 얻으려는 자기파괴적 충동을 유발하는지 거의 말하지 못한다. "저를 혼내주려는 거예요." "저 자신이 싫어요." "저는 살 가치가 없어요." "제가 역겨워요. 제가 죽었으면 좋겠어요." 이들은 이런 패턴과 과거를 연결하기를 어려워하며, 더 흔하게는 과거에 무슨 일이 있었는지 생각하지 않으려 하거나 축소하려 한다. "그렇게 나쁘진 않았어요."

　트라우마 치료의 초기 역사에서 치료자들은 외상사건에 대한 명확성이 떨어지는 트라우마 내담자의 강한 정서적 반작용을 다루기 위해 프로이트 시대부터 현재까지 심리치료에서 가장 흔하게 받아들여지는 치료법인 '대화치료'에 의지했다. 대개는 내담자가 연대기적 사건에 대해 상세하게 서술할 수 있을 때까지 '무슨 일이 일어났는지' 계속 떠올리도록 권장했다. 그런데 이 접근법을 사용하면 문제가 해결되어 평화가 찾아오기보다는 내담자가 암묵기억과 트라우마 반응에 압도되어 증상이 더 심해지는 결과를 낳았다[Herman, 1992; Van der Kolk, 2014]. 치료자들은 과거 사건에 관해 이야기하는 것이 빈번하게 암묵적 '재경험'을 유발한다는 사실을 발견했다. 치료자와 이제 다 큰 '좋은 아이'는 부지불식간에 '내가 아닌' 버려진 어린아이가 경험했던 사건을 이제야 재확인했고, 그러는 가운데 외상 관련 부분들이 활성화하면서 이들이 지닌 암묵기억이 촉발되었다. 다시 한번 위험에 처한 '내가 아닌' 아이들이 도움을 요청했으나 여전히 아무도 들어주지 않은 것이다.

나는 오랫동안 트라우마 치료에서 과거의 외상사건 자체가 아니라 그것이 끼친 영향을 다루어야 한다고 믿어왔다. 끔찍한 경험을 인내하면서 기억해내는 것은 바로 지금 바로 여기에서 안전함을 느끼는 것만큼 중요한 목표가 아니다. 내담자가 심장이 뛰는 것은 위험 신호가 아니라 촉발된 반응일 뿐이라며 스스로 안심할 수 있는지, 수치심·슬픔·분노를 너무 어려 스스로를 위로할 수 없었던 어린 자기들의 감정기억과 관련지을 수 있는지가 중요하다. 고통스러운 과거 사건은 잃어버린 내면아이들과 소외된 부분을 되찾아 도움의 손길을 내밀고 마침내 그들을 환영하여 '집'으로 맞아들이고, 그들을 안전하게 하고, 우리가 그들을 원하며 가치 있게 바라봐준다는 것이 그들에게 느껴질 때 진정으로 해결된다고 믿는다. 임상 분야에서 아동학대는 드문 일이 아니라 일종의 전염병이며, 치료되지 않은 외상후스트레스가 개인의 고통뿐 아니라 엄청난 사회적 비용을 초래한다는 사실이 받아들여지기까지는 수십 년에 걸친 과학적 연구가 필요했다. 10년 전부터야 암묵기억이라든가 '트라우마에 대한 신체반응' 같은 개념이 점차 퍼질 수 있었지만[Ogden et al., 2006; Van der

Kolk, 2014, 오늘날에도 분리, 자기의 부분들 그리고 해리에 대한 이론적 견해는 논쟁의 여지가 있으며 거론 자체를 회피할 때도 많다. 스트레스 상황에서 구획화가 정상적인 것이며 생각보다 훨씬 흔히 일어난다는 점은 임상 현장에서도 아직 받아들이지 못했다. 이와 비슷하게, 정신건강 분야에는 현상 자체를 무시해버리거나 '가짜' 또는 '꾀병'이라고 치부하면서 아동학대, 해리, 성격의 파편화가 만연하다는 점을 부인한 역사가 있다. 정신과적 치료 분야에서 치료자는 해리의 징후를 '보려고 하지 않고', 여러 목소리를 정신증적 증상으로 진단하고, 파편화된 내담자를 '마치' 온전히 통합된 인간처럼 대하도록 압력을 받아왔다. 댄 시겔2010이 주장하는 것처럼 통합된 인간이 되기 위해서는 '연결을 동반한 차별화', 다시 말해 자기의 서로 다른 부분들을 구별하고 각각을 부분으로 이름 붙이며 그것들을 다시 다른 부분들 및 전체와 연결하는 능력이 필요하다. 자기의 일부를 단절하고 다른 부분들과는 과잉동일시하는 것은 통합과 온전함을 느끼게 해주지 못할 뿐 아니라 위험하고 적대적인 세상의 후유증을 상쇄해줄 내적 안전감도 이끌어내지 못한다.

평행세계: 해리의 부인

트라우마 분야의 역사에서 해리와 분리 개념은 트라우마의 흔한 합병증으로서 꾸준히 언급되면서도 한결같이 '내가 아닌' 것으로 거부되어왔다. 다시 말해 보편적인 진단체계에서 유효하지 않거나 신뢰할 수 없으므로 피해야 하는 것으로 간주되었다. 해리성 분리와 해리장애의 존재를 받아들이기가 어려웠던 한 가지 이유는 그렇게

극적이고 치료하기 어려운 증상에 관해 과학적으로 입증하는 연구가 없었다는 점이다. 부분에 대한 이론은 생물학이나 뇌과학에 기반을 두기보다는 은유적이다. 해리장애 분야에서 부분을 설명하는 가설은 역사적으로 스트레스와 관련이 깊다. 이 이론은 뇌가 감당하거나 처리할 수 있는 역량을 넘어선 외상사건을 겪었다고 주장한다. 따라서 압도적인 사건기억은 동년배의 해리된 부분들에게 나뉘어 간직될 수 있게끔 분리되거나 구획화되어야 한다. 이 모델에서 각 부분은 내담자의 이력에서 특정 시기를 반영하는 기억 저장소로 간주한다. 치료에서 부분들은 자신들이 간직한 기억을 '다운로드'하거나 공개하도록 권장되며, 이를 통해 '주인'은 부분들의 고통을 공유하고 부분들이 나눠 가졌던 과거를 받아들일 수 있다. 그러고 나서야 부분들이 하나의 조화로운 전체로 융화되기 시작한다Putnam, 1989. 비록 많은 임상가와 내담자가 이 가설이 직관적으로 이치에 맞는다고 느꼈지만, 정신건강 분야에서 해리에 대한 회의론과 부인을 극복하기에는 과학적 타당성이 부족했다.

또 다른 이론은 다원성이 정상이며 모든 인간은 단일의식이 아닌 다중의식을 가지고 있다고 주장한다. 내면가족체계는 이 가설을 토대로 부분들을 이해하기 위해 마음챙김 기반의 접근법을 취한다Schwartz, 1995; 2001. 연민 어린 어조와 마음챙김을 통한 인식의 배양으로 잘 알려진 IFS 역시 정신 내적 방어에 기반을 둔 은유적인 이론에 의존한다. IFS에서는 '내가 아닌' 어린아이를 '유배자'라고 부르는데, '유배자'는 '관리자'의 활동으로 말미암아 의식 수준에서 인식되지 않는다. 관리자가 유배자가 인식되는 것을 제대로 막지 못하면, '소방관'이라는 다른 부분들이 움직이면서 주의를 분산시키고 위험을 불러일으킨다. IFS 모델에서 치유는 유배된 부분을 되찾고 이 부분이 내담자의 상위 자기인 '참자기true self'와 함께 충분히 안전함을 느끼고, 거부당한 기억을 나누며 외상에 따른 고통스러운 감정과 신념이라는 짐을 내려놓을 때 일어난다.

그러나 해리처럼 논란의 여지가 있는 주제에 신뢰성을 부여하려면, 임상적으로는 훌륭하나 이론적 기초가 없는 모델로는 부족하다. '분리'의 개념과 '자기의 부분들parts of the self'이라는 용어를 과학적으로 설명하기 위해서는 신경과학의 혁명이 필요했다. 광범위하게 퍼져 있던 해리와 해리장애에 대한 확고하고도 부정적인 믿음에 이의를 제기하기까지는 그만큼 오랜 연구가 필요했던 것이다Brand et al., 2016.

스트레스 상황에서의 구획화: 단층선 활용

스트레스 상황에서 일어나는 구획화를 이해하기 위한 생물학적 근거는 뇌의 타고난 '단층선', 곧 뇌의 기능이 서로 다른 영역 및 각 영역의 차별화된 구조와 연결되어 제어된다는 사실에 있다Van der Hart et al., 2004. 우리가 태어날 때부터 분리를 위해 갖춘 한 가지 '단층선'은 우반구-좌반구 분리다. 아이들은 좌뇌와 우뇌를 모두 가지고 태어나지만 대부분의 어린 시절 동안에는 우뇌가 우세하다Cozolino, 2002; Schore, 2001. 좌뇌는 언어 발달이 일어나는 연령대와 청소년기에 급격히 성장하는데, 대체로 느리고 점진적으로 발달하기 때문에 생후 18년이 되어서야 우세해진다. 또 우뇌-좌뇌의 소통을 가능하게 하는 뇌의 일부인 뇌량도 천천히 발달하여 12세 전후에야 완전히 정교해진다Cozolino, 2002; Teicher, 2004. 따라서 초기 어린 시절에는 우뇌의 경험이 좌뇌의 경험과 상대적으로 독립적이며, 필요에 따라 분리될 수 있다. 아동과 청소년의 뇌 발달을 연구하면서 마틴 타이허Martin Teicher는 정상 대조군과 비교한 결과 학대 및 방임의 역사와 뇌량의 발달 미숙에 상관관계가 있음을 관찰했다. 이런 사실은 트라우마가 좌뇌와 우뇌의 독립적인 발달과 관련이 있고, 두 반구 사이의 의사소통 결함이 좌뇌와 우뇌의 통합을 방해하고, 결국 내담자가 하나의 통합된 뇌가 아닌 '두 개의 뇌'를 가질 수 있다는 가설을 뒷받침한다Gazzaniga, 2015.

1970년대의 '분할 뇌 연구'Gazzaniga, 2015는 뇌의 좌우 반구가 독립적이면서 꽤 다른 방식으로 작동하는 정도를 밝힌 최초의 연구였다. '분할 뇌' 연구는 부상이나 수술로 좌우 반구가 분리되었거나 뇌량이 손상된 환자를 연구했다. 이 환자들은 양쪽 반구가 어느 정도 앎(지식)을 공유하는 것처럼 보이지만, 왼쪽 반구만이 경험과 지식을 설명하기 위해 언어를 사용하는 반면, 오른쪽 반구는 더 시각적이며 자극 간의 차이와 유사성을 더 잘 인식할 수 있어도 그것을 설명할 단어가 부족했다. 우반구는 일화적이고 암묵적으로 기억하는 반면, 좌반구는 자서전적 기억과 습득된 지식에 특화되어 있다. 그러나 정보를 언어로 부호화하는 능력이 좌반구에 있다고 해서 그 기억이 더 '정확하다'는 의미는 아니다. 좌반구는 상황의 요점을 파악해 사건의 전반적인 구도와 잘 맞는 추론을 하고 그렇지 않은 것은 무엇이든 버리는 경향이 있다. 이런 식의 정교화는 정확성에 해로운 영향을 끼치지만 대개 새로운 정보 처리는 수월하게 해준다. 우반구는 이와 달리 전적으로 진실한 원천 정보만 식별한다Gazzaniga, 2015, p. 152. 다시 말해 경험의 비언어적 측면을 '잊지' 않지만 해석하지도 않는다. 연구에 따르면 감정은 뇌의 양쪽에서 경험되는데 좌반구에서만 언어화될 수 있다. 우반구는 감정에 따라 반응할 수 있는데 그것을 말로 설명하지 못한다. 그리고 뇌량을 통한 정보 교환이 없다면 좌반구가 우반구의 감정에 이끌린 행동과 반응을 기억하지 못할 수 있다는 것도 관찰되었다.

애착 연구는 스트레스 상황에서 구획화되는 것이 선천적 경향성이라는 개념을 뒷받침하는 연구에도 기여했다. 애착행동을 살핀 종단연구Lyons-Ruth et al., 2006; Solomon & George, 1999; Solomon & Siegel, 2003에서 연구자들은 한 살 때 혼란애착 상태였던 아동은 19살에 해리증상을 나타내거나, 아니면 성인기에 경계선성격장애나 해리성정체감장애로 진단될 가능성이 크다는 사실을 입증했다. 애착 대상이 학대를 하는 순간, 그는 아이에게 안전과 보호의 유일한 원천인 동시에 당면한 위험의 원천이며, 아이는 두 가지 모순되는 본능에 갇혀 꼼짝하지 못한다. 곧 한편으로는 애착 대상에게 근접성·편안함·보호를 구하는 본능에 이끌리면서도, 다른 한편으로는 똑같은 수준으로 강력한 동물방어 본능에 따라 무서운 부모에게 너무 가까워지기 전에 얼어붙고, 싸우고, 도주하고, 복종하거나 아니면 해리된다. 지오바니 리오티G. Liotti1999는 두 가지 강력한 정서적·육체적 추동 사이, 그리고 두 가지 매우 다른 내적작동모델internal working model 사이의 해결할 수 없는 갈등을 관리하려면 해리성 분리가 필요하다고 가정한다. 생물학적으로 보면 애착 대상은 자동으로 도움을 요청하는 반응이나 근접성을 추구하는 추동을 이끌어내지만, 동시에 위협적이고 학대하는 성인에게 다가가는 것은 공포와 투쟁-도피 반응을 일으킨다.

반 데어 하트, 니젠후이스, 스틸2004; 2006은 해리성 구획화가 발생할 수 있는 또 다른 단층선, 곧 아동의 발달단계를 이끌고 환경에 적응하게 해주는 '행동체계action system' 또는 추동drive에 관해 언급한다. 한 가지 추동은 애착하고, 탐구하고, 놀고, 사회적 참여와 협업 기술을 개발하며, 나아가 성인으로 커가면서 신체의 필요를 조절하고 짝짓기와 번식, 다음 세대를 돌보는 법을 배우는 아이들의 타고난 성향에서 찾아볼 수 있다Panksepp, 1998; Van der Hart et al., 2006. 그러나 마찬가지로 아이는 자동적인 자기보호 행동을 확보하기 위해 탐색·사회적 참여·조절 기능을 급격히 억제하기도 하는데, 이때 과경계·도움을 요청하는 외침·투쟁 또는 도피·얼어붙음·무너지고 순응하는 등의 본능적인 동물방어에 의존하게 된다. 안전하지 못한 환경에서 자란 아이가 안팎으로 달라지는 요구에 대응하려면 두 가지 행동체계가 모두 필요하다. 예를 들어 학교에 다니려면 탐색하고, 수업에 집중하며 배우고, 또래나 교사 사이에서 사회적 참여를 할 수 있는 성격 부분personality part이 필요하다. 집에서 때때로 무심하며 때로는 폭력적인 부모와 있으려면 여러 가지 위협에 대처하기 위해 이리저리 빠르게 달라지는 능력이 필수적일 수 있다. 가령 학대자의 목소리나 발소리에 반응해 공황이나 공포를 느끼면 위험을 감지할 수 있다. 쾌활함은 부모의 짜증스러운 기분을 풀어줘서 긍정적인 관계를 촉진할 수 있다(사회적 참여). 어떤 때는 폭력 앞에서 어린 동생을 보호하려는 조숙하고 책임감 있는 아이가 되는 순응반응을 이용하면 도움이 되기도 하지만, 또 어떤 때는 과경계에 의지해 경계태세를 취한 채 부모의 기분을 주의 깊게 살펴 어떻게든 부모의 '무섭고 겁박하는' 행동을 잘 방어하는 방식으로 반응하는 편이 더 안전할 수 있다. 이런 구획화 패턴은 외상에 따른 절차적 학습procedural learning이라고 개념화할 수 있다. 완전히 통합된 하나의 '자기'가 되기보다 '자기들의 체계'를 사용해 적응하는 것이 더 안전하다.

찰스 마이어스Charles Myers가 제1차 세계대전에 참전해 '충격을 받은' 군인들을 관찰했고, 이를 토대로 반 데어 하트 연구팀2004은 이러한 다양한 추동이나 체계를 '성격의 부분(들)'이라 일컬었다.

비록 '성격의 부분'이라는 용어는 전문 분야에서도 매우 논란거리지만 몇 가지 이점도 있다. 첫째, '부분'이라는 용어를 사용하는 것은 우리가 하나로 보고 연구하는 온전한 사람과 성격이 존재한다는 것을 분명히 암시한다. 둘째, '부분'이라는 말은 일상에서 양가성이나 내적 갈등을 표현하는 데 흔히 사용되므로("내 일부는 조각 케이크를 너무 먹고 싶다는데 다른 부분은 먹지 말라고 하네요") 내담자가 쉽게 활용할 수 있다. 끝으로 우리의 뇌는 계속해서 함께 '발화'하는 신경회로들을 떠받치는 신경망을 발달시키는 경향이 있으며, 이러한 신경망이 종종 우리의 성격이나 존재방식의 일부 측면을 반영하는 복잡한 특질traits체계를 부호화한다는 점이 연구로 입증되었다Schore, 2001. 예를 들어 애착 대상에게 다가가려는 추동을 활성화하는 신경회로가 외로움의 감정과 편안함을 갈망하는 신경회로와 '그녀는 나를 사랑해. 절대 나한테 상처 주지 않을 거야'라고 믿는 신경망과 지속적으로 함께 발화한다고 해보자. 그러면 결과적으로 그 신경계는 애착 대상이 안전하며 사랑을 줄 것이라는 마술적 사고와 그러면서도 뭔가 잘못됐다는 불편한 느낌에 더해, 편안함과 친밀함을 향한 유아적 갈망을 가진 '성격의 어린아이 부분'을 나타내게 된다. 이런 신경계는 정체성에 대한 주관적 감각과 맞물려 복잡해질 수도 있고, 단순히 개인이 수행하는 여러 역할과 관련된 특질의 집합체일 수도 있다.

반 데어 하트 등2006은 마이어스의 말을 빌려, 일상생활의 우선순위에 따라 등장하는 자기의 측면을 "성격의 명백히 정상적인 부분"으로, 동물방어 반응에 이끌리는 부분들을 "성격의 정서적인 부분들"또는 제각각 생존을 위해 투쟁하고 도피하며 얼어붙고 순응하거나 애착을 원하는 부분들로 묘사했다. 이 책에서 나는 임상 현장에서 더 유용하다고 판단한 용어, '정상적 삶을 살아가는 부분'과 '외상 관련 부분'이라는 표현을 대신 쓰겠다. '명백히 정상'이라는 말을 쓰지 않은 이유는, 우리 안에서 생존하거나 끈기를 갖도록 추동하는 부분들의 긍정적인 진화적 기능을 강조하고, 잘 기능하는 자신의 능력을 '거짓 자기'로 보고 외상과 관련된 반응을 '진짜 자기'로 보는 내담자의 성향에 이의를 제기하고자 하기 때문이다. 더구나 '정상적 삶' 부분의 긍정적인 목적과 목표를 강조하는 것은 내담자가 동물방어 관련 부분들을 무시하거나 '진짜 자기'로 해석하지 않고 격동하는 감정과 그로 인한 조절장애를 제어할 능력을 강화하도록 독려하기 위해서다. 내담자의 행동과 반응을 유도하는 생존반응을 각기 다른 부분들과 연관 지으면 내담자의 수치심과 자기회의를 달리 볼 수 있다. 가령 분노가 끓어오르는 경험은 부당한 행동이 촉발하는 '투쟁하는 부분'과 연결될 때 더 잘 이해된다. 무조건적 수동성과 '아니요'라고 말할 줄 모르는 것은 자신의 안전을 위해 타인을 기쁘게 하거나 '상대에 비해 못나게' 보이려는 순응적인 어린아이 부분과 연결될 때 덜 수치스럽게 느껴질 수 있다. 부분들 각각은 위험한 조건에서 생존하는 방식을 반영하며 각자 자기보호 방식에 차이가 있다고 개념화한다면, 파편화는 의미 있고 존엄한 것이 된다. 이런 관점에서 부분들은 기억의 저장소가 아니다. '최악 중의 최악'에서 살아남기 위한 수단이지 그것을 기억하는 수단이 아니다. 나는 내담자에게 "각 부분이 제 역할을 하지 못해 당신이 생존하도록 돕지 않았다면 우리는 오늘 이 자리에 함께하지 못했을 겁니다"라는 말을 자주 한다. 그러나 부분은 본능적 생존반응의 전달자로서 '외상사건'이 끝난 뒤에도 오랜 세월 동안 계속해서 다음에 올 위협이나 외상의 도화선이 될 것들에 대응 태세를 유지한다.

구조적으로 해리된 부분들의 징후 인식하기

사람마다 트라우마에 다르게 반응하듯이 내담자마다 고유한 구조적으로 해리된 성격체계가 있을 것으로 예상할 수 있다. 만성 외상, 다양한 유형의 학대·방임의 이력이 있는 내담자들에게는 더 복잡한 구조적 해리가 필요하며, 잘 자라서 정상적 삶을 살아가는 부분과 함께 투쟁·도피·얼어붙음·순응·도움을 요청하는 외침 같은 생존반응에 이끌리는 다른 부분도 몇 개 있을 것이다. 그러나 이런 내담자들에게서도 파편화는 더 미묘하고 유연하거나, 아니면 더욱 극단적이고 경직되어 있을 수 있다. PTSD나 2형양극성장애 진단을 받은 몇몇 내담자는 때로는 짜증스럽고, 때로는 우울하며, 어떤 때는 불안해하는 식으로 명확한 몇 가지 상태 사이를 오간다. 경계선 성격장애가 있는 내담자들은 때때로 퇴행하고 매달리는 모습을 보이는가 하면, 어떤 때는 차갑고 화를 내며, 또 어떤 때는 절망하여 소극적으로 자살을 꿈꾸기도 한다. 그러면서도 직장에서 업무를 잘 처리할 수 있다. 가벼운 수준부터 중등도에 해당하는 '달리 분류되지 않는 해리장애DDNOS'의 경우, 치료자는 명확히 관찰되는 구획화와 약간의 기억곤란memory disturbance을 맞닥뜨릴 수 있다. 예를 들어 DDNOS가 있는 사람은 투쟁하는 부분들의 강렬한 화나 공격적 행동, 또는 분리불안이 있는 어린아이 부분의 결핍을 잘 회상해내지 못할 수 있다. 해리성정체감장애DID를 가진 내담자는 외상과 관련된 부분의 수가 전반적으로 더 많을 뿐 아니라 정상적 삶을 살아가는 부분의 우선순위를 돕는 다른 하위부분들, 가령 전문가인 자기, 양육하는 부분, 특별한 재능이나 사회적 기술을 가진 부분을 가졌을 가능성이 크다. 게다가 각 부분을 주관하는 신경망이 더욱 정교해지고 자율화되면서 외상 관련 자극에 의해 반응이 촉발되면, DID 내담자는 정상적 삶을 살아가는 자기의 인식 바깥에서 움직이는 부분들에 '장악'되면서 인격의 전환이나 기억공백을 보이기 시작한다.

성공한 기업 컨설턴트인 셀리아는 이력서를 고쳐 쓰다가 1990년에 기억에도 없는 상을 받은 사실을 알고 무척 놀랐다. 도대체 무엇을 해서 상을 탔는지뿐 아니라 상을 탔다는 사실조차 기억해낼 수 없었다! 애니 역시 가장 친한 친구로부터 다시는 연락하지 말라는 편지를 받았을 때 해리로 인한 기억공백이 발생했다는 충격적인 사실을 알게 되었다. "난 지난주에 네가 나에게 한 말을 절대 용서하지 않을 거야. 너무 잔인했어. 더는 상처받고 싶지 않아." 최근에 그 친구와 이야기를 나눈 기억이 없어서, 애니는 왜 '그녀'(애니 자신의 부분을 가리킴-옮긴이)가 친구에게 화를 냈는지, 그리고 '그녀'가 무슨 말을 해서 그토록 친구를 속상하게 만들었는지 상상할 수 없었다.

정상적 삶을 살아가는 부분이 직장생활이나 자녀 양육, 집안일과 같은 일상적인 생활을 계속해나가려고 애쓰는 동안, 생존하기 위해 동물방어 기능을 돕는 다른 부분들도 그 특성상 외상 관련 자극을 받으면 계속해서 활성화된다. 결과적으로 과경계와 불신, 감당하기 힘든 감정, 무력감을 부르는 우울증이나 불안, 자기파괴적 행동, 미래에 대한 두려움이나 절망 등 내담자가 치료자를 찾게 만드는 문제들이 발생한다.

부분들의 의사소통 수단: 증상

많은 내담자가 트라우마 반응이나 암묵기억에 휩쓸리거나 '장악'되고 나서야 치료를 받으러 온다. 어떤 사람들은 트라우마 반응을 차단하거나 거부하려다가 결국 만성 우울증이나 이인증이 생겨 치료를 받으러 온다. 일부 내담자는 해리장애로 진단할 수 있지만, 그보다 많은 내담자가 PTSD, 불안 및 기분 장애, 성격장애와 같이 처음에는 단순해 보이는 외상 관련 증상으로 치료받으러 온다. 하지만 특정 증상은 바탕에 구조적 해리가 존재한다는 점을 유의해야 한다. 예를 들어보자.

내적 분리의 징후

내담자는 직장에서는 할당된 업무, 동료와의 협력, 임무와 같은 '긍정적인 촉발요인'에 자극받아 고도로 기능하는 반면, 집이나 사적인 관계에서는 트라우마 촉발자극으로 인해 퇴행한다. 또 내담자는 버림받을까 봐 두려워하는 것과 가까이 다가오는 사람들을 밀쳐내는 것을 반복하고 누군가를 처음에는 이상화했다가 어떤 이유로 실망감을 느끼면 환멸과 분노를 드러낼 수 있다. 유기에 대한 두려움은 애착을 원하거나 도움을 구하는 부분의 의사소통에 따른 반응인데, 타인과 가까워지면 그 부분들에게 본래 있던 분리불안이 악화되기 때문이다. 밀어내는 것은 취약해지거나 상처받을 위험성에 의해 활성화되는 투쟁하는 부분의 반응이다. 분리는 모순되는 행동으로 나타나곤 한다. 예를 들어 외상 관련 자극으로 촉발될 것에 대한 두려움은 강렬하면서도 정작 실제 위협에 대처하는 데 필요한 적절한 두려움이 모자랄 수 있다. 내담자는 다가오는 여름 가족 휴가를 계획하면서 한편으로는 자살하겠다는 결심을 되새긴다. 자기 자신을 가리켜 '개방적이고' 친절하며 합리적이라고 하지만, 가족과 친구들은 그가 늘 화가 나 있고 거만하며 만족을 모른다고 한다.

치료 이력

내담자는 이전에 많은 치료를 받았지만 별로 진전이 없었고 명확해진 것도 없다거나, 치료가 험난하고 격동적이었으며 아주 극적인 방식으로 끝났다고 말한다. 내담자를 만나온 치료자들은 "그 내담자는 내 능력 밖이야" "그(그녀)에게 필요한 것을 채워주기에 나는 부족해" "치료할 기술이 없어" 같은 느낌을 보고하는 반면, 내담자는 치료의 불충분함보다 치료자의 포기가 두렵다고 보고한다.

신체 증상

비정상적인 통증 민감성 또는 비정상적으로 높은 통증에 대한 내성, 스트레스성 두통, 눈 깜박임이나 눈 처짐, 기면증, 진단 가능한 의학적 원인이 없는 신체 증상조차도 외상이나 해리 활동에 따른 증상일 수 있다. 구조적 해리의 일반적 지표 중 하나는 정신약리학적 약물에 대한 반응이 전형적이지 않거나 아예 반응이 없는 것이다[Anderson, 2014]. 부분들이 신체를 통해 의사소통하는 경우에 이런 현상이 발생한다. 가령 눈꺼풀이 깜박이거나 처지는 것은 종종 해리성 전환 switching을 알려주는 신호다. 왼쪽 어깨가 축 처지고 오른쪽 어깨가 긴장되어 위로 솟은 것은 신체에서 우세하지 않은 쪽에 순응하는 부분이 있고, 더 강하고 우세한 쪽에는 싸울 준비가 된 부분이 연결되어 있다는 증거일 수 있다.

'퇴행적인' 행동 또는 사고

때때로 내담자의 몸짓이 실제 나이에 해당하는 성인의 모습보다는 전형적인 어린아이 모습에 더 가까워 보일 수 있다. 예를 들어 수줍어하고, 축 늘어지고, 두려워하며, 남들이 자신을 보는 것을 못 견디거나 눈을 맞추지 못하는 것처럼 보일 수 있다. 이 경우 내담자의 메시지는 다음과 같을 수 있다. "무서워요. 나를 해치지 말아요." "나를 알아봐주세요. 제발 좋아해줘요." "제발 떠나지 말아요." 말하고 사고하는 방식 역시 어린 부분의 존재를 드러낼 수 있다. 고집스럽거나 흑백논리적 사고, 성인보다는 아이에게 더 전형적인 말과 표현 등이 그 예다. 아이들은 짧은 문장을 사용하고, 분리·보살핌·공정함에 관해 얘기하며, 잘 이해받지 못하면 공감받지 못했다고 느낄 가능성이 크다.

우유부단함 또는 자기훼방의 패턴

사소한 결정을 내리지 못하거나 자신의 의도를 표현하지 못하는 내담자의 문제는 종종 '양가성'으로 오해되는데, 이는 목표가 상반되는 부분들 간의 갈등을 반영할 수 있다. 이 현상은 종종 직업·경력·관계의 빈번한 변화, 자기훼방, 이해할 수 없는 실패와 성공적인 삶의 교차, 번갈아 나타나는 우수한 수행과 의욕 상실, 열심히 해오던 일을 무효화하는 자기파괴적 행동 등으로 나타난다. 이 패턴은 인생에서 매우 중요한 결정을 할 때도 나타날 수 있지만, 대개는 아침에 무슨 옷을 입을지, 뭘 먹을지, 점심 때 데이트를 할지 말지 선택하지 못하는 일상생활의 어려움으로 드러난다.

기억 증상

해리장애의 주요 증상은 기억 사이의 틈과 '기억공백memory loss'이지만 더 미묘한 기억 문제들이 구조적 해리의 징후일 수 있다. 예를 들어 하루를 어떻게 보냈는지 기억하기 어려워하는 것, 저번 치료 때 나눈 이야기를 기억하기 어려워하는 것, 의식 상실, 퇴근길처럼 익숙한 곳을 운전하다가 길을 잃는 것, 자동차 운전처럼 숙련된 기술을 잊어버리는 것, 기억하지 못하는 행동에 관여하는 것과 같은 기억 문제는 부분들의 활동이 드러나는 흔한 방식이다.

자기파괴적이고 중독적인 행동 패턴

많은 연구를 통해 자살, 자해, 중독적인 행동과 외상 이력에 상관관계가 있다는 점이 입증되었다. 따라서 자기파괴적 행동에 맞서 씨름하는 트라우마 환자를 만나는 것은 드문 일이 아니다. 나는 내담자에게서 나타나는 위험한 행동이 일관되게 외상과 관련된 촉발자극에 의한 투쟁 또는 도피에 이끌리는 부분들의 활성화를 반영한다고 생각한다. 내담자의 정상적 삶을 살아가는 부분은 삶에 전념하고 '누구나 원하는 것들'을 원하므로 치료자를 찾아오지만, 투쟁하는 부분들은 어떤 대가를 치르더라도 암묵기억에서 벗어나고자 노력하면서 위험천만한 행동에 끼어들거나 자해·자살을 시도한다. 도피반응에 이끌리는 부분들은 섭식장애를 일으켜 무감각해지거나 중독행동으로 의식에 변화를 주고, 결과적으로 견디기 힘든 감정이나 플래시백과 거리를 둔다. 투쟁하는 부분들은 타인을 공격하든 자해나 자살 행위를 하든 더 폭력적인 행동을 하기 쉽다. 2~10년 동안 증상이 심각한 입원환자 집단을 대상으로 구조적 해리 모델을 사용해 의도적 또는 비의도적 자살을 방지하는 예비연구에서, 위험한 행동과 연관된 부분들을 식별하고 정상적 삶의 자기가 자기파괴적 부분들의 충동을 알아차려 그것과 분리되는 능력을 강화시키는 데 초점을 두고 1년간 심리교육 기반 치료를 하자 실험 참가자 8명 가운데 6명의 상태가 현저히 좋아졌다Fisher, in press.

트라우마 생존자가 치료실 문 앞에 나타날 때쯤이면 그에게는 이미 자율신경계의 조절 문제, 혼란애착 패턴, 구조적으로 해리된 부분들의 신경생물학적·심리적 영향으로 인해 일련의 반응이 익숙하고도 깊게 뿌리내려 있을 것이다. 내담자는 외상성 촉발자극으로 활성화되는 암묵적인 절차적 학습에 무의식적으로 끌려다닐 것이다. 증상과 촉발된 반응이 이제는 너무 익숙하고 자동적이므로 내담자는 주관적으로 '이게 바로 나야'라고 느낀다. 비록 과거와 분명히 무관하지만 '이게 바로 나야'라는 반응들은 성격과 관점, 촉발자극, 생존반응이 서로 다른 여러 부분이 지닌, 충분히 기억될 수 없거나 말로 표현될 수 없던 역사를 담고 있다.

질리언이 26세에 느낀 분노, 수치심, 절망감에 바로 그런 특징이 있었다. 왜 그런 감정을 느꼈는지 설명할 필요도 없었는데, 너무도 익숙해서 마치 자신의 일부처럼 여겨졌기 때문이다. 화가 났을 때 어떻게 이토록 두려움이 없을 수 있는지, 어째서 이토록 빨리 수치심과 절망감이 자신의 몸을 사로잡고 입을 다물게 만드는지는 궁금해하지 않았다. 또 예술가로서 자신감 있고 자기 작품을 공개하는 것을 두려워하지 않으면서, 왜 개인적 관계에서는 사람들의 기분을 상하게 할까 봐 그토록 두려워하는지도 이상하게 생각하지 않았다. 질리언은 심지어 치료자가 '자살하려는 부분'이라 부르는 것에도 놀라지 않았다. 그녀는 살고 싶지 않다는 강렬한 바람을 평범한 것처럼 받아들였다. 정상적인 삶은 먼 기억이었다. 한때 자신에게 중요한 것이었지만 지금은 사라진 지 오래였다. 질리언은 가장 끔찍했던 시기에도 자신의 정상적 삶을 살아가는 부분이 여전히 잘 살아 있고 늘 그래왔음을 보여주는 미약하지만 의미 있는 징후를 찾지 못했다. 우선 질리언은 여전히 여동생에게 지혜롭고 엄마 같은 존재였으며 엄마에게는 정서적 지지자였는데, 이 역할로 가정의 혼란에 대한 통제감을 얻었다. 다음으로 질리언은 어렸을 때 자신의 미적이고 예술적인 능력을 안전한 피난처로 사용했다. 이 능력을 '좋은 면'이라고 여겼고, 덕분에 20대 초반에 전문 도예가가 될 수 있었다. 하지만 질리언은 이런 점을 평가절하했다. "보세요, 알코올의존증인 엄마가 없었다면 저도 아마 마약을 했을 거예요. 나는 마약 대신 이것저것 만드는 일에 중독된 거라고요. 뭐 어쩌겠어요?"

질리언이 증명하듯이, 트라우마 생존자들은 트라우마에 대처하기 위해 신경생물학적으로 조절하려는 시도를 반영하는 여러 증상(가령 자해와 자살, 위험 감수, 재연 행동, 돌보기와 자기희생, 재희생자화, 중독 행동)을 너무 자주 만들어낸다. 이 모든 행동은 조절되지 않는 신경계를 조절하고 다음 위협에 대비하는 다양한 방법들이다. 자해 및 자살 계획은 아드레날린 반응을 유도해 상황에 대한 영향력, 통제력, 냉철함, 신체적 강인함을 이끌어내지만 동시에 엔도르핀 생성이 증가하면서 이완효과도 낸다. 절식, 폭식, 구토, 과식은 모두 정서와 신체의 마비를 유도한다. 그리고 중독 행동은 마비나 각성의 증가, 또는 두 가지가 조합된 상태를 유발하기 위해 사용될 수 있다. 역사적으로 정신건강 분야에서는 문제를 해결할 때 위험한 행동을 먼저 안정시킨 다음 외상사건을 치료했다. 그러나 서술기억은 자율신경계의 강력한 각성과 연관되어 있고 자율신경계의 활성화는 우리를 위험에 '대비'하게 만들기 때문에 기억하는 것이 오히려 자기파괴 충동을 재활성화할 가능성이 있다. 심지어 기억에 '대해 생각하는 것에 대해 생각하는 것'Ogden et al., 2016조차도 마치 그 사건이 지금 여기에서 되풀이되는 것처럼 신경계를 재활성화할 때가 많다. 신경생물학적 연구와 트라우마의 신체적 흔적에 대한 이해가 더해지면서, 이전 방식과 차별화된 새로운 접근법을 선택하는 것이 바람직해 보인다Van der Kolk, 2014; Ogden et al., 2006. (2장 '부분들과 트라우마 반응 이해하기'와 7장 '자살, 자기파괴, 섭식장애 및 중독을 유발하는 부분들과 만나기'를 보라.)

내담자와 내담자의 부분들이
지금 '여기에' 있도록 돕기

내담자의 증상이 응급 상황을 인식해 생존반응으로 대응하는 외상 관련 부분들의 암묵기억에 의해 나타난 것일 때, 내담자 개인은 계속해서 안전하지 않다고 느끼고 그의 부분들은 당장 위협에 처한 것처럼 계속 방어한다. 트라우마 반응이 이런 식으로 잘못 해석되면 부분들은 위협을 느낀다. 다시 말해 부분들에게 이 상황은 자신이 위험에 처했고 결함이 있으며 절망적인 상황에 갇혔다는 증거처럼 느껴진다. 다시 한번 그들은 보호받지 못한 채 혼자 위험에 빠졌다고 느낀다. 치료에서 최우선 순위는 그들의 증상이 현재의 위험이나 결함 또는 '나는 원래 그런 사람'임을 나타낸다는 주관적 인식에 의문을 제기하는 것이다. 치료자는 습관적으로 유발되는 위험 신호와 트라우마 반응을 부분들의 의사소통으로 보도록 내담자의 주의를 환기해야 한다. 구조적 해리에 대해 심리교육을 하고, 촉발자극에 반응하기보다 마음챙김을 활용해 호기심을 갖고 새롭게 반응하도록 도울 때, 내담자들은 자기조절력과 '지금 여기'에 있을 수 있는 능력이 자라나기 시작한다. 그런 다음 조절되지 않던 자율신경계가 조절되는 경험을 할 수 있도록 과거를 탐색하면, 내담자는 내가 '현재에 머무르기'라고 부르는 순간, 다시 말해 몸이 차분해지는 느낌이 들며 생각이 선명해지고 자신이 안전하다는 것을 아는 순간을 경험할 수 있다.

다음 장에서는 트라우마의 '살아 있는 흔적'으로서 내담자들이 보고하는 문제와 증상을 어떻게 이해할지 탐구한다. 외상 후 암묵기억 또는 구조적 해리에 대한 이해가 없다면, 그리고 이것이 과거를 떠올리는 단서들로 인해 촉발된다는 점을 모른다면, 내담자는 두려움·수치심·분노를 눈앞의 위험이나 내면 깊이 자리잡은 자기부적절감의 표시로 해석하게 된다. 고착, 저항, 만성 우울, 변화에 대한 두려움, 견고한 두려움과 자기혐오, 위기와 갈등, 심지어 자살충동마저도 부분들의 의사소통일 수 있다는 것을 알면 안도감을 느낄 수 있다. 그 부분들은 자기가 대비하는 위험이 과거에 있다는 것을 알지 못한 채 생존을 걱정할 뿐이다. 실망, 비판, 친밀감, 거리감, 심지어 권위적 인물authority figure도 더는 위협이 되지 않음에도 불구하고 각각은 외상성 암묵기억과 그 기억을 간직한 부분들을 자극한다. 내담자가 자신의 증상에 호기심과 관심을 두고 자신의 반응을 통해 말하는 목소리를 식별할 수 있게 되면, 자신과 과거의 관계가 수치심과 공포에서 연민으로 바뀔 수 있다. 각 부분이 자기만의 고유한 방식으로 생존 임무를 담당한다는 사실을 알면 내담자는 피해 사실보다 생존했다는 것이 더 중요하다는 사실을 깨닫는다. 각 부분이 생존에 어떻게 참여했는지를 이해하면 '우리, 함께'의 감각이 커져서 혼자인 채 버려졌다는 감각에 대항할 수 있다. 상처받은 어린 자기들에게 따뜻함과 공감을 느끼는 것은 치유와 위안을 준다.

2장

부분들과
트라우마 반응
이해하기

경험의 이미지와 감각이 '암묵적'으로만 남으면 (…) 과거에서 비롯된 표상이라는 꼬리표가 붙지 않은 채 제각기 흩어진 신경 혼란neural disarray 상태가 된다. (…) 우리는 계속해서 '지금 여기'라는 현실에 대한 주관적인 느낌과 순간순간 누군가에 대한 감각을 빚어내지만, 이런 암묵기억의 영향력은 우리의 의식 밖에 머무른다.

_대니얼 시겔2010, p. 154

트라우마는 전통적인 진단이나 치료방식에 맞지 않는 형태로 흔적을 남길 때가 많다. 내담자는 자신의 비밀을 공개하면서 안도하기보다는 수치스러워하고 의심이 많아지거나 들통났다고 느낀다. 치료에서 새롭게 학습한 것을 기억하거나 치료실 밖의 삶으로 일반화하는 것을 어려워하고 곰돌이 푸처럼 계속해서 똑같은 상태로 되돌아간다. 아니면 상담실에 올 때마다 다른 사람이 된 듯해서 치료자가 치료 동맹을 맺을 상대가 없어지고 만다. 지난주에 흥분해서 화가 났던 내담자가 이번 주에는 우울하고 암울한 채 입을 꾹 다물 수 있다. 그리고 다음 주에는 절망과 자살보다는 미래에 대한 계획이 대화의 주제가 된다. 지난주에 폭로했던 성적 학대를 다시 언급하면 내담자는 화들짝 놀란다. 그 폭로가 마치 없던 일처럼 잊힌 것이다. 지난주에는 내담자가 치료실이 유일하게 안전한 장소라고 느꼈다면, 오늘은 위협적이라고 느낀다. 더 심각하게는 변하겠다는 결심이 변화에 대한 두려움으로 바뀐다. 마음 상태가 이렇게 변하면 치료자뿐만 아니라 내담자 역시 혼란스럽다.

생명이 위협받는 상황에서 생존은 필수다. 인간이 눈앞의 위험에 빠졌을 때 의식적으로 경험을 목격하고, 시간·장소·정체성의 감각을 유지하고, 일어난 일에 대한 기억을 프레임 단위로 명확하게 부호화하는 것은 불필요한 사치다. 잠재적 위협에 직면하면 뇌와 신체는 본능적으로 비상 스트레스 반응을 동원하여 도망가기, 투쟁, 피하기, 숨기 등의 행동을 취하도록 준비시킨다. 위험한 단서가 감각 체계에 감지되면 신경화학적 연쇄 반응이 시작된다. 편도체(뇌에서 연기를 감지해 화재경보를 알리는 구조)가 더 빠르게 '발화'하고, 또 다른 변연계 구조인 시상하부가 활성화하며, 교감신경계를 '켜기' 위해 아드레날린이 방출되기 시작한다. 근육조직으로 산소를 빠르게 내보내기 위해 아드레날린이 심장박동과 호흡을 끌어올리고, 신체는 투쟁-도피 충동에 개입할 준비를 한다. 그러면 인간은 안정감과 강인함을 느낀다. 사건이 슬로모션으로 전개된다. 냉정함이 두려움을 대체해 눈을 가늘게 뜨며 주먹을 꽉 쥐고 다리근육, 팔뚝, 어깨를 동원해 행동을 취할 준비를 한다. 투쟁 또는 도피 반응이 전개되면서 또 다른 신경화학물질인 코르티솔을 방출해 부교감신경의 상호활동을 활성화하기 시작한다. 부교감신경계는 회복·휴식·침착한 상태에 기여하는 역할로 잘 알려져 있고, 교감신경계가 '에너지 소비체계'로 불리는 것과 대조적으로 '에너지 보존체계'Ogden et al., 2006로 불린다. 몸이 투쟁 또는 도피를 위해 움직이는데 빠져나갈 길도 방어할 길도 없는 경우, 부교감신경계는 노출을 피하거나 순응하거나 '죽은 척하기' 위해 마치 자동차 전조등에 비친 사슴처럼 몸이 얼어붙도록 준비시킨다. 부교감신경계는 또한 소진, 고갈, '잠만 자면 된다'는 느낌, 마비의 느낌을 불러일으켜 신체가 투쟁과 도피에 따른 엄청난 에너지 소비에서 회복하게 돕는다.

늘 위험과 위협이 존재하는 트라우마 환경에서는 아동이나 어른 모두 잠재적 위험에 준비된 상태를 유지하도록 조건화되는 것이 적응에 더 유리하다. 이런 자동반응 패턴은 교감신경이 활성화되거나 (과경계, 과각성, 행동할 준비, 충동성에 치중) 부교감신경이 우세할 (활력이 없고, 소진되고, 느리고, 무감각하고, 단절되고, 절망적이고,

무력함) 수 있다. 가령 종일 가정폭력에 노출되는 위협을 견뎌야 하는 아동이나 희생자, 또는 얌전히 있는 것이 최고로 안전한 적응이었던 사람에게서는 흔히 수동성·느릿한 사고·우울증·수치심과 같은 부교감신경계의 패턴이 삶을 지배한다. 반면 교감신경계가 우세한 내담자들에게서는 과잉행동, 반응성, 분노와 두려움의 감정, 일단 행동하고 나서 생각하려는 태도, 불신과 과경계하는 모습이 더 일반적이다.

생존은 동물방어 반응을 유도하는 교감신경계와 부교감신경계의 과활성화에 달렸으므로, 내담자들의 신경계는 스트레스 상황에서 조절되지 않게끔 조건화되어 있다. 투쟁 또는 도피하는 부분, 애착을 원하는 부분, 얼어붙는 부분처럼 교감신경계의 각성과 연관된 부분들과 순응하는 부분, 정상적 삶을 살아가는 자기처럼 부교감신경의 각성과 연관된 부분들은 신경계가 촉발자극에 반응하면 활성화할 준비를 한다. 트라우마 상황에서 개인은 '인내의 창window of tolerance'이라는 능력을 개발하지 못하거나 상실한다Ogden et al., 2006; Siegel, 1999. '인내의 창'은 교감신경에서 발생하는 강렬한 감정과 부교감신경에서 유발되는 지루하고 무감각하며 '우울'한 느낌을 견디는 개인의 대역폭 또는 능력을 의미한다. 외상을 입은 아이들을 위협하는 대다수 상황이 반복적이거나 지속적인데Saakvitne, 2000, 일반적으로 이런 조건에서는 인내의 창을 개발할 기회가 거의 없다. 적응하기 위해 그들의 몸은 과경계 상태로 행동할 준비가 되어야 했다. 아니면 단절되고 마비되고 수동적인 채로 어떤 일이 닥치더라도 참아야 했다. 이후 더 나이가 들어서 외상 관련 촉발자극에 노출될 때면 신경계는 이미 어린아이였을 때 가장 도움이 된 것과 동일한 자동적 반응과 동물방어를 활성화하도록 조건화되어 있다Ogden et al., 2006. 짐

그릭스비Jim Grigsby와 데이비드 스티븐스David Stevens는 다음과 같이 강조한다. "뇌는 자동적이면서도 확률적으로 비슷한 상황에서 같은 행동을 하도록 기능하기 때문에 이전에 적응적이었던 활동이 반복될 가능성이 높다"Grigsby & Stevens, 2000, p. 51. 생존을 보장하기 위해 다음 위협에 대비하려는 신체의 본능은 방금 일어난 일에서 회복하고, '이제 끝났어'라고 느끼며, 신경계를 차분하고 휴식 상태로 재설정하는 것과 모순이 된다. 몇 년이 지나 내담자들이 평온한 느낌에 접근하기 시작하면서 불안하다고 보고할 때가 종종 있다. "너무 이상해요. 이런 느낌 불편하네요."

게다가 자율신경계가 반복적으로 활성화되면 경험을 언어기억 영역으로 전달하기 위해 시간 순서와 관점에 따라 정리하는 역할을 하는 뇌의 해마가 억제된다Van der Kolk, 2014. 해마나 전전두피질이 기능하지 않으면 개인은 일어난 일을 목격하거나 처리할 기회를 잃고 그 대신 '(경험의) 통합되지 않고 연결되지 않은 감각 요소들'만 떠안게 된다Van der Kolk, Hopper, & Osterman, 2001. 신체의 생존반응이 인간으로서 겪은 최악의 경험에 대해 의미를 부여하지 못하게 방해하는 것이다. 생존자들에게 남은 것은 일련의 완결되지 않은 신경생물학적 반응과 '원자료', 곧 암묵기억으로 부호화되어 '기억'으로 인식될 수 없는 사건에 따른 압도적 감정·신체반응·침습적 이미지·소리·냄새였다.

1990년대 중반 뇌영상 기술의 등장으로, 실험 참가자가 트라우마의 세부사항을 회상하는 동안 '대본을 통한 자극'에 뇌가 어떻게 반응하는지를 관찰해서 외상기억에 관해 연구할 수 있게 되었다. 또반 데어 콜크2014; 1994는 오랫동안 "몸은 기억한다"라고 주장했는데, 외상기억은 생리학적으로 구동되므로 의도적으로 회상할 수 없으며 평범한 기억처럼 해결되지 않는다는 의미였다. 그는 이러한 근본 적인 생리학이 트라우마 환자에게서 발생하는 '재연행동' 및 PTSD 와 관련된 다수의 증상을 설명해준다고 믿었다. 게다가 대다수 트라 우마 생존자들은 자발적으로 회상할 수 있는 일상사건에 대한 기억 과 달리, 어떤 일이 일어났는지 확신할 수 없을 정도로 뜻밖의 침습 적 기억이 너무 많거나 기억이 '충분치 못한' 경향이 있다.

뇌영상 연구는 외상기억의 이런 특성의 원인을 천천히 그러나 분 명하게 밝혀냈다. 실험 참가자들이 그들 나름의 방식으로 외상사건 을 떠올리자 전전두피질의 언어와 말하기 영역은 활성화되지 않았 으나 우반구 변연계에 위치하는 감정기억의 중추, 특히 편도체가 매 우 활성화되었다. 좌반구의 언어중추가 억제되면서 이 참가자들은 말이 안 나왔고 편도체는 마치 그 사건 전체가 다시 일어나는 것처 럼 제멋대로 '발화'되었다. 다시 말해 비상 스트레스 반응을 일으켰 다. 이 연구는 외상기억의 또 다른 특성을 확인시켜주었다. 의도적 으로 기억을 인출하고 언어화할 수 없더라도 사건이 끝난 지 수십 년 뒤에도 외상기억은 촉발자극, 곧 외상사건과 직간접적으로 관련 된 자극으로 활성화된다는 것이다. 질리언의 사례는 외상기억의 이 러한 특성의 좋은 예다.

질리언이 10년 전 겪은 트라우마는 촉발된 암묵기억 상태에 반 영되었다. 기분은 분노에서 무감각·수치심·자기회의를 오가 며 변했고, 타인과 가깝게 지내기를 어려워하면서도 혼자 있거 나 분리되는 것은 참기 힘들어했으며, 감정에 압도되어 '이 모 든 걸 끝내려고' 죽기를 바라고 있었다. 엄마의 방임이나 오빠 의 근친상간 행동을 잘 기억하지 못했고, 자신의 극단적인 감정을 기억할 수 있는 사건과 연관 지어 생각해보려고도 하지 않았다. 하지만 질리언은 26살이 되어서도 여전히 부모 집에서 살았기 때문에 누가 봐도 해롭지 않은 자극에도 계속해서 암묵기억이 촉발되었다. 비록 엄마는 이제 덜 우울했고 오빠는 성인이 되어 집을 떠났지만, 그 집은 '지뢰'로 가득했다. 절대 해롭지 않은 자극, 예를 들면 집에 혼자 있는 것, 감정을 표현할 때 아무도 '들어주지 않는' 것, 자기를 이해하는 사람이 없다는 것에서 실망감을 느꼈고, 질리언은 여전히 '안전하지 않다'는 감정을 강렬하게 느꼈다.

초대받지 않은 기억

과거 사건과 마찬가지로 외상 경험을 의도적으로 회상하기가 어려울 수 있지만 뇌의 '부정편향negativity bias'Hanson, 2014, 곧 긍정적 자극보다 부정적 자극을 더 빨리 인식하고 우선순위에 두는 경향성은 장기간에 걸쳐 이전의 위험과 관련된 모든 단서에 민감하게 만든다. 심지어 질리언이 집에 혼자 있거나 실망감을 느끼는 경우처럼 매우 사소한 단서라도 암묵기억이나 의도치 않은 불청객 같은 '기억'을 자극할 수 있다. 전전두피질이 억제되면 자극을 변별하지 못하기 때문에 신체는 내담자가 즉각적인 위험에 처한 것처럼 생존방어 반응을 동원한다. 현재 40대, 50대, 60대가 된 트라우마 생존자들의 경우에 촉발자극을 통해 이런 기억이 재활성화되면 치러야 할 대가가 특히 크다. 많은 사람이 실제 외상사건에 노출된 기간보다 훨씬 더 오랜 세월 동안 외상 관련 자극으로 인한 반응 촉발의 희생자로 지내왔다. 촉발된 반응이 신체 및 감정 기억의 증거라는 사실을 인식하지 못한 채 그들은 두근거리는 심장박동, 타오르는 수치심, 경직된 근육, 호흡 곤란, 마비, 폭발적 분노를 자신이 위험에 빠졌다는 신호라고 '믿는다'. 위험에 처하지 않은 것이 분명해지고 나면 자신이 미쳐가고 있거나 결함이 있다는 증거로 받아들이거나 그저 '척'하는 삶을 살아가고 있다는 또 다른 두려움이 밀려온다. 외상을 입은 많은 사람이 이런 '증거'를 바탕으로 스스로 고립되고, 성급하고 갑작스럽게 건강한 관계를 끝내버리거나 건강하지 못한 관계를 끊지 못할 수 있다.

그런대로 살아가는 사람들 중에도 다수가 촉발자극에 최대한 노출되지 않으려고 삶을 충만하게 살기를 기피한다. 어떤 사람은 압도하는 기분과 활성화를 감당하기 위해 자기파괴적 행동을 하지만, 결국 자신이 더 무너졌고 결함이 있다고 느낄 뿐이다.

행동과 반응 '기억하기'

트라우마의 신경생물학적 측면이 과학적으로 더 많이 알려지면서, 이제는 외상기억을 매우 복잡한 현상으로 이해하게 되었다. 트라우마였던 과거 기억을 부호화하는 방식은 사람마다 독특하고 다르지만, 기억이 조각나 통합되어 있지 않다는 공통점이 있다. 몇몇 트라우마 생존자는 사건을 더 명시적으로 기억하는 반면, 기억이 거의 또는 전혀 없는 사람도 있다. 하지만 그들 모두는 외상에서 비롯된 정서, 자율신경의 각성 반응, 근육과 신체 기억, 인지적 왜곡, 촉각·후각·시각·청각 기억을 비롯해 내장기억을 포함하는 많은 암묵기억이 있다.

　그리고 정도의 차이는 있지만 모든 트라우마 생존자는 외상과 관련된 절차적 학습 또는 조건화된 학습을 통해 '기억'한다Grigsby & Stevens, 2000. 절차적 기억체계는 기능·행동·습관을 부호화하는 암묵적 또는 비언어적 기억의 한 종류로, 여기에는 자전거 타기·운전하기·악수하기·다른 사람에게 인사하기 같은 사회적 행동, 피아노 연주하기에서 골프나 테니스 치기를 아우르는 잘 학습된 능력들이 포함된다. 생존 '습관' 역시 절차적으로 학습된 행동으로 부호화된다. 그 예로는 강렬한 정서를 자동으로 차단하거나 그것에 압도되는 경향성, 눈맞춤의 어려움, 특정 수준의 물리적 근접성이나 거리의 필요, 철수 또는 고립, 도움을 요청하거나 감정 및 개인정보 공개하기를 어려워하는 것, '너무 많이' 또는 '너무 적게' 말하기, 정서 표현 및 정서 그 자체에 대한 공포, 다른 사람이나 문과 창문을 향해 등을 보이지 않는 것, 스트레스나 촉발자극에 반응해 얼어붙거나 투쟁하거나 도피하는 습관 등이 있다.

　감정적·신체적 또는 절차적 암묵기억을 '기억'으로 식별하는 데 어려움을 겪는 만큼 현실 검증력이 손상되면서 일종의 '자가촉발'이 발생할 수 있다. 내담자가 특정 인물이나 상황이 안전하지 않다고 느끼면 그것들을 위험과 관련지으며 '악마화'하는 경향이 있다. 한때 촉발자극이었던 것이 여전히 촉발자극이어서, 신체는 자체적으로 그것을 위험 신호로 인식하고 대응한다. 전전두피질이 차단되고 기억과 지금의 현실을 구별하는 뇌가 자리를 비운다. 질리언의 예는 자신을 돕는 전문가를 두려워하는 것에서 볼 수 있듯이 어떻게 무해하고 심지어 긍정적인 자극이 위협감과 연관된 뒤로는 위험한 것으로 경험되는지를 잘 보여준다. 또 암묵기억과 트라우마 반응이 어린아이 부분과 연관되어 있다면, 연령과 발달단계에 따른 제약으로 말미암아 해당 부분의 인지방식이 더욱 경직되었을 가능성이 커지면서 현실 검증이 훨씬 더 어려워진다는 점을 보여준다.

질리언은 10대 초반에 심리치료와 치료자에게 두려움을 느꼈다. 부모는 가족의 지목된 환자indentified patient(가족구성원 중 제일 먼저 역기능적 증상을 보여 스스로 상담현장에 찾아오거나 보호자에게 이끌려 오는 내담자 – 옮긴이)였던 질리언을 '고치려고' 여러 치료자에게 잇달아 보냈다. 치료자 중 누구도 질리언의 행동에서 엄마의 알코올의존증 또는 오빠의 성적 학대를 '알아차리지' 못했고, 그녀를 더욱 순종하게 만들어 가족관계를 강화시키는 데 집중했다. '이해받지 못함' '들어주지 않음' '아무도 알아주지 않음'은 모두 외상을 입은 개인에게 강력한 촉발자극으로 작용한다. 치료자들이 이런 사실을 모른 채 질리언의 가정을 건강하지만 반항적인 아동에게 지나치게 허용적이라고 무심코 가정해버리는 바람에, 그들은 질리언에게 촉발자극이자 위험한 존재가 되어버렸다. 또래로부터 고립되고, 아빠의 경제적 지원에 의지하는 취약한 엄마의 '가장 좋은 친구'인 채, 질리언은 자기를 도와주는 전문가들에게 자극을 받으면서 치료를 도움과 안전의 원천이라기보다 처리해야 할 위험으로 여겼다. 자신의 두려움이 (도움을 갈망했지만 '자신을 믿어주지 않은' 이전 치료자들에 의해 촉발된) 어린아이 부분의 의사표현이라는 것을 알았더라면, 질리언은 과거와 현재를 연결할 수 있었을 것이다. 더 나아가 그 어린아이를 보호하고 옹호하려고 노력했을 수도 있다. 추호의 의심도 없이 그 아이를 믿는다고 말하며 안심시켰을지도 모른다. 비록 누구도 질리언에게 그렇게 해주지 않았지만 말이다. 질리언은 무슨 일이 있었는지 알고 있었다. 어쩌면 질리언은 자신이 그 아이를 보살피는 한 아무도 이해하지 못하고 믿어주지 않는 것이 상처는 되어도 위험한 것은 아니라고 아이에게 말해줄 수 있었을지도 모른다.

트라우마 치료가 효과적이려면 방법이 무엇이든 생존자들이 과거와 현재를 통합할 수 있어야 하며, 그러려면 교육이 필요하다. 무엇이 외상기억이고 무엇이 아닌지, 촉발 요인과 촉발자극이 무엇인지, '이것은 감정기억이다, 이것은 신체기억이다'와 같이 촉발된 상태에 정확히 이름 붙이는 법을 배우고, 특정 사건을 회상하거나 회상을 기피하지 않고서도 촉발된 상태가 과거를 '이야기한다'는 점을 믿는 능력을 키우도록 교육이 이루어져야 한다. 치료자가 내담자에게 암묵기억 상태를 그의 어린아이 부분과 연결짓게 도울 수 있다면, 암묵기억 상태를 현존하는 위협의 징후가 아니라 오래된 위험의 기록으로 처리하기가 훨씬 수월해진다. 아울러 촉발된 감각, 감정, 이미지를 '어린아이 부분이 느끼는 것'으로 재구성하면 내담자는 그것들을 더 잘 견뎌낼 수 있다. 어린 자기들에게 연민과 보호하려는 마음을 느끼면 내담자는 자신이 '큰 존재bigness'라는 것을 느끼고 신체 크기의 차이, 성인의 역량과 자원, 성인에게 걸맞은 더 큰 존경, 어린아이 부분들이 의지할 더 확실한 안전함이 자신에게 있음을 알아차릴 수 있다.

'그때'가 아닌 '지금' 찾기

외상을 입은 개인이 명시적으로든 암묵적으로든 과거를 재경험하기란 어렵지 않다. 어려운 것은 신체가 "위험, 위험, 적색경보!"라고 외칠 때 '지금 여기에' 어떻게 있느냐다. 우리는 이제 외상을 입은 개인이 과거를 인정하는 것도 중요하지만 현재와 연결되는 것이 훨씬 더 중요하다는 것을 안다. "지금 발의 감각을 느껴봐. 내가 어디에 있는지 알 수 있어. 단지 한순간이야. 곧 지나갈 거야." 과거를 부정하거나 회피할 필요는 없다. 과거는 그저 과거일 뿐이다.Rothschild, in press. 굳이 분석하지 않은 채 과거를 인정하거나 현재의 경험에 침범해 들어오는 과거를 관찰하는 것은 외상을 입은 내담자에게 매우 효과적이다. "물론 당신이 실망에 민감하긴 하죠. 그러나 방임과 거짓된 약속으로 점철된 어린 시절을 보낸 사람이 어떻게 실망에 민감하지 않을 수 있겠어요?" 과거를 자세히 탐색하고 무심코 과거의 함축된 요소를 불러일으키는 것보다 현재를 인식하는 데 머물면서 과거를 인정하는 것이 치료 초기 단계의 내담자에게 훨씬 더 도움이 된다.

기억의 암묵적 측면이 이미 종결된 위험을 기억하고 있다고 말해주지 않고 '지금' 위험하다는 감각을 재활성화한다면 우리는 과거를 되돌아볼 수 없다. '그때' 일어난 일을 뒤돌아볼 수 있는 유리한 지점이 지금 여기에 없게 된다. 과거를 해결하려면, 한때 트라우마 치료의 목표로 여겼듯이 일어난 일을 기억하기보다는 기억을 변환시켜야 한다는 것을 우리는 이제 안다. 20년 전에 베셀 반 데어 콜크가 썼듯이 "치료의 목표는 사람들이 트라우마를 다시 경험할 필요 없이 일어난 일의 실체를 인정할 방법을 찾는 것이다. 그러기 위해서는 기억을 밝히는 것으로는 충분치 않다. 기억은 수정되고 변환될 필요가 있다. 다시 말해 적당한 맥락 속에 자리잡아야 하고 중립적이거나 의미 있는 이야기로 재구성되어야 한다. 따라서 치료에서 기억이란 역설적으로 사건의 정적인 기록이 아니라 창조 행위가 된다."Van der Kolk, Van der Hart, & Burbridge, 1995, p. 2.

　외상기억의 '변환' 또는 '재구성'은 암묵기억과 명시적 기억 모두와 우리의 관계가 변할 때 발생하며, 촉발된 상태 또는 조절되지 않는 상태를 감당하는 힘이 확장되어 '지금 여기'에서 더욱 충실한 삶을 살아가며 도널드 마이헨바움Donald Meichenbaum2012이 "치유 이야기healing story"라고 말한 것처럼 처리되지 않은 암묵적 요소들을 새로운 이야기로 천천히 재구성할 때 일어난다.

Healing the Fragmented Selves of Trauma Survivors

3장

내담자와
치료자의 역할 변화

우리는 고통으로부터 스스로를 보호하는 것을 보며 우리가 자신에게 친절하다고 생각한다. 진실은, 우리가 더 겁먹고 더 완고해지며 더 소외될 뿐이다. 우리는 우리 자신이 전체와 분리되어 있다고 경험한다. 이 분리는 우리를 개인적 희망과 두려움에 가두고, 우리와 가장 가까운 사람만 돌보도록 제한하는 감옥과도 같다. 흥미롭게도 우리가 애당초 불편함으로부터 우리 자신을 보호하려고 하면 고통을 겪는다. 그러나 우리가 마음을 닫지 않고 마음이 무너지도록 내버려둘 때, 우리는 모든 존재와 연결되어 있다는 사실을 발견하게 된다.

_페마 초드론Pema Chodron, 2008, p. xxxx

트라우마의 여파로 사람들에게 나타나는 증상과 어려움은 한때 그들의 몸과 마음이 통제 불가능한 환경에 적응하기 위해 어떻게 애썼는지를 반영한다. '현재 살아 있지 않다는 느낌'은 한때 소멸의 위협에 해독제 역할을 했을지 모른다. 살아 있다고 느끼지 않는다면 위협에 두려워할 이유가 없다. 우울증은 낙담하고 압도당하는 상황에서 완충 역할을 했을 수도 있다. 과경계는 아이들조차 자기 자신을 지킬 수 있게 해준다. 정서적 무감각과 흥미 상실은 슬픔과 실망으로부터 사람들을 보호해준다. 다시 말해 신경 쓰지 않으면 문제 될 것도 없다. 분노는 다른 사람들이 생존자 자신에게 해를 입히기 전에, 더 심하게는 생존자가 그들에게 애착을 갖기 전에 그들을 밀어낸다. 정신건강 치료 분야에서 이런 증상을 신체의 생존방어 본능에 따른 적응전략으로 생각하는 경우는 드물다. 그러나 신경생물학적 관점에서 이것들은 '생존자원'이며Ogden et al., 2006, 위험한 세계에서 생존하기 위해 몸과 마음이 적응하는 방식이다. 생존자원은 최악의 상황에서 우리를 구해주지만, 거기에는 대가가 따른다. 트라우마, 분노, 타인과 접촉할 필요성을 부정하면 우리는 자신의 중요한 측면을 잃거나 부정하게 된다. 수치심, 노출에 대한 두려움, 절망감과 자신을 지나치게 동일시하면 삶이 위축되고 필요 이상으로 자신이 작아진다. 사람들이 외상 환경에서 살아갈 때 필요했던 위축과 억제에서 벗어나 '외상 후의 삶'을 살 준비가 되었을 때, 위험한 시기에 적응적이었던 두 전략은 모두 골칫거리가 된다.

자신의 당혹스러운 반응을 설명할 의미의 맥락, 곧 서사가 없으면 내담자들은 자신을 그렇게 만든 사건을 남들이 궁금해할까 봐 두려워하고 대면하는 것은 더욱 두렵게 여긴다. 그들은 최악을 상정한다. 자신이 미쳤거나 망가졌거나 부적절하다고 믿는다. 트라우마에 관해 전문적으로 훈련받지 않은 대다수 치료자는 정상적인 감정 반응과 트라우마 반응의 구별, 부분들의 필사적인 의사소통, 독창적인 생존전략, 암묵기억에 대해 궁금해하지 않을 것이다. 내담자가 위기나 혼돈 상태에서 정서적 고통이나 '정신장애'의 징후를 보이며 찾아오기 때문에, 치료자는 증상을 줄이거나 완화해줘야 한다는 책임감을 느낀다. 따라서 증상과 관련한 과거 아동기의 기원을 궁금해할 수는 있지만, 꼭 증상의 역할과 본래 목적을 궁금해할 필요는 없어진다.

이후 내담자의 '저항'에 부딪히거나 트라우마 치료에 진전이 없을 때, 치료자는 자신의 이론적 모델로 그 의미를 설명할 수는 있지만 창의적이고 적응적인 설명은 거의 하지 못한다. 내담자가 계속이 위기 저 위기를 오가거나 치료를 통해 나아지지 않거나 변화할 에너지가 없다고 불평한다면, 한 가지 가설은 그들이 '도움은 거부하면서 불만만 늘어놓는 사람' 또는 '수동공격적'이라고 보는 것이다. 아니면 '경계선적'이고 '관심을 끌려고' 하거나 남을 조종하려드는 사람, 이차적 이득을 위해 심리적 원인은 덮어둔 채 '행동화하는' 사람으로 가정할 수도 있다. 수치심을 느끼고 만성적으로 우울한 내담자는 '자존감이 낮다'고 표현할 수 있다. 객관적으로 정확하든 그렇지 않든, 이런 식의 해석은 치료자가 외상을 입은 내담자에게 실질적이고도 성공적으로 개입하는 데 거의 도움이 되지 않는다.

트라우마의 신경생물학적 흔적 다루기

신경생물학적 근거에 입각한 치료에서는 지금까지와는 다른 이론적 원리를 따라 생각한다. 알다시피 내담자가 겪는 어려움의 근본 원인은 본래의 사건만이 아니다. 외상 관련 자극이 암묵기억을 재활성화해서 다시금 위험에 처한 것처럼 긴급 스트레스 반응을 유발하는 것이다Van der Kolk, 2014. 따라서 트라우마 치료는 과거 경험을 이야기로 만드는 데 집중하기보다는 암묵기억과 동물방어 생존반응을 자연스럽게 불러일으켜서 현재 시점에서 그것을 인식하고 다루는 데 중점을 둔다. 그러나 뇌의 비언어적 영역에 부호화된 암묵기억은 '기억'으로 구분할 수 없고 감정·신체 반응과 같은 주관적인 방식으로 경험되므로, 치료의 첫 번째 과제는 내담자가 촉발된 트라우마 반응에 놀라서 피하거나 부정적으로 해석하기보다는 그것을 알아차리고 트라우마 반응과 '친구가 되도록' 돕는 것이다.

외상을 입은 많은 내담자가 이례적일 정도로 힘들고 고통스러운 이력을 가지고 치료받으러 온다. 예를 들어 어린 시절의 심각한 신체적·정서적·성적 학대, 방임, 유기, 다른 유형의 외상과 결합된 학대나 방임, 다수에 의한 가해, 심리를 조종하는 가학적이고 악의적인 학대, 아동 포르노, 폭력적 장면을 강제로 보게 하는 것 등이다. 이런 복잡한 이력은 종종 '경계선' 증상, 심각한 구획화와 해리장애, 심각한 수준의 자기파괴적이고 중독적인 행동을 동반한다. 20년이 넘는 동안 트라우마 치료의 '최적 표준'은 단계적 치료모델phase-oriented treatment model이었는데Ogden & Fisher, 2015; Van der Hart, Nijenhuis, & Steele, 2006; Herman, 1992, 자율신경 조절장애가 치료되어 일정 기간 증상이 안정된 뒤에야 외상기억과 암묵기억을 처리하는 순차적 접근법이었다. 과거가 더는 내담자의 몸에 '살아 있지' 않아야 과거와 현재, 어린아이와 성인, 부분과 전체의 통합이 완성되었다. 하지만 외상 이력이 만성적·다층적이며 해리증상이 심각하고, 조절되지 않는 위험행동을 하거나 만성적 고착을 겪는 내담자들에게 안정화라는 목표는 달성하기 힘들 수 있다. 자기조절에 초점을 두고 트라우마를 피하는 치료를 수년간 해도 결과는 약간의 진전 아니면 크게 진전했다가 거듭 뒤로 물러서는 것뿐이다. 치료자는 내담자의 조절장애가 악화될 것이 두려워 트라우마를 무시하려는 내담자와 무심코 한통속이 될 수 있다. 또는 치료자가 공감에 실패할까 봐 두려워 정반대되는 실수를 저지를 수도 있다. 다시 말해 내담자에게 너무 많은 말을 하게 해서 스스로 압도되거나 위험하게 만드는 경우다. 치료자 역시 내담자가 안정되도록 돕는 동시에 내담자의 이야기를 들어주고 타당화해주고 과거를 해결해야 한다는 모순된 도전에 압도되기 쉽다.

다중의식 접근법

'부분 접근법'은 앞서 말한 어려움을 해결할 몇 가지 새로운 가능성을 제시한다. 첫째, 증상을 부분들의 발현으로 다루면 마음챙김 기반 기법들을 접목할 수 있다. 내담자가 경험과 '접촉'하기보다 경험을 '알아차리도록' 돕는 것이다. 정신적 외상을 입은 내담자들은 자율신경의 조절장애로 발생하는 긴장감이나 무감각 때문에 '감정에 접촉'할 때 압도되거나 무력해지는데, 이는 불안·우울(증)·충동적인 행동으로 이어질 수 있다. 마음챙김을 통한 인식으로서의 '알아차림noticing'을 하면 내담자는 '이중인식dual awareness', 다시 말해 정서나 신체 경험에 연결된 채 머무르면서 동시에 조금의 심리적 거리를 두고 지금 경험하는 것을 관찰할 수 있게 된다. 둘째, 부분 접근법을 사용해 감정이나 기억의 균형 상태를 유지할 수 있다. 한 부분이 정서적 고통에 압도되더라도 다른 부분이 차분하게 호기심을 갖고 공감을 보일 수도 있다. 한 부분이 경악스럽거나 끔찍한 것을 기억하고 있다면 다른 부분들이 지지, 타당화, 위안을 줄 수 있다. 명상수련, 임상최면을 비롯한 마음챙김 기법들이 입증하듯이 인간의 두뇌는 '마음속에서' 동시에 여러 의식 상태를 유지할 수 있다. 바로 이 능력이 치료에 아주 중요하다. 좌반구는 긍정적인 기분과, 우반구는 부정적인 상태와 관련이 있다Hanson, 2014. 내측 전전두피질은 의식의 관찰을 지원하는데, 우리가 무엇을 느끼든 '그 위에 떠 있게' 함으로써 재트라우마retraumatization를 유발하지 않고 그저 몸에서 일어나는 기분처럼 느끼게 해준다Van der Kolk, 2014. '이중인식'을 사용하면 지금 이 순간을 온전히 살아갈 힘이 생긴다. 예컨대 신체감각 인식을 통해 발이 지면에 붙은 것을 느끼는 동안 시각적 인식으로 우리가 앉아 있는 방의 세부사항을 파악하고, 그와 동시에 우리를 '그때 그' 상태의 기억으로 이끄는 어린 시절 이미지를 떠올릴 수 있다.

그러나 이런 현상을 뇌의 언어로 설명해서는 부분의 언어를 사용하는 것과 같은 결과를 얻지 못할 것이다. "나는 내측 전전두피질이 뇌의 우측 피질하 영역과 연결된 부정적 기분 상태에 대해 궁금해하는 것을 느낄 수 있어요"라고 말해서는 관심, 정서적 연결, 자기연민을 불러일으키지 못한다. 치료자가 내담자에게 "(내가) 그 우울한 부분의 슬픔에 호기심이 있다는 게 느껴져요"와 같이 관찰하도록 가르치면, 내담자는 자신의 정서와 감각을 더 긴밀하게 조율할 수 있다. 그리고 이것은 내담자가 자신에게 연민을 갖기 위한 첫걸음이 된다. 연구에 따르면 내측 전전두피질이 활성화되면 우반구 편도체의 활동이 감소한다[Van der Kolk, 2014]. 플래시백, 침습적 암묵기억, 자동 동물방어 반응, 단절, 무감각, 멍하게 있기 같은 부교감신경계 반응은 모두 트라우마와 관련한 촉발자극에 따른 편도체 활성화 때문일 가능성이 크다.

기억의 핵심 병소

현대의 트라우마 치료 목적이 더는 외상사건을 치료하는 것이 아니라면 무엇에 초점을 맞춰야 할까? 반 데어 하트, 니젠후이스, 스틸[2006]은 트라우마 치료가 트라우마의 영향 또는 '핵심 병소pathogenic kernel', 다시 말해 외상 후 흔적 가운데 여전히 내담자에게 영향력을 행사하거나 오늘날까지 정상적 삶에 온전히 참여하는 것을 제한하는 측면을 우선시해야 한다고 제안했다. 예를 들어보자.

수년간 치료를 해도 애니는 여전히 집을 떠나는 것이 두려웠기에 집에 틀어박혀 외로움이 싫은데도 고립된 채 지냈다. 애니는 자신이 사는 작은 시골 마을이 안전하다는 것을 알았지만, 외출하려고 할 때마다 경험하는 동요와 떨림이 실제 현실보다 더 '진짜' 같았다.

　내가 "당신이 자란 집의 문을 나선다면 무슨 일이 일어날 것 같나요?"라고 물었을 때, 애니는 "누구든지 나를 덮칠 수 있어요. 누구든지"라고 대답했다. 긴 침묵이 흘렀다. "제가 지금 현관문도 열지 못하는 건 당연해요. 옛날에는 엄마 방을 훔쳐보는 것조차 위험했거든요!"

　암묵기억과 실재하는 현실을 구별해서 통찰을 얻긴 했지만, 애니는 여전히 집을 떠나지 못했다. 왜냐하면 암묵기억을 간직한 것은 애니가 아니라 구조적으로 해리된 그녀의 '어린 부분'이었기 때문이다. '집을 나서길 두려워하는 부분'을 파악한 뒤, 나는 애니에게 "그 애에게 물어봐주세요. 집을 나서면 무슨 일이 일어날까 봐 두려워한다는 것을 우리가 이해할 수 있게 그림을 하나 보여줄 수 있느냐고요"라고 부탁했다. 그러자 애니는 일곱 살 때 납치되었던 경험과 관련된 이미지 하나를 바로 떠올렸다. "그게 네가 두려워하는 거니?"라고 애니가 어린 부분에게 물었다. 그러자 자신이 고개를 끄덕이고 싶어하는 것이 느껴졌다. "그런 일이 또 일어날 거라고 생각했니?" 한 번 더 고개를 끄덕이고 싶었다. 애니는 자기도 모르게 그 부분에게 "그 일이 우리 집에서는 일어날 수 없다는 것을 알고 있었니?"라고 물었다. 또다시 고개가 끄덕여지는 느낌이었다. "너 그거 아니? 내가 이제는 엄청 커졌어. 그리고 너는 내 안에 있어서 아무도 널 못 봐." "아무도 너를 볼 수 없어. 너는 내 안에 안전하게 있으니까 사람들은 나만 볼 뿐이야"라고 반복해서 말할 때마다 애니는 몸에서 안도감이 들고 긴장이 이완되는 것을 느낄 수 있었다.

　납치와 연관된 여러 가지 충격적인 사건들이 있었지만, 계속해서 그녀의 삶에 영향을 끼치고 현실을 왜곡시킨 '핵심 병소'는 집에서 멀리 떨어져 혼자가 된 경험, 곧 납치 사건이었다. 그 부분에게 애니가 이제는 너무 커서 납치를 당할 수 없다는 점을 입증하기 위해 문설주에 기대어 애니의 키를 재보거나 그 어린 소녀에게 키가 얼마나 되는지 알려달라고 요청하는 동안 일관되게 그 어린 부분을 진정시켜준 말은 "너는 내 안에 있어서 그들은 널 못 봐! 그들한테 보이는 건 내 큰 몸뿐이야"였다.

또 하나의 핵심 병소는 그날 밤 일곱 살짜리 아이를 아무도 데려가지 않도록 돌보고 보호하는 어른이 없었다는 것이다. 그것 또한 다룰 필요가 있었다.

> 애니는 누군가가 자신의 부분들을 돌보고 있다고 느끼지 않으면 집에서조차(또는 자기 몸속에서조차) 안전함을 느끼기 어려웠다고 고백했다. 부분들이 지닌 두려움이 너무 강했기 때문이다. 부분들은 애니에게 "누군가가 너를 걱정한다는 것은, 아무일도 일어나지 않도록 너를 지켜봐준다는 것이야"라고 말했다. 이전 치료에서 애니는 외상사건을 반복적으로 회상하고 재경험해서 치료시간 안팎으로 플래시백이 재연되도록 자극하라는 치료자의 지시를 따랐다. 그때 애니는 기억을 끄집어내면 상태가 악화된다고 치료자에게 말하고 싶었다. 그러나 어린 부분이 치료자의 돌봄을 바라면서 '생존을 위해 매달리기' 때문에 애니는 치료자가 말하는 대로 따랐다.

트라우마 분야의 개척자들은 '대화치료'에 대한 폭넓은 믿음의 영향을 받아, 처음에는 이야기를 만들어 그걸 들어줄 상대방에게 '이야기할' 수만 있으면 '일어났던 일'을 처리하고 증상을 해결하기에 충분할 것이라 가정했다[Rothschild, in press]. 뒤따르는 가정은 개인에게 끼치는 최악의 영향이 트라우마의 세부사항이나 최악의 측면에 좌우된다는 것이었다. 따라서 '최악의' 기억을 처리하는 것이 중요하다고 생각했다. 이런 가정들로 말미암아 단계적 치료모델을 훈련받은 치료자들은 난관에 봉착했다. 내담자에게 자신의 이야기를 하지 말라고 하는 것이 공감 측면에서 부적절하다고 느끼는 한편, 안정화를 우선시하려면 외상사건에 초점을 맞추지 않아야 했기 때문이다. 반면 내담자가 '자신의 이야기를 끄집어내게' 하는 것 역시 위험하다. 전자에는 공감 실패, 후자에는 불안정성의 위험이 뒤따른다. 진퇴양난의 상황에서 치료자는 어떻게 해야 할까?

과거를 탐색하지 않고 인정하기

신경생물학적 관점에서 외상기억을 이해하기 시작하면 내담자의 기억을 회피하거나 쏟아낼 필요가 없어진다. 치료자는 내담자가 자신의 명시적·암묵적 기억과 이전과는 다른 관계를 맺도록 도우면 된다. 기억의 세부사항을 시간순으로 장면별로 다시 이야기하는 것은 암묵기억을 활성화하고 신경계를 교란하며 내담자에게 재트라우마 효과를 유발한다. 트라우마 또는 암묵적으로 촉발된 기억을 인정하는 것이 꼭 위험하지만은 않다. 특히 세부사항을 선명하게 밝히지 않은 채 일반화해서 '그때 일어난 나쁜 일'이라고 에둘러 말하거나 '강간' '근친상간' '성기 삽입'처럼 암묵기억을 촉발하는 언어를 쓰지 않는다면 말이다. 치료자가 "당신이 자라온 안전하지 못한 세상에서" 또는 "어느 곳도 안전하지 못하던 시절"이라고 넌지시 표현하면, 대다수 내담자는 인정받고 지지받는다고 느낀다. 이렇듯 담담하게 과거를 인정해주면 "그때가 어땠는지 알아주는 사람이 있다"라는 의미가 전해지면서 신경계가 진정된다.

더욱이 외상사건에 대해 말할 때면 치료자와 내담자는 무엇에 초점을 맞출지 선택할 수 있다. 가령 암묵기억을 촉발할 가능성이 가장 큰 공포 경험에 집중할 수도 있고, 학대당하고 물건처럼 취급당한 것처럼 수치심을 촉발할 가능성이 가장 큰 일에 집중할 수도 있다. 아니면 내담자가 어떻게 생존했는지, 트라우마를 유발하는 환경에 어떻게 적응했는지, 어떻게 처벌을 피해 '투쟁' 또는 '도피'했는지, 어떻게 다음 날 일어나서 학교에 갔는지 등에 주목할 수도 있다.

애니가 집을 나서기를 두려워하고 보호자를 가까이 두고 싶어하는 것은 그녀가 어떻게 살아남았는지를 반영한다. 위험에 대한 극도의 경계심, 안전한 범위로 활동 제한, 사람들을 기쁘게 하고 그들의 신뢰를 얻는 데 집중하는 것은 살아남기 위해서였다. 비록 다른 부분들은 정상적 삶을 원하고 다른 사람들과 가깝게 지내고 싶었지만, 겁 많고 광장공포증이 있는 일곱 살 부분은 오랜 세월 동안 방어적 회피를 해야 했다. 애니는 '자기' 집을 나서기 두려워하는 것이 '겁먹은 어린 소녀'의 의사소통이라고 제대로 해석하는 법을 배우면서 자신의 '광장공포증'을 더 수월하게 다룰 수 있었다. 어린 부분이 열기 두려워하는 문(어린 시절 집에 있던 문)의 이미지를 불러와서는, 절대로 그 문을 열어서는 안 된다는 것을 알아낸 일곱 살짜리 아이를 칭찬했다. 그런 다음 안전한 이웃들을 향해 열고 싶었던 자기 집 문의 이미지를 불러왔다. 일곱 살짜리 아이의 손을 잡는 모습을 상상하며 자신이 거기에 있고 누구도 그녀를 해치지 못하게 하겠다는 뜻을 신체적으로 전달했다. 여러 주에 걸쳐 애니가 참을성 있게 어린아이 부분을 안심시키고 문의 이미지에 집중해서 현재를 지향하게 돕자, 어린 부분은 애니와 자신이 연 문이 한때 위험한 세계로 통했던 문이 아니라는 것을 점차 신뢰할 수 있었다.

외상기억에 대한 또 다른 접근법

오늘날 트라우마 치료 분야에서 치료자와 내담자는 외상기억을 치료할 때 어떤 종류의 기억을 치료할지 선택지가 많다. 암묵기억인가, 명시적 기억인가? 인간성을 말살했던 사건에 대한 기억인가, 참신한 방식으로 살아남은 기억인가? 부분들이 지닌 기억인가? 인지 도식cognitive schema인가? 끝내지 못한 행동인가, 아니면 습관적 행동과 반응으로 이어지는 절차적 기억인가? 우리는 기억을 인정하고 이를 특정 부분의 기억, 암묵적 감정, 신체기억 등으로 이름 붙일 수 있다. 치료자는 내담자가 핵심 병소(내담자의 서사와 명백한 관련이 있거나 없을 수 있는)를 통해 기억이 어떻게 계속해서 영향력을 발휘하는지 관찰하도록 도울 수 있다. 차이점은 치료자가 내담자의 증상과 안정에 어떤 영향을 끼치는지 고려하지 않고 내담자가 하는 이야기의 목격자가 되는 것에 우선적으로 집중할 필요가 없다는 것이다.

대신 트라우마 치료자의 임무는 치료시간에 내담자의 신경계가 더 큰 안전감을 경험해서 과거와 현재의 경험 모두를 견뎌낼 역량을 키워가도록 신경생물학적으로 조절되는 환경을 만드는 것이다Ogden et al., 2006.

다른 부류의 목격자

많은 내담자가 '이야기를 하는 것'이 선택사항일 뿐 치료의 필수 조건은 아니라는 걸 알고 안도한다. 하지만 일부 내담자는 '무슨 일이 일어났는지'를 누군가에게 말하고 싶은 강렬한 갈망을 보고한다. 신경생물학적 지식을 갖춘 치료자는 전통적 모델과는 다른 방식으로 내담자의 이야기를 들어주는 목격자 역할을 한다. 정신역동적 접근에서 목격자로서의 치료자는 아주 끔찍한 세부사항까지도 인내하며 이야기를 들어줄뿐더러 화자를 위해 '곁에 있어주는' 수용적인 청취자다. 이 접근법에서 좋은 목격자는 내담자의 자율신경계가 활성화되거나 내담자가 "제 잘못이었어요"처럼 '자기패배적 이야기'Meichenbaum, 2012로 사건을 이해하려고 해도 절대 끼어들지 않는다. 신경생물학의 세계에서 이러한 접근은 우려의 대상이다. 침묵하는 목격자에게 시간순으로 자세히 이야기하면 외상과 관련된 자율신경계의 반응과 암묵기억을 촉발할 가능성이 크고, 결국 내담자는 마치 또다시 위험에 처한 것처럼 신경망이 재활성화될 수 있다. 치료자가 내담자의 자율신경 조절장애나 피질 활동을 추적할 방법 없이 침묵하는 청취자로 남아 있다 보면 내담자가 압도되는지, 마음을 가다듬고 상대가 자기를 목격하고 있음을 자신도 목격하고 있는지, 아니면 전전두피질이 멈춰버렸는지 등을 알 길이 없다. 내담자가 조절장애가 있고 피질 활동이 억제되어 있다면, 내담자는 교정된 기억도, 누군가가 자기 이야기를 들어주었다는 일관된 이야기도 얻지 못할 것이다.

과거와 현재 구별하기

트라우마 치료의 핵심은 트라우마가 촉발되는 것과 실제로 위협당하는 것을 구별하는 능력을 키우는 것이다. 당시에 얼마나 안전하지 않았는지를 충분히 파악하려면 지금 안전하다는 것을 알아야 한다. 치료자는 호기심을 가져야 한다. 이 내담자가 트라우마와 촉발자극을 객관적으로 구분할 수 있을까? 촉발을 '지금 위험하다는 신호'로 해석하는가? 암묵기억이 유발하는 현상과 새로운 정보를 받아들일 수 있는 전전두피질에 대한 교육이 없다면 단순한 촉발에 따른 현상에도 외상 후 조절장애, 과경계, 충동성, 기능 정지가 반복적으로 강화될 것이다. 아래 예에서 실라는 자신의 이야기를 하는 것이 끝없이 이어지는 내면의 강렬한 압박을 해결할 유일한 방법이라고 생각했다. "누군가에게는 말해야겠어요."

'이야기를 하는' 중요한 순간을 위해 일정을 잡은 뒤, 실라는 숨이 가쁜 모습으로 약속시간보다 몇 분 늦게 도착했다. 나는 먼저 실라가 잠시 숨을 고르도록 했다. 천천히 부드럽게 (감각운동심리치료 기법Ogden & Fisher, 2015을 활용해) "시간은 얼마든지 있어요"라고 말했다. "여유를 갖고 숨을 고르는 동안 오늘의 중요한 과정에 대해 잠시 말씀드릴게요. 당신은 누군가가 당신 얘기를 듣고 믿어줄 필요성을 강렬하게 느꼈지요. 그러나 이 과정은 다른 많은 것도 불러일으킬 거예요. 제가 먼저 확인하고 싶은 것들이 있어요. 제가 때때로 끼어들어 당신이 괜찮은지 묻거나, 당신의 신경계가 어떻게 대응하는지 점검하거나, 속도를 늦춰 당신을 진정시켜도 될까요? 제 철학은 이래요. 저는 당신이 이야기하다가 재트라우마가 일어나는 것을 원치 않아요. 그래서 그런 일이 일어나지 않도록 끼어들면서 때때로 당신을 좀 귀찮게 할 수 있어요. 괜찮으신가요?" **(끼어드는 것에 대해 내담자의 명시적 허가를 받는 것은 감각운동심리치료의 중요한 치료 원칙이다.)**

실라는 학대가 일어난 환경을 설명하기 시작한다. "엄마는 엄청나게 지적인 아빠와는 잘 맞지 않았어요. 엄마는 좋은 옷이나 예쁜 것들을 좋아했거든요. 아빠는 검소하고 돈 걱정이 많았어요. 아빠는 갈등이나 감정적인 것을 좋아하지 않았어요. 하지만 엄마는 항상 아주 감정적이었죠. 갑자기 화를 내곤 했기 때문에 엄마 옆에 있기가 힘들었어요." 실라가 엄마의 분노를 떠올리며 흥분해서 숨쉬기 어려워한다는 것을 알아차리고, 내가 끼어들었다.

나 지금 어떤가요, 실라? 기억하기에는 너무 버거운 일인가 보군요.

실라 조금 압도되었지만 괜찮아요. 엄마와 엄마의 화에 관해 이야기할 때 갑자기 생각난 것이 있어요. 엄마는 내가 '너무 감정적'일 때, 특히 울거나 화를 내면 나를 때리곤 했어요. 엄마도 울면서 내게 비명을 질러댔지만 나는 엄마한테 그럴 수 없었어요.

나 엄마는 소리를 질렀지만, 당신은 그럴 수 없었군요. **(실라의 말을 반영해줌으로써 그녀가 내 말을 다시 듣고 받아들이게 한다.)** 당신은 그저 어린 여자애였을 뿐인데…….

실라 (울기 시작한다.)

나 (실라가 우는 동안 말한다.) 많은 감정이 올라오는군요. 고통스럽겠어요. (실라가 고개를 끄덕인다.) 당신은 어린 여자애였으니 화를 내지도 못하고 울지도 못한 게 당연하지요. ……여기에 많은 감정이 숨어 있군요. ……잠깐 주목해볼까요. 바로 여기, 바로 지금, 당신 안에 있는 어린 여자애가 울고 있고, 아무도 그녀에게 화를 내지 않아요. ……당신과 나는 그 애의 울음을 듣고 그 애가 어떤 감정인지 느껴요. 우리는 화나 있지 않아요. ……안타깝게 여기죠. ……그 아이에게 지금은 다르다는 것을 알아차려달라고 요청해보세요. 당신과 저는 다르다는 것을요. 바로 지금, 우리가 그 애의 얘기를 들어주고 그 애를 안쓰럽게 여기니까요.

전통적인 정신역동적 접근이었다면 치료자는 분명히 말을 덜 하고 덜 끼어들었을 것이다. 그러나 모든 '끼어듦(개입)'에는 한 가지 목적이 있다. 실라가 '거기'보다 '여기'에 머무르도록 돕고, 속도를 늦추어 자신의 호흡과 암묵기억의 활성화에 주의를 기울이도록 힘을 보태고, 전전두피질이 계속 작동하게 해서 자기 이야기를 누군가가 듣고 있다는 것을 목격하게 하고, 결국 자신의 어린 자기에게 해독제가 되는 새로운 경험을 하게 하는 것이다.

들어주는 것 목격하기

'목격하기witnessing'의 목적을 이루기 위해 반드시 기억해야 할 것이 있다. 끔찍한 비밀을 간직하고 있다면 누군가 그것을 들어주길 바라는 갈망이 인간으로서 자연스러운 반응이지만, 그것조차 암묵기억이라는 점이다. 학대받으면서 누군가에게 '자신의 이야기를 하는'

아동은 거의 없으며, 따라서 그 얘기를 하고 싶다는 갈망이나 충동의 감정기억이 결코 충족되지 못한 채 남는다. 너무도 간절하게 '말하고 싶어하는' 내담자들은 암묵기억에 이끌리는 경우가 많다. 게다가 자신의 얘기를 누군가가 들어주기를 바라는 소망이 있더라도, 내담자가 이야기 세부사항으로 말미암아 암묵기억이 활성화되는 순간에도 온전히 현재에 머무를지는 장담할 수 없다. '외상후스트레스장애' 증후군은 트라우마 반응이 '지금 여기'에서의 경험을 침범해서 관심을 딴 데로 돌릴 수 있다는 점을 보여준다. 연구Van der Kolk, 2014를 통해 내담자 자신의 이야기를 포함한 외상 관련 자극이 신체를 자극해 경고 반응과 동물방어 반응을 유발하며 전전두엽 활동을 억제한다는 사실이 분명해졌고, 이 모든 것이 치료자가 사려 깊게 함께 있어주는 것을 목격하지 못하게 가로막는다. 감각운동심리치료Ogden & Fisher, 2015에서 치료자는 내담자에게 주기적으로 다음과 같이 요청해서 내담자의 주의를 현재 순간으로 되돌린다. "잠시 멈추고 지금 무슨 일이 일어나고 있는지 그저 알아차려볼까요? 당신이 이야기하고 있고…… 저는 당신의 이야기를 들어주고 당신을 믿습니다. 제가 당신과 함께 있으면서 당신의 이야기를 경청하고…… 당신을 믿어주는 것이 어떤 기분인지 알아차려보세요." 부분 접근법에서는 이렇게 질문할 수 있다. "'내가 당신을 믿는다'는 말을 들은 부분들의 기분이 어떤 것 같나요?" 감각운동심리치료에서는 다음으로 이렇게 요청할 수 있다. "그것을 알아차릴 때 몸에서 어떤 일이 일어나나요?" "'내가 당신의 이야기를 듣고 있어요, 그리고 당신을 믿어요'라고 말할 때 내면에서 어떤 일이 일어나나요?"

내담자가 지금과 그때의 차이점에 주의를 기울이도록 할 수도 있다. "내가 당신의 이야기를 듣고 있습니다. 그리고 나는 당신을 믿습니다.""나는 당신의 이야기를 듣고 있습니다. 그리고 나는 화나 있지 않습니다.""나는 당신의 이야기를 듣고 있습니다. 그리고 당신을 떠나지 않을 겁니다.""나는 당신의 이야기를 듣고 있습니다. 그리고 나는 충격을 받지도 겁을 먹지도 않습니다. ……이 점을 그저 알아차려보세요. 누군가가 충격이나 공포심 없이 당신의 이야기를 듣고 있는 것이 어떻게 느껴지나요?" 이처럼 알아차리는 순간, 곧 내담자가 '지금'이 어떻게 다른지, 누군가가 주의 깊게 이야기를 들어주고 믿어준다는 것이 어떻게 느껴지는지를 경험할 때 오래된 경험이 바뀐다. 이제 이야기의 결말이 달라지면서 내면의 감정도 변한다.

'보조피질'이자 교육자로서의 치료자

신경생물학에 기반한 치료 접근법에서는 외상을 입은 내담자의 문제가 조절되지 않는 자율신경계의 각성·암묵기억·혼란애착·구조적 해리에서 비롯되는 것으로 간주하며, 따라서 치료자는 치료 과정에서 전통적 모델에서와는 조금 다른 역할을 해야 한다. 전통적 모델에서는 언제나 내담자가 외상 경험을 말로 설명할 수 있지만 표현할 기회가 없었다고 가정해왔다. 그러나 신경과학 연구의 관점에서 그 가정은 재검토되어야 한다. 외상사건의 회상과 관련한 뇌영상의 증거는 외상기억이 말로 표현할 수 있는 명확한 이야기가 아닌, '말할 수 없는 공포'와 '말로 표현할 수 없는' 경험을 유발한다는 점을 분명히 한다Ogden & Fisher, 2015; Van der Kolk, 2014. 뇌영상 연구에서 이야기를 회상할 때 좌뇌의 표현성 언어중추를 포함한 피질 활동이 억제되면서 실험 참가자는 '말을 할 수 없게' 되었으며, 변연계, 특히 우반구의 편도체가 매우 활성화되었다Van der Kolk & Fisler, 1995. 이런 발견은 치료자가 외상을 입은 내담자에게서 흔히 보는 모습을 설명해준다. 말하자면 내담자는 외상기억에 대한 자율신경계 반응으로 전전두피질이 억제되면서 뇌의 언어 영역이 차단되고, 자신의 경험조차 언어적이고 순차적으로 관찰할 능력을 잃는다. 압도적 정서와 신체적 충격이 너무 큰 나머지 말로 다 담지 못한다. 사건이 종결된 뒤 수많은 피해자가 무슨 일이 일어났는지 말해보려고 시도하나, 자신이 사건에 부여한 의미에 따라 편향된 '그 일에 대한 느낌'만 대략 파악할 뿐이다Damasio, 1999. 이런 이야기는 사건 자체를 포착하기보다는 내담자가 그 사건의 결과로 말미암아 자신을 어떻게 느꼈는지를 담아낸다. 따라서 이런 이야기는 종종 모멸감, 굴욕, 공포, 유기 경험으로 왜곡된다. 수치심, 더럽거나 역겨운 느낌, 노출에 따른 고통은 사건을 묘사하는 것이 아니라 바로 사건이 피해자들에게 끼친 영향에 대한 암묵기억이다.

신경생물학적 지식을 갖춘 치료자는 내담자가 외상기억과 관련해 이런 사실을 모른다는 점을 안다. 뇌영상 연구 논문을 읽을 일 없는 내담자들은 왜 전혀 기억하지 못하거나 '비현실적'으로 느껴지는 단편으로만 기억하는지, 왜 자신이 그토록 수치심을 느끼거나 기억하기를 두려워하는지 모른다. 그들은 자신의 해석을 왜곡하는 트라우마의 역할을 이해하지 못한 채 스스로 미쳤거나 부적절하거나 망가졌다고 느낀다. 일어난 일에 의미를 부여할 말이나 템플릿이 없이는 내담자들은 외상사건의 결과로 발생한 증상을 이해하기는커녕 치료에서도 일상생활에서도 나아지지 않을 것이다. 따라서 치료자가 교육자이자 일시적인 '보조피질' 역할을 하는 것이 반드시 필요하다Diamond, Balvin, & Diamond, 1963, p. 46. 치료자가 내담자의 '자기패배적

이야기'를 기꺼이 재해석하고, 거기에 심리교육적 차원에서 의미를 부여하는 것은 공감해주거나 왜곡된 인지에 문제를 제기하는 것과는 또 다른 효과가 있다. 치료자가 외상 관련 증상이나 촉발에 따른 현상을 이해하기 위한 템플릿을 제공하고 내담자의 전전두엽 기능 정지와 동물방어를 이해할 때, 내담자는 자신의 행동과 반응에 로직 logic(나는 이것을 '트라우마 로직'이라고 부른다)이 있다는 점을 알고 안심한다. 릴리언의 사례는 이 문제가 어떤 것이며 내가 첫 만남에서 이것을 어떻게 다루었는지를 보여준다.

얼마 전 은퇴한 70세의 소아과 의사 릴리언은 '엄마에게 무슨 문제가 있는지 알아보려고' 상담 일정을 잡은 아들의 부축을 받고도 잘 걷지 못했다. 몸을 떨며 머리를 숙인 채 걸어들어온 릴리언은 소파에 앉아서 어린아이처럼 앞뒤로 몸을 흔들었다. 릴리언이 말했다. "내가 말할 수 있는 거라곤 내가 겁에 질린 아이처럼 느껴지고 왜 그런지는 모른다는 거예요. 내 그림자가 무서워요. 당신을 쳐다볼 수 없어요. 혼자서는 집 밖으로 못 나가겠어요."

내가 물었다. "언제 이 겁먹은 아이가 나타났나요? 두려움이 언제부터 시작됐나요?"

릴리언은 끔찍한 어린 시절을 보낸 뒤 고집 세고 독립적인 젊은 이가 되었으며 의사가 되어 전 세계 어린이들을 돕기로 마음을 먹었다. 그녀는 수십 년간 대담한 모습으로 살면서 소아과 의사로서 남편 없이 혼자 아이들을 키웠고, 은퇴 후 국경없는의사회에서 자원봉사했다. 그러고는 70세가 되어 직업도, 기반도, 명분도 없이 아프리카에서 집으로 돌아왔다. "종일 혼자 집에 있었어요. 외로웠어요. 내가 쓸모없고 아무런 가치도 없다고 느꼈죠. 그리고 두려움이 시작됐어요."

나는 흥분해서 말했다. "무슨 일이 있었는지 방금 깨달았어요, 릴리언. 지금 어떤 일이 벌어지고 있는지 이야기해도 될까요?"

릴리언이 고개를 끄덕였다.

"매우 용감한 젊은 여성이 50년 전에 집을 떠났어요. 트라우마와 위협에서 벗어났고 절대 뒤돌아보지 않았지요. 하지만 몸에는 많은 트라우마가 있었어요. 외상을 입은 어린 부분들이 많았던 거죠. 그러나 그녀는 정상적인 삶을 살려는 추진력이 강했고, 결국 해냈지요! 그 강하고 확고한 '정상적 삶의 자기' 덕분에 그녀는 가정을 꾸리고 직업을 선택했으며, 심지어 예전의 자신처럼 두려움에 찬 아이들을 돕겠다는 목표도 이뤄냈지요. 절대 뒤돌아보지 않았어요. 단 한 번도. 그러나 아프리카에서 돌아온 뒤에는 정상적 삶의 부분이 추구해야 할 목표도, 도와줄 사람도, 양육할 자녀도 없었지요. 빈집과 외로움은 오랜 세월 무시해온 외상을 입은 어린 부분들의 트라우마를 건드렸어요. 그러자 그 부분들은 좌절감, 사랑받지 못함, 고독, 무서워서 미칠 것 같은 강렬한 감정과 신체기억을 경험하기 시작했어요. 지금 당신이 느끼는 두려움은 기억이에요. 그러니까 어릴 적 부모님 집에 있을 때 어땠는지에 대한 부분들의 감정기억이에요."

"그럼 저는 어떻게 해야 하나요?" 릴리언이 물었다.

나 엄마이자 소아과 의사로서 잠시 생각해보세요. 아이가 겁에 질려 자신이 안전한지 모를 때 우리는 어떻게 해야 할까요? 무서운 감정이 그저 기억이라면?

릴리언 아이에게 너는 안전하다고 안심시키겠죠.

나 좋아요. 그런데 아이가 당신을 바로 믿지는 않는다면 어떻게 하시겠어요?

릴리언 계속 반복적으로 말해야 할 것 같아요. 우리가 함께 있고 지금 너를 해칠 수 있는 것은 아무것도 없다고 말해줘야지요.

나 아이들을 잘 아는군요. 그래요, 당신이 그녀에게 반복해서 말해줘야겠지요? 지금 한번 시작해볼까요? 감정과 신체를 통해 당신이 여기 (함께) 있다고 말해주세요.

릴리언 (잠시 가만있더니 싱긋 웃는다.) 영리한 아이예요. 지금 무서운 일이 일어나고 있는 게 아니라면 왜 제가 이렇게 무서워하냐고 말하네요.

나 아이에게 당신도 겁을 먹었다고 설명하세요. 아이가 겁을 먹으면 당신도 겁을 먹는다고요. 언제나 진실만을 말해주세요. 전에는 아무도 진실을 말해주지 않았거든요.

릴리언 (다시 조용히 내면에 주의를 기울인다.) 아이가 나 역시도 무서웠다고 인정하니까 좋아하네요. 그래서 다시 말해줬어요. 주변을 둘러보니 아무런 나쁜 일도 일어나지 않았다고요. 그래서 제가 겁이 났는데도 오늘 여기 온 거라고요.

나 맞아요. 어른들이라고 해서 겁을 먹지 않는 건 아니지만, 두려워도 아이들이 하는 것과는 다르게 행동하죠.

릴리언 네, 이제 아이가 두려워하더라도 저는 겁내지 말아야 한다는 걸 기억해야겠어요.

나 바로 그거예요. 아이의 두려움과 섞이지 말아야 해요. 그러지 않으면 아이에게 아무도 남지 않으니까요. 당신도 아이가 당신의 자신감과 용기를 언제든 활용하길 원하시죠?

첫 회기에서 릴리언이 아프리카에서 돌아온 것이 공포, 외로움, 수치심, 유기에 대한 두려움의 암묵기억에 휩쓸리도록 자극했음이 명확해졌다. "내가 겁에 질린 아이처럼 느껴진다"는 그녀의 말 말고는, 세계 이곳저곳을 돌아다니던 자신만만한 사람에서 두려움에 떠는 어린아이로 급변한 것을 설명할 근거나 마땅한 표현이 없었다. 치료자/교육자가 내담자의 증상과 이야기에 대해 심리교육적 의미를 알려주고 '촉발자극' '부분' '감정기억' '조절장애'와 같은 단어를 소개하는 것에 주저하지 않는다는 점에 주목하기 바란다. 치료자/교육자는 "내가 어떻게 해야 하나요?"와 같은 질문을 회피하거나 해석하지 않는다. 그 질문이 지침을 원하는 정상적 삶을 살아가는 자기로부터의 요청이라는 점을 알기 때문에 치료자는 구체적인 정보와 함께 그것을 활용할 기회를 제공한다.

릴리언의 겁먹은 부분은 분명히 '신체를 장악'했고[Ogden & Fisher, 2015], 전전두피질을 억제해 "나에게 무슨 문제가 생겼지?"라는 질문에 대답하지 못하게 했다. 만약 치료자의 역할이 무엇이 잘못되었는지에 대해 내담자의 해석을 이끌어내기보다는 교육하는 것이라고 한다면, 이 질문은 내담자에게 자율신경 조절장애·암묵기억·구조적 해리에 관해 가르칠 기회가 된다. "내가 겁에 질린 어린아이가 되어버렸어요"라는 릴리언의 말은 곧바로 어린아이 부분에 대해 논의할 기회로 이어졌고, 비록 그 말이 그녀가 내뱉은 고작 두세 번째 문장이었지만 나는 주저하지 않고 "맞아요, 그랬어요. 아주 작고 겁먹은 어린 여자애가 당신을 장악했어요"라고 말했다.

한 내담자는 "내 몸이 미쳐 날뛰어요. 잠을 잘 수가 없고 떨림을 멈출 수도 없어요. 마비되었어요"라고 했는데, 이때는 신체가 외상 관련 증상에 가담하고 있다고 심리교육을 해야 한다. 어떤 이야기에서는 결함이 강조될 수 있다. "나는 망가졌어요. 너무 부끄러워요. 아무도 이런 나를 보지 말았으면 좋겠어요. 결코 예전과 같아지지 못할 거예요." 수치심과 관련된 인지도식을 가진 내담자들이 실패와 부적절함으로 점철된 자기패배적 이야기를 자신과 동일시하지 않도록 도우려면 그들의 증상에 대한 심리교육이 반드시 필요하다. "네, 당신이 망가진 것처럼 느껴지고 그런 당신을 아무도 보지 않길 원하는군요. 좋은 소식은 당신이 허물어지지 않았다는 겁니다. 단지 당신의 몸이 부서지고 흩어진 것 같은 느낌을 기억하고 있는 거예요. 수치심 역시 감정기억인데, 때로는 어린아이들이 더 안전할 수 있도록 도와주기도 하죠." "결코 예전과 같아질 수 없을 거예요"라며 한탄하는 내담자는 피질 기능을 억제하여 '과거의 나'와의 연결을 차단하는 '변연계 장악'을 경험하고 있으므로 '과거의 나'가 좌반구에 잘 살아 있다고 말해줘서 안심시킬 수 있다.

릴리언의 경우처럼, 치료자/교육자의 또 다른 중요한 역할은 내담자가 자신의 취약점뿐만 아니라 강점과도 연결되도록 돕는 것이다. 역사적으로 트라우마 치료는 내담자가 두려움, 슬픔, 수치심과 같은 취약한 감정 및 분노와 접촉하게 돕는 것을 강조했다. 슬픔과 분노가 내담자에게 힘을 주고 수치심을 소멸시키며 내담자를 과거로부터 자유롭게 해줄 것이라고 기대하면서. 하지만 분노와 슬픔이 힘을 주기보다 내담자를 압도하면, 수치심이 줄어들기는커녕 오히려 악화되고 내담자는 좌절을 겪는다. 게다가 외상 관련 감정에 우선 초점을 맞추는 것은 어떤 외상 경험에나 존재하는 중요한 측면,

곧 어린아이의 생존자원과 동물방어가 어떻게 내담자를 온전하게 지켜내어 계속해서 나아갈 수 있게 해주었는가를 배제하므로 치료를 편향시키고 만다.

비정상적 경험에 대한 창의적 적응

유일한 선택이 '죽은 척하기'(무감각해지거나, 자는 척하거나, 몸이 떠서 천장에 닿는 것 같다거나, 의식을 잃음)일 때조차 신체는 본능적으로 부상, 충격, 고통을 확실히 줄여줄 가능성이 가장 큰 방어반응을 선택한다. 얼어붙고, 능동적 방어를 억제하고, 말을 못하게 되는 것조차 적응적이다. 가해자를 자극하지 않을 방법으로 달리 뭐가 있겠는가? 아이들이 반격하는 경우라면, 그래서 결국 싸움에서 지거나 처벌을 받고 말지라도, 아이의 동물방어 체계가 본능적으로 이 상황에서는 순응하는 것보다 싸우는 것이 더 안전하다고 평가했을 것이다. 중요한 것은 릴리언의 정상적 삶을 살아가는 자기와 연결된 강점을 강조하는 것, 그리고 일시적으로 뇌 기능의 일부가 억제되더라도 뇌가 손상되지 않는 이상 그 강점은 여전히 뇌에 부호화되어 언제든 다시 연결될 수 있다고 릴리언을 안심시키는 것이었다. 대부분의 성인기에 보여주던 대담하고 의지가 굳은 릴리언의 모습은 손상되지 않은 채 그대로였고 다시 연결될 수 있었다.

구조적으로 해리된 부분들이 촉발자극을 만나면 암묵기억이 넘쳐 흐르게 되는데, 그러면 내담자는 언어적 정보나 개념적 사고에 접근하지 못하곤 한다. 따라서 한동안은 치료자가 릴리언의 보조피질이 되어줄 필요가 있다. 치료자는 트라우마와 부분들에 대한 심리교육을 제공하며, 다양한 개입을 시험해서 그중 효과 있는 것을 실행하도록 돕고, 암묵기억의 범람을 막고 다시 한번 정상적 삶의 자기에 접근할 방법을 차근차근 구상하는 등의 역할을 맡는다. 릴리언의 가장 큰 위험은 퇴행하거나 회피하는 것이었다. 마음챙김을 통한 관찰, 호기심, 심리교육을 강조하는 치료를 받지 않는다면 릴리언은 부분들과 '섞일' 위험이 있으며, 겁에 질린 어린아이와 관계를 맺는 게 아니라 그 아이가 되어버릴 수 있다. 아니면 그녀가 정상적 삶을 살아가는 자기와 다시 연결되어 매우 안도하면서 외상과 관련된 부분들을 다시금 외면하거나 억누르려는 유혹을 느낄 수도 있다. 젊은 시절 힘과 동기가 되었던 결심을 되찾아 기꺼이 자신의 어린 부분과 고통받는 아이들을 보호하고 돌봐줄 생각이 있다면, 첫 회기부터 릴리언이 치유될 수 있고 자기 삶을 살아갈 수 있음을 강조하는 작업 방식을 채택할 필요가 있었다.

치료자의 새로운 역할: 신경생물학적 조절기

초기 애착관계에서 부모와 같은 대상은 유아에게 보조피질 역할을 해줄 뿐만 아니라 외부에서 매개되는 신경생물학적 조절 또는 진정을 제공한다. 아이의 미숙한 신경계를 제대로 조절하는 것은 아동의 조율감sense of attunement과 행복뿐만 아니라 '인내의 창'을 넓혀 아이의 감정수용력을 키우는 데도 반드시 필요하다Ogden et al., 2006; Siegel, 1999. 어린 시절의 방임·트라우마·부모를 잃는 것·폭력의 목격·'겁나고 무서운' 양육Liotti, 2004; Lyons-Ruth, 2006 등은 모두 애착형성을 방해하고, 따라서 회복탄력성을 키워줄 넓고 유연한 인내의 창이 발달하는 데 방해가 된다. 아동기 트라우마가 있든 없든 전투, 폭행, 강간, 가정폭력 같은 성인의 외상 경험은 이전에 확립된 자율신경계의 패턴을 교란해 신경계가 환경적 스트레스에 과잉 또는 과소 활동으로 반응하게 만든다.

그 결과 내담자는 조절되지 않는 신경계와 미숙한 인내의 창, 그리고 외상 관련 자극이 있을 때 긴급 스트레스 반응이 작동하도록 조건화된 뇌를 가진 채 치료실에 들어온다. 치료자가 상호작용을 통해 신경생물학적 조절을 도울 준비가 되지 않았다면, 조절장애가 있는 내담자는 전통적 심리치료의 몇 가지 기본 측면에서 어려움에 직면할 것이다. '자유연상' 또는 마음에 떠오르는 것 말하기, 감정에 연결되는 능력, 치료자의 좋은 의도를 신뢰하기, 집중하고 개념화하기(왜 여기 있으며, 어떤 희망이나 목적을 갖고 치료에 임했는가?), 과거와 현재를 연결하기, 치료시간 동안 어떤 정서와 신체적 반응이 활성화되더라도 과각성이나 저각성·해리·충동적 반응 없이 '참고 앉아 있기'는 모두 인내의 창과 전전두피질의 활동이 반드시 전제되어야 가능하므로 이런 내담자에게는 비현실적인 기대다.

45세의 변호사인 칼라는 첫 방문에서 자신이 왜 왔는지 애기하면서 눈에 띄게 떨고 있었다. 말을 쏟아내듯 했으며 단박에 의자에서 뛰쳐나갈 것처럼 몸을 앞으로 기울이고 있었다. "몇 달 동안 밥도 못 먹고 잠도 못 잤어요. 지난번 치료자는 나를 도울 수 없다고 말했고, 새 치료자는 내가 너무 압도되어서 자기가 말하는 '작업'을 할 수 없다며 매주 치료시간을 채우지 않고 나를 일찍 내보내요." 칼라가 떨리는 손을 뻗으며 물었다. "왜 나한테는 그 '작업'이 전혀 도움이 안 되는 거죠? 그 작업이 학대랑 무슨 상관인가요? 내가 지금 어떻게 그 직장에서 지내고 있는지도 모르겠지만, 그곳은 내가 예전의 나old self처럼 느껴지는 유일한 곳이에요."

나는 대화의 속도를 늦추기 위해 아주 천천히 차분하게, 하지만 상황이 칼라가 느끼는 것만큼 나쁘지 않다는 것을 알리기 위해 웃으며 말했다. "당신에게 좋은 소식과 나쁜 소식이 있어요. 어느 것을 먼저 듣고 싶으신가요?"(더 크게 미소짓는다.)

칼라가 말했다. "나쁜 소식이요. 나쁜 걸 먼저 끝내는 게 낫겠어요."

"나쁜 소식은 당신이 외상과 관련된 감정과 신체기억으로 가득 차 있다는 겁니다. 그리고 신경계는 극도의 과각성 상태예요. 좋은 소식을 듣고 싶으신가요? 좋은 소식은 당신이 미쳐가고 있지 않다는 거예요!"(내가 웃어 보였고, 칼라 역시 웃었다.) "사실 아주 간단한 치료법이 있습니다. 듣고 싶으세요?"

"네!"

"신경계를 돕고 감정기억의 홍수를 막으려면 전두엽을 다시 활성화해야 해요. 이것이 직장에서 기분이 더 좋은 이유랍니다. 일하려면 생각해야 하잖아요. 그러면 전전두피질이 평소 잘하던 일을 할 수 있게끔 활성화되거든요."

이 대화에서 나는 모든 치료자가 사용할 수 있는 '기법'들을 사용하고 있다. 가령 어조와 말의 속도를 어떻게 할지, 웃는 모습을 보일지 심각한 표정을 지을지, 신념·감정·신체·취약성·강점·부분들 중어디에 초점을 둘지, 자신감 있게 에너지를 발산할지 아니면 의문을던지며 머뭇거리는 기운을 보일지 등을 선택해서 내담자에게 사용했다. 내담자의 강점에 주의를 집중하는 것은 종종 알아차림의 순간을 끌어내고 오랫동안 잊고 있던 자원과 다시 연결해준다. 부정적 해석을 재구성하거나 정확한 정보를 제공하는 것은 이야기를 바꾸고 호기심을 불러일으키며 신경계를 조절하는 데에도 도움이 된다.

그다음으로 나는 전전두피질이 다시 활성화되도록 칼라의 어려움을 조절장애로 재해석하여 심리교육을 진행한다. "신경계가 외상 때문에 활성화되어 있으면 누구도 명확히 생각하거나 강렬한 감정을 조절할 수 없어요. 너무 강력하거든요. 그러니 아주 천천히, 호기심을 가진 상태로 있어보죠. 잠시 멈춘 다음 몸이 지금 어떤지 그저 알아차려보세요."

"흔들림이 줄었어요." 칼라가 이전보다 조금 차분한 어조로 말했다. "속도감이 떨어지고 긴장도 풀리네요. 사실 선생님이 '우리가 할 일은 전두엽을 다시 활성화하는 것'이라고 말하자마자 기분이 좋아졌어요."

"좋아요! '우리가 할 일은 전두엽을 다시 활성화하는 것'이라는 말에 몸이 실제로 반응하는군요. 자, 이제 일하는 것 말고 당신의 전두엽을 활성화시켜줄 방법으로 뭐가 있을지 알아봅시다. 오랫동안 전전두피질이 당신의 자원이었나요?"

"그럼요! 저는 인권 변호사예요. 사람들에게 영감을 주고, 이의를 제기하고, 논쟁해서 이기고, 무엇을 해야 할지 알려줘야 하죠."

"멋지네요! 당신의 전전두피질은 정말 자원이군요. 그리고 남들보다 확고한 목적의식 역시 자원이고요. 이제 전두엽을 다시 활성화시키겠다는 결심에 집중해야 합니다. 당신이 해줬으면 하는 게 있어요. 말이 빨라지고 몸이 떨리고 압도된다고 느끼기 시작할 때를 알아차리면 잠깐 멈추고 당신 자신에게 이렇게 계속 말해주세요. '트라우마가 촉발됐을 뿐이야. 이건 감정기억이야.' 아니면 신체기억이라고 해도 좋아요. 어느 쪽이 더 나아요? 감정기억 아니면 신체기억?"

"신체기억이요. 이게 단지 감정만은 아닌 것 같아요. 내 몸 전체가 그러니까요."

"좋아요. 그럼 자신에게 '이것은 단지 나의 몸이 반응하는 것이다, 단지 신체기억일 뿐이다'라는 점을 상기시켜주세요. 그리고 당황하지 말고 무슨 일이 일어나고 있는지에 대해 관심과 호기심을 가져보세요." 회기가 계속되는 동안 치료자는 칼라가 다시 지나치게 흥분하는 징후를 관찰했고, 주기적으로 멈추게 한 다음 그 기억과 가장 잘 들어맞는 사건이 무엇인지 알려고 애쓰지 않는 채로 전두엽을 이용해 신체기억에 대해 호기심과 관심을 갖도록 요청했다. 관찰과 호기심은 전전두피질의 활동을 증가시켜 느긋해지고 신경계가 좀 더 안정되고 더 명확하게 생각할 수 있게 해주었다.

신경생물학적 통찰력이 있는 치료자에게는 한 가지 주된 목표가 있는데, 치료자의 물리적 존재를 포함해 각각의 개입이 내담자의 신경계를 조절하는 효과를 보이는 것이다. 우리는 외상과 관련된 것들이 신경계의 조절을 방해하며 치료자를 신뢰하는 것, 관심의 중심이 되는 것, 회피했던 정서나 비밀을 드러내는 것, 너무 가깝거나 충분히 가깝지 않다고 느끼는 것 모두가 반응을 촉발할 수 있다고 확신한다. 어떤 내담자에게는 좁고 갇힌 공간에서 다른 사람과 가까이 있는 것조차 반응을 촉발할 수 있다. 치료를 시작하고 나서도 일정 변경, '이해받지' 못하는 느낌, 말하고 싶은 모든 것을 표현할 시간과 어휘가 충분치 못한 것, 특정한 반응을 바랐던 기대가 어긋나는 것, 회기 사이의 분리, 왜곡된 신념, 투사 등 촉발자극이 될 만한 잠재적 요소가 계속 불어난다.

전통적인 치료모델과 달리 신경생물학적 정보에 입각한 트라우마 치료는 내담자가 치료받으면서 '안전하다'고 느끼기보다 조절 곤란을 겪을 가능성이 있고, 외상과 관련된 저각성/과각성, 촉발에 대한 민감성, 어느 정도의 구조적 해리에 따른 한계를 안고 치료받으러 올 가능성이 더 크다고 가정한다. 이 중 가장 복잡한 조절 곤란 문제는 해리장애나 더 심각한 구조적 해리가 있는 내담자에게서 나타난다(8장 치료 과제: 해리체계와 해리장애를 보라).

테사는 첫 번째 치료회기에 매우 수준 높은 질문을 던졌다. "개인적 관계에서 애착외상의 영향을 어떻게 다룰 수 있나요?" 그러나 테사가 새로운 데이트 상대와의 관계에 대해 말하는 걸 보니 구조적 해리를 얘기하고 있다는 게 점점 더 분명해졌다. "정말 그 사람이 좋아요. 그런데 함께 있으면 양가감정이 강하게 들어요. 고민하기 시작하죠. 내가 이 데이트를 시작했어야 했나? 손을 잡게 해도 될까? 이 남자가 성적으로 접근하면 어쩌지?" 테사의 설명은 데이트 상대를 좋아하고 여자친구가 되고 싶어하는 부분, 가까워지자마자 떨어져서 의문을 품기 시작하는 부분, 성관계를 원하는 부분과 그 생각을 혐오스럽고 무섭게 여기는 부분들 간의 갈등을 암시했다. "그래서 산책할 때는 계속 거리를 두지만, 헤어져서 텅 빈 아파트에 들어오면 그를 그리워하고, 그가 내 손을 잡게 놔둘걸 하고 후회하죠. 이런 게 싫어요. 집에서 다른 건 생각할 수도 없어요. 그런데 그 사람 앞에서는 또 양가감정이 생겨요."

나 두말할 나위 없이 전쟁이네요. **(내적 갈등을 겪는 것이 정상이라고 인정해주면 테사는 이해받는다는 느낌을 받는다.)** 어떻게 안 그럴 수 있겠어요? 이게 바로 관계에서 겪은 트라우마가 남긴 흔적인걸요. 함께 있지 않을 때는 끔찍이 그리워하고 그 사람 앞에서는 '윽, 너무 가까이 오지 마' 하는 거죠.

'두말할 나위 없이'라는 표현은 확신과 함께 부드러움과 슬픔을 담고 있다. '어떻게 안 그럴 수 있겠어요?'라는 표현은 내담자의 갈등을 정상화하고 가볍게 만들어주는 미소를 머금고 한다. '끔찍이 그리워하고'는 갈망하는 어투로, '윽'은 확신에 찬 목소리로 말하는데, 두 가지 모두 전적으로 정상이며 있을 만한 일인 것처럼 표현한다. 그러고는 "그다음엔 보통 어떤 일이 일어나나요?"라고 묻는다.

테사 모르겠어요. 저는 제 양가감정에 솔직하려고 노력해요. 그러나 동시에 그 사람은 제가 생각하는 전부예요. 이런 남자는 보통 문자메시지와 이메일에 답을 안 해요. 그럼 저는 영문을 모르니까 몹시 화가 나서 저 자신을 설명하려고 메시지를 계속 보내죠. 그러고 나면 저는 싹 무시당해요. 그는 '나 역시 관계에 헌신할 준비가 되지 않았다'고 말하겠지요. '나 역시'라니 도대체 무슨 뜻이죠? 왜 그는 내가 관계에 집중할 준비가 안 되었다고 생각하죠? (이 순간 테사가 데이트 상대에게 양가감정을 느낀다는 점을 솔직하게 말하는 자신의 부분과 연결되어 있지 않다는 점을 유념하라.)

나 (다시 한번 테사의 말을 반영하면서 그녀가 자기 목소리를 더 잘 듣도록 한다.) 그러니까 그 양가적인 부분은 그를 좌절시키고, 관계가 이어지기를 갈망하는 부분은 그에게 용기를 주겠군요. 그 남자는 아주아주 혼란스럽겠네요! (부드럽게 웃는다.)

테사 (갑자기 거칠고 짜증스러운 어투로 말한다.) 왜 자꾸 제가 다중인격인 것처럼 말하세요?

나는 단호하지만 공감적인 어조를 사용한다. "테사, 당신의 이야기에서 두 가지 목소리가 들리기 때문이에요. 당신에게 두 가지 입장이 있답니다. 이런 일은 우리가 어릴 때 관계에서 트라우마를 겪으면 일어나죠. 우리가 누군가와 가까워질 때마다 내면에서 전투가 시작됩니다. (마지막 문장은 유감과 슬픔이 깃든 어조로 말한다.)

테사와 같은 내담자가 기꺼이 구조적 해리 모델을 받아들이고 자발적으로 의식하면서 강렬한 감정을 '분리'해서 그 감정이 어리고 취약한 부분들의 것이라는 점을 배운다면, 마음챙김에 필요한 거리가 생기면서 부인과 단절에 의지하지 않고도 안도감을 느낀다. 모순된 반응에서 부분들을 '알아볼' 수 있어야 상처가 치유되기 시작한다. 하지만 내담자가 이에 필요한 능력을 성공적으로 익히려면 치료자의 도움과 안내가 반드시 필요하다.

감독, 코치, 페이스 메이커로서의 치료자

치료자들은 지시적인 치료를 하지 않도록 세심하게 훈련받는 경우가 많다. 내담자가 자연스럽게 순응하면 내적인 방향감각을 발휘할 기회를 잃을 것이라는 두려움 때문이다. 하지만 해리성 파편화는 복합적인 방향감각을 만들어내고 전전두피질을 억제하며 재트라우마나 고착, 회피의 위험성이 있으므로 치료자는 두려워하지 말고 부드럽게 치료의 초점과 속도를 주도해야 한다.

치료자의 역할에서 이런 측면을 개념화하는 방법이 하나 있다. 내담자는 트라우마 반응이 전전두피질에 접근하는 것을 계속 막느라 방향감각을 잃어 혼란스럽고 압도된 상태인데, 이런 내담자에게 길 안내도를 제공하는 것이다. 아니면, 치료는 부분들의 조각난 체계와 작업하는 과정이므로, 트라우마 치료자에게는 가족치료사 같은 더욱 적극적인 역할이 좋은 본보기가 되기도 한다. 특히 혼돈과 위기를 예방할 필요가 생기면 더 그렇다. 가족치료에서 가족 구성원들이 회기 내에서 예전의 건강하지 못한 행동 패턴을 보이면, 가족치료사는 갈등이 커지는 것을 막고 가족 구성원이 점점 더 서로를 수용하고 서로를 향해 연민 어린 태도를 보이도록 돕기 위해 그 회기를 주도할 수밖에 없다. 조각난 내담자와 작업하는 치료자도 똑같은 역할을 하는데, 내담자가 다른 가족 구성원들을 실제로 볼 수는 없다는 사실을 고려하면 상황은 더욱 어렵다!

치료자는 마음챙김을 통해 내담자가 어린아이 부분의 고통을 알아차리고 그것을 그 부분의 고통으로 이해하도록 가르치며, 그다음으로는 그 '어린아이 부분의 감정'에 진정으로 공감하라고 독려한다. '내가 아닌' 부분들의 감정을 혐오하고 경멸하면서 그 부분들을 멀리했던 내담자에게 이 단계는 쉽지 않다. 그러나 내담자의 어린아이 부분에게 자발적이고도 진정한 연민을 가진 치료자는 전염효과를 일으킬 수 있으며, 저항하는 내담자에게서조차 연민을 불러일으킨다. 치료자는 공감을 이끌어내기 위해 내담자에게 잠시 멈춰서 두려움과 수치심에 휩싸인 채 상처 입고 외로운 어린아이 부분에게 호기심을 가지라고 요청한다. 그 아이는 몇 살인가요? 그 부분을 볼 수 있나요? 그 아이는 어떻게 생겼나요? 그 작은 아이의 표정은 어떤가요? 이 어린아이 부분이 엄청난 일을 겪었다고 인정하는 것도 연민을 부를 수 있다. 치료자가 "이 나이 때 당신에게 무슨 일이 있었나요?"라고 묻기보다는 "이 어린아이가 어떤 종류의 일을 겪었습니까?"라고 명확하게 질문한다면 말이다. 전자는 암묵적 재경험을 촉발할 가능성이 크지만, 후자는 내담자가 그 어린아이를 무력하고 무고한 피해자로 '보도록' 돕는다. 마지막으로 내담자는 극심한 고통에 빠진 어린아이 부분을 '돕기' 위해 정상적 삶을 살아가는 자기의 주요 자원을 활용하는 법을 배운다.

회기마다 내담자가 그날의 가장 골치 아픈 문제나 감정을 내놓으면, 치료자는 그들에게 오늘은 '어느 부분'이 속상한지, 무엇이 그 부분을 자극했는지 알아차리도록 계속 요청한다. 그 속상함을 늘 부분들의 의사소통이라고 가정하는 것은 물론 과학적 사실이 아니다. 그저 암묵기억 또는 촉발된 상태와 (병리화하지 않고 연민 어린) 관계를 맺는 방식일 뿐이다.

이 가정의 바탕에는 관심, 호기심, 연민을 갖고 우리의 생각, 감정 및 신체 경험을 알아차리면 긍정적인 변화를 이끌어낼 수 있다는 '마음챙김 관련 편향'이 존재한다Davis & Hayes, 2011; Ogden & Fisher, 2015. 내담자의 정상적 삶을 살아가는 자기가 정신적으로 한 발짝 물러서서,

'힘든 시간'을 겪는 어린 부분들에 대해 호기심을 키우고, '이 부분들의' 감정을 전달하는 신체와 정서적인 징후를 알아차리며, 그 부분들이 더 안전하고 더 보호받으며 덜 수치스럽게 느끼는 데 도움이 되는 것을 실험해본다면, 치료자로서 우리는 외상 후 기억을 '처리할' 수 있을 것이다. 자연스럽게 떠오르는 암묵기억을 알아차리고 그 감정을 더 어린 자기들에게 할당하는 것만으로도 내담자는 촉발된 반응을 덜 두려워할 수 있으며, 부분들을 수치스러워하거나 고립시키지 않고 부분들과 더 연결되고 부분들을 보호하고픈 마음이 들 수 있다.

몸: 공유된 전체

내담자가 자신의 취약한 부분이나 보호자 부분에 대한 공감을 키우면 저절로 몸이 공감을 느낀다. 내가 "당신 자신에게 연민을 느끼나요?"라고 물으면 "절대 아니에요!"라는 답변이 돌아올 것이다. 하지만 내담자가 "그 어린 부분이 안됐네요. 그 아이가 안타까워요"라고 말할 때면 그의 얼굴이 조금 부드러워지고 몸도 살짝 이완되어 보인다. 내담자는 어린아이 부분이나 용감하게 투쟁하는 부분으로 공감이 확장되는 것을 느끼고, 부분들이 긍정적으로 반응하는 것을 느끼며, 공유하는 몸 전체에서 기분 좋다는 느낌이 든다. 인간은 "나는 이해받는다고 느낀다" "누군가가 이해하는 것처럼 느껴진다" "당신이 나를 믿어주는 것 같다"와 같이 공감의 경험을 말로 표현하는 경향이 있지만, 실제로 조율과 공감은 따뜻함·이완·더 깊은 호흡·정서적으로 더 가깝고 더 연결된 느낌 같은 비언어적 신체 경험이다.

부분은 여럿 존재하지만 그것을 공유한 몸은 하나라는 사실은, 신체 경험에 긍정적인 영향을 끼치는 개입은 각 부분에도 어떤 식으로든 긍정적으로 영향을 끼친다는 것을 의미한다. 예를 들어보자.

테드는 오래전 젊은 나이에 성공을 거둔 것이 예기치 않게 외상후 암묵기억의 홍수를 불러일으키고 말았다. 그는 우울하고 수치스러워하며 순응하는 부분에게 '장악' 또는 점령당했고, 결코 회복되지 못할 듯한 나락에 빠져들었다. 20년이 지난 지금 그는 여전히 우울했고, 여전히 제대로 살려고 고군분투하고 있었으며, 그의 표현처럼 "위신이 추락한"것을 부끄럽게 여겼다. 키가 크고 마른 남자의 어깨와 척추가 무너져 있었다. 팔자걸음으로 어정쩡하게 걸었고, 나를 바라보지 않고 바닥을 내려다보는 경향이 있었다. 테드는 자주 "당신은 저를 이해하지 못해요"라고 불평했다. 그 점에서는 그의 말이 옳았다. 실제로 나는 어떻게 이 총명하고 재능 있는 사람이 다 포기하고 우울증에 굴복했는지 이해하기가 어려웠다. 그러던 어느 날 테드가 그 주에 잘못한 일들에 대해 자책하듯 고백할 때, 나는 나 자신이 무너지는 것을 느꼈다. 나의 척추와 어깨가 처졌고 기운이 빠지고 무력해지는 느낌이 들었다. 치료자로서 나의 능력에도 회의감이 들기 시작했다.

나는 나도 모르게 이렇게 말하고 있었다. "이봐요, 테드. 당신이 말하면 제가 지금 앉은 의자에서 무너져내리는 것 같고 무감각해지는 느낌이 들어요. 절대적인 무력감이 느껴지고 저 자신에게 회의가 들어요. 어쩌면 저는 생각했던 것만큼 좋은 치료자가 아닐지도 몰라요."

갑자기 그가 자세를 바로 하더니 말했다. "바로 그게 제 기분이에요! 이제야 제가 어떤 일을 겪고 있는지 이해하는군요!"

나 그러네요. (그의 기운을 감당할 힘이 없어 여전히 의자에 주저앉아 있다.)

테드 당신이 저를 '이해한다'는 것을 알고 나니 기분이 훨씬 좋아졌어요! (이제 그는 얼굴과 어조에 생기를 띠고 등을 곧게 편 채 앉아 있다.)

나 어쨌든 당신은 자세를 바로 하자마자 기분이 나아진 것 같네요. 저도 그렇게 해봐도 되나요? (흥분해 즐거워하는 자세를 흉내 낸다.) 오, 훨씬 낫네요. 고마워요.

테드 (어깨를 뒤로 젖히며 더 반듯하게 앉아서는) 이거 정말 도움이 되네요, 그렇죠?

나 우리 앉아 있지 말고 일어서볼까요? 그렇게 하면 이 무기력한 느낌이 조금 더 나아질 것 같아서요. (둘 다 일어선다.)

테드 이게 훨씬 더 낫군요! (그가 갑자기 다른 사람처럼 보였다. 더 확신에 차 있었고 더 남성적이며 우울증에 갇혀 혼자 있을 때와 달리 나와 더 연결된 느낌이었다.)

나 정말 그렇네요. 너무 달라요! 당신도 달라졌어요. 당신의 성인 자기가 우뚝 서서 우울한 부분에게 완전히 새로운 메시지를 보내는 것만 같아요.

테드 남자가 된 기분이에요. 진짜 남자가 된 듯한 느낌은 정말 오랜만이네요. 이렇게 해서 우울한 부분의 기분이 나아진다면 기쁜 일이죠.

나 어쩌면 그전에 몸이 무너진 이유는 우울한 부분에게 그(부분)가 옳다고 말해주었기 때문일 수도 있겠네요. 그가 우울하고 무기력하며 자신을 의심할 수밖에 없었다고요. 지금은 당신 몸이 그에게 완전히 다른 메시지를 전하고요, 그렇죠?

감각운동심리치료Ogden et al., 2006; Ogden & Fisher, 2015에서 가져온 운동요법을 활용해 테드는 내적 경험, 특히 우울하고 순응하는 부분의 경험을 변화시켰다. 그의 새로운 몸짓은 우울한 부분에게 너는 이 위협적인 세상에서 홀로 된 어린 소년이 아니고 '보잘것없는' 존재도 아니며 테드와 함께 고개를 들 수 있다고 전했다. 우리는 감각운동심리치료의 신체적 개입과 부분들이라는 관점을 결합해서 둘 중 한 가지 방식을 선택해야 한다는 압박감 없이 부분들과 전체를 동시에 다룰 수 있었다.

치료자의 역할 변화

부분 접근법에서 치료자는 듣는 사람에서 교육자로, 개인 지향에서 체계 지향으로, 촉진자에서 롤모델로의 역할 변화가 필요하다. 신경 생물학적 정보에 입각한 트라우마 치료에서도 마찬가지다. 마음챙김을 통한 자기관찰의 수단으로서 부분들 간의 구별을 강조하는 것은, 치료자가 부분의 언어를 강조해서는 안 되며 내담자는 몸 하나를 가진 전체적인 인간이라는 점을 강조해야 한다는 심리치료 분야의 지배적 견해와 충돌한다. 그러나 하나의 마음과 몸이 혼돈에 빠졌거나 자기파괴적 행동에 열중하거나 너무 파편화되어 현실 검증력이 위태로울 때면 얘기가 달라진다. 이때 치료의 목표는 질서를 회복하고 안정된 기간을 확보해서 내담자가 자기 내부의 서로 다른 관점을 파악하며, 더 의식적이고 효과적인 방어책을 개발하고, 내면에서 들리는 충동적이고 수치스러워하거나 자기를 비난하는 목소리와 정상적 삶의 자기를 구별하는 법을 배우게 하는 것이다. 내담자가 별 진전 없이 수년 동안 전통적인 대화치료를 받았거나, 수개월 또는 수년간 계속되는 내적 갈등에 꼼짝없이 갇혀 문제 해결에 별다른 진전이 없었거나, 구조적으로 해리된 부분들의 징후를 보고한다면, 내담자를 하나의 통합된 몸을 가진 사람으로 간주하는 것이 효과가 없다는 점을 분명히 해야 한다. 전통적 대화치료법은 덜 파편화되었거나 트라우마가 적은 사람들에게는 유용할 수 있지만, 습관적인 자기소외와 자기거부로 어린 시절의 거부와 굴욕을 재경험하는 내담자에게는 효과가 없다.

사건 말고 경험을 처리하기

치료자들은 '트라우마 처리'가 트라우마 치료의 최적 표준이라고 배웠기 때문에 되도록 치료 초기에 외상기억을 다루어야 한다는 압박감을 느낀다. 현장에서 치료 표준이 바뀐 것을 몰랐거나 새로운 마음챙김 기반 치료에 익숙하지 않은 경우, 치료자들은 사건기억에 접근할 필요가 있다고 가정한다.

그러나 지금 설명하는 치료모델에서는 외상사건이 아니라 수십년이 지나서도 생존자의 마음과 몸, 그리고 이어지는 삶에 침투하는 부분들이 짊어진 '트라우마의 흔적'에 초점을 맞춘다. 이 모델에서 '트라우마 처리'란 부분들이 외상사건의 영향을 부호화한 방식을

'변환'하고 내담자와 부분들의 관계가 소외에서 무조건적 수용과 '획득된 안정애착'으로 바뀌는 것이다. 수년간 사건 중심의 트라우마 치료 경험이 있는 치료자들은 흔히 서술적 접근에서 '복구'의 관점으로 전환하는 데 어려움을 겪는다. 그들이 기억해야 할 것은 트라우마 치료 초창기에 사건에 초점을 두었던 것은 단지 대화치료를 확장해서 트라우마 치료에 적용한 것일 뿐Rothschild, in press, 오늘날의 치료자가 이용할 수 있는 트라우마에 대한 깊이 있는 지식과 잘 맞아떨어지는 접근법이 아니라는 점이다Van der Kolk, 2014.

치료자는 치료의 전 과정에서 사건과 관련된 여러 가지 쟁점에 직면할 것이다. '모두 다 말하고' 싶은 부분들도, 같은 사건을 반복해서 말하고 또 말하는 부분들도 있을 수밖에 없다. 마찬가지로 과거의 비밀을 그대로 간직하거나 '거기에 가기'를 회피하기 위해 치료에 저항하는 부분들도 있다. 내담자의 이 모든 다양한 관점과 마주쳐야 하는 치료자는 치료의 목표가 일어난 일을 기억하는 것이 아니며, '거기'가 아닌 '여기'에 존재하는 능력에 있음을 명심하면 도움이 된다Van der Kolk, 2014.

내담자가 '지금 여기'에 머무르면서 의식할 수 있고 일상의 우여곡절을 견딜 수 있다면 외상이 만든 상처, 다시 말해 순수함·신뢰·믿음에 입은 상처, 몸과 마음과 영혼에 입은 상처를 치유할 준비가 된 것이다. 과거를 기억하는 것은 상처를 다시 여는 것보다 치유에 더 도움이 될 때만 유용하다. 기억하는 것이 트라우마 치료에서 아무리 큰 역할을 한다 하더라도 고통스러운 과거를 되살리거나 부분들에게 그것을 되살리라고 요청하는 데 사용되어서는 절대 안 된다.

사실 기억하기는 더 큰 목적, 곧 과거를 변환하고 각 부분이 간직한 이야기의 결말을 바꿔줌으로써 내담자가 '지금 여기 있도록' 돕는 데 기여해야 한다. 기억은 내담자가 어떻게 '마음과 영혼이 온전하게' 살아남았는지에 대해 더 깊이 공감하는 마음과, 아직까지 살아남도록 도왔고 이제는 안전하고 건강한 현재의 일부가 될 자격이 있는 모든 부분에게 감사하는 마음을 불러일으키는 촉매제로 쓰여야 한다.

4장

내 '자기들'
보는 법 배우기
: 부분과 만나기

트라우마의 본질은 압도적이고, 믿을 수 없고, 견딜 수 없다는 것이다. 각 내담자는 우리가 무엇이 정상인지 감지하기를 멈추고 이중 현실, 곧 파멸적이고 항상 존재하는 과거와 비교적 안전하고 예측 가능한 현재가 함께 살아가고 있는 현실을 받아들이라고 요구한다.

_반 데어 콜크[2014, p. 195]

수용소에 있던 '자기'는 내가 아니었고, 여기 당신 맞은편에 있는 사람도 아닙니다. 정말 너무도 믿을 수가 없네요. 그리고 아우슈비츠에서 온 이 다른 '자기'에게 일어난 모든 일은 지금 나에게 영향을 끼치지도 않고, 나와는 상관이 없습니다. 깊은 기억과 공통기억은 매우 다릅니다. (…) 이 분리가 없었다면 나는 다시 살아날 수 없었을 겁니다.

_로런스 랭어[Lawrence Langer, 1991, p. 5]

뇌와 신체는 본래 적응적이며 본능적으로 생존 요구를 사회화, 탐구, 수면과 휴식, 배고픔과 목마름, 놀이와 같은 추동보다 우선시한다Van der Hart et al., 2006; Schore, 2001. 영아기와 초기 아동기에는 애착추동이 투쟁 또는 도피 본능보다 훨씬 강력한데, 부모 같은 대상에게 물리적으로 의존해야 할 필요성을 반영한다. 하지만 청소년기에는 균형이 반대 방향으로 이동해 투쟁-도피 반응을 근접성 추구 행동만큼 또는 그보다 더 쉽게 동원한다. 다른 유형의 방어에 실패하거나 그로 인해 위험이 증가하면 모든 발달단계에서 얼어붙음과 순응 반응이 자동으로 나타난다. 생명이 위협받는 피할 수 없는 상황에서 뇌와 신체는 본능적으로 '죽은 척'하고Porges, 2005, 기능을 멈추고, 의식을 잃고, 축 늘어지거나 '자는 척'한다. 위협의 심각성을 감지하는 타고난 능력은 상황에 따라 가장 안전하고 효과적인 방어 반응을 끌어내려는 본능적 경향을 동반한다.

마찬가지로 인간은 기억에 압도되지 않기 위해 본능적으로 외상 사건이나 '깊이 자리잡은 기억'과 심리적 거리두기를 추구한다. '계속해서 나아가려면' 방금 일어난 일, 조금 전에 일어난 일, 다음에 일어날지도 모르는 일들로부터 정신적으로 분리되어야 한다. 전쟁터에서든 강제수용소에서든, 아니면 아동 학대와 방임의 현장에서든 삶의 요동을 겪으면서도 자기에 대한 감각만큼은 주변에서 일어나는 끔찍한 사건과 분리되어 있어야 한다. 매일 아침 일어나 죽음, 유기, 폭행, 투옥을 마주하려면 전날의 참혹함과 두려움, 다가올 일에 대한 공포를 어떻게든 끊어내야 한다. 내면의 '타자'를 부인하는 것은 생존반응이다. 압도적 감정은 더는 내 것이 아니다. 그 수치심은 우리가 아니라 '그'나 '그녀'의 것이다. 치밀어오르는 분노와 폭력적 충동을 일으키는 것은 결단코 '내'가 아니다. 외상을 입은 부분들과 '내가 아닌' 자기상태self-states를 부인함으로써Bromberg, 2011 그것들과 정서적으로 단절되고, 해리를 통해 그것들을 인식하지 못함으로써 우리는 쓰라린 환경에서 마음과 영혼이 비탄에 빠지지 않도록 지킨다. 그래야 우리는 희망을 품고 계속 나아갈 수 있다.

  트라우마와 거리를 두는 것은 어린 시절에 작동했던 또 다른 중요한 기능, 곧 생존의 또 다른 방식이다. 이로써 우리는 계속 나아갈 수 있을 뿐만 아니라 어떤 일이 닥치더라도 계속해서 성장하고 발달할 수 있다. 트라우마와 거리두기나 단절을 통해 아이는 나이에 맞는 발달과제에 능숙해지고 능력을 개발하는 데 주력할 수 있다. 아이의 일부가 학교에 가는 것과 같은 '정상적인' 활동에 집중하고 새로운 학습과 숙달을 경험하며 운동을 하고 친구를 사귈 수 있어야 탐구심과 사회적 추동이 정상적으로 발달할 기회가 생긴다. '정상적 삶을 살아가는 자기'는 무슨 일이 일어나는지 알지 못하거나 어렴풋하게만 아는 채로, 낮에는 '부모화된 아이'가 되어 학교에서 좋은 학생이 되며, 자연이나 동물, 책, 손으로 무언가를 만드는 것을 좋아하는 사람이 될 수도 있다. 더 안전하지 못할수록, 그리고 트라우마나 방임이 심각할수록 자신의 정서적·신체적 취약성을 아는 데서 더 멀리 떨어질 필요가 있다. 예를 들어 전쟁터, 학대가정, 강제수용소에서는 정상적인 신체적 욕구나 애착추구 또는 안락하기를 바라는 마음을 부정하는 것이 적응적일 수 있다. 충족될 수 없는 욕구나 수용되지 못하는 감정을 부인하면 견딜 수 없는 실망이나 처벌로부터 자신을 지킬 수 있기 때문이다. 이 난제를 성공적으로 수행하는 한 가지 방법은 절박하게 원하는 것과 어떤 것도 바라지 않는 것 '두 부분'으로 나누는 것이다. 다시 말해 자신의 한 부분은 적극적으로 근접성·편안함·욕구충족을 추구하고, 다른 한 부분 역시 똑같은 정도의 적극성으로 타인을 밀어내고 과경계 상태를 유지하며 의심하면서 거리를 둔다. 슬프거나 외롭거나 궁핍한 부분뿐 아니라 화나고 과경계하며 불신하는 부분을 부정하는 것은 자기수용과 자기돌봄을 방해하지만, 더 안전하다.

아이가 기본적 욕구와 감정을 처벌하거나 무시하는 환경에 적응해야 할 때는 자기연민마저도 '위험한' 것이 된다. 자기연민을 느끼는 것이 '나'여서는 안 된다. 각자의 고유한 환경에서 무엇이 안전과 최적의 발달을 가장 잘 끌어내느냐에 따라 아이는 자신의 화나고 공격적이고 과경계하는 부분들과 동일시하고, 순진하고 믿고 애착을 추구하는 부분들은 부정해야 할 수도 있다. 마찬가지로 학대의 타격을 가장 심하게 받은 부분들을 거부하고 트라우마를 자신의 취약성 탓으로 돌려야 할 수도 있다. 심하게 방임하고 학대하는 양육자와 애착 비슷한 것이라도 유지하려면 자기로부터의 소외 또한 필요하다. 자기소외는 종종 과소평가되지만, 아직 어려서 양육자에게 의지해야 하는 아이에게는 중요한 생존본능이다. 만일 '착한 아이'가 애착 대상에게 역겨운 것이라면, '착한 나' 또는 심지어 정상적 삶을 살아가는 자기를 버린 채 양육자를 자극하지 않는 못되고 창피하고 혐오스러운 아이로 동일시하는 것이 더욱 적응적일 수 있다. 아이는 적응을 위태롭게 하는 어떤 부분이든 차단해야 하며 환경이 필요로 하는 부분은 무엇이든 '나'로 동일시해야 한다.

적응 비용

내가 아닌 것과 절연하기 위해서는 '내가 아니라고 여기는' 어떤 것에서도 관심을 거두는 선택적 주의가 필요하다. 이때 감각은 주변에서 일어난 것을 기록하지 못하고, 좋거나 싫은 것과 같은 감정 반응을 느끼지 못하고 멍해진다. 느끼지 못한다면 나의 분노나 의존을 '인정'할 수 없다. 목격하지 못했다면 외상사건을 '인정'할 수 없다. 외상을 일으키는 환경에서는 가치 있다고 여겨지는 자질만 의식되므로 자신을 온전한 인간으로 알 수가 없다. 하지만 강렬한 감정을 분리하다 보면 결국 감정을 견뎌내지 못하게 된다. 무의식적으로 자기의 다른 부분이나 다른 감정 상태로 이동함으로써 자신의 감정을 피할 수 있다면, '감정근육'을 키울 기회를 결코 가질 수 없으며 점차 모든 감정을 참을 수 없게 된다. 내적 갈등은 절대 해결되지 않으며, 그저 멀어질 뿐이다.

이렇게 되면 자기파괴적이거나 중독적인 외적 행동화와 자기혐오, 자기판단, 처벌적 자기성찰 같은 내적 행동화만이 감정과 자율신경계의 각성을 조절하는 유일한 통로가 된다. 분리와 파편화는 더욱 복잡하고 창의적인 방식으로 이루어져야 한다. 예를 들어 어떤 부분들은 전전두피질의 통제에서 벗어나 더욱 자율적이 되거나 다른 부분들과 완전히 분리되어 부분들끼리 서로 알아차릴 수 없게 될 수 있다. 복합 PTSD에서는 전형적으로 의식이 여러 가지 상태에 걸쳐 연속적이지만, 외상사건이 심하고 장기적일수록 경계선성격장애, 기타 불특정 해리장애, 해리성정체감장애처럼 외상과 관련된 심각한 장애가 발생할 가능성이 더 커진다. (8장 치료 과제: 해리체계와 해리장애 참고)

구조적 해리 모델은 쉽고 단순하며 긍정적인 방식으로 접근하면서도 신경생물학에 기반을 두어 내담자가 회의적이고 주지화하며 과경계할 때조차 신뢰감을 주기 때문에 치료자가 내담자의 구획화를 정상화하기가 더 수월하다. 나는 그림 4.1을 사용해 인간의 두뇌는 처리할 정보가 '너무 많거나 너무 압도적일 경우' 분리될 수 있도록 설계되었다고 설명한다. 우뇌와 좌뇌가 서로 분리된 구조이기 때문에 내담자는 다음과 같은 설명을 직관적으로 이해할 수 있다. 트라우마에 노출되더라도 두 반구의 분리는 자기의 좌뇌 측면(루이스 코졸리노Louis Cozolino가 '언어적 자기'라고 부르는)이 '계속해서 나아갈' 수 있게 해주는데, 이런 의미에서 이 측면에 '정상적 삶을 살아가는 부분'이라는 이름이 붙었다. 반면 우뇌는 신체적 생존자원을 보유한 '신체적이고 감정적인 자기'를 동원하여 다가올 위협에 대비하는데, 이를 '외상과 관련된 부분'이라고 부른다. 또 12살 이상의 내담자라면 대개 누구든 한 가지 방식(예를 들어 싸움)만으로 살아남을 수 없다는 사실을 쉽게 이해할 수 있다. 사람에게 하위 부분들이 추가로 더 있고 그 각각이 서로 다른 생존전략에 기여한다는 점을 이해하기도 어렵지 않다. 이것들을 이해한 내담자에게 자기 사례를 이론적 모델과 연결해서 생각할 수 있도록 각 부분에 대해 이미 아는 것이 있는지 물어본다. '정상적 삶을 살아가는 자기'를 인식하고 있는가? 도움을 요청하는 법을 아는 부분, 싸우거나 화내는 법을 아는 부분을 인식하는가? 겁에 질린 부분, 수치심을 느끼거나 순응하는 부분을 알아차릴 수 있는가? 내담자가 가장 다루기 어려운 부분은 무엇인가? 어떤 부분을 가장 좋게 여기는가?

그림 4.1을 활용해 나는 각 부분이 각자만의 렌즈로 세상을 어떻게 보는지, 각 부분이 서로 다른 긴급한 동물방어에 따라 어떻게 움

그림 4.1 구조적 해리 모델

직이는지, 각 부분이 각자의 이력뿐 아니라 생물학적 역할에 기초해 다른 부분과 어떻게 관련되는지 보여주려고 한다. 각 부분은 일어난 일에 대해 서로 다른 암묵기억과 해석을 가지며, 해야 할 일에도 차이가 있다.

외상을 경험하고 몇 년이 지나 치료를 받으러 온 내담자는 자신이 외상을 입은 '부분'과 그 부분의 암묵기억을 묘사한다는 사실을 깨닫지 못한 채로 자기 증상이나 문제를 설명한다. 한때 피해를 줄이고 생존 가능성을 높여주던 동물방어 생존전략은 이제 외상 관련 자극에 활성화되는 자동반응으로 분리되었다. 과거의 생존전략은 그것이 필요했던 본래의 사건과 분리된 채, 지금 내담자의 일상에서 낡은 구닥다리가 되어 극단적이거나 부적응적인 영향을 끼치곤 한다(그림 4.2).

이런 증상의 역설적 특성은 전통적인 진단 모델로는 거의 포착할수 없다. 내담자는 주요우울증(순응하는 부분), 불안장애(얼어붙는 부분), 물질남용과 섭식장애(도피하는 부분), 분노조절장애 또는 자해와 관련한 문제(투쟁하는 부분)를 보고하며, 타인에게 매달리거나 타인을 밀어내는 상태를 번갈아가며(혼란애착 또는 애착외상) 보일 수도 있다. 때때로 내담자는 자살충동, 만성통증, 강박장애, 기

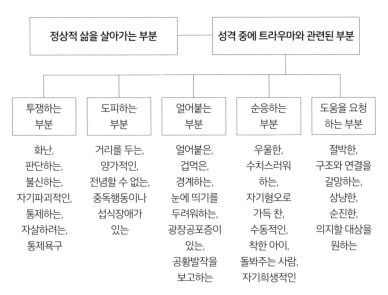

| 정상적 삶을 살아가는 부분 | 성격 중에 트라우마와 관련된 부분 |

투쟁하는 부분	도피하는 부분	얼어붙는 부분	순응하는 부분	도움을 요청하는 부분
화난, 판단하는, 불신하는, 자기파괴적인, 통제하는, 자살하려는, 통제욕구	거리를 두는, 양가적인, 전념할 수 없는, 중독행동이나 섭식장애가 있는	얼어붙은, 겁먹은, 경계하는, 눈에 띄기를 두려워하는, 광장공포증이 있는, 공황발작을 보고하는	우울한, 수치스러워하는, 자기혐오로 가득 찬, 수동적인, 착한 아이, 돌봐주는 사람, 자기희생적인	절박한, 구조와 연결을 갈망하는, 상냥한, 순진한, 의지할 대상을 원하는

그림 4.2 역할로 부분들 인식하기

능장애, 이전 기능의 상실 같은 문제를 동시에 겪는다. 종종 경계선 성격장애나 자율신경계의 과각성 또는 저각성 반응 때문에 2형양극성장애로 진단되기도 한다. 기억의 공백이나 의식의 상실이 관찰되는 아주 드문 경우에나 해리장애로 진단된다. 그러나 외상을 입은 내담자가 우울증·경계선성격장애·불안장애와 같은 진단 중 하나를 받든 여러 개를 받든 표준치료가 지속적으로 영향을 끼치는 경우는 거의 없으며, 구조적으로 해리된 많은 내담자가 별다른 증상의 변화 없이 치료에 몇 년을 허비하고 만다. 입원환자와 외래환자 모두에서 해리장애(해리성기억상실·해리성둔주·DDNOS·DID)가 더 널리 알려진 경계선성격장애, 양극성장애, 주의력결핍장애, 물질남용장애에 비해 일관되게 과소 진단된다는 사실이 여러 연구Foote et al., 2006; Karadag et al., 2005에서 거듭 밝혀졌다. 또 이러한 연구들은 증상의 심각도와 진단되지 않은 해리장애 사이에 상관관계가 있음을 보여 주었다. 다시 말해 해리증상이 있는데도 진단되지 않았거나 치료 대상에 포함되지 않는다면 고위험 행동의 증가, 더욱 빈번한 재발, 생각에 그치지 않는 자살행동이 많아질 것으로 예상할 수 있다(Karadag et al., 2005; Korzekwa & Dell, 2009). 어쩌면 해리성정체감장애가 오늘날까지 논란의 여지가 있는 진단으로 남아 있기에 특히 DDNOS처럼 더 흔하고 일반적인 해리증상이 자주 간과되거나 다른 장애의 징후로 해석되는지도 모른다. 치료자가 경계선성격과 해리증상 사이의 상관관계를 입증하는 증거가 많다는 점을 아는 것은 중요하다. 매릴린 코르제콰(Marilyn Korzekwa 연구진2009a; 2009b)과 메리 자나리니(Mary Zanarini1998)가 수행한 일련의 연구에서 경계선 환자의 약 3분의 2가 통계적으로 유의미한 수준의 해리증상이 있으며, 3분의 1에서 DID로 진단하기에 충분한 증상이 있다는 증거가 일관되게 발견되었다.

'당신을 알아가기'

아론은 자신이 치료실에 온 이유를 다음과 같이 설명했다. "여자들에게 매우 빨리 끌리는 것으로 시작돼요. 금세 '내게 꼭 맞는 사람'이라는 생각이 들죠. 흠뻑 도취되어 상대를 제대로 보지 못해요. 여자들이 저를 진지하게 생각하기 시작하거나 나랑 사귀기 시작할 때까지는요. 그러다 갑자기 전에는 보이지 않던 모든 것이 보이기 시작해요. 그들의 모든 문제가요. 그러면 나에게 맞지 않는 사람에게 붙잡혔다는 느낌이 들기 시작하죠. 떠나고 싶은데 죄책감이 들거나 아니면 그들이 떠날까 봐 두렵기도 해요. 궁지에 몰린 거죠. 안심하고 행복할 수 없고, 그렇다고 거기에서 벗어날 수도 없어요."

아론은 부분들 사이의 내적 투쟁을 묘사하고 있다. 자신을 따뜻하게 대하는 매력적인 여자에게 빠르게 연결되려는 '애착을 추구하는 부분'과 상대 여성의 모든 아쉬운 자질을 문제의 신호로 보고 과경계하며 지나치게 비판적인 '투쟁하는 부분' 사이의 갈등이다. 투쟁하는 부분의 경고에 도피하는 부분이 반응하면서 마치 '잘못된 사람'에게 붙잡힌 것 같은 느낌을 받기 시작하고 벗어나고 싶은 충동이 일어난다. 그러나 벗어난다는 것은 순응하는 부분과 도움을 요청하는 부분이 용납할 수 없는 행동이다. 약속했던 관계에서 벗어난다는 죄책감과 수치심(순응하는 부분이 기여하는 것), 상실에 대한 두려움(외상을 입은 애착을 원하는 부분이 만들어내는 것)은 투쟁 또는 도피하는 부분이 반대하는 관계를 똑같은 강도로 계속 유지하게 만든다. 그는 각 부분을 구분해 의식화할 언어를 찾지 못한 채 끊임없이 고민했다. 떠나야 할까? 남아 있어야 할까? 저 여자 정도면 충분한가? 아니면 지금 그만둬야 할까? 때로 자살이 이 고통스러운 딜레마에 가장 논리적인 해결책처럼 보였지만 동시에 '그'는 사랑스러운 아내와 아이가 있는 가정을 꿈꾸기도 했다. '그'는 자신의 방황하는 마음을 좋아하지는 않았지만 그렇다고 장래의 파트너 찾아다니기를 멈출 수도 없었다. '그'는 누구였나? 자살하려는 부분이 모든 것을 끝내겠다고 위협하는 것은 아내와 가족을 향한 그의 바람과 정면충돌했다. '여자를 찾는' 부분은 그가 되기를 원했고 되어야 하고 될 수 있다고 믿는 모습과 상충했다.

넬리는 자신이 '우울증'이 있다고 표현했지만, 증상을 설명해달라고 하자 증상 대신 스스로에 대한 일련의 믿음을 말했다. "저는 체계적이지 못하고, 게으르고, 하루를 순조롭게 시작하지 못해요. 사람들은 나를 유능하다고 말하지만, 저 스스로 그렇게 생각하는 것이 창피해요." 매일 아침 제일 먼저 '쓸모없는 하루가 또 시작됐네'라는 생각이 들면 넬리는 그 생각에 압도된 채 이불을 뒤집어쓰고 이른 오후까지 자곤 했다. 약속을 잊었고, 설거지를 하지 않았으며, 집 안에 먹을 것이라곤 없었다. 이런 사실은 다시 넬리가 패배자임을 확인시켜줬고 그녀의 에너지를 고갈시켜 다시 침대로 돌아가고픈 충동을 불러일으키는 가혹한 판단으로 이끌었다.

50대인 그녀는 성취 지향적인 가정에서 성취도가 떨어지는 아이가 어땠는지를 이렇게 회상했다. 넬리의 아빠는 자식의 성취가 미흡하면 불안해하고 자식이 실패하면 상처를 받았다. 자기애적이고 학대하는 아빠를 화나게 하지 않기 위해 넬리는 '눈에 띄지 않게 숨어' 지냈다. 그녀는 재밌고 매력적인 성격 덕에 아빠의 동정을 얻을 수 있었다. 밝고 얼빠지고 체계적이지 못한 아이라는 인상은 아빠에게 그나마 받아들여질 만한 것이었다. 이렇게 넬리는 마땅한 성취가 없어도 안심할 수 있었던 것이다.

오랜 세월이 지난 지금, 넬리는 당시의 '그녀'가 어떤 사람이었는지 혼란스러워했다. 오랫동안 그녀는 아빠의 분노로부터 자신을 보호하고 아빠의 마음을 얻는 데 도움이 되는 '성취도가 떨어지고 자신을 폄하하며 별난' 아이 부분에게 '장악'되었다[Ogden & Fisher, 2015]. 넬리의 삶에서 순응하는 부분의 역할이 지배적일 수 있었던 것은 순응하는 부분만큼이나 익숙한 비난하는 부분이 있었기 때문인데, 비난하는 부분의 말과 세계관은 섬뜩할 정도로 그녀의 아빠를 닮았다. 부분을 설명하는 모델이 없었기 때문에 치료자는 수년간 넬리의 자기혐오를 낮은 자존감으로 착각했으며, 그녀의 비꼬는 유머감각을 '핵심 감정에 대한 방어'로 해석할 수밖에 없었다.

> 하지만 넬리는 정상적 삶을 살아가는 자기가 자유로워질 때 가장 기분이 좋았다. 그녀는 전문성뿐만 아니라 재치와 매력이 있었으며, 자신에 대해 유머러스하면서도 자기연민을 불러일으키는 방식으로 자기폄하를 했다. 슬프게도 '비난하는 부분'은 그녀의 이런 능력이 그녀가 인간다운 삶을 이미 낭비했다는 사실을 숨기려는 거짓 자기의 능력이라고 믿도록 만들었다. 심지어 이 '비난하는 부분'은 기분이 좋을 때조차 자기가 판단한 것을 전할 방법을 찾아냈다! 넬리가 자신을 이해하고 각 부분이 기여하는 바를 과거와의 의사소통으로 보려면 '무결점' 패러다임이 필요했다. '순응하는 부분'은 넬리가 잘난 체할 것이 무서워 재능 있는 전문가가 되는 것을 두려워했고, '비난하는 부분'은 과경계하며 실패를 우려했다. 그리고 '얼어붙는 부분'은 모든 사람이 그녀의 아빠처럼 무서울까 봐 겁먹고 집을 나서지 않으려고 했다.

이 모든 것이 한 몸에서 일어나고 있었으므로 넬리는 이 모두가 '자신의' 감정이라고 추론했고, 부분들 간의 내적 투쟁을 드러내는 역설적 반응이라고는 전혀 의심하지 않았다.

호기심 키우기: '나'는 누구인가?

대다수 심리치료 모델에서는 수치심을 느끼는 '나'와 화를 내는 '나', 항상 두려워하는 '나'를 구분하지 않고 각각의 감정을 전체 자기의 표현으로 간주한다. 그러나 '부분 모델parts model'에서는 각각의 고통스럽거나 불편한 생각, 느낌, 신체감각을 부분이라 여긴다 Schwartz, 1995. 치료자는 의도적으로 일관되게 '나'의 언어가 아니라 '부분의 언어'를 사용해서 내담자가 외상과 관련된 감정이나 반응을 부분 또는 부분들이 전하는 메시지로 관찰하게끔 돕는다. 어떤 '부분'이 부끄럽고 미안하다고 느끼는가? 어떤 부분이 이 모든 사과에 역겨움을 느끼는가? 이러한 질문을 할 때 우리는 호기심을 불러일으키고 주의 깊은 관찰을 촉진하게 된다. 이제 관찰자와 관찰 대상 사이에는 아주 약간의 거리가 있다. 내담자가 여전히 감정이나 반응을 느끼더라도 그 강도는 줄어드는데, 이는 아마 내측 전전두피질의 활동이 증가하고 편도체의 활성화가 감소하기 때문일 것이다. '부분'이라는 단어는 새로운 정보를 향한 길을 열어주고 흥미와 호기심을 불러일으킨다.

아론과 넬리는 자신들의 증상에 대해 한때 가졌을지 모를 어떤 호기심도 잃은 지 오래였다. 분노, 자살충동, 무기력, 외로움, 자기비난, 자기혐오에 시달리는 부분이 전달하는 것을 '내 감정'으로 받아들이면서 이것이 모순된 감정 상태라는 사실은 무시했다. 누군가와 애착을 맺고 싶은 것은 도망가고 싶은 것과 정반대다. 능숙함, 유능함, 에너지를 느끼고 싶은 것은 위협적인 타인을 피하려고 '눈에 띄지 않으려는 것'이나 '별 볼일 없게' 보이려는 것과 정면충돌한다. 하지만 아론과 넬리 모두 부분의 투쟁과 갈등에 지나치게 동일시되면서 이러한 반응이 모순적이라는 것을 알아차리지 못했다. 치료의 첫 과제는 두 가지 방식으로 그들의 가정에 도전하고 호기심을 자극하는 것이었다. 하나는 '나'라는 단어 대신 '부분의 언어'를 사용하는 것이며, 또 하나는 자신의 부분들이 주변의 촉발자극에 이끌려 경쟁하듯이 생존반응을 보일 때 자동으로 부정적으로 해석하지 말고, 각 부분의 생각·느낌·내장 반응·움직이려는 충동을 매 순간 추적할 수 있도록 마음챙김을 통해 관찰하는 것이다.

마음챙김으로 내면의 풍경 알아차리기

내담자가 외상과 관련된 감정과 인지도식에 몰두할수록 환경적 자극에 더 자주 자극받고, 신경계는 더 조절되지 않으며, 부분들은 더욱 활성화된다. 조절장애로 인한 전전두피질의 억제 또는 기능 정지가 심할수록 호기심을 갖고 현재에 머무르기가 어려워진다. 과거와 현재를 구별하고 관찰하는 전전두피질이 제 역할을 못한다면, 외상 기억을 간직한 신경망의 반복적 활성화는 반응을 촉발하는 경로를 더욱 민감하게 만들어 외상과 관련된 증상을 악화시킨다. 반응하기보다는 관찰하는 법을 배우고, 겁에 질린 부분이나 화난 부분을 알아차려 거기에 중립적인 이름표를 붙이는 법을 배우는 것이 '부분' 접근법의 기초다.

치료자는 문제가 되는 감정과 쟁점을 부분들의 의사소통으로 계속 재구성해주며, 내담자는 부분의 존재를 나타내는 주요 특징을 어떻게 파악하는지 배운다. 또한 내담자는 고통스럽거나 불편한 신체 감각, 압도적이거나 고통스러운 정서, 부정적이거나 자기처벌적인 믿음, 내적 투쟁, 꾸물거림, 양가감정을 관찰하도록 배운다. 치료자는 자동반응, 똑같은 생각이 반복해서 떠오르는 것, 촉발자극에 대한 반복적 반응, 긍정적인 사건이나 자극에 대한 부정적 반응 또는 과잉반응 역시 부분들이 활동하고 있다는 신호라는 점을 강조해야한다. 이 모든 현상에 대해 호기심을 갖고 알아차리도록 반복해서 연습하면 여러 가지 이점이 있다. 마음챙김을 통한 관찰은 전전두피질을 활성화해 외상과 관련된 피질 억제를 상쇄하고, 감정·생각·부분과 아주 미세하게라도 분리감이 생기도록 유도한다. 비로소 내담자는 감정에 소모되거나 감정과 지나치게 동일시하지 않으면서 감정과 관계를 맺을 수 있다는 사실을 알아차린다. 마음챙김을 통한 알아차림의 또 다른 이점은 자율신경계의 조절장애를 줄여준다는 것인데, 우리가 명상할 때 관여하는 내측 전전두피질은 긴급 스트레스 반응과 연관된 편도체의 활성도가 줄어드는 것과 상관이 있다. 또 내담자가 호기심과 관심을 갖고 관찰하는 것에 집중하면 본능적으로 속도가 느려지고 집중력이 높아져 관찰 역량이 커진다.

내담자가 '정상적 삶을 살아가는 자기'에 더 많이 접근하면 전전두피질의 활성도가 커지면서 여러 이점을 얻는다. 부분의 강렬한 반응에서 분리될 수 있고, 호기심과 연민을 품고 부분이 지닌 감정이나 관점을 대할 수 있다. 정서를 진정시키거나 관리하는 방법을 찾고 예상되는 사건이나 촉발자극에 대해 과거 방식과 다르게 반응할 수 있다. 반면 암묵기억의 영향 아래에서는 부분들이 분리불안, 초조함과 분노, 수치심과 절망, 두려움, 자기파괴적 충동 등 똑같은 반응만을 되풀이한다.

비록 내담자에게 대처능력과 문제해결 능력이 있다고 해도 부분들이 자극을 받으면 이런 능력을 잘 활용하지 못하는데, 이유는 해결할 '문제'가 당면한 스트레스나 역경이 아니라 암묵기억일 때가 많아서다. 또 '문제'가 서로 통제권을 쥐려고 경쟁하는 상태 자체에서 비롯되었다면 성인의 대처능력은 문제를 해결하는 데 거의 또는 전혀 도움이 되지 못한다.

생존과 관련된 내적 투쟁

부분 사이의 특정한 내적 투쟁은 불가피하나 예측할 수 있다. 생존 반응으로서 도움을 요청하거나 애착을 원하면 도피를 위한 거리두기나 투쟁을 위한 불신, 과경계, 분노, 판단 같은 보호반응을 자동으로 불러일으킨다. 내담자는 투쟁하는 부분이 표현하는 비판적 사고를 종종 자기혐오로 경험하는데, 이로 인해 순응하는 부분의 수치심·절망감·부적절감을 유발할 수 있다. 대인관계에서의 친밀함은 애착을 원하는 부분의 더욱 친밀하고 싶은 갈망, 얼어붙는 부분의 상처 입을 것에 대한 두려움, 투쟁 또는 도피하는 부분들의 경계경보를 유발할 수 있고, 이 모든 반응이 동시에 발생할 수도 있다. 직장 또는 가정에서 느끼는 책임감을 (어린아이에게 부담스러웠던 집안일을 완수하는 것을 즐기던) 유능한 정상적 삶의 자기가 자초했다 하더라도, 순응하는 부분에게 그것은 오래된 부담을 반복해서 지는 것처럼 느껴질 수 있다. 때로 외상 관련 부분을 가장 놀래키고 심지어 갈등과 위기까지 겪게 만드는 것은 다름 아니라 정상적으로 살아가는 부분이 인생에서 내딛는 걸음 때문일 수 있다. 찬사를 받거나 칭찬을 듣거나 성취로 인해 주목받는 것처럼 사람들에게 긍정적으로 '보이는 것', 우수한 성과, 공로상 등은 모두 얼어붙는 부분에게 눈에 띄는 것에 대한 두려움을 유발하고, 투쟁하는 부분에게는 이용당하고 학대당할 것이라는 예상을 불러일으킨다. 성적 또는 신체적 학대가 있기 전에 특정한 관심이나 친밀함을 표현하며 접근하는 경우가 많으며, 이 때문에 외상을 입은 내담자가 부당한 대우뿐 아니라 친절한 대우에도 극도로 예민하게 반응한다는 점을 우리는 종종 간과한다.

도널드 마이헨바움2012이 상기시키듯이, 트라우마는 말로 표현할 수 없는 경험이며 개인이 외상사건에 부여하는 믿음과 이야기는 잘못된 의미부여로 이어지고 결국 '자기패배적 이야기'를 만들어낸다. 어떤 부분들이 자기패배적인 이야기를 쓰는 걸까? 순응하는 부분은 수치심을 바탕에 깔고 절망적인 피해 경험담을 쓸 가능성이 크다. 도움을 요청하는 부분은 아무도 오지 않았고 신경 쓰지 않았다는 이야기를 할 수 있다. 투쟁하는 부분은 계속해서 이용당하고 학대당하느니 차라리 죽는 게 낫다고 말할 것이다. 정상적 삶을 살아가는 자기는 전전두피질을 통해 더 넓은 관점을 가질 수 있으며, 트라우마 환경에서는 자신이 '가식적'이라는 믿음이 적응하는 데 도움이 되었지만 계속 그렇게 믿으면 부적응적이 되고 만다는 것을 이해할 수 있다. 신념이 계속해서 감정·내장 반응·긴장 대 이완·행동과 구분되고, 이 모든 요소가 그것에 기여하는 부분들과 연결될 때, 내담자는 자신이 전체적으로 누구인지 그리고 왜 그렇게 힘들었는지 더 명확히 이해하기 시작한다.

대니는 자신에게 주어진 업무를 늘 초과 달성했지만 '비난하는 부분'과 실패를 '두려워하는 부분'에 끌려다녔다. 무엇을 성취해도 비난하는 부분을 만족시킬 수 없었고, 두려워하는 부분을 안심시키지 못했다. 자신의 성과에 만족하지 않고 대니의 업적을 가로챈 새로운 상사는 암묵기억의 수문을 여는 촉발자극이 되었다. 갑자기 대니의 '투쟁하는 부분'이 상사에 맞섰으며, 순응하는 부분은 너무 부끄럽고 희생당했다고 느껴 출근하기를 어려워했다. 그리고 대니는 '애착을 원하는 부분'의 정서기억, 곧 누구도 자신을 원하지 않고 어디서도 인정받지 못한다는 고통까지 경험하고 있었다. 각 부분은 대니의 생존에 관해 나름의 이야기를 담고 있다. 투쟁하는 부분은 부모가 힘을 오남용하는 것에 분개했고, 순응하는 부분은 자기패배와 자기비난에 관해 이야기했고, 어린 소년은 누군가에게 특별한 존재이길 바라는 갈망에 목이 말랐다. 대니가 이 부분들과 분리되어 명상을 통해 이들을 어린 자기들로 관찰하자 곧바로 심한 상처를 입은 어린 소년에게 연민을 느꼈다. "내가 왜 성취하려고 애썼는지 알겠네요. 사람들의 칭찬을 통해 이 소년이 누군가에게 특별한 존재라는 느낌이 들게 해주려고 했군요!" 대니는 본능적으로 어린 소년을 보호하고 싶었다. 몸에 결의가 느껴졌고 이 소년이 두 번 다시 상처받아서는 안 된다고 생각했다. 대니는 이 어린 소년이 스스로 특별하다고 느끼게 하고 그의 부모가 주지 않았던 수용을 보여줘야 했다.

자기수용

자신의 부분들에게 '친구가 되어주는' 것은 단순히 치료를 위한 노력에 그치지 않고 한 번에 한 부분씩 자기수용의 실천이 가능하게끔 해준다. 내담자가 자기 자신과 친구가 되기 위해 반응을 멈출 때, 무시하고 반발하기보다 호기심과 흥미를 보일 때 시간이 느리게 간다. 자율신경계의 각성이 가라앉으며 뭔가 다른 일을 하거나 달라져야 한다는 긴박함이 줄어든다. 부분들이 더 평화로울 수 있으므로 자신도 더 평화로워진다. 자기소외, 곧 어떤 부분은 부정하고 다른 부분에 대해서는 배타적으로 동일시하는 것은 비록 그것이 생존에 절대적으로 필요한 경우에도 행복감을 주지 않는다. 자기소외는 긴장을 조성해 부분과 부분이 싸우게 하고, 지금의 환경이 과거 외상을 겪은 적대적인 환경과 유사하다고 느끼게 하며, 각 부분의 자존감을 떨어뜨린다. 친구가 된다는 것은 한 몸을 공유하는 룸메이트로서 잘 살아가려면 우리가 우리 부분들과 우호적이고 협력적으로 살아가야 한다는 점을 '근본적으로 인정하는 것'이다Linehan, 1993. 부분들을 거부하지 않고 더 많이 환영할수록 우리 내면세계는 더 안전해진다.

Healing the Fragmented Selves of Trauma Survivors

5장

부분들의 친구
되어주기
: 연민의 씨앗 뿌리기

마음챙김은 환대 행위이자 친절과 돌봄으로 자신을 대하는 방법입니다. 마음챙김은 천천히 우리 존재의 가장 깊은 곳까지 스며들면서 점차 다른 사람들과 동일한 방식으로 관계를 맺을 가능성을 열어줍니다. 이 과정은 우리가 무엇을 느끼든, 어떤 생각을 하든 그저 우리 자신에게 환대를 베풀 기회를 만끽하라고 요구할 뿐입니다. 불친절하거나 바람직하지 않은 행동을 부정하거나 자기정당화하는 것과는 아무런 관련이 없고, 삶의 거칠고 어둡고 어렵고 원색적인 측면에 직면할 때 자기연민을 갖는 것과 전적으로 관련됩니다.

_사키 산토렐리Saki Santorelli, 2014, p. 1

잃어버린 '자기들' 되찾기

자신을 '좋아하기'를 갈망하는 동시에 외상 경험이나 그에 대한 암묵기억을 간직한 취약하고 부끄럽고 분노하고 우울한 부분을 부정하는 것은 깊은 자기소외를 초래한다. "내가 어떤 사람인지 모르겠지만 한 가지는 확실해. 나는 내가 싫어." 많은 트라우마 생존자가 타인에게 연민을 품고 위로하며 호기심을 갖는 것은 어려워하지 않으면서 똑같은 친절을 자신에게 베푸는 것은 어려워한다. 살아남는데 필요했던 것이 걸림돌이 되었다. 애착 대상이 자신의 부족함을 알아보기 전에 위안이나 자기연민을 피하고, 수치심을 느끼고 자기를 판단해버리는 것이 '그때는' 적응이었다. 하지만 이제는 자신보다 다른 사람이 더 자격이나 가치가 있다고 믿기에 이르렀으며, 그와 동시에 이러한 '타인'은 위험하거나 무심하여 신뢰할 수 없는 존재라고 느낀다.

인간이 어떤 관계에서든 안전하다고 느끼려면 자신과 상대방 모두에 대한 연민이 필요하다는 것은 잘 알려져 있다. 내적 애착유대 또는 '획득된 안정애착'Siegel, 1999은 우리에게 정서적 회복탄력성을 준다. 안정애착을 내면화하면 가까운 관계에 내재된 위험인 상처, 외로움, 불안, 실망, 좌절, 거부를 견딜 수 있다. 그러나 우리 자신을 조건 없이 수용하고 회복탄력성을 '획득'하려면 우리 자신의 모든 부분과의 관계를 발전시켜야 한다. 상처 입고 도움이 필요한 부분, 취약성에 적대적인 부분, 거리두기와 부인을 통해 생존한 부분, 우리가 사랑하는 부분, 우리가 싫어하는 부분, 심지어 우리를 위협하는 부분과도 관계를 발전시켜야 한다.

대다수 심리치료 방법에는 '치유'가 대인관계의 변천에 따른 결과라는 믿음이 내재되어 있다. 다시 말해 안전하지 않은 관계에서 상처를 입었다면 그 상처는 안전한 관계 속에서 치유되어야 한다. 하지만 대인관계의 애착보다 내적 애착유대의 질이 안전감을 느끼는 능력에 더 강력한 결정 요인이라면 어떻겠는가? 타인과의 애착보다 자신에 대한 애착이 행복감에 더 크게 영향을 준다면 어떨까? 고통스러운 사건을 누군가가 알아준다는 것이 그 사건 때문에 생긴 상처를 치유하지 못한다면 또 어떻겠는가? 그 사건에 관해 상세히 아는 것보다 그 사건을 겪은 아이에게 연민을 품는 것이 더 중요하다면 어떻겠는가? 이것이 다 사실이라면(나는 그렇게 믿는다), 트라우마 치료는 고통스러운 외상사건보다 우리의 버림받은 자기들과 그들의 고통에 대해 연민을 키우는 데 초점을 맞춰야 한다. 우리의 모든 부분이 내적으로 연결되어 있고 사랑받으며 안겨 있다고 느낄 때, 각 부분은 종종 처음으로 안전하고 환영받고 가치 있다는 느낌을 경험할 수 있다. 첫 단계는 우리가 잘 알지 못하는 내면의 '타자'에게 호기심을 갖는 것이다.

마음챙김의 역할: 자신의 '친구'가 되는 법

부분들이 활동 중이라는 징후를 알아차리려면 초점 집중focused

concentration을 가능하게 하는 목격자 정신 또는 '유도된 마음챙김'이 필요하다Ogden & Fisher, 2015. 마음챙김은 뇌와 신체에 끼치는 영향 때문에 트라우마 치료에 중요한 역할을 한다. 마음챙김 수행을 하면 외상과 관련된 피질 억제를 해소하고, 자율신경계 활성화를 조절하며, 우리의 감정·생각·신체반응 또는 부분들에게 관심과 호기심을 가질 수 있다. 뇌영상 연구 결과 마음챙김 집중은 내측 전전두피질의 활동 증가 및 편도체의 활동 감소와 관련이 있었다Creswell et al., 2007.

마음챙김은 신경계 조절 효과뿐 아니라 '이중인식' 또는 '병렬 처리' 능력을 키워 한쪽 발은 과거에, 다른 쪽 발은 현재에 둔 채 재트라우마의 위험 없이 과거를 탐색할 수 있게 도와준다는 점에서 트라우마 치료의 핵심 요소다Ogden et al., 2006. '이중인식'은 두 가지 이상의 의식 상태를 동시에 염두에 둘 수 있는 마음의 습관 또는 정신능력이다. 내담자가 지금 이 순간의 경험과 과거와 연결된 암묵적 또는 명시적 기억 모두를 마음챙김을 통해 자각하면서 현재에 머무르는 것이 이중인식 상태다. 내담자가 척추의 길이와 안정성, 들숨과 날숨, 심장박동, 발바닥 밑의 땅을 느끼면서 동시에 어린 자기가 느낀 고통스러운 감정의 체감각에 연결된다면 격렬한 감정도 견뎌낼 수 있다. 안구운동둔감화재처리법eye movement desensitization and reprocessing, EMDRShapiro, 2001과 신체 경험치료somatic experiencing, SELevine, 2015처럼 내담자들이 가장 선호하는 치료법들을 비롯해 감각운동심리치료, 내면가족체계치료, 최면을 사용하는 자아상태치료 모두 마음챙김에 기반을 둔다.

누구의 관점에서 관찰해야 하는가?

내담자가 부분들 각각이 가진 망원렌즈를 통해 환경을 관찰하면 종종 왜곡된 관점을 갖게 된다. 각 부분은 의미 있는 정보로 포착하는 대상과 포착하지 못하는 대상을 제한하는 자기만의 편향성이 있다. 투쟁하는 부분은 안전을 나타내는 단서는 살피지 않고 과경계 태세에서 위협적인 자극에만 신경을 곤두세운다. 애착을 원하는 부분은 따뜻한 미소, 안심시키는 말, 공손한 태도만 보고 그루밍이나 성적 유혹 같은 위험신호는 결코 보지 못한다. 순응하는 부분은 동료가 자신을 존중하고 가족이나 상사가 자신을 인정하는 것은 몰라보면서 자신이 가치 없다거나 어디에도 속하지 못하는 존재라는 믿음을 확인시켜주는 정보에는 매우 민감할 가능성이 있다. 내담자가 자신이 어떤 렌즈를 통해 보고 있는지 식별하는 법을 배우다 보면 메타인식 관점에서 부분들의 행동과 반응이 보이기 시작할 것이다. 이를테면 내담자는 "어린 부분이 자신을 좋아해주는 누군가를 만나고 싶어해요" "우울한 부분이 수전의 표정을 보고 최악의 상황을 상상해요"라고 말한다. 내담자는 압도적인 감정에 휩쓸리기보다는 부분의 격렬한 반응과 분리되어 그 감정을 어린 부분의 고통으로 인식하고 그 경험의 목격자가 되는 법을 배운다. 아마 내담자는 처음으로 고통스러운 감정에 소모되거나 그 감정을 '내 것'이라고 동일시하지 않고 고통스러운 감정과 관계를 맺을 것이다. 감정이나 반응은 여전히 느끼지만 그 강도가 줄어들어서, 반응하기보다는 호기심과 관심을 유지하는 수준에 이른다. '애착이나 혐오'가 아닌 마음챙김에서 비롯한 '관심'은 이전이라면 무서워했을 감정과 감각을 견디도록 도와주고 무엇을 관찰하거나 발견하더라도 중립적인 태도를 보이게 해준다. 사람은 호기심과 관심을 갖고 집중해서 관찰하면 본능적으로 속도를 늦추어 집중력과 관찰 능력이 높아진다. 관심을 둔다는 것은 다른 존재를 알아가기 위한 첫걸음이며, 이는 그 존재가 자신의 일부일 때도 마찬가지다. 이 새로운 관점에서 보면 누구나 더 어른스럽고 지혜로운 사람의 도움 없이도 부분들의 감정을 달래고 아이를 압도할 만한 사건이나 촉발자극을 더 쉽게 예측할 수 있다.

내면가족체계접근Schwartz, 1995; 2001에서는 관찰자 역할을 호기심curiosity, 연민compassioin, 평온함calm, 명료성clarity, 창의성creativity, 용기courage, 자신감confidence, 연결성connectedness이라는 '8C' 자질을 바탕으로 하는 내적 상태인 '참자기'가 주관한다고 여긴다. '참자기'는 명상에 빠지거나 긍정적인 경험을 할 때 도달하는 상태가 아니다. 또 각 자질은 과거와 현재의 환경과 관계없이 전 인류가 쓸 수 있도록 타고난 자원이다. 심리치료의 관점에서 무엇보다 중요한 것은 이런 상태에 접근하는 것이 내적 치유환경을 조성한다는 점이다.

내가 여기에서 설명하는 모델은 감각운동심리치료와 내면가족체계에서 차용한 통합적 접근법이며, 누구나 이러한 8C 자질에 접근할 수 있다고 근본적으로 가정한다. 외상 경험이 아무리 가혹하고 오래 지속된다 해도 이 자질들은 절대 사라지지 않는다. 그러나 습관적으로 전피질precortical 활동이 억제되어 기능이 떨어지는 내담자가 이런 상태에 일관되게 접근하려면 연습이 필요하다. 어떤 내담자는 호기심을 가질 때까지 전전두피질을 활성 상태로 유지하기 위해 자율신경계의 활성화를 조절하는 법부터 배워야 할 수도 있다. 또 어떤 내담자는 연민, 평온함, 용기, 호기심의 감정에도 반응이 촉발될 수 있다. 이럴 때 나는 내담자에게 8C 자질 중 하나를 골라 그것에 접근하는 연습에만 집중하도록 요청한다.

처음에 세라는 연민을 선택했는데, 어린 부분에 마음을 열자마자 감정에 압도되는 바람에 결국 연민을 가질 수 없었다. 어린 부분과 너무 섞였기 때문이었다. 세라는 부분이 지닌 감정의 파도만 느낄 뿐이었다. 다음으로 평온함을 택했지만, 이것 역시 부분들을 자극하기만 했다. "움직이지 않고 조용히 있기에는 너무 가까워요." 세라는 세 번째로 호기심을 골랐고, 이것은 부분들을 촉발하지 않았다. 그러나 세라가 부분들의 강렬한 반응과 너무 빨리 섞여버린 나머지 호기심을 가질 기회를 놓칠 때가 많았다. 세라는 자신의 신체반응을 관찰하는 것이 가장 수월했다. 마음챙김으로 촉발의 순간을 알아차리고 활성화된 사고, 감정, 신체감각을 해석하거나 설명하기보다는 '흥미로운 것'처럼 관찰하는 것이 잘 맞았다.

마음챙김을 통한 알아차림 또는 이중인식의 태도를 가지면 내담자는 자신의 생각, 감정, 신체반응을 충분히 늦춰서 부분들이 전달하는 목소리를 더욱 집중해서 들을 수 있다. 처음에 치료자는 "무슨 일이 일어나고 있는지 알아차려보세요" "'누가' 여기 함께 있는지 알아차려보세요"라고 말하며 각각의 생각과 감정을 별개의 의사소통으로 관찰하면서 내담자를 지원해야 한다. "오늘 당신의 한 부분이 압도되어 무섭다고 말하는데, 당신도 눈치챘나요? 무엇이 그 부분을 두렵게 하는지 호기심을 가져볼까요?"

"수치스러워하는 부분이 당신 집이 엉망인 것을 즉시 자기 잘못으로 해석한 것을 보세요! 어쩌면 비난하는 부분이 그 점에 대해 발끈했기 때문일지 몰라요."

"오늘 당신 내면에서 전쟁이 벌어지는 것 같네요. 남자친구와 약혼할지 말지 생각이 많고 혼란스럽군요. 눈물이 나고 여러 감정이 올라오는 것 같아요. 두 가지 입장이 무엇인지 알아차려볼까요? 무슨 일이 있어도 당신이 남자친구와 쭉 함께하기를 바라는 부분은 무엇인가요? 어떤 부분이 그가 떠날까 봐 두려워하나요? 함께하는 것이 좋으면서도 관계를 그만둬야 한다고 생각하는 부분은 무엇인가요?"

"희망이 없다고 여기는 부분이 오늘은 정말 어쩔 줄 몰라 버둥거리는 것 같네요. 이런 느낌이 싫고 과거에 붙들려 있고 싶지도 않지만, 그 부분에게는 절망과 수치심이 '안전한 장소' 같고 희망을 갖는 것은 안전하지 않다고 두려워하네요."

관찰과 의미부여의 구별

도널드 마이헨바움-2012이 상기시키듯이 트라우마는 말로 표현할 수 없는 경험이며, 외상사건에 부여하는 믿음과 이야기는 잘못된 의미부여로 이어지고 결국 '자기패배적 이야기'를 만들어낸다. 그렇다면 어떤 부분이 자기패배적 이야기를 쓰는 걸까?

순응하는 부분은 수치심을 바탕에 깔고 희생양이 되어버린 절망적인 이야기를 쓸 가능성이 크다. 도움을 요청하는 부분은 아무도 도와주러 오지도 신경 쓰지도 않았다는 이야기를 할 수 있다. 투쟁하는 부분은 계속해서 이용당하고 학대당하느니 차라리 죽는 게 낫다고 말할 것이다. 오직 전전두피질의 더 넓은 관점에 접근할 수 있는 정상적 삶을 살아가는 자기만이 더 높은 차원에서 개념화를 하고, 전체 시스템에서 나타나는 명백히 모순된 감정·신념·본능적 반응에서 의미를 도출할 수 있다.

트라우마 환경에서는 자신이 '가식적이라는' 믿음이 적응적이었을지 모르지만, 이후에도 계속 그렇게 믿는 것은 부적응적일 수 있다는 것을 이해하려면 상위 차원의 인지처리가 필요하다. 신념이 감정·신체반응·내적 긴장·행동과 구별되며 이 모든 요소가 그 원인이 되는 부분과 연결될 때, 그리고 이 모든 입력이 그것에 기여하는 부분과 연결될 때, 내담자는 자신이 총체적으로 누구인지 그리고 자신의 행동과 반응의 바탕에 자리잡은 트라우마의 로직이 무엇인지 더 명확히 이해하기 시작한다.

부분들의 섞임, 변화, 전환

부분들은 이름표가 없으며, 성격체계에는 도로지도나 사용설명서와 같은 것이 없다. 내담자의 모든 부분은 같은 몸, 같은 뇌, 같은 환경을 공유한다. 우리에게 생겨난 감정이나 생각은 어떤 부분의 표현일 수 있다. '누구의' 감정 또는 생각인지 알려면 친숙함이 필요하다. 다시 말해 목소리를 들을 때 바로 알아차릴 수 있도록 그 부분과 개인적인 관계가 있어야 한다. 아니면 멈춰 서서 주의 깊게 듣고 정보나 단서를 조합해야 할 수도 있다. 어떤 부분이 이 촉발자극에 반응한 걸까? 어떤 부분이 지금 수치심을 느낀 거지? 하지만 우리가 부분과 동일시하거나 부분의 감정 및 반응과 섞여 그것을 '자신의 것'으로 해석하면 호기심과 관심을 두는 행위가 불가능해진다. '섞

임blending'이라는 용어는 리처드 슈워츠2001가 고안한 것으로, 내면가
족체계치료에서 트라우마 내담자에게서 관찰되는 두 가지 혼란스
러운 현상을 설명하기 위해 사용된다. 하나는 '나는 우울해' '나는
죽고 싶어'처럼 부분과 동일시하는 경향성이며, 다른 하나는 부분의
강력한 감정과 신체반응에 압도되어 '부분'이 누구이고 '내'가 누구
인지 분간하지 못하는 경향성이다.

캐서린은 남편과 함께 카리브해에서 휴가를 보내고 있었다. 그
곳은 전에 여러 번 방문했고 두 사람이 서로 깊은 유대감을 느
꼈던 곳이다. 여행 둘째 날 아침, 캐서린은 설명할 수 없는 외로
움에 잠에서 깼다. 남편이 바로 옆에 있는데도 마치 남편과 멀
리 떨어져 있는 것처럼 슬프고 공허했다. 캐서린은 이 감정을
자기 것이라 '믿고' 자신이 다음과 같이 해석하는 것을 알아차
렸다. "그는 절대로 나를 이해하지 못해. 비록 내게 호의를 갖
고 있겠지만 정말로 나를 위하지는 않아." 남편이 잠에서 깨자
캐서린은 진정으로 자기를 배려하지 않는다고 남편을 비난하면
서 눈물을 흘렸다. 그날 늦은 무렵 그녀는 정상적 삶을 살아가
는 부분과 더 잘 연결되고 나서야 자신이 느꼈던 외로움의 감정
이 자신의 어린 부분에게서 비롯되었음을 깨달았다. 그 어린 부
분은 캐서린의 현재 삶과 연결이 끊겨 분리되어 있었고, 그녀가
결혼생활을 통해 발견한 안전·지지·우정을 경험하지 못했다.
이 어린 부분에게 필요했던 것은 단지 그녀가 혼자가 아니라는
확신이었다.

캐서린은 어린 부분과 섞였을 뿐만 아니라 꿈을 꾸는 동안 다른

상태로 변해서 깨어날 때면 다른 시공간에 있었다. 이렇게 매우 외롭고 무서운 가정환경에 노출된 어린 소녀의 암묵기억 상태에서 캐서린은 현재의 관점과 전혀 연결되지 않았다. 그녀의 행복한 결혼생활은 물론 새로운 삶, 새로운 안전, 그녀를 환영하고 가치 있게 바라봐주는 새로운 가족 등 그녀가 성공적으로 일군 것들이 사라져버렸다. 캐서린은 미시간으로 돌아왔지만, 그곳은 이제 안전하다고 느껴지지 않았다.

레이철은 우울함과 짜증을 번갈아 느꼈다. 때로는 자신에게 짜증이 났고 때로는 다른 사람에게 짜증을 냈다. 우울증은 파트너인 수전이 직장 일과 친구들을 만나느라 바빠서 그녀를 위해 시간과 에너지를 거의 내지 못할 때 가장 심했다. 그럴 때면 종종 이렇게 사느니 차라리 죽는 게 낫다는 확신이 들었지만, 그러면 수전에게 얼마나 큰 상처가 될지 알기에 레이철은 자살 충동에 맞서 싸우곤 했다. 반면에 짜증을 느낄 때면 레이철은 파트너에 대한 공감적 관점을 잃었다. 짜증이 나고 자신의 판단이 '도덕적으로 올바르다'라고 느끼면서 수전의 감정을 상하게 하는 데 아무런 거리낌이 없었다. 우울증과 버림받았다는 느낌은 수전의 관심을 받지 못할 때 촉발되는 반면, 비판적 감정은 대개 레이철과 단절되거나 자신이 위기에 빠지는 것을 감수하면서까지 '도움이 필요한' 친구와 가족을 '구원'하려는 수전의 성향에서 촉발되었다.

레이철에게 우울증을 우울한 부분으로 인식하고 그 부분이 몇 살인지 호기심을 가져보라고 요청하자, 레이철은 대뜸 숫자 '12'를 마음에 떠올렸다. 레이철은 "그때는 힘든 나이였죠"라고 회상했다. 우울한 열두 살 소녀에게 초점을 맞추고 어떤 감정들이 함께 느껴지는지 알아차리라고 요청하자 레이철은 어디에도 소속되지 못하며 필요 없고 주목받을 가치가 없다는 느낌과 더불어, 주목받는 것이 좋은 일보다는 나쁜 결과를 초래할지 모른다는 두려움을 느꼈다. 어린 시절, 레이철의 엄마는 진심으로 원하지는 않았던 여섯 자녀를 키우는 스트레스를 간신히 견뎌내고 있었다. 그렇다 보니 레이철에게는 주목받는 것이 흔히 안심과 친밀함보다는 분노와 무언가를 수행하라는 요구로 이어졌다. 그러니 돌봐야 할 사람이 너무 많은 파트너 때문에 이 부분이 촉발되는 것도 일리가 있었다. 수전이 많이 사랑하고 인정해주었음에도 레이철의 열두 살 부분은 다른 현실을 살고 있었다. 수전이 바쁠 때면 레이철은 주의가 산만하고 차갑고 애정 없는 엄마에 대한 암묵기억을 재경험했다. 짜증을 '부분'으로 인식하도록 요청받자 레이철은 즉시 엄마를 떠올렸다. "오, 맙소사! 짜증 내는 부분이 꼭 우리 엄마 같네요. '과한' 감정을 자제하고 피하는 것은 엄마에게 옳고 그름의 문제였어요."

짜증 내는 부분과 '분리'되거나 마음챙김을 통해 떨어져서 그것을 부분으로 보도록 요청하자 '그녀', 다시 말해 레이철의 정상적 삶을 살아가는 자기는 판단하는 부분이 생각하는 것보다 자신과 수전이 만들어온 '무조건적으로 수용하는 관계'를 훨씬 더 소중히 여긴다는 것을 알아차렸다. 판단하는 부분은 마치 생존하려면 엄마의 인정이 필요한 것처럼 수십 년이 지난 뒤에도 여전히 엄마의 규칙을 강요하려 하고 있었고, 이 사실을 깨달은 레이철은 웃음을 지었다.

레이철은 '섞임'이라는 현상의 예를 보여주는 반면, 캐서린의 사례는 정신상태의 '변화'를 예시한다. 레이철은 자신의 지각이 현실적인지 쉽게 검증할 수 있었다. 그녀는 한 발짝 물러서서 자신이 왜 그토록 강렬하게 반응하는지 궁금해할 수 있었다. 반대로 캐서린은 감정과 관점 모두에서 눈에 띄는 변화를 경험했으며, 이때 그 밖의 감정과 상태는 기억하거나 접촉할 수 없었다. 휴가 첫날 그녀는 사랑스럽고 든든한 남편과 함께 아름다운 장소에 있다는 것이 고마웠다. 그러나 잠결에 '시간여행'을 한 뒤로는 깊은 외로움을 느끼며 잠에서 깼다. '내가 왜 이런 감정을 느끼지?'라는 호기심은 없는 채로 고통스러운 감정을 끝내야 한다는 미칠 듯한 긴박감만이 존재했다.

반면에 넬리는 해리성정체감장애가 있었고 종종 이 상태에서 저 상태로 '전환'되는데, 이는 상태의 변화가 갑작스럽고 빈번하며 종종 의식상실을 동반하는 DID의 주요 증상이다. (예를 들어 캐서린이 '전환'되면 남편을 전혀 알아보지 못할 수도 있고, 자신이 어디에 있는지, 심지어 자신이 몇 살이고 이름이 뭔지도 모를 수 있다.)

넬리가 '기본 설정'인 우울한 부분으로 있을 때면 다른 현실이나 관점은 없었다. 낮에 친구와 점심 약속을 잡으면 상태를 전환할 수 있었다. 친구들의 애정과 관심이 긍정적 자극으로 작용했고, 넬리는 정상적 삶의 자기로 전환되었다. 한순간 수치심과 자기혐오를 느끼면서 왜 점심 약속을 잡았는지 의아했다가도 친구들이 도착하면 곧바로 약속을 잡았던 정상적 삶의 부분이 나타났다. 친구를 만난 뒤로 기분이 더 좋아져서 밤이 되면 '그녀'는 내일은 아무리 기분이 나쁘더라도 아침에 일어나서 하루를 시작하겠다고 다짐하곤 했다. 하지만 우울한 부분에 '장악'된 채 잠에서 깨어나면 전날 밤 '그녀'의 다짐은 전혀 기억할 수 없었다. 그러면 '그녀'는 하루를 맞이하기 싫어 다시 잠에 빠져들고, 이른 오후에 '그녀'가 다시 눈을 뜨면 수치스러워하는 부분은 자신이 '한심하고' 부적절하다고 느끼곤 했다. 넬리가 해리장애로 진단받은 것은 중요하지 않지만 '전환'을 파악하는 것은 중요하다. 전환되었다는 것을 알아차리지 못한다면, 넬리는 자신의 행동을 실패라는 렌즈를 통해서만 해석할 것이다.

모든 내담자는 진단과 관계없이 자기 삶에 존재하는 모든 정서와 정신적 요소가 자기 자신인 것처럼 자동으로 가정하기보다 자신의 부분이 지닌 감정, 믿음, 활동, 신체반응으로 분리하는 법을 배웠다. 또 마음챙김을 통한 알아차림, 부분을 '나'와 동일시하지 않고 순간순간 나타날 때 부분으로서 인식하는 능력을 연습해왔다. 내담자들은 부분의 감정과 자동으로 동일시하지 않고 부분을 '그녀' 또는 '그'로 인식할 때마다 어느 정도 안도감이 든다는 것을 거듭해서 경험했다. 게다가 어느 한 부분에게 더 깊은 호기심을 가지면 자신도 모르게 또는 그 부분을 적대하는 다른 부분이 있음에도 그 부분에 자연스럽게 연민의 감정이 들기 시작했다. 관점이 새로워지자 더 평온한 느낌이 들었고, 이 평온함은 종종 전전두피질을 '켜서' 부분들 간의 내적 갈등을 반영하는 문제에 대해 더욱 창의적인 해결책을 도출했다.

공감 촉진

치료자는 각 부분의 자질, 정서, 외상과 관련된 관점을 알아봐주는 점에서 본보기가 되어야 할 뿐만 아니라 각 부분에게 잃어버렸던 공감의 연결고리를 제공해야 한다. 관찰하는 것, 그리고 관찰한 것을 '부분'으로 이름 붙이는 일이 내담자에게는 매우 어렵다는 것을 알기에 나는 마음챙김을 통해 부분의 언어를 사용하는 시범을 보여주려고 한다. 나는 종종 내담자보다 먼저 부분들의 '목소리'·감정·관점을 알아차려 부분들의 모습을 밝히고, 의도적으로 온화한 어조를 덧입히거나 각 부분에게 기쁨과 고마움을 전달한다. 내담자가 부분에게 연민을 갖기 힘들어할 때 "그 어린아이가 어떻게 해야 했나요?"라고 말하며 부분의 곤경을 설명한다. 나는 내담자의 생존에 공헌한 부분들에게 고마움을 말로 표현하려고 한다. "그가 포기하고 굴복하지 않았더라면 여러분 모두에게 무슨 일이 일어났을까요? 의붓아버지가 어떤 반응을 보였을까요?"

가장 중요한 것은 내담자의 부분들에게 나 자신의 개인적인 경험을 공유하여 부분들이 살아서 '실재하게' 만드는 것이다. 나는 긍정적 감정을 불러일으키는 언어를 사용해서 부분들이 맥락과 실체가 없는 암묵기억 그 이상이라는 점을 전달하려고 애쓴다. "어린아이가 참으로 영리했네요, 그렇지 않나요? 오 저런!"이라는 식으로 말해서 어린 부분의 독창성에 감탄하는 것이다. 청소년 부분의 용기에 감탄하기도 한다. "열다섯 살짜리 여자아이가 결단력 있는 젊은 숙녀였군요. 허, 그런데 당신도 알다시피 그 아이는 언제나 창의적이었어요. 누가 부모가 올 수 없는 병원으로 '도망칠' 생각을 했겠어요? 어떻게 그럴 수 있었는지 정말 놀랍네요. 부모를 피하려고 병원에 계속 입원해 있는 게 그렇게 쉬운 일은 아니잖아요!" 사춘기인 남자아이 부분에 대해서는 이렇게 얘기할 수도 있다. "와, 큰 위험을 감수했네요. 죽을지도 모르는데 여러분 모두를 돕기 위해 스스로 문제를 일으켰군요." 또는 다음의 예처럼 부분들을 '옹호'하거나 '두둔'해서 공감을 키울 수 있다.

> 내가 우울한 부분을 알아차리도록 도와줬을 때 넬리는 그 부분의 행동을 판단하면서 이렇게 대답했다. "글쎄요, 그녀는 패배자예요. 나를 침대에서 일으키지도 못했잖아요!"
>
> 나는 곧바로 반문했다. "당신은 열한 살 난 우울한 부분이 이렇게 되기를 선택했다고 말하는 건가요? 태어날 때부터 '패배자'가 되겠다고 자원이라도 했다는 말인가요? (나는 자원하듯 손을 들었고, 우리 둘 다 웃음을 터뜨렸다.) 어떤 아기도 자진해서 우울해지거나 자기를 미워하지 않아요. 그 애가 어떻게 해서 희망을 잃었는지 궁금한 마음을 가져봅시다."

부분들 '바라보기': 외재화된 마음챙김

조절장애가 심한 내담자들에게 흔히 나타나듯 부분의 감정과 신념에 너무 동일시하거나 섞여서 마음챙김을 통한 관찰이 어려울 때면, 치료자는 내담자의 정상적 삶을 살아가는 자기의 안목이 자라나 외상 관련 부분들과 섞이지 않고 관계를 맺기에 충분할 정도로 이중인식을 촉진하는 방법을 알고 있어야 한다.

보상기제의 상실이 심한 내담자마저도 이중인식이 가능하도록 해주는 몇 가지 방법이 있는데, 모두 다중모드 접근법에 기반을 두고 있다. 시각적 집중이 호기심을 증가시키고 내측 전전두피질을 활성화하는 것으로 보이기 때문에, 트라우마 치료자들은 나처럼 사무실에 이젤이나 넓은 클립보드를 두면 도움이 될 수 있다. 예를 들어 내담자에게 어려움을 겪고 있는 부분의 그림을 그리도록 한 다음 호기심을 가지고 그 그림을 바라보도록 권유할 수 있다. 그림은 그 부분에 대해 무엇을 말해주는가? 그림을 통해 그 부분에 대해 이전의 믿음과 다른 어떤 것을 알게 되었나? 지금 이 부분에 대해 어떤 느낌이 드는가?

또는 부분들이 처음 촉발된 때부터 시작해서 어떤 부분 또는 부분들이 활성화되었는지 단계적으로 기록하여 갈등하는 부분들 간의 내적 관계를 추적하는 '순서도'를 만들어서 내담자가 부분들 간의 투쟁을 이해하게 도울 수 있다. 상단에 직사각형을 그려 정상적 삶의 자기를 묘사하고 내담자에게 장면 단위로 내적 갈등을 일으키는 촉발자극과 부분들의 순서를 회고해서 관찰하도록 요청한다. 촉발자극은 일반적으로 큰 화살표에 빨간색으로 색칠해서 표시한다. 다음으로 내담자에게 어떤 부분이 촉발자극에 가장 먼저 반응했는지 기억하도록 요청하고 그 부분을 원으로 표시하는데, 치료자는 나중에 알아볼 수 있도록 원 안에 부분의 대략적인 나이나 몇 가지 특징, 가령 '우울한 부분'이나 '불안해하는 부분' 같은 것을 적어둘 수 있다. 다음으로 치료자는 이렇게 질문한다. "이 부분이 그 촉발자극에 어떻게 반응했나요? 그가 어떻게 느꼈나요?" 다음으로 치료자는 부분의 감정과 신념을 확인할 수 있도록 원 밑에 그 부분과 연관된 말을 기록한다. 예를 들어 '그녀가 역겹고 쓸모없다고 믿는다' 또는 '그저 구멍 속으로 기어들어가고 싶어한다'와 같이 적을 수 있다.

그런 다음 내담자에게 '수치스러워하는 부분이 촉발시킨 부분은 무엇인가?'를 관찰하도록 요청한다. 예를 들어 넬리는 이렇게 대답한다. "그렇다면 절망적인 부분이 촉발되죠. 그녀는 '다 안 좋아, 그리고 절대 나아지지 않을 거야'라는 말만 계속해요." 그러면 그 부분을 원으로 표시하고 그 안에 부분의 나이, '이름' 또는 설명하는 말을 적고, 원 밑에는 부분의 관점과 정서를 나타내는 말을 기록한다. 일반적으로 내적 투쟁은 3~6개의 서로 다른 부분들 사이에서 발생하며, 갈등이나 문제에 대한 전체 그림이 드러나고 이해할 수 있을 때까지 순서도는 유지된다. 다음 예에서 내담자는 괴로움과 자살충동을 느꼈고, 조절장애가 심해서 부분들과 분리될 수 없었다. 그래서 나는 무슨 일이 일어나고 있는지 도표로 그려보는 게 어떻겠냐고 제안했다. "고통스러워하는 부분이 몇몇 있다는 건 알지만 도대체 뭐가 이 부분들을 자극했는지는 모르잖아요. 하지만 그림으로 그려보면 우리 둘 다 제대로 이해할 수 있을 거예요."

내담자들은 흔히 감정에 관해 이야기하는 것보다 도표를 덜 위협적이라 느끼므로 그림 그리기를 거부하는 경우는 거의 없지만, 나는 몇 마디를 덧붙이곤 한다. "그런데 도표를 그리다가 압박감이 심하게 들거나 도움이 되지 않는다고 생각되면 말해주세요. 자 그럼, 먼저 일어난 일부터 시작합시다. 촉발자극이 있었을 때 처음 든 감정은 무엇이었나요?"

내담자 아무도 없는 것처럼 너무 외롭고 누구도 저를 원치 않는 기분이었어요. 저는 그냥 버림받았어요.

나 어린 부분이 촉발되었군요. (그녀가 말하는 동안 나는 어린 부분을 나타내는 원을 그렸고 내담자가 사용하는 말로 그녀의 고통을 기술했다.) 아무도 그녀를 원하지 않아 외롭고 고통스러웠던 때로 돌아갔군요. 너무 슬프네요! 그럼 그다음에는 무슨 일이 있었나요? 다음으로 어떤 부분이 나왔나요?

내담자 극심한 수치심을 느꼈어요. 정말이지 너무 역겹고 더러워서 아무도 저를 원하지 않는 게 당연했어요.

나 그럼 어린 부분이 수치스러워하는 부분을 촉발했고 수치스러워하는 부분은 자기 자신을 비난했군요! 그리고 어린 부분의 외로움뿐만 아니라 모든 짐을 그녀가 자신의 어깨에 짊어졌네요. 모든 게 그녀의 책임이었죠. 그게 그녀가 하는 일이잖아요, 안 그래요? 그녀는 항상 그 모습이 자기 자신이라고 생각하죠.

그림 5.1의 도표와 매우 유사하게, 내담자에게 내적 투쟁처럼 느껴지는 것은 일반적으로 일련의 부분들로 나타난다. 각 부분은 연속적으로 서로를 촉발하여 포기하거나 몸에 상처를 입히거나 목숨을

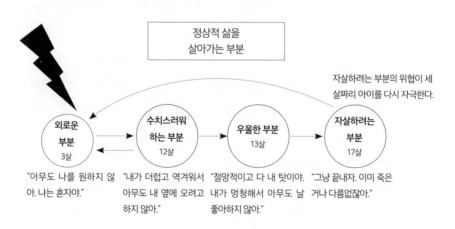

그림 5.1 '문제' 그리기

끊거나 도피하고픈 충동을 유발하는데, 이는 절망적인 시기를 견디기 위한 몇 가지 극단적 조치다.

각 부분과 그것이 지닌 감정을 상징하는 시각적 이미지는 자연스럽게 분리를 유도한다. 내담자가 도표를 살펴볼 때 종종 몸짓이나 어조가 변하는데, 이것은 정상적 삶의 자기가 부분과 섞이지 않았으며, 오히려 부분을 인지하고 있음을 시사한다. 만약 저절로 분리되지 않는다면, 나는 내담자에게 그림의 각 요소에 개별적으로 초점을 맞추도록 요청한다. 그런 다음 각 부분에 대한 호기심을 키워 각각의 감정과 생각을 관찰하고 다른 부분이 유발한 암묵적 감정을 각 부분이 어떻게 이해하는지 알아차리게끔 한다.

"남자친구가 약속시간에 늦었을 때 이 모든 게 어떻게 시작됐는지 알아봅시다. 그가 어린 부분을 촉발했고 그녀는 몹시 상처를 받았어요. 너무 실망해서 자신이 하나도 중요하지 않다고 느꼈죠. 절망하는 부분은 그녀를 더 촉발하더니 급기야 투쟁하는 부분까지 촉발했죠. 제정신이 아니었어요! 이 과정이 어떻게 진행됐는지 아시겠어요?" 다음 도표에서 자살하려는 부분, 중독적이고 행동화하고 자기파괴적인 부분들이 취약한 부분의 감정에 의해 촉발되어 어린 부분의 고통에 '탈출구'가 되어준다는 점을 지켜보면, 트라우마와 관련된 자기파괴적 행동의 근본적인 목적이 죽으려는 것과 정반대로 신체에 안도감과 조절을 가져오는 것임이 더욱 명확해진다. 일단 호기심과 동정심이 유발되면 다음 단계는 해결책을 도표로 그리는 것인데, 이때 해결책은 외로운 부분과 자살하려는 부분에 대한 것이어야 한다. 해결책이나 치료적 개입은 정상적 삶을 살아가는 자기의 관심과 보호를 통해 자연스럽게 일어나는 것이 언제나 가장 좋다 (그림 5.2).

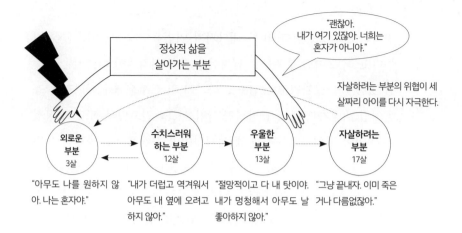

그림 5.2 체계를 위한 해결책 도표화하기

그림 5.1은 촉발의 결과로 부분들의 체계가 어떻게 활성화하고 양극화되는지를 내담자에게 보여주는 데 사용된다. 그림 5.2는 이제 정상적 삶의 자기가 어린아이 부분을 치유하고 돌볼 수 있게 되면서 자살하려는 부분의 '도우려는 시도'를 불필요하게 만드는 과정을 보여주는 데 사용된다. 만약 내가 자살하려는 부분의 '도우려는 제안'을 목숨을 위협하는 자살사고suicidal ideation로 간주해 내담자를 입원시키려고 했다면, 투쟁하는 부분과 애착을 원하는 부분 모두 더 심하게 촉발되었을 것이다. 애착을 원하는 부분은 병원으로 쫓겨나 더욱 외로움을 느꼈을 것이고, 투쟁하는 부분은 통제하는 권위자 때문에 적대감과 올가미에 걸린 듯한 기분을 느꼈을 것이다.

이 예를 포함해 많은 경우에 생사가 달린 위기상황의 해결책은 취약한 어린 부분이 위로와 회복을 경험하게 해주는 것이다. 정상적 삶의 자기가 연민을 갖고 외롭고, 수치심을 느끼고, 절망하는 어린 부분들을 '날개 아래' 품고 그들에게 보살핌과 보호받는 느낌을 전달하도록 요청한다. 비록 내담자가 연민을 갖는 데 어려움을 겪는다고 해도 어린 부분들을 감싸안은 팔의 시각적인 이미지는 따뜻함, 보호, 미소, 그리고 그림으로 다가가 결국 부분에게 이르려는 충동처럼 내담자의 몸에 긍정적인 감각을 불러일으킨다. 도표의 장점은 비언어적 의사소통을 통해 이질적이며 잠재적으로 반감을 유발할 수 있는 것을 쉽게 소개할 수 있다는 것이다. 내가 이 내담자에게 "내가 너희를 돌볼 거야"라고 어린 부분에게 말하도록 요청했다면 "아니요, 돌보고 싶지 않아요!"라는 답변이 돌아왔을지 모른다. 그러나 내가 팔을 그려서 "당신이 이 어린 부분들을 당신의 날개 아래 품어서 그들이 그렇게 압도되거나 두려워하지 않으면 어떤 일이 일어날지 한번 보시죠"라고 말하며 제스처로 개입법을 설명하면 대부분의 내담자가 저항하지 않았다. 나는 '당신의 날개 아래'라는 말을 할 때마다 오른팔로 누군가를 품는 제스처를 반복한다. 신체적 의사소통은 부분들에게 직접 전달된다. 말에 특화된 좌뇌가 언어적 의사소통에 반발할 수는 있지만, 우뇌를 위한 신체적 메시지를 차단할 수는 없다Gazzaniga, 1985. 어린 부분은 그림과 내 제스처에서 '날개'를 느낄 수 있다.

부분들의 투쟁과 갈등을 외재화해서 목격하게 하는 또 다른 방법은 모래상자 피규어, 동물모형, 돌과 수정, 고무오리 같은 물체를 사용해 부분을 표현하는 것이다. 모든 모형은 성인뿐 아니라 어린아이들의 몸과 마음에도 흥미롭게 와닿는다. 치료자는 내담자가 '그'나 '그녀'가 아니라 유아부터 현명한 노인까지 모든 연령대의 부분들로 구성된 하나의 체계라는 점을 명심해야 한다.

캐스는 다른 사람의 목소리가 들린다고 보고할 때마다 정신증적 장애로 진단받았는데, 정신증적 장애보다 해리성정체감장애 진단이 본인에게 더 적합한지를 평가하기 위해 자문을 받으러 왔다. 하지만 그녀가 말하는 동안 매우 열띤 내적 대화처럼 보이는 것 때문에 끊임없이 주의가 분산되어 면담하기가 몹시 힘들었다. 그녀는 말하는 것처럼 입술을 움직였지만 아무 소리도 내지 않았으며, 화난 듯한 몸짓을 하고 얼굴을 찌푸렸다. 때때로 그녀가 머리를 세차게 흔들 때, "안 돼, 안 돼"라고 소리 없이 말하는 입 모양을 읽을 수 있었다. 내가 '부분'이라는 단어를 사용하거나 지금 그녀에게 말을 거는 목소리에 관해 물을 때마다 그 대화는 잠시 멈추는 듯했지만, 세 번째 회기 전에는 그녀가 내 말을 듣고 있는지 분명히 알려주는 징후가 없었다. 세 번째 회기에 캐스는 작은 비닐봉지를 들고 나타났는데, "여기 이것들이 부분들이에요"라고 말하면서 비닐봉지 안의 내용물을 꺼내 탁자에 놓고는 곧바로 자신의 내적 대화로 돌아갔다. 내 커피 테이블에 작은 고무오리가 쌓였다. 부분들의 수가 너무 많을 뿐 아니라 그것들이 지닌 감정과 갈등이 너무 커서 압도당했던 캐스는 아직은 내게 말할 수 없는 것들을 이렇게 보여주었다.

그 뒤로 캐스는 각기 다른 부분을 상징하는 크기와 색깔이 다른 오리를 사용해 내적인 문제와 갈등을 표현하는 방법을 배웠다. 몇 주 뒤 그녀는 인간의 뇌같이 생긴 고무공을 가져와서는 "당신이 늘 말하는 성숙한 뇌"라고 말했는데, 그녀의 성숙한 뇌에 있을 '지혜로운 마음'에 대한 나의 얘기를 다 듣고 있었다는 증거였다. 매주 우리는 오리를 이용해 부분들 간의 내적 갈등이 어떻게 위기 또는 문제를 초래하는지를 묘사하는 사이코드라마 같은 작품을 만들었고, 그녀가 가져오는 문제는 무엇이든 다루었다. 나는 그녀가 보여준 오리 하나하나를 설명했다.

(그녀의 주의를 끌기 위해 손가락으로 가리키며) 이 작은 오렌지색 오리가 우체국에서 성질을 내는 남자 때문에 촉발됐을 때 녹색 오리가 건물 밖으로 뛰쳐나갔고, 그래서 제러미(중간 크기의 붉은색 10대 오리)가 몹시 놀랐군요. 제러미는 그 남자가 쫓아온다고 생각해 차에 올라타 매우 빠르게 운전해 달아나자 모든 어린 부분이 겁을 먹었네요! 제러미가 너무 빨리 차를 몰았고 미치도록 무서워해서 다른 오리들이 더 겁을 먹은 거죠. 그들에게 필요한 것은 성숙한 뇌가 우체국에서 그들을 도와 화난 남자가 그들에게 소리치지 못하도록 하는 것이군요. 성숙한 뇌를 가진 부분은 이럴 때 어떻게 해야 한다고 생각하나요? 어린 부분들은 우체국에 가는 것을 좋아하지만, 몸은 어른인데 어린 부분들이 말하는 것을 보면 사람들은 당황해서 한소리 하게 마련이잖아요. 다 큰 어른이 이상하게 행동한다고 생각할 거예요. 아이들이 어른 없이 혼자 가게에 가면 안 될 것 같은데…… 어떻게 생각하세요?

캐스가 오리 떼를 통해 관련된 부분들의 전체적인 경험을 관찰하면서 안목이 넓어지자, 내가 옆에서 조금 지도해주면 고무공 두뇌는 늘 더 폭넓은 조망수용을 반영하는 창의적인 해결책을 생각해내곤 했다. 캐스는 내면의 목소리들이 내는 강렬하고도 시끄러운 '소음' 때문에 마음챙김 상태에 있기가 어려웠지만, 오리에게는 집중할 수 있었고 호기심도 더 많이 가질 수 있었다. 캐스는 자신이 어린 부분들로 전환되면서 외부 자극에 의해 촉발될 때 발생하는 혼돈과 위기의 패턴을 보기 시작했다. 어린 부분들의 과경계하는 정서반응은 제러미 같은 도피하는 부분의 방어반응을 촉발했고, 이것이 다시 어린 부분들을 촉발했다. 마음챙김을 통한 관찰, 그림 그리기, 도표 만들기, '고무오리 치료' 등 무슨 방법이든 간에 상호작용하는 부분들의 외재화 또는 시각적 묘사는 인식의 장을 넓히고 호기심과 관심을 더 키워주며, '내 부분이 믿지 않더라도 나는 지금 안전해'와 같은 안목을 길러주고, 지혜로운 마음으로 더 낫게 판단을 하는 역량을 키워준다.

섞임과 현실 검증

오랜 세월 동안 애니의 생존전략은 주어진 순간에 어떤 부분이 활성화되든 그것과 자동으로 섞이는 것이었기 때문에 애니는 자신의 몸(긴장·숨죽임·심박수 증가·동요와 떨림), 생각(비하·절망·신랄함), 감정(수치심·공포·두려움)을 통해 주기적으로 들어오는 정보에 대해 의문을 가져본 적이라곤 없었다. 앞으로 친구가 될 수도 있을 사람에게 점심 먹으러 가자는 말을 듣는 것처럼 긍정적인 경험을 포함해 일상의 소소한 사건들이 부분 또는 부분이 지닌 암묵기억을 촉발하고, 이것이 다시 다른 부분을 촉발한다. "그래서 오전 10시에 맥주를 마시고 다시 잠자리에 드는 게 더 쉬워요." 예를 들어 점심을 같이 먹자는 요청이 어떻게 행동해야 할지 몰라 불안해하는 어린 부분을 촉발하고, 이것은 친밀한 우정을 단념함으로써 어린 시절의 비밀을 지키려는 과경계하는 부분을 촉발하고, 결국 창피를 주는 부분이 자극되어 "어리석기는! 얼마나 우스꽝스러운 생각이니! 사람들이 너 같은 애랑 왜 친구를 하겠어? 그녀도 네가 얼마나 멍청한지 곧 알게 될 거야"라고 판단하기에 이른다. 일상생활의 촉발자극으로 유발되는 위험하다는 감각과 판단하는 부분에 의해 촉발되는 수치심 사이에서 '섞여버린' 애니가 세상은 굴욕적이고 위험하며 자신이 결함이 있고 원치 않는 존재라고 생각하는 것은 어쩌면 당연했다.

섞임은 트라우마를 계속 '살아 있게' 한다

사람들은 주관적으로 안전하지 않고 적대적으로 느껴지는 외상 경험을 어떻게 해결할 수 있었을까? 내담자와 치료자 중 상당수가 비판적인 목소리가 여전히 가해자가 쓰는 어휘나 비아냥거리는 어조로 제멋대로 공격하는 경우에도 외상사건을 처리하면 트라우마가 해결될 수 있다고 믿는다. 이와 비슷하게, 내가 애니를 처음 만났을 때 그랬듯, 내담자와 치료자 둘 다 '안전'을 자해로부터의 자유 또는 학대하지 않는 가정환경과 같은 것으로 여길 수 있다. 내담자가 여전히 환영받지 못한다고 느끼면서 겁먹고 수치스러워하거나 죽으려고 하는 어린 부분들과 습관적으로 섞인다면 안전하다는 '체감각'을 경험하기란 불가능할 수 있다는 생각을 하지 못할 수 있다. 외부 환경이 이제는 객관적으로 안전하더라도 암묵적 기억 및 부분들과 섞인 내담자는 그 부분들에게 '그 일'이 끝났다고 안심시킬 수 있는 신체적 또는 정서적 안전감이 없을 수 있다.

트라우마가 해결되려면 먼저 내담자가 현실을 이해할 수 있도록 부분들과 분리되는 법을 배워야 한다. 부분들과 분리된 이중인식의 관점을 통해 정상적 삶의 자기는 시각적 주의를 집중하여 지금 처한 환경에 머무르는 법을 배울 수 있고, 현재의 안전 수준을 올바르게 평가할 수 있으며, 동시에 부분들이 가진 두려움과 그들이 위험에 대비하는 것을 '그 부분들'의 자체 평가로 느낄 수 있다. 내가 '지금의 현실'이라 부르는 관점에서 보면 정상적 삶의 부분은 부분들이 겪은 과거의 현실을 목격할 수 있으며, 종종 부분들이 여전히 '그곳'에 머물러 있다는 것에 공감할 수 있다.

분리 배우기

섞여 있는 상태를 감지하려면 연습이 필요하므로 치료자는 종종 섞임 감시자가 된다. "흠, 당신이 오늘 확실히 수치심을 느끼는 부분과 섞여 있군요." "불안해하는 부분과 섞이지 않기는 쉽지 않지요. 당신은 그녀와 실시간으로 섞이는 것에 너무 익숙하군요." '실시간 섞임'은 가장 강렬한 감정을 가진 부분과 자동으로 섞이는 절차적으로 학습된 습관을 설명하기 위해 내가 사용하는 용어로, 종종 너무 빨리 섞여서 마음챙김을 통한 알아차림으로도 탐지하지 못한다. 이런 패턴을 식별하려면 내담자가 자신에게 일어난 일에 대해 비해석적이고, 병리화하지 않으며, 잠재적으로 문제가 될 수 있는 조건화된 학습을 알아차리는 데 도움이 되는 언어를 사용하는 것이 중요하다. 섞임을 알아차린 뒤 무엇을 해야 할지 말해주는 기술과 절차인 '분리 프로토콜'을 활용할 수 있다(분리 프로토콜의 모델은 부록 A 참조).

수전은 과경계하는 부분과 연결되었을 때 나타나는 조심스러운 표정으로 상담실에 들어왔다. 이 '경호원' 부분은 항상 수전이 어린 시절 일상적으로 겪던 실망이나 배신에 대비하고 있었다. 수전은 말했다. "나는 못해요. 당신과 G 박사가 원하는 것을 할 수가 없어요. (그녀의 주 치료자 G박사와 나는 그녀가 부분과 분리되는 법을 배우도록 돕고 있었지만, 그녀는 걸핏하면 부분과 섞이고 말았다.) 수전은 "왜 당신은 내가 할 수 없는 것을 자꾸 시키려고 해요?"라고 말할 때면 목소리가 더 감정적이고 톤이 높았는데, 나에게는 지금 말하는 주체가 '부분'으로 보였다.

나 "나는 못해, 할 수 없어!"라고 계속 말하는 부분을 알아차려 보세요. 그 부분과 살짝 분리될 수 있을까요? 그녀가 '되지' 말고 그녀를 느낄 수 있는지 확인하세요. 그래야 그녀가 당신이 자기 말을 듣고 있다는 걸 알 수 있어요.

수전 아니, 제가 말했잖아요. 당신들이 바라는 것을 내가 할 수 없다고요!

나 수전, 이 부분들을 '바로 나'라고 생각하는 것에 너무 익숙해서 분리하는 법을 배우기가 힘들다는 걸 알아요. 하지만 뭔가 시도해볼 의향은 있나요? (그녀가 고개를 끄덕인다.) "그녀는 내가 못할 거라고 두려워하고 있어. 그녀가 두려워하고 있어"라고 말한 뒤 어떻게 되는지 봅시다. 무슨 일이 벌어지나요?

수전 조금 전처럼 강렬하지는 않아요.

나 좋아요. '그녀가 두려워하고 있어'라는 당신의 말을 그녀가 들었을 때, 이전만큼 강렬하지는 않았군요. '그녀'라고 계속 말해줄 수 있을까요?

수전 좋아요.

나 그녀에게 물어보세요. 만약 그녀가 그것을 할 수 없다면 무슨 일이 일어날까 봐 걱정하나요?

수전 (가만히 내면의 목소리를 듣는 것처럼 보인다.) 그녀는 당신이 자기를 포기하고 돕지 않을까 봐 두려워해요.

나 그렇군요, 그걸 걱정하고 있었군요! 그녀의 엄마는 좌우명이 '내가 하자는 대로 하거나 아니면 떠나라'였잖아요. 그래서 그녀가 늘 그것을 걱정했죠, 안 그래요?

수전 그런데 그건 제 걱정 같기도 해요. 제가 분리되는 과정에서 힘든 게 뭔지 말해볼까요? 제가 분리되려고 시도하면서 그 부분의 감정에서 한발 물러서면, 그 부분을 전혀 느낄 수가 없어요. 그냥 무감각해져요. 다 느끼든지 아니면 아무것도 느낄 수 없는 거죠.

나 음, 그게 문제군요. (내 기준이 그녀 엄마의 기준과 다르다는 점을 암시하려고 노력하면서 그녀가 분리되면서 겪는 문제가 정상적이고 자연스럽다고 인정해준다는 점에 유념하라.) 만약 그 어린 부분이 우리가 자신을 거절하고 포기할까 봐 몹시 걱정하지 않았다면 당신이 이 문제를 우리에게 말할 수 있었을 거예요. 그리고 이런 경우는 매우 흔해요. (분리가 왜 어려운지를 이해하도록 맥락을 제공하기 위해 나는 이제 그녀의 정상적 삶을 살아가는 자기를 위한 심리교육으로 방향을 튼다.) 많은 트라우마 생존자가 우리가 '이중인식'이라고 부르는 것, 그러니까 당신의 존재를 인식하면서 동시에 그 부분의 감정을 인식하는 것을 어려워해요. 하지만 제가 분리하는 데 도움이 될 수 있는 몇 가지 방법을 가르쳐드릴게요. 분리를 위한 5단계를 시도해보시겠어요? (나는 그녀가 기대했던 것보다 더 쉽게 배울 수 있도록 작은 단계들로 세분화되고 매우 구조화된 접근방식을 선택했다.)

수전 좋아요.

나 먼저 '나는 할 수 없어'라는 느낌에 주목하세요. 아직도 느낄 수 있나요?

수전 네, 느낄 수 있어요. 그리 강렬하지는 않아도 여전히 있어요.

나 먼저 그 느낌을 알아차리고 '그녀는 내가 못할까 봐 두려워해'를 반복하세요. 이것이 1단계입니다.

수전 큰 소리로 말할까요, 아니면 마음속으로 생각할까요?

나 편한 대로 하세요. 힘들다고 느껴지면 그것이 부분이 느끼는 것으로 여기고 마음속으로 생각하든지 크게 말하든지 하세요. "그녀가 두려워해" 또는 "그녀가 속상해하고 있어". (나는 그녀가 이 새로운 언어를 스스로 시도해볼 수 있도록 1, 2분 정도 시간을 준다.) 더 나아졌나요, 아니면 더 힘든가요?

수전 더 좋아요.

나 2단계를 시작할 준비가 되었나요?

수전 네.

나 자, 2단계입니다. 몸의 중심부를 사용합시다. 몸의 중심부 근육을 살짝 긴장시켜서 그녀가 당신의 존재를 느끼도록 해보세요. 여전히 그녀가 느껴지나요? (수전이 어릴 때 운동선수였으므로 몸을 자원으로 활용하기로 선택했다.)

수전 느낄 수 있어요!

나 좋아요! 이제 그녀에게 당신을 느낄 수 있는지 물어보세요.

수전 그녀가 느낄 수 있대요.

나 멋지네요! 둘 다 서로를 느낄 수 있군요! 훌륭해요! 그녀도 좋아하나요?

수전 그녀가 좋아해요. 왜 그 부분들이 항상 그렇게 흥분했는지 말해주네요. 아무도 자기들 얘기를 듣지 않는다고 생각했대요.

나 오, 이 작업을 해야 할 좋은 이유군요. 이제 둘 다 3단계 준비가 되었어요! 자, 이제 척추뼈 사이에 공간을 두는 것처럼 척추를 허리 아래에서부터 위로 늘려보세요. 그녀에게 당신이 지금 얼마나 큰지 느낄 수 있느냐고 물어보세요.

수전 그녀가 깜짝 놀랐어요. 제가 이렇게 큰지 몰랐대요.

나 잘했어요! 이제 당신은 그녀를 느낄 수 있고 그녀도 당신을 느낄 수 있어요. 그리고 둘이 대화를 하는군요! 그녀가 좋아하나요?

수전 네, 아주 좋아해요. 그리고 저도 좋아요. 왜냐하면 제가 분리되려고 노력할 때 그 부분을 전혀 느낄 수 없어서 속상했거든요.

나 그녀와 함께하는 것을 느끼고 싶다는 말을 듣고 기분이 좋은지 물어보세요.

수전 그녀도 좋아하지만, 제가 잘 해내지 못할까 봐, 그리고 당신과 G 박사가 그녀를 좋아하지 않을까 봐 걱정하고 있고…….

나 좋아요, 그녀가 당신에게 걱정을 털어놓다니 좋은 일입니다. 다만 그녀의 걱정과 섞이지 않도록 주의하세요. 4단계를 연습해봅시다. 잠깐 부서의 관리자 역할을 떠올려보세요. 그러고 나서 당신이 그녀의 관리자인데, 그녀가 일처리가 빠르지 않아서 해고당할까 봐 걱정한다고 상상해봅시다. 당신은 그녀에게 뭐라고 말할 건가요?"

수전 (잠시 생각한다.) 그녀에게 걱정하지 말라고, 그저 일을 열심히 배우고 계속 노력한다면 해낼 수 있다는 것을 믿으라고 말해주겠어요.

나 훌륭한 조언이네요. 수전. 이처럼 현명하고 동정심 많은 관리자를 둔 당신의 직원들은 행운아군요. 자, 이제 5단계입니다. 그녀에게 이 말을 들으니 도움이 되는지, 아니면 아직 다른 뭔가가 필요한지 물어보세요.

수전 도움이 된대요. 그런데 그녀는 그 말을 반복해서 들을 필요가 있으니 제가 계속 말해주길 원해요.

나 좋은 지적이네요! 그녀는 자기 인생에서 믿고 받아들일 수 있을 만큼 충분히 자주 그런 말을 듣지 못했잖아요. 그녀에게 계속 노력한다면 해낼 것이라고 꾸준히 말해주는 것을 기억할 수 있겠어요? 일정표에 적어넣고 휴대폰으로 알림을 설정하면 도움이 될까요? 아이들 일정도 이런 식으로 기록해둔다고 알고 있는데, 이 부분도 아이잖아요.

수전 (이제 명확하게 정상적 삶을 살아가는 부분의 모습이 되어) 그녀를 제 일정에 넣어둘게요. 그런데 제가 기억하고 연습할 수 있도록 다섯 가지 단계를 적어주시면 도움이 될 것 같아요. (이 요청은 내가 그녀를 봐온 이래 그 어느 때보다 그녀의 정상적 삶을 살아가는 부분이 현존해 있다는 것을 말해주었다. 그녀는 부분들과 관련된 목표를 달성하는 방법에 대해 생각할 수 있었다.)

나 (우리가 방금 연습한 다섯 가지 단계를 적으면서 말한다.) 수전! 그러면 그녀가 확실히 안심할 수 있겠군요. 자, 이제 마치기 전에 그녀가 자신의 걱정을 당신에게 말해주어 고맙다고 표현해보죠! 이것이 중요해요. 그녀가 말해주지 않았으면 당신이 어떻게 알았겠어요? 그녀나 다른 부분들이 가진 각자만의 걱정을 들어보는 시간을 가져보면 어떨지 한번 생각해보시죠.

일련의 구조화된 단계가 제공되고 '너무 많은' 취약성에 지나치게 빨리 접근하지 않을 것을 알고 나서 수전은 자신의 어린 자기에 연결되는 것을 덜 두려워할 수 있었고, 많이 속상해하는 어린 부분과 분리될 뿐만 아니라 대화도 시작할 수 있었다. 수전과 마찬가지로 내담자들은 더는 부분들과 섞이지 않은 상태가 되면 종종 부분들을 향해 자연스럽게 연민을 보낸다. "정말 안타까워요. 일으켜서 안아주고 싶어요." 여기서 치료자는 초점을 맞춘 부분과 계속해나가는 대신 슬픔의 정서에 머물고 싶은 유혹을 느낄 수 있다. 하지만 이 시점에서 치료자의 역할은 내담자가 마음챙김 상태를 유지하면서 어린 부분에 집중하도록 돕는 것이다. "당신이 그녀를 보면서 슬퍼하면 그녀는 어떤 기분이 드나요? 누군가 정말로 그녀의 기분에 신경을 써주면 또 어떤 기분일까요?" "그녀에게 다가가 팔을 벌리면 어떤 일이 일어날지 봅시다." 내담자가 감각운동심리치료Ogden & Fisher, 2015에서 차용한 기법을 따라 자신의 어린 부분에게 손을 내밀거나 손을 내미는 제스처만 상상하더라도 따뜻함을 느끼고 몸이 이완되며 차분해지는 등 내면 상태가 달라진다. 이런 긍정적인 내적 상태가 지속될 수 있으려면 치료자는 '내면에서 일어나는 일'에 계속 초점을 맞추고 어린아이 부분과의 유대감을 더 심화하고 친밀감과 연민을 키워나가야 한다.

때때로 내담자는 진정성이나 유대감이 없는 채로 그저 자신의 부분들에 대해 입바른 말만 하는 전문가가 된다. 따라서 치료자는 내담자가 정상적 삶의 자기가 부분들을 돌보거나 그들에게 위로하는 말과 행동을 할 때 부분들의 정서나 감각의 변화를 살펴보라고 요청하는 것이 매우 중요하다. 치료자는 "당신이 정말로 '함께' 있다고 느끼면 그녀의 기분이 어떻게 달라지나요?" "당신이 진실하다는 것을 그녀가 어떻게 느낄 수 있을까요? 무엇으로 이것을 말해줄 수 있을까요?" 하는 식으로 물을 수 있다. 때때로 치료자는 새로운 패턴의 반복을 통해서만 변화가 일어날 수 있다는 점을 강조하기 위해 내가 수전에게 했던 것처럼 심리교육과 부분 작업을 결합해야 한다. "당신이 더 많이 안아줄수록 그녀는 더 안전하다고 느끼고, 당신도 더 차분해지는 기분이 들 거예요. 그녀가 겁에 질려 있으면 당신은 차분함과 안정감을 느낄 수 없어요."

때로 정상적 삶의 자기가 '이해'할 수 있도록 '어린아이 부분'의 곤경을 치료자가 '번역'할 필요도 있다.

> "그녀는 당신과 함께 있는 것이 좋지만 아직은 당신을 완전히 신뢰하지는 않는다고 말하는군요. 이해가 돼요. 그렇지 않나요? 조금 망설이는 게 느껴지나요? 그렇다면 많은 일을 겪었다는 의미예요. 확실히 그랬죠? 그러니 누군가를 믿기가 어렵죠. 누군가가 정말로 그녀와 함께해줄 거라고 믿게 하려면 당신이 날마다 나타나 그녀의 감정에 관심이 있다고 알려야 해요. 그녀가 당신이 영원히 함께할 거라고 진정으로 믿으려면 그래야 하죠. 그러면 그녀도 마침내 긴장을 풀고 안전하다고 느낄 거예요."

환대 제공하기

1980년대 후반~1990년대 초반, 초창기 해리 전문가들이 '다중인격 장애multiple personality disorder, MPD' 환자들에게서 관찰한 것을 말로 표현하려고 했을 때, 지금 우리가 정상적 삶을 살아가는 자기라고 알고 있는 것을 가리키기 위해 '주인'이라는 용어를 선택했다. 비록 그 명칭은 외상을 입은 부분들을 담는 빈 용기라는 의미를 전하기 위한 것이었지만, '주인'이라는 용어에는 집주인이자 환대를 제공하는 자라는 또 다른 의미가 있다. 사실 정상적 삶을 살아가는 자기는 신체의 건강과 행복을 책임지고 음식·거처·생필품을 제공해야 하므로, 현재의 우선순위에 초점을 맞춘다면 말 그대로 '주인' 또는 자기의 모든 부분을 위한 본거지라고 볼 수 있다. 또 내측 전전두피질에 접근할 수 있는 점을 생각하면 정상적 삶의 자기에게는 더 넓은 안목으로 보고, 개념화하고, 대립하는 것들을 조정하거나 적어도 동시에 염두에 두는 고유한 능력이 있다. 정상적 삶의 자기는 과거와 현재, 부분과 전체, 동물의 뇌와 생각하는 뇌 모두를 이중으로 인식하는 능력이 있다. 그러나 내담자가 치료를 받으러 올 때면 종종 정상적 삶의 자기는 사기가 저하되거나 무력해져 있고, 특정 부분들과 동일시하고, 다른 부분들에 의해 겁을 먹었거나 어떤 부분을 부끄럽게 여기는 상태다. 비록 정상적 삶의 부분이 이 모든 것을 관찰하고 자율신경계의 조절장애를 줄이고 부분들을 두려워하기보다 관심 갖는 법을 배울 수 있는 능력을 타고났다 해도, 부분들을 외상과 관련한 두려움과 공포를 전달하려는 어린아이 자기들로 인식하려면 교육이 필요하다.

잃어버린 영혼과 외상을 입은 아이들 환영하기

외상 관련 부분들이 일상을 뒤집어놓을 때마다 왜 정상적 삶의 자기가 이들을 따뜻하게 환대하는 주인이 되어야 하는가? 치료자가 감정과 연결하거나 과거를 기억하거나 기술을 연습하는 것이 내담자에게 도움이 된다는 설득력 있는 사례를 만들어야 하듯이, 내담자가 치료를 받도록 이끈 꿈과 희망을 가진 부분들을 알아차리고 그들과 친해지는 능력과 연결시키는 것이 우리의 일이다. 내담자가 치료에서 무엇을 찾고 있는지 생각해보라. 그녀는 어떤 소망을 품고 당신의 상담실을 찾았는가? 그는 치료 결과로 무엇을 바라는가? 이 내담자는 왜 여기 있나? 이 사람은 안도감을 추구하는가, 아니면 자기실현을 추구하는가? 생존을 위해 노력하는가, 아니면 자기 경험의 의미를 찾고자 하는가?

내가 내담자에게 제공하는 모든 설명은 일반적으로 긍정적이고, 내담자가 처한 상황이 보편적이라는 점을 지지를 담아 전달하며, 내담자의 '최고의 자기'에게 말하는 것이라는 점에 유의해서 다음을 읽어주기 바란다.

> "당신이 그 부분들이 사라지길 원한다는 건 알지만, 그래도 괜찮을까요? 당신이 방치되었던 것처럼 그 부분들도 방치되는 것 말이에요. 나는 당신이 그런 사람이라고 생각하지 않아요. 내가 아는 당신은 상처 입은 아이들이 단지 화가 나 있거나 성가시다는 이유로 그들을 절대 거부하지 않을 겁니다."
>
> "그 부분들을 당신의 룸메이트라고 생각해보세요. 같은 몸과 집을 공유하죠. 당신에겐 선택권이 있어요. 서로 수용하고 함께

잘 지내는 법을 배울 수도 있고, 매번 싸워 이기려고 고군분투할 수도 있죠!"

"당신의 부분들이 없었다면 우리는 오늘 이 자리에 있지 못했을 거예요. 그들이 어떤 희생을 치르더라도 살아남는 역할을 맡은 덕분에 당신이 집을 떠나 대학에 가고 어린 시절의 세상에서 멀리 떨어진 삶을 시작할 수 있었죠. 그러니 그들을 더 좋고 안전한 세상으로 데려가는 것은 당연한 일이고, 그들에게 고마움을 표현하는 방법일 거예요. 당신이 앞으로 나아가는 동안 그들을 '그곳'에 남겨두는 것은 그다지 옳은 행동이 아니죠."

"그들의 고통이 당신의 고통이 되는 한, 옳든 그르든 당신과 그 부분들은 떼려야 뗄 수 없는 관계입니다. 당신이 두려움, 분노, 수치심에서 자유로운 삶을 살기 위해서는 그 부분들을 환영할 필요가 있습니다. 그들도 안전함을 느껴야 해요."

치료자의 의미 부여는 정상적 삶을 살아가는 자기에게 도전하는 동시에 부분들에 대한 지지를 표현한다는 점에 주목하라. 각 진술이나 질문은 치료자가 어리고, 취약하고, 외상을 입은 부분들을 옹호할 것이라는 점을 전달한다. 과거에 무슨 일이 있었는지 발견하는 데 중점을 두지 않고 현재 부분들과 정상적 삶을 살아가는 자기와의 관계, 그리고 지금 이 순간 둘 사이에 무슨 일이 일어나는지에 초점을 둔다. 부분들은 과거의 경험, 고통스러운 신체기억과 감정기억에 따라 움직인다는 암묵적인 가정이 있다. 이 점은 인정할 수 있지만, 지금 부분들의 반응을 당시의 특정 사건과 연결하려는 노력은 하지 않는다. 내담자가 자발적으로 한 부분을 특정한 이미지나 사건과 연관시키면, 치료자는 기억의 침습을 해당 부분이 왜 두렵거나 부끄럽거나 화가 났는지를 말해주는 방식으로 재구성한다.

"버림받는 것을 두려워하는 부분에 관해 이야기하면 늘 똑같은 이미지가 떠오르네요, 그렇죠? 엄마가 화가 나서 차를 몰고 가 버리는데 당신의 어린 부분이 차를 따라 길을 달려가는 모습이 요. 그 어린 소녀가 '당신도 질겁해서 나를 떠날 건가요?'라고 당신에게 물어볼지도 모르겠네요."

"만약 그 이미지가 어린 부분이 전하는 메시지라면, 무엇을 말하려고 하는 걸까요? '맞아, 그게 내가 항상 무서워하는 이유 야' 아니면 '도와줘!'라든가 '누구도 날 해치지 못하게 해줘'일까 요? 그걸 아는 게 중요해요. 당신이 모르고 있으면 그 부분은 계 속 불편한 이미지를 보여주면서 자기 주장을 전할 테니까요."

치료 초기의 회기들은 부분들을 알아차리고, 알아차린 것에 이름 을 붙이고, 분리되는 새로운 습관을 연습하는 기회로 활용되어야 한 다. 연습할 때 치료자는 '지금은 누가 말하고 있나요?' '지금 대화에 어떤 부분이 반응하고 있나요?' 같은 질문을 계속해야 한다. 4장에 서 언급했듯이 대다수 사람은 모든 생각, 감정, 신체반응을 '내 것' 이며 '내'가 지금 느끼는 것이 '나의' 감정을 나타낸다고 가정하는 습관이 있다. 내담자가 자동적 가정을 버리고 대신에 그들이 느끼거 나 생각하는 모든 것이 여러 부분 중 한 부분의 표현일 수 있다고 가 정하는 법을 배우려면 매주 연습이 필요하다.

사람들이 파편화되고 단절되고 소외된 부분들을 되찾으려면, 치 료자는 부분의 언어를 사용하고 내담자에게도 이를 사용하도록 지 속적으로 끈질기게 요청할 필요가 있다. "'그녀가 수치스러워해요'

라고 말하면 어떻게 되나요? 감정이 더 격해지나요, 아니면 누그러 드나요?" 내담자에게 자신이 느낀 것을 '그' 또는 '그녀'의 감정으로 이름 붙이도록 권할 때마다 그들은 살짝 이완이나 안정감을 느끼는데, 그 감정을 '그의' 감정이라고 불러주는 것이 그 부분에게는 마치 누군가 자신의 얘기를 들어주고 이해받았다는 느낌을 주는 것 같았다.

대다수 내담자는 부분이 침습적이거나 드러나지 않는 방식으로 의사소통하는 것에 대처하기 위해 절차적으로 학습된 습관적 전략을 발전시켜왔다. 어떤 사람들은 침습적 감정과 충동을 통제하려 하고 눈물이나 자기비하적인 생각 또는 목소리를 무시한다. 어떤 사람들은 각각의 기분·충동·신념을 '내 느낌' 또는 '내가 느끼는 것'으로 해석하고, 심지어 몇 초 전만 해도 다르게 느꼈을 수 있다는 것을 잊어버린다. 전자의 전략은 정서적으로 더 단절되고 통제된 존재 방식을 야기하고, 삶의 즐거움을 느끼지 못하도록 가로막는다. 후자는 혼란이나 압도된 느낌, 통제력 상실, 미칠 것 같은 느낌, 붕괴나 폭발 직전의 느낌으로 이어진다. 치료에서는 이러한 패턴을 알아차려서 부분의 언어로 번역해야 할 뿐만 아니라, 정상적 삶의 자기를 강화하고 내면가족체계적 접근Schwartz, 2001에서 말하는 '참자기' 또는 '참자기 에너지'와 관련된 자질을 증진하도록 강조하는 것 또한 중요하다. 정상적 삶의 자기는 '지혜로운 마음'이라는 역량을 발달시켜야 하는데, 이는 현재와 연결되어 있고, 부분들을 위에서 조망하는 메타인식이 가능하며, 전체를 위해 결정을 내릴 수 있는 능력이다. 내면가족체계의 '참자기' 개념은 내담자가 연민·창의성·호기심·통찰력이 있는 상태로 연결되는 데 도움이 되며, 구조적 해리 모델의 정상적 삶을 살아가는 자기는 체계를 위해 결정을 실행에 옮기는 기능적 능력을 개발하는 것이 중요하다는 점을 강조한다. 두 모델을 결합해 정상적 삶을 살아가는 자기가 지혜로운 마음이나 '참자기 에너지'를 키워가도록 장려한다면, 우리는 명료한 견해·연민 어린 수용·행동 변화 역량에 기반한 리더십을 갖출 수 있다. 문제는 정상적 삶을 살아가는 자기에 어떻게 접근할 것인가와 더불어 이 자기가 리더십의 역할을 맡을 뿐만 아니라 호기심·연민·명료성·침착함·창의성·용기·헌신·연결성 등 자기의 자질을 기르도록 설득하는 것이다.

지혜롭고 연민 어린 성인과 연결되기

부분의 행동과 반응은 자율신경계의 활성화와 동물방어 생존반응이 이끌어내므로, 트라우마 생존자는 일반적으로 어떤 부분을 버리는 것과 마찬가지로 다른 어떤 부분을 '내 것'이라고 여기고 동일시한다. 칼라처럼 정상적 삶의 자기들과 동일시하는 사람이 있는가 하면, 자살충동을 가진 부분이나 화난 부분과 동일시하는 사람도 있다. 어떤 사람은 애착을 원하는 부분의 필사적인 근접성 추구와 동일시한 나머지 '모든 부적절한 곳에서' 사랑을 찾는다. 어떤 사람은 순응하는 부분과 동일시해 심지어 자신을 학대한 가족을 돌보기도 한다. 그러나 외상 관련 부분과 동일시하거나 섞인 내담자는 곧 전전두피질과 정상적 삶의 자기에 접근할 수 없게 된다. 부분들의 강렬한 트라우마 반응은 얼어붙는 부분이 오늘 공황발작을 일으킬 때도 식료품 가게를 기억할 수 있는 좌반구 자기와의 연결감을 '삼켜버리는' 경향이 있다. 평범한 삶을 살 수 있게 만들려는 정상적 삶을 살아가는 자기의 끈질긴 집념이 '~하는 척'이나 '기만'으로 해석되는 것도 놀랍지 않다. 압도하는 감각과 감정에도 불구하고 합리적이고 기능적으로 생각하고 행동하는 부분을 진정한 자기라 생각하는 것은 직관에 반하는 것이며, 수년간의 학대·방임·감금을 겪었어도 '계속해서 나아가는' 역량이나 추동을 잃지 않은 부분이 있다고 상상하기는 더욱 어렵다.

많은 내담자가 정상적 삶의 자기가 있다는 개념을 즉각 거부한다. 상담을 받기 위해 나를 찾아온 법대생은 "여기 성인은 없어요. 그리고 저는 성인을 좋아하지도 않아요"라고 말했다. 그녀는 아무도 없이 '집에 혼자' 있었기 때문에 돌봄이 필요한 어린 부분의 고민을 말하고 있었다. "전에는 정상적인 삶을 살 수 있었어요." 어느 예술가가 말했다. "전에는 삶이 있었는데 이제는 없어요. 일 처리도 할 수 없어요. 너무 고통스러워서 제 기능을 할 수 없어요." 연인과 결별한 뒤 이 예술가의 우울한 부분은 매우 절망했고, 치료자와 친구는 그것을 슬픔으로 보도록 격려했다. 그러나 이 예술가는 우울한 부분과 섞여 예전처럼 정상적으로 기능하기가 점점 더 어려워졌다.

나는 예술가에게 물었다. "당신이 정상적인 삶을 살 수 있었을 때, 그러니까 당신에게 삶이 있었을 때가 어땠는지 기억하나요?"

내담자 그럼요. 관심도 많았고 하고 싶은 일도 많았어요. (그녀의 얼굴이 밝아졌다.)
나 그때를 기억하면 몸에 어떤 변화가 있나요?
내담자 에너지가 생기고 희망차다고 느껴요. 그러고는 이런 생각

이 들어요. '누구 놀려? 난 희망이 없어.'

나 그게 바로 우울한 부분이 계속해서 당신에게 하는 말이네요! 그리고 당신은 그 말을 믿고요. 그런데 그건 당신이나 우울한 부분 어디에도 도움이 안 돼요. 미술 수업을 듣는 학생 중 하나가 똑같은 말을 하면 당신은 그 말에 동의했을까요?

내담자 아니죠, 당연히 아니죠! (나에게 조금 짜증을 냈지만, 신체적 관점에서 짜증은 우울증의 해독제이므로 나는 그 짜증에 낙심하기보다 힘을 얻는다.)

나 그럼 학생에게 뭐라고 말할 건가요?

내담자 이렇게 말해줘야죠. "네가 좋아하는 일을 해. 그게 네가 해야 할 전부야. 희망은 거기서 오는 것이지, 그 반대는 아니라고."

나 맞아요. 자신의 마음을 따르는 데 희망이 필요하진 않죠! 좋은 지적이네요. 그리고 만약 그녀가 그 말대로 한다면 더 크게 희망을 느끼겠죠. 당신이 우울한 부분에게 이렇게 말한다면 어떻게 될지 봅시다.

여기서 나는 그녀의 정상적 삶을 살아가는 부분의 직장생활 경험과 타고난 연민에 접근해서 우울한 부분과의 과잉동일시에 문제를 제기할 수 있었다. 그녀의 정상적 삶을 살아가는 자기에게는 여전히 우뇌의 우울한 부분이 활용할 수 있는 좌뇌의 지혜가 있었다. 때때로 내담자들이 앞의 법대생처럼 결코 정상적 삶의 부분이나 성인 부분을 가질 수 없다고 완강히 고집할 때면 나는 단순한 생물학적 사실로 그들에게 반박한다. "뇌수술을 받았거나 뇌 손상 때문에 말하는 법을 잊지 않는 한 정상적 삶의 자기는 여전히 전전두피질에 온전하게 살아 있어요. (나는 그 부분이 어디 있는지 보여주기 위해 내 이마를 톡톡 두드린다.) 당신이 수년간 정상적 삶을 살지 못했더라도 여전히 거기 있어요." 또는 이렇게 말해줄 수도 있다. "기쁘게도 뇌는 의회도서관 같아요. 정보를 잃지 않죠. 하루 또는 한 시간이라도 호기심이나 명료한 마음이나 자신감을 가졌다면 그 능력은 여전히 당신 안에 있어요. 우울한 부분이 얼마나 화가 났는지 보여주려고 당신을 장악했기 때문에 그 능력에 접근할 수 없었던 것뿐이에요." 정상적 삶을 살아가는 자기의 관심과 도움을 얻기 위해 부분과 섞이고, 몸이 장악되고, 플래시백과 이미지가 침습한다고 강조하면 종종 내담자는 자발적으로 공감한다. "정말요? 그녀가 얼마나 고통스러운지 내가 알아주길 바라서 나를 그렇게 처지게 만들었다는 말인가요? 도움을 받고 싶어서요?"

유능한 성인의 자원에 연결되기

정상적 삶의 자기로 가는 가장 쉽고 직접적인 경로는 이 부분이 한때 또는 현재 동일시하는 활동이나 삶의 과제, 경험을 통하는 것이다. 내담자가 부모인가? 관리자인가? 교사인가? 변호사인가? 의료 전문가인가? 삶에 의미를 주는 취미나 목적이 있는가? 정상적으로 기능하는 데 문제가 있다면 "당신이 이전에 '정상적인 삶'을 살아갈때 했던 역할이 무엇이었나요?"라고 물을 수 있다. 내담자에게 중요한 정상적 삶을 향한 꿈이 있는가? 내담자가 전전두피질의 활동이 요구되는 어떤 역할을 하고 있는가?

지역 정신건강시스템에서 입원해 있거나 외래 진료를 받는 젊은 성인들을 대상으로 이 모델을 사용하면서 우리는 내담자들에게 정상적 삶의 부분을 반복적으로 설명했는데, 왜냐하면 이들은 학대와 방임으로 인해 심하게는 어렸을 때도 정상적인 생활이라고는 해본 적이 없기 때문이었다. 그럼에도 코네티컷 정신건강 청년서비스 부서의 우리 팀이 이 내담자들에게 구조적 해리 모델을 설명했을 때 거의 모두가 정상적 삶의 자기를 갖고 있다는 점에 동의했다. "그게 바로 이 병원을 나가고 싶어하는 부분이에요!" "맞아요, 그건 내가 정신병자가 아니라 정상이 되고 싶어하는 부분이에요." "그게 바로 '나'예요. 나는 대학 가서 취직하고 싶어요." "나의 정상적 삶의 부분을 알겠어요. 그녀는 결혼하고 싶고, 진짜 집에서 살면서 아이를 갖길 원해요."

어떤 사람들은 자신의 증상을 다른 부분과 연관 짓기 시작하고 그 것과 탈동일시하게 되면서, 다시 말해 '내'가 원하는 것과 부분이 추구하는 것을 구별하게 되면서 자신의 정상적 삶을 살아가는 자기와 더 분명한 연결감을 느끼기 시작한다. 과거의 '정상적 삶'의 경험이나 미래에 대한 내담자의 전망이 무엇이든, 이것은 성인의 몸과 마음이 있다는 강한 체감각을 개발하는 수단이 될 수 있다Ogden et al., 2006. 나는 내담자들이 병동생활에서(친구들을 위해 탁구 토너먼트를 계획하는 부분), 액세서리 만들기·테니스·승마·동물이나 아이들과 함께하는 봉사 등의 활동들에서, 그리고 일상생활에서 다른 사람에게 지혜와 지지의 목소리를 보냄으로써 정상적 삶의 부분을 찾도록 도왔다.

내가 "그것이 바로 당신의 정상적 삶을 살아가는 자기랍니다. 중요한 것을 고수하고 어떤 일이 있어도 한 발을 다른 발 앞에 내딛잖아요"라고 짚어줄 때마다, 나는 내담자들이 자신의 삶에 끼치는 정상적 삶을 살아가는 자기의 영향력에 주목하도록 한다. "하지만 그건 거짓된 자기예요. 그런 척할 뿐이죠"라며 내담자가 저항하면 나는 그들의 호기심을 자극한다. "그러니까 당신의 정상적 삶을 살아가는 자기가 가짜라고 믿는군요. 흥미롭네요. 그런데 어떻게 그럴 수 있죠? 당신이 '가짜로 그런 척'한다고 해도 그 자기는 여전히 당신이잖아요. 만약 제가 가짜를 만든다면 그렇게 하지 않을 것 같거든요."

나는 비정상적인 환경에서도 정상을 추구하는 용기와 본능적 추동을 강조한다. "이렇게 생각해보세요. 정상적 삶의 자기는 다른 모든 부분이 기겁할 때조차 괜찮아지려고 계속 애쓰는 부분이에요. 그리고 다른 부분들이 기겁할 때 '계속해서 나아가려면' 큰 용기와 결단력이 필요하죠. '거짓된 자기'라면 그렇게 열심히 일할 필요가 없겠죠!"

자기수용

자신의 부분에게 '친구가 되어주는' 것은 단순히 치료적 개입에 그치는 것이 아니라 한 번에 한 부분씩 자기수용의 실천이 가능하게끔 이바지한다. 내담자가 스스로와 '친구가 되기' 위해, 그리고 무시하거나 판단하기보다 호기심과 흥미를 갖기 위해 감정적 반응을 멈출 때 시간이 느려진다. 자율신경계의 각성이 잦아들고, 무언가 해야 하거나 달리해야만 한다는 긴박함이 완화된다. 신체가 더 차분해지면서 평온한 상태가 되며, 결과적으로 부분들은 더 큰 평화로움을 느낀다. 어떤 부분을 도외시하고 다른 부분과 배타적으로 동일시하는 것과 같은 자기소외는 생존을 위해 절대적으로 필요할 때에도 평화로움이나 행복감을 주지 않는다. 자기소외는 긴장을 조성하고, 부분과 부분이 대립하도록 만들며, 지금의 환경이 적대적이라고(종종 트라우마 환경과 매우 유사하다고) 전하며, 모든 부분의 자존감을 떨어뜨린다.

부분들을 수용하고 환영하는 것이 왜 중요한지를 설명하자 젊은 대학원생 가비는 생각이 깊어졌다. "좋은 생각이네요. 매일 명상모임을 하면 어떨까요?"라고 가비가 물었다. "자리에 앉아 부분들에게 원 안에 들어오라고 초대하는 거예요. 부분들이 굳이 말할 필요는 없지만 원한다면 걱정되거나 속상한 일을 얘기할 수 있어요. 그곳은 우리 모두에게 안전한 장소예요." 다음 주에 그녀는 이렇게 보고했다. "그들을 모두 만나다니 놀라웠어요. 나를 만나러 와서는 내가 정말 경청하는지 지켜보았어요. 여러 부분이 내 일이 얼마나 스트레스가 심한지, 그리고 그 일이 기억을 되살리기 때문에 속상해했어요. 나는 그들에게 상황을 더 수월하게 만들 방법을 말해주겠다고 했어요."(부록 B. '부분들을 위한 명상모임' 참고)

'부분들에게 친구 되어주기'는 우리가 한 몸을 공유하는 룸메이트로서 같이 살아가며, 우리 자신과 잘 살아가려면 편안하게 느끼는 부분만이 아니라 모든 부분과 우호적이고 협력적으로 살아갈 필요가 있음을 '근본적으로 인정'하는 것을 뜻한다[Linehan, 1993]. 가비가 명상모임에서 배웠듯, 내 것이라고 또는 내가 아니라고 여기는 자기들을 거부하기보다 더 많이 환영할수록 우리의 내면세계도 더 안전하다고 느낀다.

나는 내가 아니다.
나는 이런 사람이다.
내가 보지 못하지만 내 곁에서 걷고
내가 아주 가끔만 찾아보는
그리고 나머지 시간에는 잊어버리는
내가 말할 때면 고요히 침묵하는
그리고 내가 미워할 때 점잖게 용서해주는
내가 없는 곳을 걷고
내가 죽을 때도 남아 있을 사람.

_후안 라몬 히메네즈 Juan Ramon Jimenez, 1967

Healing the Fragmented Selves of Trauma Survivors

6장

치료의 걸림돌
: 애착외상

유아의 애착은 위험으로부터 안전하려는 유아의 욕구를 반영한다. 우리는 안정된
애착을 갖고 태어나지 않는다. 유아에게 세상은 안전하지 않은 곳이다.

_매리언 솔로몬Marion Solomon, 2011

인간이 유아기에 경험한 위협은 사건 자체에 내재된 물리적 위협 또는 생존 위협의
실제 정도보다는 양육자의 정서적 신호 및 가용성과 밀접한 관련이 있다. 행동 및
인지적 대처능력의 한계로 말미암아 유아는 실제 위험의 정도를 가늠할 수 없다.

_칼렌 라이언스루스Karlen Lyons-Ruth et al., 2006, p. 6

안정애착의 '상실 경험'

출생 후 처음 몇 분간 신생아는 일반적으로 엄마의 품에 안겨 심장
과 심장이 맞닿는 경험을 한다. 초기 애착 경험은 안기, 살살 흔들기,
수유, 쓰다듬기, 눈 맞춤 등 몸에서 몸으로 전해진다. 우리는 말을 사
용하기보다는 '구구' '음매'처럼 동물 소리를 내거나 목소리에 억양
을 만들고 미소 짓게 하는 애정 어린 표현들로 유아와 의사소통을
한다. 말을 하기 전의 아이들은 따뜻한 시선·미소·다정함·유쾌함
을 받아들이고 미소·발성·깔깔거림으로 반응하는데, 이처럼 양육
자와 '함께 추는 춤'을 통해 아이들은 이완되고 밝아진다Schore, 2001a.
그러나 유아와 어린아이는 양육자의 신체 긴장, 무표정한 얼굴Tronick,
2007, 짜증스러운 어조나 거친 움직임 역시 지각한다. 아기의 미성숙
한 신경계는 엄마의 격렬한 감정 반응, 큰 목소리, 갑작스러운 움직
임이나 명백한 불안에 쉽게 놀란다Lyons-Ruth et al., 2006. 부모가 제공하는
돌봄의 질이 안정애착을 촉진하든 아니면 애착외상이나 혼란애착
의 경우처럼 '무섭고 두려운' 것이 되든, 초기 애착 경험은 이후 시
각적이거나 언어적인 서술이 아니라 '암묵기억'이나 '감정기억'의
형태, 그리고 절차적으로 학습된 자율신경계·운동 근육·내장·행동
의 반응이라는 형태로 기억된다.

대인관계 습관: 초기 애착을 '기억하는' 방법

초기 애착 경험의 질이 좋을수록 성인이 되면서 고통을 견디는 능력이 커진다. 감정수용력, 자기진정, 인생 후반기의 통합된 자기감 같은 역량은 생후 2년 안에 습득된 자기조절 및 자기진정 능력에 달렸다. 다시 말해 누군가에 의해 진정되는 상호관계 속 조절능력과 스스로를 진정시키는 자기조절능력을 아우르는Shore, 2003 성인의 감정수용력은 생애 초기의 안정애착을 통해 발달한 자율신경계의 부드러운 가속, 제동, 감속과 직접적인 관련이 있어 보인다Ogden et al., 2006. 뇌의 '자기진정 중추'인 우측 안와전전두피질의 경험 의존적인 발달Schore, 2001b 역시 생애 초기의 안정애착에 의해 촉진된다. 아동의 신경계가 정서적 각성의 고저를 감당하기 위한 '인내의 창'Ogden et al., 2006; Siegel, 1999을 발달시키려면 '상호관계에서의 조절'에서 비롯되는 반복적인 정서 및 신체적 경험이 필요하다. 다시 말해 양육자가 아동을 달래고 위로하고 안심시키거나 다른 방법으로 고통을 가라앉히고, 피로·지루함·우울·무기력 상태에 있는 아동의 마음을 풀어주고, 안아주거나 유쾌하게 기분을 끌어올려주는 경험이 필요하다.

'애착유형'이 특정한 양육환경과 양육자에 대한 아동의 적응을 나타낸다면, 애착전략은 '절차적으로 학습된', 곧 뇌의 비언어적 기억체계에 저장된 행동 및 반응 습관으로 생각할 수 있다. 이 밖에도 여러 기억체계가 애착관계에 관여한다. 절차적 기억체계는 '우리가 서로 무엇을 하는지', 어떻게 관계를 맺는지를 나타내고, 가족 내의 관계와 사건에 대한 자전적 기억은 '우리가 서로에 대해 아는 것'을 담아내며, 감정기억은 서로의 관계 속에서 우리의 감정 상태가 어떻게 변하는지를 결정한다Grigsby and Stevens, 2002. 개인의 애착 '습관'은 가장 안전하려면 다가가기와 거리두기의 비율이 어떠해야 하는지, 특정한 가정환경에서 애착요구에 대한 최적의 적응이 무엇이었는지 알려주는 암묵기억을 반영하기도 한다.

어떤 사람은 누가 가까이 다가오거나 몸에 닿으면 자동으로 긴장할 수 있다. 누군가에게는 가장 가까운 사람들을 회피하는 습관이 생겼을 수 있고, 다른 누군가는 낯선 사람이나 지인을 멀리하고 오직 가족구성원이나 중요한 타인만을 우선시하는 습관이 있을 수 있다. 어떤 사람은 눈맞춤이 생명줄 같아서 자신에게서 눈을 뗄 수 없게 만들지만, 어떤 사람은 눈을 마주치는 것이 무서운 눈을 마주 보는 것처럼 혐오스러운 경험이어서 결과적으로 시선을 피하거나 딴곳을 보는 습관이 생겼을지 모른다. 내담자의 이런 모습을 관찰하면, 어떤 치료자는 시선맞춤 습관이 내담자의 초기 애착 경험에 관해 가치 있는 정보원이라는 점을 인식하지 못한 채 '시선맞춤 불량'이라고 기록한다. 하지만 내담자가 어디 앉아 있는지, 가령 치료자와 가깝게 앉는지 아니면 되도록 멀리 앉는지, 몸이 치료자를 향하는지 피하는지, 몸을 치료자에게 기울였는지 뒤로 제쳤는지는 내담자의 애착유형과 개인의 이력에 관해 중요한 정보를 이미 제공하고 있다.

트라우마와 애착: 안전의 원천이 위험의 원천이 되다

두렵고 무서운 양육자와 함께할 때 유아는 관계의 덫에 빠진다. 유아의 방어체계는 양육자로부터 도망치도록 동기화하고, 동시에 유아의 애착체계는 분리의 공포라는 지배적 영향력 아래 양육자와의 편안한 근접성을 확보하려고 애쓰도록 동기화한다.

_지오바니 리오티Giovanni Liotti, 2011, p. 235

아동의 타고난 애착 행동은 근접성 추구와 사회적 참여를 중심으로 조직되므로, 방임하고 학대하는 양육자는 두 가지 위협을 가하는 셈이 된다. 양육자의 무서운 행동은 공포·도피·투쟁 반응을 유발할 뿐 아니라 근접성을 향한 갈망을 증폭시킨다. 그 결과는 메리 메인Mary Main과 에릭 헤세Erik Hesse[1990]가 처음 '혼란형disorganized'이라고 불렀던 D유형 애착이자, 메인이 말한 '해법 없는 공포'가 된다. 메인과 헤세는 부모가 '무섭고 두려울' 때 아동의 본능적인 위로와 안전의 원천이 위험의 원천이 된다고 결론지었다. 애착 대상이 아동을 보호하고 상호관계를 통해 조절해주기보다는 오히려 아동에게 두려운 것이 된다. 무섭고 학대하는 부모는 근접성을 추구하는 추동을 자극하고 아동의 투쟁 또는 도피 생존방어를 활성화하거나 부교감신경계의 등측 미주신경을 급격히 활성화하여 얼어붙거나 기능 정지 또는 '죽은 척'을 하게 만든다.

베아트리체 비베Beatrice Beebe는 유아를 대상으로 한 연구[2009]에서 생후 3~6개월 된 아기에게서 양육자와의 상호작용을 예측하게 해주는 '기대치'라는 행동 패턴이 발달하는 것을 입증했다. 혼란애착을 보이는 유아를 관찰하면서 비베는 이러한 '기대치'가 기능 정지와 기운이 빠져 축 늘어지는 증상부터 엄마의 조절되지 않은 상태에 맞춰주는 것(예를 들어 고통에 대한 반응으로 엄마의 웃음을 흉내내는 것)에 이르기까지 다양하다고 보고했다. 어느 경우든 엄마의 무서운 행동에 대한 반응을 조절한다는 점에서 적응적이지만, 이것을 절차적으로 학습한다면 장기적으로는 부교감신경계의 자동 기능 정지나 엄마의 교감신경계 반응을 모방하는 등 자율신경계의 조절장애가 발생하는 토대가 된다.

유아와 어린아이는 생존하기 위해 양육자에게 의지할 수밖에 없으므로 효과적으로 도망치거나 싸울 수 없으며, 따라서 생존반응 레퍼토리가 어린 신체가 가진 자원에 한정된다_{Ogden et al., 2006}. 놀라거나 다쳤을 때 애착 대상과의 근접성을 추구하면서도 뒤로 물러서거나, 눈을 감거나, 숨거나, 기능을 정지하거나, 해리되는 방식으로 위협으로부터 스스로를 방어한다. 위험의 원천이 애착 대상일 때, 아동의 마음과 몸은 애착 유대를 유지하는 동시에 스스로를 보호하기 위해 동물방어 생존반응을 동원하는 방법을 찾아야 한다. 애착 추구와 자기보호라는 강력하고도 타고난 두 가지 추동은 각각 매우 활성화된 채로 유지되면서 때에 따라 둘 중 한 가지가 지배적으로 작동한다. 그 결과 아동은 (또 나중에 성인이 되어서도) 똑같이 강력한 두 가지 '압력', 곧 근접성과 친밀함을 향한 갈망과 투쟁·도피·얼어붙기·순응이라는 동물방어 사이에서 꼼짝 못하게 된다. '너무' 가까운 것을 위험하게 느끼지만 '너무 멀리' 거리를 두는 것도 마찬가지다. 어떤 서술기억이나 의식적 사고가 없는 카린의 이야기는 생애 초기의 비언어적 애착 학습이 얼마나 강력할 수 있는지를 잘 보여준다.

> 카린은 루마니아의 보육원에서 보냈던 첫 1년 반 동안의 서술기억이나 사건기억이 전혀 없다. 하지만 무의식적인 암묵기억과 절차기억은 많았다. 카린의 몸은 친밀한 것이 위험하다고 기억했고, 관계가 가까워질수록 남자친구를 밀어냈으며, 상대가 친절하고 사랑스럽다면 더욱 그랬다. 친밀함에 대한 부정적 반응에도 연인관계가 지속되면서 카린은 자신이 점차 경계하고 의

심하며 조율되지 않거나 관심을 끌지 못하게 되는 작은 일에도 과민하게 반응한다는 것을 알아차렸다. 자신이 버림받았고 아무도 자신을 봐주지 않고 자기 애기를 들어주지 않는다고 느낄 때마다 그녀는 분노를 폭발했고, 떠나겠다고 위협했다. 여러 달에 걸친 갈등과 거절 끝에 남자친구가 결국 그녀를 떠나자 카린은 상실감, 유기감, 분리불안에 휩싸였다. 카린은 '어떻게 나를 떠날 수 있지?' '나를 사랑하지 않았을 거야'라고 생각했다. 남자친구가 떠나자, 그를 밀어내던 강력한 충동이 갑자기 그를 끌어당기려는 강력한 열망에 굴복했다.

리오티[2011]가 기술했듯 "(두렵고 무서운) 양육자는 유아에게 불안의 원천인 동시에 해결책이 된다[Main & Hesse, 1990, p. 163]. 역설적이게도 유아의 경험에서 공포와 양육자와의 근접성이 제공해주는 진정이 공존한다"[p. 234]. 카린과 같은 아이들의 비극은 진정 또는 근접성과 공포 사이에 발달한 강력한 연합이다. 남자친구의 사랑스러운 행동이 유발한 따뜻하고 긍정적인 감정이 급격히 공포와 경계심을 활성화하고, 결국 상대가 노력을 포기할 때까지 관계의 위기를 거듭 초래한다.

카린 같은 아이들은 인내의 창을 키워나가지 못할 뿐 아니라 더 나쁘게는 신경계가 교감신경계의 과활성화, 충동적인 근접성 추구, 투쟁 또는 도피 행동으로 치우치면서 아동기에는 적대적 반항장애 oppositional defiant disorder로, 성인기에는 경계선성격장애로 종종 진단된다. 반대로 부교감신경계가 우세한 양상을 띨 수도 있다. 폐쇄적이고 억제되어 있으며, 절망적이고 무기력하며, 주도적이지 못하고 활력이 없으며, 우울증으로 자주 오인되기도 한다. 진화적 관점에서 애착추동과 이것의 반대 극단인 동물방어 생존반응처럼 강력한 본능은 없다. 아기와 어린아이들이 근접성을 찾고 유지하며, 보호자를 '안전기지'로 사용하면서 환경을 탐색하고, 놀라거나 괴로울 때 부모대상parent figure을 찾는 경향은 오래전부터 아동의 안전과 보호에 기여해왔다. 심지어 부모가 겁에 질린 것처럼 보여 무서울 때조차 부모의 안전과 기분을 염려하면서 근접성을 추구하는 추동이 활성화될 수 있다. 근접성과 안전 사이에 생기는 갈등의 원시적 징후를 보육원에서 자란 입양아에게서 관찰할 수 있는데, 처음에 입양아는 양엄마의 몸에서 멀어지거나 가까워지면 뻣뻣해지고, 시선을 양육자를 향하기보다는 다른 곳에 둔다. 이와 대조적으로 안정애착 관계에 있는 아기는 적극적으로 성인의 얼굴을 찾아 눈을 맞추고 미소, 웃음, 옹알이를 보이면서 사회적 참여를 한다.

'통제라는 애착전략'과 트라우마

연구자들은 혼란애착 상태의 취학 전 아동이 유아기에는 없었던 언어와 운동기술을 소유하게 되면서 '통제 경향성'이 발달한다는 것을 발견했다. 통제 경향성이란 양육자의 행동과 반응을 한두 가지의 특징적인 방식으로 관리하거나 통제하는 행동 패턴을 말한다Liotti, 2011. 한 하위 집단은 엄마를 달래고 안심시키고 돕는 등 부모화 방식으로 관계를 맺는 '통제-돌봄' 행동을 보인다. 다른 하위 집단은 엄마를 언어적 또는 신체적으로 공격하고 모욕하고 평가절하하는 '통제-처벌' 행동을 보인다. 연구자들은 '통제-돌봄' 패턴이 주로 여자아이들에게 나타나며 엄마가 자신감 없이 어린아이처럼 구는 역할역전을 보이고 죄책감을 유발하는 행동을 할 때 더 흔하다고 한다.

반대로 통제-처벌 행동은 남자아이들에게서, 특히 엄마의 적대감에 대한 반응으로 흔히 나타난다고 말한다. 각각의 경우에서 아동은 자신을 방어하면서 동시에 애착을 추구하는 방법을 찾아냈는데, 바로 애착과 관련된 의존 욕구를 억제하면서 부모와 가깝게 지내는 것이다.

치료 및 치료자에 대한 공포증

혼란애착과 통제전략의 흔적은 치료를 포함해 이후 성인기의 모든 대인관계에 영향을 끼친다. 반 데어 하트, 니젠후이스, 스틸2006은 치료와 관련한 이런 현상을 '치료 및 치료자에 대한 공포증'이라고 부른다. 외상을 입은 내담자가 치료자에게 안심·이해·돌봄을 갈망할수록(근접성 추구), 치료 초기나 치료자와의 관계가 진전되는 과정에서 공포와 불신을 경험할 가능성이 크다. 누군가를 신뢰하고 누군가의 눈에 띄고 자신의 비밀이 드러날 것이라는 예상은 안심을 가져다주기는커녕 오히려 두려움을 낳는다.

제시카 벤저민Jessica Benjamin1994이 말했다시피 "알려지거나 인식된다는 것은 타인의 힘을 즉시 경험하는 것이다. 상대방은 나를 인정해주거나 무시할 수 있는 존재가 된다. 감춰진 것을 볼 수 있고 자기의 핵심에 도달하고 어쩌면 침범할 수도 있는 사람이 되는 것이다"p. 539. 외상을 입은 사람의 인생 경험은 '친밀함은 믿을 수 없지만 혼자 있는 것도 안전하지 못하다'라는 피할 수 없는 고통스러운 역설을 만들어냈다. 이들은 경험을 통해 혼자되거나 보호받지 못한다는 것이 더 큰 취약성을 유발하지만 누군가와 근접해 있는 것 또한 안전하지 않다는 걸 알았다. 가해하지 않은 양육자non-offending caretaker(아동 학대가 발생할 사실을 알았을 가능성이 큰데도 그것을 방관한 양육자를 가리킴 - 옮긴이)의 보호에 의지할 수 없었던 내담자들은 치료자에게 의지하는 것을 몹시 싫어하거나 아니면 정반대로 안전하려면 오직 의존해야 한다는 가정을 한다. 자기노출을 갈망하는 것은 자기노출이 오히려 자신에게 해롭게 사용될 것이라는 두려움, 비밀을 믿어주지 않을 것이라는 두려움, 그리고 자신이 인정받지 못하고 창피를 당할 것이라는 두려움과 충돌하는 경향이 있다. 사이먼의 예는 치료자와 내담자가 처할 수 있는 딜레마를 보여준다. 치료에 오면서 그는 도움을 원한다고 표현했지만, 그의 부분들은 그가 도움을 받아들이는 것을 허용할 수 없었고 신뢰하지도 않았다!

내가 어조를 더 따뜻하게 하고 그를 돕기 위해 투지를 끌어올릴 때마다 사이먼의 몸이 긴장되는 것을 더 자주 볼 수 있었다. 내가 친해지려고 몸을 앞으로 기울이면 그가 몸을 뒤로 당기는 것이 느껴졌다. 그는 도움을 바란다고 말했지만 내가 무엇을 제안하든 거부하는 것을 느낄 수 있었다. 요점을 강조하기 위해 몸을 앞으로 기울이면 그의 몸이 뻣뻣하게 굳어 뒤로 당겨졌다.

나 제가 하는 말을 받아들이길 원하지만 어려워하는 것 같네요. 그렇지 않나요?

사이먼 당신이 제게 뭔가 설득하려고 하는데, 안전하지 못할 수 있으니 조심해야 한다는 느낌이에요.

나 그렇군요. 제가 봐도 안전하다고 느끼지 못하는 것 같네요. 몸이 당신을 보호하려고 애쓰는군요. 음, 이렇게 말하는 것 같네요. "조심해. 곧이곧대로 다 받아들이지 마."

사이먼은 내적 갈등으로 마비되었다. 쇠약해진 생각과 감정에 대해 도움을 받고 싶었지만, 어찌 된 일인지 도움을 받아들이는 자기 자신을 용납할 수 없었다.

사이먼의 서로 다른 부분들이 치료 관계를 두고 정면충돌하고 있어서 그의 딜레마는 더욱 복잡해졌다. 사이먼의 '판단하며 냉소적인 투쟁하는 부분'은 치료자의 자격·방법·방향성을 의심했고, 나의 이력을 미리 조사한 '더 지적이고 정상적 삶을 살아가는 자기'는 이 접근법이 적절하다고 생각했다. '외롭고 버려진 부분'은 치료자가 감정의 상처에 연고를 발라주듯이 '뭐든 좋은 말'만 해주기를 갈망했다. '순응하는 부분'의 스스로에 대한 우울한 신념 때문에 사이먼은 늘 기분부전dysthymia 상태였는데, 치료자가 그런 믿음이 그저 생존전략이라고 하면 사이먼은 좋아하면서도 위협적이라고 느꼈다. 내면의 목소리 중 어느 것이 '자기 것'인지 알지 못한 채 사이먼은 번갈아가며 그것들 모두와 동일시했다. 어떤 때는 자신의 우울증을 조용하고 단절된 채로 지내는 법을 익혀 눈에 띄지 않고 지낼 수 있었던 어린 소년의 것으로 이해함으로써 마음을 열고 자신과 우울증의 관계를 바꾸려고 노력했다. 때로는 계속되는 치료에 양가감정을 드러내거나 심지어 "이 치료자 저 치료자 만나면서 시간만 낭비했어요. 이번에도 또 한 번의 실패일 뿐이죠"라고 말하며 화를 내기도 했다.

구조적으로 해리된 개별 부분은 특정 동물방어 반응(또는 반응들의 조합)에 의해 이끌리며, '애착 대 안전'에 대한 관점이 편향되는 경향이 있다. 각 부분이 치료의 다른 측면에 의해 각각 다른 날에 유발되기 때문에 치료자가 파편화를 인식하고 해당 부분을 식별하지 못한다면 혼란스럽고 방향감각을 잃을 수 있다. 애착을 원하는 부분은 종종 치료자를 이상화하면서 적극적으로 관계를 형성하려고 하는데, 이것이 처음에는 건강한 치료적 동맹처럼 보일 수 있다. "저는 도움이 필요해요. 그리고 선생님은 저를 도와줄 수 있는 전문가예요." 그러나 시간이 지남에 따라 내담자가 애착을 원하는 부분과 섞여 점차 어린애같이 굴거나 보채는 모습을 보이는 등 분리불안이 발생하거나 점점 더 위기에 처한다. 애착을 원하는 부분은 타고난 근접성 추구 본능에 이끌려 안전이 오로지 친밀함, 보살핌, 분리되지 않는 것에 있다는 편견을 갖는다. 어느 날 애니와 나는 내가 정말로 그녀(또는 그들)를 아끼는지 반복적으로 의심하고 나를 실망하게 해서 버림받을까 봐 끊임없이 걱정하는 부분들에게 '돌봄'이 어떤 의미인지에 대해 더 많은 정보를 모으기로 했다. 왜냐하면 그 부분들의 불안으로 인해 나에게 집착하는 것 말고는 다른 문제에 집중하기가 어려웠기 때문이었다.

애니의 어린 부분들에게 내가 관심이 있다는 증거에 왜 그토록 집중하는지 묻자 애니는 침묵하면서 내면의 대화가 더 잘 들리도록 주의를 내부로 돌렸다. "이들은 저를 보살피는 사람이 저를 보호해줄 거라고 해요. 누가 데려가도록 혼자 두지 않고, 나를 지켜줄 거라고 말하네요." 애니는 일곱 살 때 납치된 적이 있었는데, 그날 밤 어느 어른도 그녀를 지켜주지 않았다. 애니는 혼자였다. 그런 암묵기억 때문에 이 부분들은 '돌봄'을 가장 중요한 것으로 여긴다. 하지만 내가 그들을 보살핀다는 것을 수차례 확인하면서 몇 번이고 안심시켜도 돌봄을 받는다는 느낌이 드는 순간만 안도할 뿐, 그 안도의 순간이 곧바로 더 큰 불안을 불러일으키곤 했다.

돌보려는 열망 일깨우기

치료 관계 자체나 심리치료의 자연스럽고 건강한 결과로 흔히 나타나는 친밀감의 증진이 애착을 원하는 부분에게 위안이 되기보다는 오히려 반대되는 반응을 유발할 수 있다. 애착을 원하는 부분이 마침내 '친밀함'을 느끼면 이는 안도감을 주기도 하지만 촉발자극이 되기도 한다. 일반적으로 버려질 수 있다는 두려움과 공감 실패에 대한 민감성이 심해져 치료자의 시간과 에너지를 더 많이 요구할 때가 많다. 치료자는 내담자의 심리적 고통·치료자와의 통화량·불안정성·공감해주지 않는다는 비난이 증가해서 걱정스럽지만, 정작 치료에서 안전함과 조율을 만들어내려는 자신의 용감한 시도가 오히려 암묵기억을 불러일으킨다는 점은 깨닫지 못할 수 있다. 누군가를 돌보고 위로하며 가까이 두고자 하는 고통스러운 갈망의 감정기억은 종종 강박적일 정도로 접촉을 갈구하게 하고 때때로 정신증적 또는 성적 전이로 병리화된다. 게다가 치료자가 구조적 해리 모델을 잘 모르거나 혼란애착 증상을 경계선성격장애의 증거로 진단하도록 훈련받았다면, 내담자의 상태 변화와 상반된 표현 때문에 혼란스러울 수 있다.

정상적 삶을 살아가는 자기는 치료자의 안전에 대한 약속을 믿을 수 있고 치료자가 안심시켜주는 말이나 행동을 별로 하지 않아도 기꺼이 치료에 '참여'하려고 할 수 있다. 애착을 원하는 부분들은 치료자를 즉각적이고도 무조건적으로 신뢰하더라도 이들이 지닌 친밀함을 향한 열망 역시 촉발되면서 더욱더 가까워지고자 하는 갈망이 커진다. 애착을 원하는 부분은 접촉을 간절히 원한 나머지 종종 회기를 마쳤을 때 상담실에서 떠나기를 어려워하거나 음성메일이나 이메일, 문자를 통해 회기 사이에도 치료자와의 '근접성'을 추구한다. 이러한 어린 부분들은 매우 불안해하고 두려워하기 때문에, 이들의 메시지는 종종 위기의 징후처럼 보이며 치료자가 대답해야 할 책임감을 느끼게 만든다. 그러나 시간이 지나면서 치료자는 패턴을 알아차리기 시작한다. 스트레스 요인이 크든 작든 똑같은 수준의 긴급성을 유발하고, 치료자의 안심시키는 말도 시간이 지나면서 점차 효과가 없어지며, 공감 실패에 대한 민감성이 높아지고, 큰일이라며 전화하는 횟수가 시간이 지날수록 줄기는커녕 늘어난다. 이렇게 되는 이유는 이 부분들의 역할이 '도움을 요청하는 것'이기 때문이며, 접촉을 향한 열망과 버림받는 것에 대한 두려움이라는 이들의 암묵기억이 애착 대상과의 근접성으로 진정되기보다는 오히려 악화되기 때문이다. 이 부분들이 그저 능력 있는 성인의 한 측면일 뿐이라는 점이나 그들의 고통이 기억의 활성화를 나타낸다는 것을 인식하지 못한다면, 치료자는 이들을 달래야 한다는 책임감을 느낄 수 있다.

치료자가 내담자의 체계에 말려드는지, 다시 말해 치료자가 잠재적 애착 대상과의 근접성을 유지하는 부분을 조절하고 달래야 한다는 책임을 떠맡고 있는지 알아차리는 한 가지 방법은 치료가 성공적으로 내담자를 안정시키고 인내의 창을 넓히는지 살펴보는 것이다. 정해진 회기 외에 추가로 지원하는데도 내담자가 안정을 위해 치료자와 접촉하는 빈도가 늘어난다면, 치료자는 위기를 해결하기 위해 일시적인 도움을 원하는 성인 내담자가 아니라 돌봄을 유도하는 '애착을 원하는 부분'에게 부주의하게 반응해온 것이 분명하다.

혼란애착을 내적 투쟁으로 재맥락화하기

치료자가 혼란애착을 온전히 통합된 내담자의 표현으로 해석한다면 그 증상을 성격장애로 이해하기 쉽다. 이런 행동들이 구조적으로 해리된 부분들과 관련된 혼란애착을 반영한다고 가정할 때에만 치료자는 구조자, 잠재적 가해자, 무관심한 방관자와 같은 역할로 내담자의 체계에 말려들지 않을 수 있다. 구조적 해리에 대한 개념적 틀이 없다면, 치료자는 더 가까이 다가가려는 '애착을 원하는 부분'과 치료를 거부하고 통제하거나 평가절하하는 '도피 또는 투쟁하는 부분'이 번갈아 나타날 때 쉽게 혼란을 느끼고 좌절할 수 있다.

치료 초기 또는 애착을 원하는 부분이 더 취약해질 때 도피하는 부분은 치료에 대한 양가감정을 표현하는 내담자의 모습으로 등장하곤 한다. "오늘은 오고 싶지 않았어요" "할 말이 없어요" "상담을 계속하고 싶은지 잘 모르겠어요" 등이 그 부분이 전형적으로 하는 말이다. 도피하는 부분의 본능적 회피는 치료회기 자체에 의해 촉발될 가능성이 크다. 고통스러운 감정에 주목하는데 내담자가 갑자기 회기를 피하거나, 치료가 깊어질 만할 때 내담자의 도피하는 부분이 갑자기 남은 예약을 모두 취소할 수 있다. 그러고 나면 애착을 원하는 부분 또는 정상적 삶의 자기는 왜 '그 또는 그녀'가 이전에 치료를 그만뒀는지 기억하지 못한 채 몇 주나 몇 달 뒤 위기를 만나고 나서야 돌아오기 쉽다. 내담자의 정상적 삶을 살아가는 자기는 회기마다 규칙적으로 올지라도 도피하는 부분에 장악되면서 기능이 정지되거나 침묵하거나 해리될 수 있다. 치료자가 이러한 패턴을 마치 온전히 통합된 개인에게서 비롯되는 것처럼 처리하려고 하면 좌절감만 깊어질 뿐이다. 관계에 거리를 두고 외상을 피하며 감정에 무심한 역할을 하는 부분들이 내담자를 방해한다는 것을 깨닫지 못하면, 치료자는 이런 내담자가 '저항하며' '동기가 없고' '방어적'이라고 여겨 외면하게 된다.

애착을 원하는 부분과 도피하는 부분이 치료에서 번갈아 나타나면 치료자는 훨씬 더 혼란스럽고 좌절감을 느낀다. 예를 들어 회기 사이에 전화로 통화하길 요청하거나 매일 이메일과 문자를 보내고 버림받을까 봐 두렵던 내담자가 면대면 회기에서 침묵하고, 마지막 순간에 회기를 취소한다거나, 이번에는 정말 오고 싶지 않았다고 하는 경우 한 명의 '내담자'란 없다. 치료자는 상반되는 욕구와 두려움을 가진 서로 다른 두 하위 부분을 상대하고 있다. 만약 내담자의 도피하는 부분에게 원치 않으면 오지 않아도 된다고 말한다면 애착을 원하는 부분은 거절당하고 밀어낸다는 느낌을 받을 것이다. 만약 치료자가 애착을 원하는 부분에게 치료에 대해 양가감정을 가진 것처럼 보인다고 말한다면, 그 부분은 더욱 깊은 상처를 받을 것이다. 그 부분은 치료자가 초대만 한다면 날마다라도 오려고 할 테니까! 도피하는 부분에게 '수요일 저녁에는 긴급 통화가 필요했는데 바로 다음 날인 목요일에는 치료하러 오기 싫어진 이유가 무엇일지' 곰곰이 생각해보라고 요청한다면, 마치 '모르겠는데요'라고 하듯 어깨를 으쓱해 보일 가능성이 가장 크다.

　도피하는 부분은 섭식장애나 중독행동에서도 나타난다. 섭식장애와 물질남용은 외적으로 거리를 두기보다는 조절되지 않는 정서와 감각으로부터 내적 거리를 두거나 '도망치는' 방법이다. 중독행동과 섭식장애 치료에서는 어떻게든 분리나 무감각 또는 임시방편으로라도 인내의 창을 용이하게 만들려는 '도피하는 부분'과, 술에 취하지 않으려고 하거나 피해를 줄이려는 동기를 가진 '정상적 삶의 자기'를 분명하게 구분하는 것이 도움이 된다. 이렇게 구분하지 못하면 치료자는 자신이 금욕·금주·건강한 행동의 대변인이 되는 한편, 도피하는 부분은 적처럼 느껴지는 것에 맞서 물질남용과 섭식장애를 옹호해야만 하는 투쟁에 휘말릴 가능성이 크다. 도피하는 부분과 전면전을 치르기보다는 치료자가 정상적 삶의 자기가 가진 성찰하는 역량을 사용해 도피 또는 중독 부분에 대해 호기심을 키워서 정상적 삶의 자기와 함께 작업하면서 구획화를 활용하는 것이 더욱 유용하다. 그 부분의 의도는 무엇일까? 그 부분은 어떤 결과를 원하는가? (부분들 및 자기파괴적인 행동을 어떻게 다뤄야 할지 더 많이 알고 싶다면 7장을 보라.)

한 개가 아닌 많은 전이

치료자는 내담자의 모든 부분에게 애착과 관련한 촉발자극이기 때문에 각 부분이 다른 전이관계를 발전시키는 경향이 있다는 점을 인식하는 것이 중요하다. 애착을 원하는 부분은 치료자가 온정적이고 연결되어 있으며 돌봄을 원하는 욕구에 적절히 반응한다는 느낌을 받을 필요가 있다. 도피하는 부분은 공간이 필요하며 거리를 두거나 왔다 갔다 하려는 욕구가 받아들여질 필요가 있다. 투쟁하는 부분은 치료자가 비밀을 내담자에게 해롭게 사용하지 않을 것이며, 부분들을 통제하기 위해 의존성을 이용하려고 하지 않을 것이며, 숨은 의도가 없다는 증거를 원한다. 이는 때때로 치료자의 인내심, 경계, 치료 틀을 유지하는 능력 등이 시험을 받는다는 얘기다. 순응하는 부분은 치료자가 원하는 것이라면 뭐든지 따르면서 기쁘게 해주려고 하는데, 이 때문에 투쟁하는 부분은 더 많은 검증이 필요하다고 느낀다. 얼어붙는 부분은 그저 상처받지 않기를 바란다. 치료가 이러한 애착외상의 문제로 말미암아 탈선하지 않게 해두려면 치료자는 혼란애착이 야기하는 문제에 대비하고 다중 전이관계를 잘 넘기는 작업이 치료에 포함될 것이라고 가정해야 한다.

부분의 전이 인식하기

만약 혼란애착이 근접성을 추구하는 부분과 과경계하고 방어적인 투쟁하는 부분 간의 관계를 반영한다면, 목적이 비슷한 다른 부분들이 치료에서 적극성을 띠며 어느 한쪽 편을 들 것이다. 비록 순응하는 부분은 만성 우울증, 수치심, 또는 한계와 경계를 설정하지 못하는 증상 때문에 오는 '지목된 환자'처럼 보일 수 있지만, 애착을 원하는 부분이 연결 대상을 기쁘게 하려고 노력하거나, 잠재적 애착인물에게 불쾌감을 주지 않게끔 하거나, 그들의 요구가 치료자의 숨통을 막지 않는지 확인하는 등 종종 애착을 원하는 부분의 욕구와 목적을 지원하기도 한다.

순응하는 부분은 어떤 내담자에게서는 더 무거운 부담을 짊어지는 모습일 수 있고, 다른 내담자에게서는 더 추종하며 즐거워하는 모습일 수 있다. 순응하는 부분은 애착을 원하는 부분이 갈망하는 긍정적인 감정을 키우기 위해 치료자가 아직 만나보지도 못한 최고의 내담자가 되려고 노력할 수도 있다. 하지만 '좋은 내담자'가 실제로는 순응하는 부분이라면, 이 정도의 지능과 기능, 참여의지를 보이는 내담자에게서 기대할 법한 진전이 일어나지 않는다. 대신에 내담자가 앞으로 한 발짝 나아가면서 진전이 있는 듯하다가도 뒤로 한 발짝 물러서면서 불가사의하게도 출발했던 자리로 돌아간다. 치료자가 요구하는 것은 무엇이든 기꺼이 하려는 의지가 새로운 정보나 새로운 기술의 통합으로 이어지지는 않는다. 마치 이해하는 것처럼 듣고 행동하지만, 정보를 유용하게 사용할 수 있는 대뇌피질 기능이 부족한 어린아이를 치료하는 것과 같다. 또는 생존반응으로서의 순응은 부교감신경계의 활동에 달렸기 때문에, 순응하는 부분은 변화를 위한 에너지를 얻지 못하고 내담자의 조각난 다른 자기들에게도 아무런 영향력을 끼치지 못한다.

어떤 부분이 특정 주제를 표현하고 있는지를 판단하는 핵심 지표는 그 부분의 경직성의 정도다. 부분들은 세상을 흑 아니면 백으로 보기 쉽고, 새로운 정보를 이해하거나 다양한 견해를 받아들이기 위해 관점 넓히기를 어려워한다. 치료자가 내담자와 투쟁 중이거나 '그들의 저항에 맞서고' 있음을 깨닫는다면, 이는 내담자의 '정상적 삶을 살아가는 자기'라는 더 큰 의식이 아니라 내담자의 한 부분과 대화하고 있다는 신호다. 만약 치료자가 "그것참 흥미롭네요. 그래서 마음속에 '좋은 사람은 거절하지 않는다'는 믿음이 있는 거군요. 그도 그럴 것이, 거절한다는 게 정말 어려운 일이긴 해요"라고 대답한다면, 순응하는 부분은 "사실이 그렇죠"라고 대답할 가능성이 크다. 이 반응은 정상적 삶을 살아가는 자기에게서 들을 수 있는 것과는 매우 다르다. 정상적 삶의 자기는 비록 압도적인 정서를 회피하거나 어린 시절의 경험이 정말로 '외상적'인 것인지 확신하지 못하면서도 치료자의 관점을 더 궁금해할 가능성이 크다. "진짜요? 다른 사람들도 그런 경험이 있다고요?"

투쟁하는 부분과 동맹 구축하기

혼란애착이 근접성의 추구와 투쟁 또는 도피 반응 사이의 내적 갈등을 반영하는 것이라면, 투쟁하는 부분의 전이관계는 필연적으로 치료의 중요한 초점이 된다. 무엇보다도 투쟁하는 부분은 일반적으로 가장 과민하고 애착을 경계하며 치료자와 치료 과정을 신뢰하지 않기 쉬운데, 특히 치료가 비밀을 공개하고 깊고 사적인 정보를 공유하며 강한 감정을 표현하면서 내담자의 취약성에 초점을 맞추는 정도에 따라 심해진다. 때로 투쟁하는 부분이 존재한다는 것을 미묘하게 간접적으로 느낄 수 있는데, 가령 특히 비밀보장·비용·경계 등과 관련된 상담기관의 정책에 대해 치료자에게 질문할 때 내담자가 자신에 대한 이야기나 일상생활을 나누는 것을 얼마나 편하게 여기는지, 또는 내담자가 말을 하다가 중간에 멈추고서는 자기가 무엇을 말하려고 했는지를 기억하지 못하는 것 등으로 표현될 수 있다. 이전 치료가 '나쁘게' 종결됐거나 친구와의 우정이 반복되는 갈등 끝에 단절되었거나 대인관계에서의 마찰과 대립으로 직장에서 어려움을 겪거나 관계가 파탄 나는 등 내담자의 개인력에서도 투쟁하는 부분이 활동한다는 지표를 찾을 수 있다. 또는 투쟁하는 부분이 치료에서 적극적인 역할을 맡는 것도 볼 수 있다.

내담자에게 '공감하기에 실패'한 치료자는 어린 부분들의 상처 입은 감정으로 인해 활성화된 투쟁하는 부분이 해주는 말을 듣고 자신의 실패를 알게 된다. '공감 실패'는 일반적으로 내담자의 감정을, 더 정확히 말하면 애착을 원하는 부분을 실망시키거나 다치게 하는 말이나 행동을 선택했다는 것을 의미한다. 대개 '공감 실패'의 순간은 내담자가 애정에 굶주려 있고 외롭고 슬프거나 수치스러워하는 어린 부분과 섞여 있다는 것을 치료자가 깨닫지 못한 채 그 내담자를 통합된 성인으로 인식하며 말할 때 발생한다. 어른에게는 말이나 어조가 자극적이지 않고 온정적일 수 있지만, 긴급한 돌봄과 구조를 바라는 어린 부분에게는 그런 말도 큰 상처가 된다. 예를 들어 치료자가 치료 비용, 약속시간 변경, 휴가일정 고지, 정책의 변경을 제시할 수 있다. "치료 비용 문제로(또는 내 휴가에 대해) 할 얘기가 있습니다"라고 사무적으로 말하면 40~50대 성인은 단순한 정보로 받아들이지만 어린아이 부분은 차갑고 잔인하게 느낀다. 하지만 그 어린아이 부분 때문에 공감 실패에 주목하는 경우는 드물다.

내담자들은 일반적으로 혼란스럽다거나 상처받았다는 것을 내보이지 않으며, 더더구나 눈물을 터뜨려 의도치 않은 관계의 파열을 알려주는 경우는 적다. 대신에 치료자는 분개하고 화나거나 심지어 격분하기까지 하는 투쟁하는 부분을 통해 이러한 공감 실패를 알게 되므로 무슨 일이 일어났는지 이해하고 공감하기가 더 어려워진다. 투쟁하는 부분이 어린 부분의 취약성을 맹렬하게 방어하지만, 그 어린 부분을 볼 수 없는 치료자는 화내고 분개하는 내담자가 방어적이거나 거리를 두거나 무례하다고 느낀다. 결국 애착을 원하는 부분의 욕구와 소망과는 정반대 상태가 된다. 치료자는 혼란애착 '체계'에 말려들어 내담자에게 상처를 준 것을 안타깝게 느끼면서도 비난, 평가절하, 역부족이라는 느낌 앞에서 방어적이 된다. 공감 실패가 어린아이 부분의 취약성을 보호하려는 투쟁하는 부분의 방어적 노력과 어린아이 부분의 우발적인 상처가 결합된 것임을 깨닫지 못하면 치료자의 복구 노력도 잘못 전달될 수 있다.

혼란애착의 또 다른 징후는 자살에 대한 집착, 자해 경향, 문란하거나 안전하지 않은 성적 행동 경향이다. 자살과 자해는 공격성을 내포한다는 특징 때문에 늘 투쟁하는 부분의 역할을 반영한다. 투쟁하는 부분만큼 동물방어에 수반되는 물리적 힘과 폭력적 충동을 가진 부분은 없다. 순응하는 부분은 잠들어서 다시는 깨지 않기를 꿈꿀 수 있다. 도피하는 부분은 강렬한 정서를 피하고 싶을 수 있다. 그러나 순응하거나 도피하는 부분에 삶을 끝내거나 신체를 상하게 할 만한 물리적 능력은 없다. (자살 행동과 자기파괴적 행동을 부분의 징후로 다루는 것에 대한 더 광범위한 논의는 7장을 보라.)

자살 또는 자해를 하려는 부분은 흔히 공감 실패·상실·고통스러운 외로움에 의해 촉발되며, 애착을 원하는 부분의 정서적 상처를 다시 헤집는다. 다른 흔한 촉발자극으로 침습적 기억과 플래시백이 있는데, 둘 다 애착을 원하는 부분의 도움 요청과 연결될 수 있고 취약성과 수치심을 증가시킨다.

취약성은 투쟁하는 부분의 적이다. 한 살, 세 살, 여섯 살, 심지어 열 살일 때도 투쟁하는 부분이 의존 대상으로부터 아동을 지키기 위해 할 수 있는 일은 거의 없다. 성인이 되면 의존성이나 취약성이 자극되는 상황에서 무엇이든 투쟁하는 부분을 활성화시킬 가능성이 크다. 의존성이 만들어지는 것을 강조하거나 취약성을 장려하는 듯

보이는 어떤 치료도 투쟁하는 부분을 크게 위협할 수 있다는 뜻이다. 비록 대다수 치료자는 당연히 취약성이나 의존성을 불러일으키는 것을 의도하지 않았다고 주장하겠지만, 우리는 두 가지를 기억해야 한다. 첫째, 투쟁하는 부분은 지나치게 경계를 하며 위협적인 단서에만 초점을 맞춘다. 치료자의 커피 테이블 위 티슈 상자 같은 평범한 자극도 투쟁하는 부분에게는 위험신호다. 둘째, 대다수 치료자는 자기노출·감정 표현·도움을 요청하고 도움받기를 배우도록 장려하는데, 이 모두가 취약성을 북돋는 것으로 오해될 수 있다. 애착을 원하는 부분이 의존성을 반긴다는 치료자의 신호를 간절히 기다리는 한편 투쟁하는 부분은 정확히 바로 그 위험을 경계하고 있을 때 특히 그렇다.

'그'나 '그녀'는 없다

치료자는 당연히 내담자의 투쟁하는 부분과 애착을 원하는 부분 사이에서 혼란스러울 때가 많다. 치료자는 치료를 시작하면서 폐쇄적이고, 의존하지 않으려고 하며, 경계하고, 비밀 공개를 꺼리는 '내담자'와 직면한다. 통합된 전체가 아닌 내담자의 한 부분을 마주했다는 것을 깨닫지 못한 채, 치료자는 손을 내밀어 도움을 요청하라고 독려하거나 이런 제스처가 수치심과 두려움을 줄여준다고 믿고 내담자에게 손을 내민다. 그러나 의존성을 전투적으로 거부하는 투쟁하는 부분의 이면에는 언제나 그리움과 상처로부터 보호받는 '애착을 원하는 부분'이 존재하며, 이 부분은 의존을 피함으로써 '보호된다'. 치료자가 의존하지 않으려는 내담자(또는 부분)가 마음을 '열도록' 도움의 손길을 내밀면 애착을 원하는 부분은 필연적으로 활성화된다. 그 결과 내담자는 치료자가 보기에는 여전히 종종 의존하기를 거부하지만 동시에 극도로 의존적이며 쉽게 상처받을 수 있다. 애착을 원하는 부분의 암묵기억과 연결을 향한 충족되지 못한 갈망이 자극되면서 두 부분 다 감정적으로 견딜 수 없게 된다. 투쟁하는 부분의 연결에 대한 불신도 똑같이 고조된다.

치료자가 내담자의 역의존성이 성공적으로 누그러졌다고 믿고 손 내밀기를 그만두면, 애착을 원하는 부분의 분리불안이 심해지고 투쟁하는 부분은 방어에 임해야 한다. 만일 치료자가 수치심과 버림받을 것이라는 두려움이 촉발될 것이라 염려해서 계속 손을 내밀면, 애착을 원하는 부분의 연결을 향한 갈구가 계속 촉발되면서 결국 고통이 심해지고 더 많은 접촉이 필요하게 된다. 접촉이 잦아질수록 투쟁하는 부분이 느끼는 위협도 커진다. 설상가상으로 투쟁하는 부분이 치료자를 밀어내거나 견디기 힘든 정서를 조절하려고 몸에 상처라도 내면, 애착을 원하는 부분은 오히려 더 취약성을 느껴 접촉 요구가 커지고 투쟁하는 부분도 더 활성화되기 쉽다. 이때 치료자들은 점점 심해지는 내담자의 접촉 요구를 충족시키려고 노력할수록 공감 실패로 비난받는 일이 더 많아진다는 것을 알게 된다. "내가 자살 충동을 느꼈는데 선생님은 5분밖에 전화통화를 안 해줬잖아요!" "내가 이런 생지옥에 있는데 고작 몇 분으로 충분하다고 생각해요?" 이런 순간에는 내담자의 애착을 원하는 부분이 혼란애착의 초기 경험을 재현하고 있음을 기억하면 도움이 된다. 애착을 원하는 부분은 더 많은 돌봄을 원했던 암묵적으로 기억된 욕구와 애착 대상이 학대를 할 때 애정을 바라면 위험하다는 암묵적 불신 사이에서 고통스럽고 비통한 투쟁에 붙들려 있다.

혼란애착이 있는 내담자는 경계선성격장애의 진단 기준을 충족할 가능성이 크고, 만일 그렇게 진단받는다면 '관심추구형'과 '조종형'이라고 판정받을 수 있다. 외상 및 외상을 입은 부분의 역할은 인식되지도 치료되지도 않을 가능성이 크며, 혼란애착의 징후는 성격장애의 증상과 혼동될 것이다. 정상적 삶을 살아가는 자기가 가장 두려워하는 것, 다시 말해 그(그녀)가 치료로 나아지는 것이 아니라 점차 나빠진다는 공포 또한 현실화될 것이다. 중독 및 섭식장애에서 도피하는 부분과 마찬가지로, 치료자는 안전 및 위험관리 문제를 둘러싸고 자기파괴적이고 자살충동을 보이는 부분과의 투쟁에 말려들기 쉬우며, 이로써 내담자가 정상적 삶의 자기를 활용해서 '취약해지느니 차라리 삶을 끝내버리는' 쪽으로 끌리는 부분들과 만날 기회를 놓치기 쉽다. (안전 문제를 관리하는 방법에 대한 자세한 내용은 7장을 보라.)

'내담자'만이 아니라 모든 부분을 위한 치료자

치료자는 대개 몸 하나를 공유하는 마구 뒤섞인 부분들의 집합이 아니라 한 명의 내담자를 상대한다. 그러나 트라우마의 맥락에서는 통계적으로 구조적 해리와 분리의 발생 가능성이 높으므로 치료자들은 어떤 트라우마 내담자를 맡을 때 그(그녀)의 부분들 역시 맡을 거라고 가정해야 한다. 다시 말해 치료자는 어린 시절에 분리와 자기소외가 필요치 않았던 통합된 내담자를 치료할 때와는 다르게 듣고, 말하고, 치료해야 한다. 치료자는 내담자를 처음 만나 이야기를 듣고 개인력을 기록할 때 고통스러운 외로움과 연결 욕구, 중독과 섭식장애, 분노와 과경계가 대인관계에 끼치는 영향 등 서로 다른 부분이 외칠 수 있는 외상 관련 주제에 미리 익숙해야 한다.

부분들의 '목소리'에 귀 기울이기

첫 회기나 초기 면담 때부터 중요한 것들이 있다. 호기심 고양, 트라우마 및 트라우마 치료에 대한 심리교육 제공, 마음챙김을 통해 패턴과 주제 알아차리기, 촉발의 언어에 대한 소개 등이다. 심지어 처음 만난 내담자에게서 정보를 수집할 때도 치료자는 각기 다른 부분의 목소리를 골똘히 들어야 하며 '정상적 삶의 자기'가 드러내는 기색도 집중해서 살펴야 한다. 가정, 직업, 관계, 관심사, 안정적인 영역, 그리고 가장 중요한 것으로는 전전두피질의 기능과 매 순간 일어나는 일을 관찰하는 능력이 어떤지 파악해야 한다. 또 트라우마 치료자는 "그냥 멍해졌어요" "떠나야만 했어요" "그저 비명을 지르기 시작했어요"처럼 내담자가 보고하거나 회기 중에 관찰되는 조절장애의 징후에도 주의를 기울여야 한다.

내담자에게 적절한 인내의 창이 있음을 확신하고 강렬한 감정과 관계를 맺을 수 있는(다시 말해 해리나 조절장애를 일으키지 않으면서 감정과 연결될 수 있는) 관찰하는 자기가 존재하는지를 일관되게 확인하기까지, 치료자는 감정(부분들의 풍경)을 끌어내지 않고 그저 부분들의 여러 '목소리'를 인식하기 위해 노력할 뿐이다. 내담자가 자연스럽게 떠오르는 감정을 어떻게 조절하는지를 보면 인내의 창의 범위가 얼마나 큰지도 알 수 있다. 치료자는 외상사건이란 과거를 떠올리게 만드는 것에 의해 촉발되면서 현재에 침습하는 과거의 사건임을 인식하고, 치료 초기에 부분의 언어와 함께 촉발의 언어를 소개해야 한다.

마크의 문제는 역설적이었다. 외상 후 그의 부유하고 만족스러운 삶에는 파트너 또는 배우자라는 요소가 빠져 있었다. "저는 사랑에 빠져본 적이 없고 6개월 이상 이어진 관계도 없었어요. 그런데 한편으로는 사랑이 딱히 필요하다고 느껴지도 않아요. 혹시 제가 뭔가 놓치고 있는 건 아닐까 싶어 여기 왔어요." 치료자가 대답했다. "그러니까 당신의 한 부분은 당신이 결코 사랑에 빠지지 않는다고 확신하는 한편, 다른 부분은 언젠가는 그 다짐이 상실감처럼 느껴질까 궁금해하는군요. 이들 모두에게 호기심을 가져볼까요?"

재클린은 치료자에게 말했다. "오랜 외상 이력이 있어서 왔어요. 제가 지금까지 있었던 일을 모두 다 말하길 바라시나요?"

"특별히 알려주고 싶은 것이 없다면 그러지 않아도 돼요. 저는 트라우마가 어떻게 당신에게 남아 있는지, 트라우마가 여전히 일상생활에 어떤 식으로 영향을 끼치는지가 더 궁금해요."

"내 인생을 망쳤어요……."

"그게 아직도 인생을 망치고 있나요? 그렇게 만드는 게 뭐죠?"

재클린은 수년간의 패턴을 설명했다. 재클린은 만족스러운 관계를 맺고 직장생활에서 안정을 찾을 때마다 원가족 중 누군가를 돌보기 위해 급하게 그 생활을 청산하면서 자신을 위해 쌓아온 모든 것을 잃는다는 것을 깨달았다. 내가 말했다.

"그러니까 당신은 정상적 삶을 살아가는 매우 강한, 매우매우 강한 부분이 있고, 이것은 무슨 일이 있더라도 삶을 계속해서 재건하려고 하는군요. 그리고 한편으로는 당신의 가족, 심지어 어린 당신을 학대했던 가족을 돌보기 위해 모든 것을 포기해야 한다고 느끼는 매우 자기희생적인 부분이 있네요. 그 패턴이 궁금하시죠?"

나 무슨 일을 하셨나요?

로버트 가정의학과 의사였어요. 그 일을 사랑했지만, 스트레스를 견딜 수 없었어요. 특히 운전할 수 없게 된 이후로요.

나 (정상적 삶의 기능에 어떤 손상이 있었는지 궁금했다.) 운전을 못하게 되셨어요? 무슨 일이 있었기에 그러셨나요?"

로버트 어딘가로 차를 몰기 시작했는데 갑자기 제가 어디로 가고 있는지, 급기야 운전을 어떻게 하는지조차 잊어버리곤 했어요. 겁에 질려 어쩔 줄 몰랐죠! 비서에게 전화해서 나를 데리러 오라고 했어요. 혼자서는 아무것도 할 수 없었어요.

나 운전하고 출근하고 평범한 삶을 살아가는 것이 당신의 외상을 입은 부분들에게는 매우 위협적이었나 보네요. 그들이 겁에 질렸고, 당신은 겁에 질린 게 그들인 걸 모르고 당신이라고 생각했군요. 슬픈 일이네요……

로버트 예전에는 제 기능을 할 수 있었지만, 요즘 한동안은 그렇게 하지 못했어요.

위 세 내담자는 모두 어딘가 역설적인 증상을 보고한 이상적인 심리치료 대상자라 할 수 있다. 내담자의 외상 이력에서 무엇이 '더 중요한' 문제로 보이는지는 차치하고, 나는 으레 기능의 상실·내적 갈등·자기훼방·역설적 행동의 미묘한 조짐을 들으려고 귀를 기울인다. 또 부분들을 내담자의 개인력과 관련지어 생각하지 않고, 부분들의 암묵기억이 내담자의 현재 삶에서 어떻게 촉발되는지를 들으려고 한다. 그 부분들이 외상 이후 정상적 삶을 살겠다는 내담자의 결심 때문에 촉발되었는가? 아니면 통제적이고 비판적인 상사, 내담자가 트라우마를 겪은 나잇대의 아동, 가해자와 관련된 가족 구성원과 같이 외상과 관련된 촉발자극에 노출되어서인가? 이전의 트라우마를 다시 불러일으킬 수 있는 생활사건, 예를 들어 상실이나 배신, 최근의 외상사건뿐만 아니라 심지어 약혼·결혼·출산·승진·졸업 등 행복한 삶의 전환점 같은 일들에 관해 주의 깊게 들으려고 한다. 내담자의 삶에서 해결되지 못한 트라우마가 암묵적 수준에서 재현되는 것을 말해주는 패턴이 있는가?

모든 부분을 위한 치료자가 되는 것은 그들의 목소리와 주제에 귀기울이고, 그들과 그들의 주제에 이름을 붙이고, 일어난 일에 대해 내담자의 호기심을 불러일으키는 것에서부터 시작된다. 대다수 내담자는 혼란, 절망감, 참을 수 없는 고통, 자신이 미쳐간다는 무언의 두려움을 안고 치료받으러 온다. 당황스러운 증상을 설명하기 위해 나름의 이야기를 만들어냈을 수도 있지만, 처음 몇 번의 회기야말로 자신이 미치지 않았고 결함이 없다고 안심시켜주는 새로운 관점에 가장 마음이 열려 있을 때다. 자신의 경험을 이해할 수 있게 해주는 이야기를 듣고 나면 그들은 뚜렷하게 안도감을 보인다.

나는 마크에게 말했다. "이제 알겠네요. 마크도 알겠죠! 어렸을 때 그 일 이후로 당신 안의 어떤 부분이 절대, 절대, 절대, 다시는 누구도 당신을 해치게 놔두지 않겠다고 맹세했어요. 그는 그저 자기 자신과 당신을 보호하려는 거예요. 지금까지도요."

(재클린에게) "물론 부모와 형제자매를 돌봄으로써 살아남을수 있었던 그 어린 소녀는 자기 자신의 삶을 살 권리가 없다고느낄 겁니다. 아마 자기 삶을 산다는 것이 안전하고 안정적이기보다는 죄책감과 수치심을 줬을 거예요."

(로버트에게) "이제 완전히 이해가 가요. 당신은 남편으로서,아빠로서, 의료 전문가로서 매우 부유하면서도 도전적인 어른의 삶을 이룩했어요. 지역사회에서도 인정받았고요. 그 부분들은 노출되어 위험에 빠졌다고 느꼈기 때문에 그런 상황이 계속되게 내버려둘 수 없을 만큼 겁을 먹었을 거예요. 그 부분들은당신을 멈춰 세워야 했고, 결국 성공했네요."

부분들을 대신해서 말하기

일반적으로 내담자는 정상적 삶을 살아가는 자기에 지속해서 접근하기를 어려워하며, 자신의 부분들에게 공감하기 어려워하고, 전전두피질에 대한 접근을 유지하는 것은 물론 새로운 사고방식에 대해처음 가졌던 호기심을 유지하는 데도 어려움을 겪는다.

우리 대부분에게는 '나'의 언어가 자동 '설정값'이므로, 무언가를 느끼면 '나는 이렇게 느껴'라고 말하는 성향이 절차적으로 학습되었다. '나의 일부가 이렇게 느껴'라는 말을 편하고 자연스럽게 사용하려면 반복과 연습이 필요하다. 치료자는 느린 속도에 낙담하거나 이 접근법이 도움이 되는지 의구심을 갖기 시작하지만, 우리가 완전히 몸에 밴 학습을 바꾸고 있다는 사실을 잊지 말아야 한다. 인간은 악수하는 법, 운전하는 법, 포크와 나이프를 쥐는 법과 같은 절차적 학습을 결코 잊지 못하고 '나'라고 말하는 성향도 사라지지 않는다. '나'라는 말 대신 '부분'이라는 말의 사용법을 배우고, 부분의 언어로 생각하는 법을 기억하고, 부분들의 각기 다른 목소리를 귀 기울여 듣는 것 모두 외국어를 학습할 때와 마찬가지로 연습이 요구되는 기술이다.

연습은 다양한 형태로 이뤄진다.

모든 고통스러운 감정, 생각, 삶의 문제가 부분의 의사소통을 반영한다는 점을 상기시키는 '연습'이 되게끔 부분의 언어를 내담자에게 건네는 인사말에 넣을 수 있다. "부분들은 이번 주에 어떻게 지냈나요?"라는 식으로 말이다.

때로는 내담자 내면의 다양한 관점을 환기시켜서 '나'라는 자동적 가정을 방해하고 억제할 수 있다. "어떤 '내'가 그렇게 느끼나요? 그리고 다르게 느끼는 '내'가 있나요?"

구조적 해리에 대한 심리교육을 반복할 수도 있다. "구조적 해리 모델에 대해 다시 알려드릴게요. 어느 부분이 그 경험 때문에 가장 수치스러웠을까요? 네, 순응하는 부분이겠군요. 이 부분은 언제나 자기 잘못이라고 생각하죠. 그렇다면 투쟁하는 부분은 똑같은 비난에 어떻게 반응했나요? 매우 다르죠?"

방금 들은 내담자의 말을 부분의 언어로 옮겨 그대로 반영해줄 수 있다. "그러니까 오늘 당신에게 매우 수치스러워하고 스스로 확신하지 못하는 부분이 있군요."

"네, 선생님을 만나고 싶지 않아서 약속을 취소할 뻔했어요"라고 내담자가 대답하면 나는 다음과 같이 반응할 수 있다.

나 음, 매우 흥미롭네요. 그 부분은 나와 마주하고 싶지 않군요. 내가 어떤 사람일지 몰라 두려웠던 걸까요? 내가 어떻게 할까 봐 두려웠을까요?

내담자는 한때 자신에게 수치심이나 위협을 준 사람을 금세 떠올리기도 한다. "당신이 다른 선생님들처럼 옷이 어울리지 않고 더럽고 해졌다며 자기를 무시할까 봐 두려워해요."

여기서 치료자는 우리가 부분들의 이야기를 듣고 있음을 분명히 하기 위해서 정상적 삶의 자기가 어린아이 부분이 쓰는 단어와 의미에 관심을 두도록 이끌어야 한다. 마음챙김 '접촉 문구'Ogden & Fisher, 2015를 사용해 치료자가 반복해준다. "그래요, 그 아이는 다른 선생님들처럼 내가 자기를 무시할까 봐 두려워하는군요. 옷이 엉망이고 어울리지 않는 걸 보고 내가 안 좋게 생각할 거라 여기고요."

내담자 네, 선생님들은 그 애가 얼마나 방치됐는지 알아보고서는 그 애를 쓰레기 취급했어요.
나 그들의 표정과 눈이 그렇게 말했겠네요. "쟤는 쓰레기야." 그리고 지금 그 아이는 나 역시 그렇게 볼까 봐 두려워하고요.

내담자가 부분들과 정서적으로 연결되어 두려움과 공포가 여전히 그들에게 영향을 끼친다고 보고하면, 치료자는 내담자가 부분들을 향해 더 깊은 수준의 연민을 느낄 수 있도록 '그 부분들을 대신해' 말할 기회를 갖는다$^{Schwartz, 2001}$. 치료자는 내면가족체계 작업에서 꾸준히 사용하는 질문을 이용해 묻는다. "그 말을 들었는데 지금은 그 부분에 대해 어떤 느낌이 드나요?"

> **내담자** 그 애가 안됐어요.
>
> **나** 그래요, 그 애가 안타깝다고 느끼는군요. 그렇게 방치된 게 그 아이의 잘못은 아니었잖아요? 그 아이에게 이것을 알려줄 수 있을까요? 말보다는 감정과 몸으로요. (잠깐의 침묵.) 누군가가 자신의 감정을 배려해준다는 느낌을 받으면 어떤 기분일까요?
>
> **내담자** 매우 낯선데, 그 애는 좋아해요…….
>
> **나** 네, 그 애가 좋다고 하는데, 매우 새로웠나 보군요? 전에는 누구도 그 애를 안타깝게 여기지 않았죠. 그 경험이 얼마나 새로우며 믿기 어려울 수 있는지 이해한다고 그 애에게 알려주세요.

이 작업의 핵심 중 하나는 치료자가 자신의 연민과 통찰을 도구로 사용한다는 점이다. 치료자가 "이해했어"라고 전달할 때, 정상적 삶의 자기와 상처 난 부분이 서로에게 '이해받는다'고 느낄 때 내적 경험에 변화가 일어난다. 치료자가 말과 몸짓으로 공감과 정서적 교감을 전달하여 어른과 아이 사이에 따뜻한 내적 대화가 점점 활발해지면, 둘 사이에 자연스럽게 깊은 유대가 형성된다. 치료자는 내담자에게 그저 '작업'하도록 가르치거나 수동적인 내담자와 함께 작업하는 것이 아니다. 치료자는 연민을 품은 제3의 존재로서 외상을 입은 어린아이와 돌봄을 베푸는 성인 사이에 관계가 형성되도록 적극적으로 돕는다. 이것이 바로 부분들과 하는 작업이다.

'편드는' 경향 피하기

치료자와 내담자는 자신도 모르게 어떤 부분을 다른 부분보다 편드는 경향이 있다. 치료자는 섭식장애나 중독으로 도피하는 부분이나 자해로 투쟁하는 부분이 야기하는 위험 수준 때문에 작업하기가 어려울 수 있다. '투쟁하는 부분'의 저항이나 평가절하 또는 '도피하는 부분'이 드러내는 치료에 대한 만성적 양가성보다는, 치료자의 의제를 기꺼이 따르려는 '순응하는 부분'이나 '애착을 원하는 부분'의 결핍을 작업하기가 더 쉬울 것이다. 의심할 여지 없이 치료자는 입 닫고 침묵하는 '얼어붙는 부분'이나 레벨 4의 잠금 모드에 돌입한 '투쟁하는 부분'과 함께 앉아 있기보다는 일상적인 기능에 어려움이 있는 '정상적 삶의 자기'와 작업하는 데서 더 보람을 느낄 수 있다.

치료자에게 가장 큰 난관은 내담자가 통합된 '그(그녀)'라고 자동으로 간주하기보다는 이런 절망적이고 우려되는 문제들이 부분들 간의 내적 갈등으로 인해 발생함을 기억하는 것이다. 그럴 수 있다면 치료자가 내담자의 내적 투쟁에 말려들 가능성이 줄어든다.

우리의 의제가 '내담자'가 더 많이 말하게 하는 것이든, 감정을 더 많이 표현하게 하는 것이든, 아니면 위험한 행동을 억제하는 것이든 '부분들'이라는 틀을 잃으면 내적 양극화에 일조할 수밖에 없다. 내담자에게 이 치료는 부분과 부분 간의 싸움이며, 그 결과는 치료자가 아닌 내담자의 내면 체계에 의해 결정된다는 점을 강조할수록 내담자의 내적 양극화는 더 빠르게 해결될 것이다. 따라서 치료자가 할 일은 두 가지다. 내적 갈등에 관한 조감도를 제공해주는 것과 각 부분 및 전체 체계와 함께 '춤추는' 것.

둘이 추는 춤

치료자는 내담자의 모든 부분과 전체 체계와의 조율을 몸으로 표현
해야 한다. 얼굴이 부드러워지고 단호하면서도 차분해 보이거나 따
뜻함을 전달한다. 어조는 호기심, 매료됨, 확고함 가운데 하나여야
한다. 치료자는 내담자의 리듬에 따라 몸을 앞으로 기울이거나 뒤로
당겨 앉는다. 우뇌를 사용해 내담자의 몸과 신경계를 관찰하고 인식
하며 내담자의 상태에 따라 호흡, 어조, 에너지 수준, 표정을 주의 깊
게 조절한다. 내담자가 동요하면 호흡과 말의 속도를 늦추고 어조
를 부드럽게 한다. 치료자는 생각을 요구하는 질문을 피하면서 내담
자에게 동요를 '알아차리거나' 그것에 수반되는 신념을 알아차리도
록 요청한다. 대다수 치료법이 그렇듯, 내담자의 이야기를 다 들은
뒤 대답하기보다 즉시 '이중주' 또는 대화에 참여하여 내담자가 관
찰하도록 한다. 치료자는 내담자의 말을 그대로 따라 하거나 부분의
언어로 번역하면서 응답한다. 반응이 일어나고 호기심이 늘기를 바
라지만 반드시 그렇게 되지는 않는다.

치료자는 진술을 부분의 언어로 따라 하거나 '조감도'가 되는 언
급을 해주거나 단순히 마음챙김 상태에서 호기심을 유지한 채 있으
라고 요청한다. 긴 '필리버스터' 독백을 끊고, 되도록 자주 '정상적
삶을 살아가는 자기'의 관심을 부분들 사이나 부분들과 촉발자극 사
이의 상호작용으로 옮기는 데 중점을 둔 대화로 만든다. 말하는 것
이 가로막히거나 자신들의 말이 부분들의 의사소통으로 재해석될
때, 내담자가 공감받지 못한다는 느낌이 들지 않게 하는 핵심은 조
율의 민감성에 있다. 치료자가 호기심을 갖고 흥미를 느끼며 매료되
고, 경외심을 갖고, 감동하며 재미있어하고, 깊게 공감하는 만큼 내

담자와 내담자의 부분들도 치료자가 끼어들어서 차단된 것이 아니라 '만났다'고 느낄 것이다.

'둘이 추는 춤'은 앨런 쇼어Allan Schore[2001a]가 엄마와 유아가 상호조율을 하는 과정에서 서로의 몸짓, 소리, 미소, 표정 등을 교환하는 것을 설명하기 위해 사용한 용어다. 치료적 대화의 성공 여부는 양자 간의 춤과 같은 느낌에 기반을 둔다. 유아와 대화할 때 엄마의 개별 반응은 아이를 진정시키거나 흥미를 북돋우며, 세심한 양육자는 아기가 상호작용을 즐거워하는지 아니면 자극이 과하거나 적지 않은지 확인하기 위해 아기의 신호를 살핀다. 마찬가지로 세심한 치료자는 내담자의 몸짓을 관찰하고, '정상적 삶을 살아가는 자기'가 무엇에 호기심과 흥미를 느끼는지 살피고, 무엇이 순응하는 부분이나 애착을 원하는 부분을 안심시켜주는지, 무엇이 투쟁하는 부분이 정서나 친밀함에 공포를 덜 느끼도록 돕는지, 무엇이 내담자의 신체 활성화 수준이 지나치거나 부족하지 않도록 자율신경계를 조절해주는지 관찰한다.

치료자가 한 번에 하나가 아니라 여러 부분에게 주의를 기울여야 하면 내담자와 적절한 대화를 주고받기가 더욱 어려워진다. 예를 들어 어린 부분을 안심시키는 치료자의 말이 그리 효과적이지 못해 도피하는 부분을 촉발하거나 투쟁하는 부분을 화나게 만들 수 있다. 치료비 인상, 치료자의 휴가 계획, 그 밖의 예상치 못한 문제를 상의할 때 치료자는 성인 내담자와 상의하더라도 어린아이 부분의 불안을 유발하지 않고 안심하게끔 신경 써야 한다. 자동으로 '나-너'라는 관점으로 돌아가는 대신 부분들을 인식하면 이런 '자질구레한 일을 돌보는' 대화가 실제로 성공할 수 있다. 정상적 삶의 자기에게 휴가일정을 말해주면서 애착을 원하는 부분을 위해 안심시켜주는 말을 보탤 수 있다. "내가 휴가를 떠나도 당신(정상적 삶의 자기)이 괜찮다는 것을 알지만, 어린 소녀는 불안해하네요. 자기 곁에 사람이 없을까 봐, 그리고 아무도 자기를 지켜주지 않을까 봐 두려워하는군요. 당신이 나를 대신할 사람을 만난다면 그 아이가 좋아할 것 같아요. 투쟁하는 부분은 싫어할 수 있지만, 애착을 원하는 부분은 아마 좋아할 거예요. 혼자가 아니고 보호받을 거라며 안심할 수 있어요. 다른 방법은 내가 없는 동안 당신이 보호자가 되어주는 거예요. 이 두 가지 방법이 어떤 것 같나요?" 어린 부분이 촉발될 수 있는 또 다른 영역은 치료비 얘기로, 돈과 관련해서 수치심을 느낄 때 특히 그렇다. 여기서도 치료자가 모든 부분의 견해를 인정해줄 수 있다. "당신의 '정상적 삶을 살아가는 자기'가 진실하다고 전적으로 믿어요. 지난 몇 달간 다른 할 일이 잔뜩 쌓여 있었던 것 알아요. 그러니 내가 다시 알려준다고 해서 나쁘게 생각하지 마세요. 그리고 부디, 부디 당신의 어린아이 부분에게 잘못한 것이 없다고 안심시켜 주세요. 생각나는 것이 있으면 편하게 얘기해요."

안전 얘기도 부분들의 생존반응을 촉발하는 또 다른 주제다. 어떤 부분은 안전하지 않을 때 '안전하다'는 얘기를 들어왔기에 '안전'이라는 말에 당황하거나 두려워할 수 있다. 도피 또는 투쟁하는 부분이 위험한 행동에 연루되면, 치료자는 그들의 안전 개념이 남다르다는 점에 대해 존중하는 목소리를 내는 것이 매우 중요하다. 그들에게 '안전'은 도움을 요청하거나 자신의 감정을 공유해서 얻어지는 것이 아니다. 치료자와 정상적 삶의 자기는 병원을 안전망으로 보는데 투쟁 또는 도피하는 부분이 병원을 '위험'하거나 '함정'으로 여긴다면, 입원이 안전 계획의 제일선이 되어서는 안 된다는 사실을 잊어버릴 수 있다. 안전을 위한 약속은 정상적 삶의 자기에게는 안심이 될 수 있지만 투쟁하는 부분에게는 통제당한다는 느낌이나 의존하라는 요청처럼 들려 적신호가 켜질 수 있다. 안전 계획을 세우거나 안전한 것과 안전하지 못한 행동을 구분하는 일은 정상적 삶의 자기가 하는 것이 가장 좋지만, 그 목표가 그저 투쟁 또는 도피하는 부분을 억제하는 것이라면 더 높은 수준의 목표에 도달할 기회를 놓치게 된다. (위험하고 자기파괴적인 행동은 7장을 참고.) 이 모델에서 말하는 더 높은 수준의 치료 목표는 정상적 삶을 살아가는 생존자와 여전히 두려움에 떨고, 결코 얻지 못했던 것에 슬퍼하며, 깊은 수치심과 외로움을 느끼는 어린 부분들 사이에 점점 더 긴밀한 정서적 유대를 발전시키는 것이다. 부분들과 정상적 삶을 살아가는 자기 사이의 내적 유대는 치료자를 신뢰하는 데 도움이 되며, 더 나아가 협력과 합의의 버팀목이 된다.

치료자가 모든 부분을 진정으로 존중하고, 따뜻하게 대하며, 부분들 각각의 관점에 공감할 때 정상적 삶을 살아가는 자기는 각 부분을 책임질 대상이 아니라 잠재적 자원으로, 연민을 받을 가치가 있는 '진짜' 사람으로 받아들이기 시작할 수 있다. 그러기 위해서는 치료자가 다른 부분의 관점에서 각 부분에게, 그리고 각 부분에 관해 이야기할 필요가 있다.

> "순응하는 부분이 투쟁하는 부분의 직설적이고 노골적인 어조가 다른 사람의 기분을 상하게 하거나 화나게 할 거라고 많이 걱정할 게 분명해요."
> "투쟁하는 부분이 깨닫지 못하는 것은 우리가 아이들에게 입 다물고 울지 말라고 하면, 애들은 그 말을 따르면서도 더 무서워한다는 점이에요. 아이들의 울음을 그치게 하는 다른 방법은

다치지 않게 해주겠다고 안심시키는 거예요. 투쟁하는 부분에게 이 방법이 더 효과적인지 확인할 기회를 달라고 요청해보실래요?"

"어린 부분이 자기를 다치게 한 나쁜 사람들에 대해 말하고 싶어하는 거 알아요. 하지만 투쟁하는 부분이 그러면 위험하다고 믿는 것도 알겠어요. 내가 어린 부분과 약속을 하나 하고 싶은데, 사실 성인인 루시와 제가 함께 할 수 있는 거예요. 우리는 어린 부분에게 더는 다치게 하지 않을 것이라고 약속해줄 필요가 있어요. 일어난 일에 대해서는 이미 알고 있으니 꼭 말할 필요는 없죠. 그런 다음 투쟁하는 부분이 그녀에게 말해도 된다고 기꺼이 허락하는지, 아니면 일단 그녀가 보호받는다고 느끼면 우리에게 말하는 것이 그리 중요하지 않은지 봅시다."

"제가 잠깐 도피하는 부분을 위한 변호사가 되어볼까요? 지난 몇 년 동안 도피하는 부분은 당신을 무감각하게 만들고 마약에 정신을 잃게 해서 당신을 지키려고 애써왔어요. 당신이 무슨 일이 있었는지 알면 감정을 감당하지 못할 것을 알고 당신을 '도망'시킨 거예요. 상황이 통제 불가능하고, 이제 중독도 치료가 필요하다는 것은 저도 알아요. 하지만 중독된 부분도 당신을 도우려고 했다는 점을 잊지 않았으면 해요. 정말 도왔죠. 그가 곁에 없었다면 오늘의 당신은 없었을 거예요."

치료자들은 해리성 파편화를 악화시킬까 봐 '내면의 인물'과 같은 말을 사용하길 주저하곤 하지만, 그 부분들이 어린아이나 10대 청소년처럼 시각화되고 다루어지면 정상적 삶을 살아가는 부분도 그 부분들을 애정 어린 눈으로 바라보기가 쉬워질 것이다. 정상적 삶의 자기가 그 부분들에 대해 따뜻하고 개방적이며 여유로운 관심을 경험할수록 그들과 거리를 두거나 단절될 필요가 줄어든다. 특히 내담자가 안정화되면 투쟁 또는 도피하는 부분들이 생존에 얼마나 크게 공헌했는지를 열정적으로 인정해줘야 한다. 치료자나 내담자는 그 전쟁이 필요했다거나 유익했다고 생각하지 않을 수 있지만, 이 부분들은 내담자의 생존이라는 가치 있는 대의를 위해 싸운 참전용사이므로 치료자와 내담자는 함께 그 수고에 경의를 표해야 한다.

순응하고 얼어붙는 부분 역시 존중해주면 혜택이 많다. 비록 이들의 봉사가 회피전략(얼어붙음·마비·타인을 섬기는 것·기꺼이 자기를 희생하는 것·천장으로 떠오르는 상상하기 등)으로 이루어져 있지만, 이들 역시 내담자의 생존과 적응에 필수적이었다. 이들이 없었다면 방임과 학대를 겪은 아동 생존자 대다수는 학대하는 사람을 위협하고 훨씬 더 심한 처벌을 불러일으키는 방식으로 반응했을지도 모른다. 애착을 원하는 부분은 조부모·교사·친구의 엄마·이웃들에게서 도움을 얻어내기도 했고, 그 순간은 희망·역할모델, 심지어 그들이 사랑받을 수 있다는 믿음까지 주었다. 이 부분들이 여전히 촉발되어 외상 관련 증상을 계속 유발하더라도 치료자는 "이 부분이 어떤 식으로 계속 도우려고 하나요?" "이 부분이 무엇을 걱정하나요?" "이 부분은 어떻게 해서 해결책을 찾으려고 시도하나요?"라는 점을 강조해야 한다.

애니는 치료자에게 "알다시피 그들은 모두 자기만의 방식으로 고치려고 하죠"라고 상기시켰다.

"고친다고요?" "네, 우리가 모두 어렸을 때 잘못된 것을 고쳐요. 그리고 그때 배운 대로 지금도 하고 있어요."

7장

자살, 자기파괴, 섭식장애, 중독을 유발하는 부분들과 만나기

저항할 수도 도망칠 수도 없을 때 인간의 방어체계는 과부하 상태가 되어 무너진 다. 위험에 대한 일반적인 반응의 각 구성요소가 효용성을 상실한 채 실제 위험이 끝나고 한참 뒤에도 변형되고 과장된 상태로 지속되는 경향이 있다.

_주디스 허먼Judith L. Herman, 1992, p. 92

[학대당한 아이들]은 강력한 도피-투쟁 반응을 동원하고 도전받을 때 주저 없이 공격적으로 대응할 수 있는 잠재력을 가질 필요가 있다. (…) [이러한 생존반응] 은 위험이나 상실 같은 위협에 처했을 때 빠르고 극적으로 강력한 공격태세로 전 환하는 개인의 역량을 현저히 증가시킨다.

_마틴 타이처Martin H. Teicher et al., 2002, p. 18

트라우마에서 살아남는 것, 마치 아무 일도 없었던 것처럼 매일 살아가는 것, 일상생활의 정상적인 도전뿐 아니라 트라우마로 작용하는 환경의 비정상적인 도전에 대처하는 것, 이 모든 것이 안전에 대한 개인의 믿음에 큰 부담을 주며 살아가려는 결심을 약화시킨다. 절망적이며, 압도되고, 부적절하며, 취약하고, 겁먹고, 고독해하며, 지금까지의 인생 경험은 돌아갈 곳도 숨을 곳도 도와줄 사람도 전혀 없다고 말한다. 개인이 끌어다 쓸 수 있는 자원이라고는 단절, 무감각, 해리, 아드레날린과 엔도르핀 같은 신경화학물질, 그리고 생존을 위한 투쟁·도피·얼어붙음·순응·애착의 동물방어 생존반응처럼 몸 안에 있는 것뿐이다. 이 모두는 '절박한 시기에는 극단적 조치가 필요하다'는 말에 알맞다.

트라우마와 자기파괴적 행동이 밀접하게 연관되어 있다는 것은 놀랍지 않다. '로드 레이지road rage'(난폭운전), 성적 강박, 위험을 예측해 자기보호 조치를 하지 못하는 것, 안전에 대한 정상적인 관심 결핍, 위험한 상황이나 관계에서 벗어나지 못하는 것 등은 모두 그 사람의 행복이 무시되고 그저 이용당하기 위해 태어난 대상처럼 취급받은 과거 경험과 일치한다. 올가미에 걸려 꼼짝 못하느니 죽음을 기대하는 것이 위로가 된다고 해도 전혀 이상하지 않으며, 그러한 고통 속에서 살기보다 죽기를 바라는 것이 생존의 방식으로 절차적으로 학습될 수 있다는 것도 놀랍지 않다. 이 가설은 임상적 증거뿐만 아니라 과학적으로도 뒷받침되어 있다. 자살사고, 자살위협, 자살시도는 물질남용, 섭식장애, 자해와 마찬가지로 PTSD 진단과 통계적으로 상관관계가 있다[Khoury et al., 2007; Krysinska & Lester, 2010; Min et al., 2007]. 이러한 증상과 장애를 반복적으로 치료한 뒤에도 외상 이력이 있는 사람의 재발률은 매우 높으며[Najavits, 2002], 이는 다양한 형태의 중독 행동이 외상 경험의 영향과 복잡한 상호관계가 있음을 시사한다. 한 사람에게서 살고자 하는 강한 의지와 죽음을 향한 강렬한 열망이 공존하는 것을 어떻게 이해할 수 있을까?

탈출구일까, 아니면 계속 가야 할 길일까?

트라우마에서 살아남으려면 안전에 대한 믿음이 흔들리고 살고자 하는 소망이 잠식하는 동안에도 '계속해서' 나아가려는 엄청난 각오가 필요하다. 일상생활의 정상적인 도전뿐 아니라 외상으로 작용하는 환경의 비정상적인 도전에도 대처해야 한다는 것은 어린아이는 말할 것도 없고 인간이라면 누구나 감당하기 벅찬 무거운 짐이다. 탈출 계획이나 낙하산 또는 '탈옥' 카드 등 무언가 구제책이 감지되면 일말의 희망이 생기거나 절망감이 줄어든다. "내가 할 수 있는 게 있어." 우리가 아주 어릴 때는 단절, 무감각, 해리, 아드레날린·엔도르핀·코르티솔과 같은 우리 몸의 신경화학물질, 그리고 얼어붙음·전적인 순응·도움 요청하기와 같은 동물방어처럼 몸 안에 있는 자원을 끌어다 써야 한다. 10대에는 신체가 물리적으로 더 강해지고 뇌가 급격히 발달하면서 더 많은 선택권이 주어진다. 따라서 사춘기에 투쟁 또는 도피의 동물방어 생존반응은 어린아이의 소망이나 공상이 아니라 실질적인 행동으로 옮겨진다.

우리가 계속되는 위협 상황에 갇혀 있든 아니면 일상 속 자극에서 촉발되든, 세 살이든 열세 살이든 서른 살이든, 생존을 위해 절박한 조치가 필요한 절체절명의 순간에 대한 느낌은 동일하다. '극단적 조치'를 선택하느냐 마느냐를 제한하는 것은 우리가 처한 상황과 신체 조건뿐이다. 교감신경계는 위협에 직면하면 자신을 방어하기 위해 신체를 가동하지만, 싸우거나 도망치는 것이 너무 위험하면 몸은 본능적으로 움직임을 멈추거나 충동을 다른 쪽으로 돌려 행동을 억제한다. 벽에 주먹을 날리고 전신주를 들이받는 상상을 하며 뭔가를 집어던지거나 자신을 때리거나 물어뜯는다. 바로 이때 몸을 숨기거나 도망치거나 공격자를 밀쳐낼 때처럼 통제감이 느껴진다.

극단적 조치

자기파괴적 행동은 소멸의 공포, 고립과 유기, 압도적 정서에서 오는 무력감, 절망과 체념으로 가득한 감정 경험에서 비롯된다. 이런 상태들은 위협과 폭력에 대한 반응이든 반복적으로 암묵기억이 촉발되었기 때문이든, 지금 이 순간 진짜와 똑같이 느껴지며 따라서 똑같이 무섭다. 더 절망스러운 것은 취약성을 표현하는 것 또한 안전하지 못하다고 느낀다는 점이다. 정서 및 정서 표현이 어린 피해자에게 안전을 가져다주는 경우는 거의 없으며, 오히려 더 심한 폭력을 야기하는 경우가 흔하다. 따라서 외상을 입은 많은 사람이 자기 목숨을 걱정하기보다 자신의 감정을 더 두려워한다.

치료자는 부정적 사건에서 비롯된 정상적인 감각과 정서가 해방감이 아닌 위협으로 경험된다는 사실을 명심해야 한다. 내담자가 감정을 차단하거나 행동화하지 않고 알아차리도록 돕는 과정에서 치료자는 이런 정서가 한때 위험의 원천이었고, 지금도 압도적이고 위협적이거나 굴욕적인 암묵기억과 연결되어 있다는 점을 종종 잊는다. 내담자가 압도적이거나 위험한 감정을 자신의 어린아이 부분과 연관시키는 법을 배우면 그 감정과의 관계가 변한다. 내담자는 여전히 그 감정을 느끼지만, 그것을 어린아이 부분의 감정으로 인식하면 덜 위협적으로 느껴 취약성이 줄어든다. 어린아이가 창피해하거나 외롭거나 슬퍼하는 것은 괜찮다. 그 아이의 취약성이 투쟁 또는 도피하는 부분들을 촉발하는 것도 이해할 만하다. 내담자가 할 일은 마음챙김을 통해 그 감정을 어린아이 부분이 전달하는 의사소통으로 알아차려서, '어린아이의 슬픔' 또는 '어린 소년의 두려움'처럼 이름을 붙이고, 투쟁 또는 도피하는 부분과 자동으로 동일시하여 그 충동에 따라 행동하는 경향성을 억제하는 것이다.

외상을 입은 사람들이 자기파괴적 행동을 하게 되는 또 다른 원인은 강렬하면서도 자율적으로 움직이는 감정과 감각을 진정시키거나 조절할 방법이 없다는 점이다. 자기진정 능력은 아동이 지속적으로 '최적의 각성' 상태가 될 때까지 신경계를 안정시키고 재조정해서 마침내 진정되었던 초기 경험과 직접 관련된다[Ogden & Fisher, 2015]. 초기 애착이 부적절하고 외상의 위협이 뒤따르는 환경에서 내담자의 신경계는 과경계와 행동준비 태세를 주도하는 교감신경 과각성 습관, 아니면 무반응과 무감각함을 유지하는 부교감신경 저각성 습관을 학습하게 된다[Ogden et al., 2006]. 자기조절 능력이 모자란 상태에서 위험한 감정과 감각에 압도된 아동의 체감각은 '이 감정을 견딜 수 없어. 이것을 멈추지 못하면 내가 폭발해서 산산조각날 거야. 죽고 말

거야'와 같다. 그 결과 일상적인 감정반응과 자율적으로 악화된 감
정반응 모두 참을 수 없는 지경이 되며 급기야 생명이 위협받는 수
준으로 느껴진다. 반면 위험천만한 행동과 관련한 위험은 '비현실
적'으로 느껴진다. 내담자는 '계속해서 살아가기' 위해 위험을 최소
화하거나 위험에서 해리됨으로써 생명의 위협에서 살아남는 데 익
숙해진다. 내담자가 두려워하는 것은 죽음이 아니라 자신의 감정이
다. 위험하게 느껴지는 것은 '나 혼자서는 이 감정을 견딜 수 없어.
아무도 도와주지 않는다면 나는 죽고 말 거야. 뭔가를 해야만 해'라
는 암묵기억이다.

참을 수 없는 감정 제어하기

위험천만한 행동을 이해할 때 전문가와 일반인 모두가 가장 흔히 저
지르는 실수는 자해, 자살, 자살충동, 섭식장애, 물질남용이 '안도감
을 추구'하기보다는 '파괴를 추구'하는 것이라고 가정하는 것이다.
만약 자해가 고통을 유발한다고 가정하면, 피학적 성향이나 자기처
벌 또는 도움을 요청하는 외침이라는 해석이 따른다. 만약 자살사고
가 죽고자 하는 의식적인 목적을 반영한다고 가정한다면, 우리는 그
것을 생명에 대한 위협이 아니면 도움을 요청하는 절규로 해석할 것
이다. 이런 식으로 해석해서는 참을 수 없는 감정을 성공적으로 제
어하려는 시도 또는 안도감의 추구라는 자해의 핵심 쟁점을 놓치고
만다.

　모든 자기파괴적 행동의 핵심에는 단순한 사실이 존재한다. 몸을
다치게 하거나 굶거나 소멸을 계획하거나 중독적인 행동에 강박적

으로 가담하는 것은 육체적·정서적 고통이 사라지는 반가운 결과를 가져온다. 아이러니하게도 생리적 효과를 고려하면 고위험 행동은 내담자가 알고 있는 제한된 방법으로 고통에 대처하거나 고통 속에서 살아가려는 독창적인 시도처럼 보인다. 만일 내담자에게 지금 자신을 달랠 더 나은 방법이 없다는 점을 인정해주거나, 자해나 자살사고와 같은 자기파괴적 행동이 역설적으로 안도감을 느끼게 해준다는 점을 인정한다면, 안도감의 추구라는 과제 앞에서 내담자뿐 아니라 투쟁 또는 도피하는 부분들과 협력적인 관계를 구축할 기회를 얻을 수 있다. 치료자는 자살사고, 적극적인 중독, 자해를 안전 문제로 보고 즉각적으로 반응하기보다는 호기심을 전달하는 것부터 시작해야 한다. '이것은 어떤 문제에 대한 해결책일까?' '무엇이 이 충동을 촉발했을까?' '내담자는 이 행동의 결과로 무엇을 바랄까?' '내담자가 이전에도 이런 방식으로 안도감을 찾은 적이 있나?'

왜 이러한 행동들이 견딜 수 없는 상태를 조절하는 데 매우 효과적인지에 관해 내담자에게 심리교육을 제공하면 수치심과 비밀스러움이 줄어든다. 자기파괴적 충동의 바탕이 될 만한 여러 가지 긍정적인 의도를 설명해주면, 내담자는 중독성이 있거나 위험한 행동이 유일하거나 최고의 선택이라고 치료자를 설득하기보다는 이런 식으로 안도감을 얻는 것에 대한 의심과 두려움을 자발적으로 드러낼 가능성이 훨씬 더 커진다.

역사적으로 위험한 행동의 치료법은 흔히 내담자와 치료자를 양극단으로 갈라놓았다. 자해를 줄이거나 자살을 예방하려는 치료자의 목표가 효과가 있을 것으로 믿는 한 안도감을 고수하려는 내담자의 욕구와 충돌하는 경우가 많았기 때문이다. 아니면 '안전제일'이라는 치료자의 의제 때문에 치료자가 치안 유지 역할을 맡음으로써 내담자와 관계 갈등이 유발될 수 있다. 이 책의 치료모델에서 최우선 순위는 내담자가 내적 투쟁에 참여하도록 돕는 것이다. 투쟁 또는 도피하는 부분이 이처럼 극단적인 조치를 하게 만든 감정은 무엇인가? 어떤 부분이 죽기를 원하는가? 어떤 부분이 도우려고 하는가? 어떤 부분이 살기를 원하는가? 투쟁하는 부분의 폭력성에 겁먹은 부분이 있는가? 어린아이 부분은 투쟁하는 부분을 구조자로 보는가, 아니면 죽음을 당할까 봐 두려워하는가?

위험하고 중독적인 행동을 효과적으로 치료하려면 치료자와 내담자가 개인 내면의 딜레마를 공유할 수 있어야 한다. 자해·섭식장애·중독행동이 생명을 위협하는 감정적 각성을 관리하는 유일한 수단이라면, 내담자는 어떻게 그 고통을 견뎌내는가? '일반적 조치'가 극단적인 조치보다 느리고 효과가 떨어질 때, 내담자가 더 건강한 선택지인 기술·자원·치료법을 습득해 활용하게 하려면 치료자는 어떻게 격려해야 하는가? 내담자가 내적으로 생사가 달린 긴박함을 경험할 때는 또 어떤가? 역사적으로 트라우마 관련 자해·중독행동·섭식장애·자살충동을 치료할 때는 주로 자제와 안전을 행동목표로 다루었지만, 결국 우리는 외상과 관련된 촉발자극과 불충분한 인내의 창이 안정성을 찾아가려는 내담자의 시도를 지속해서 약화한다는 점을 깨닫게 되었다. 트라우마와 위험하거나 중독적인 행동 간의 복잡한 상호관계를 이해하려면 이런 행동이 신체에 끼치는 영향과 더불어 그것이 어떻게 안도감과 조절을 촉진하는지를 먼저 이해해야 한다.

몸을 이용해 안심하기

아동 학대와 방임, 고문, 가정폭력, 그 밖에 많은 범주의 트라우마는 공통된 특징이 있다. 피해자의 신체, 마음, 감정은 다른 사람들이 자기 욕구를 충족시키거나 통제력을 행사하거나 긴장을 완화하는 배출구로 이용된다[Miller, 1994]. 자기 신체가 이런 식으로 사용된 아이들이 나중에 본능적으로 자신의 신체를 사용해 긴장을 풀거나 충동을 행동으로 표출하는 성인이 될 수 있다는 것은 놀랍지 않다. 이들은 안정애착을 통해 진정되는 것과 같은 정상적인 긴장완화 경험을 박탈당했고, 학대로 말미암아 이들의 몸은 그저 긴장완화를 위한 매개체일 뿐 진정한 가치는 없는 것으로 전락하고 말았다.

아이들은 괴로울 때면 대개 진정·안심·위안을 위해 타인과의 연결, 특히 성인과의 연결을 추구한다. 하지만 방임이나 학대를 겪은 아이들은 연결되기를 바라기보다 연결을 피하고 배타적으로 자신의 자원에만 의지하는 법을 빨리 익힌다. 타인의 도움을 신뢰하거나 의지할 수 없으므로 '다른 인간에게 의존할 필요가 전혀 없다'라는 한 가지 특징만 공유하는 다양한 행동을 통해 본능적으로 안도감을 찾는다. 10대 때부터 약물과 술을 사용해 무감각해지는 법을 배운 내담자도 있고, 이른 사춘기에 굶기나 폭식, 구토가 평온함이나 '감정이 없는' 상태 비슷한 것을 만들어낸다는 점을 알아내는 내담자도 있다. 또 어떤 사람들은 어린 아동기에 꼬집기, 베기, 할퀴기, 태우기, 주먹질, 머리박기, 심지어 피뽑기 같은 다양한 자해 행동을 발달시켜 안도감을 얻는다.

자기파괴 행동은 어떻게 효력을 발휘하는가?

자기파괴 행동을 치료하는 데서 가장 큰 어려움은 적어도 내성이 생기기 전의 초기 단계에서 그 행동이 안도감을 만들어내는 데 어느 정도 효과적이었다는 점이다.

베기, 태우기, 때리기, 날카로운 물체 먹기처럼 신체에 해를 가하는 것은 다른 상해나 위협과 마찬가지의 효과를 낸다. 첫째, 신체에 해를 가하는 것은 아드레날린 분비를 활성화해 에너지·집중력·힘·통제력의 증가와 감정과 신체감각의 감소를 끌어내며 엔도르핀 방출을 높여 이완과 진통 효과를 보인다. 두 가지 반응 모두 상당히 빠르게 일어나며, 강렬한 고통이나 타인과의 단절에 공포심을 갖거나 압도된 내담자에게 거의 즉각적인 안도감을 제공한다.

섭식장애는 전통적으로 왜곡된 신체 이미지나 왜곡된 자기감의 결과라고 개념화되었지만, 놀랍게도 트라우마로 인한 과각성 관련 증상을 꽤 확실하게 해소해주기도 한다. 섭식장애에서 안도감은 과소 또는 과잉 섭식을 통해 얻을 수 있다. 예를 들어 거식증에서 음식섭취를 제한하면 감정과 감각이 무뎌지는 동시에 케토시스 효과ketosis effect(신체가 에너지를 얻기 위해 포도당 대신 지방을 태울 때 발생하는 대사 상태–옮긴이)로 활력과 행복감이 증가한다. 과식도 이완, 부교감신경 저하, 신체와의 단절감, 공허감, 졸음을 동반하는 무감각을 초래한다. 폭식증의 폭식과 구토 두 단계 역시 완전한 붕괴와 죽은 척하는 생존반응에 관여하는 부교감신경계의 한 줄기인 등측 미주신경계를 활성화해 과각성을 줄여주고 통증 민감도를 떨어뜨린다Faris et al., 2008. 폭식증은 정상 대조군에 비해 높은 통증 역치Faris et al., 2008와 관련이 있는데, 아마도 폭식과 구토의 무감각해지는 효과 때문일 것이며, 이는 폭식증으로 진단되는 젊은 여성의 수가 증가한 이유일 수 있다.

또 약물 관련 용어인 '각성제'와 '진정제'라는 표현에서 드러나듯 물질남용과 중독행동 모두 자율신경계의 각성에 매우 분명한 영향을 끼친다. 코카인·스피드·MDMA(엑스터시)·리탈린·애더럴·크리스털 메스, 그 밖의 각성제는 내담자가 '죽은' 것처럼 또는 '공허함'을 느낄 때 선택하는 약물이지만, 한편으로는 이완 상태를 두려워하거나 이완 상태를 경계가 불충분한 것으로 혼동하는 내담자들이 힘과 통제감을 증가시키고 높은 수준의 각성 상태를 유지하기 위해 사용할 수도 있다. 이와 비슷하게 술, 마리화나, 벤조디아제핀, 그리고 헤로인·옥시코돈·모르핀과 같은 아편류는 모두 과각성 증상과 압도적 감정을 하향 조절하지만, 감정이나 감각을 '너무 많이' 느끼지 않으려고 만성 저각성 상태를 유지하는 데 사용될 수도 있다.

특히 섭식장애와 중독의 경우, 내담자가 선택하는 약물이나 행동과 치료 중인 트라우마 증상 간의 연관성이 사라진 지 오래일 때가 많다. 습관적으로 섭식장애 행동을 하거나 '이용'하는 것은 내성이 생기기 시작해서 똑같은 효과를 유도하기 위해 더 자주 또는 더 심하게 절식하거나 폭식, 구토, 과식을 해야 할 때까지는 두려운 감정과 감각이 침입하는 것을 막아준다. 하지만 내성이 점차 뚜렷해지면서 섭식장애는 통제 불능의 상태로 빠져들 때가 많다. 좌뇌가 우뇌 주도의 비합리적 행동에 대해 합리적인 주장을 하는 경향이 있음을 밝히는 분할 뇌 연구에 따르면, 섭식장애나 물질남용 문제가 있는 내담자는 자신의 증상에 대한 나름의 '이야기'나 이유가 있다. '만약 내가 _____ 하지 않는다면, 나는 집채만큼 커질 거야.' 하지만 이런 이야기는 섭식장애 행동의 결과로 경험하는 안도감을 설명하지 못한다. 또한 내성이 심해지면서 촉발되는 공황과 감정을 다시 무감각하게 해야 하는 절박한 욕구 때문에 섭식장애나 중독행동이 더 심각해지는 것도 설명해주지 않는다. 물질남용, 섭식장애, 자해, 자살행동이 전형적으로 독립/개별화 추동과 버림받음/분리에 대한 두려움 사이에 내적 갈등이 고조되는 11세에서 14세에 시작된다는 것이 우연만은 아닐 것이다.

자기파괴적 행동과 애착추동

대다수 트라우마 피해자들은 생존을 위협하는 똑같은 딜레마에 직면한다. 다시 말해 눈앞의 위험을 최소화하고 자신에게 해를 끼칠 사람들에 대한 취약성을 회피하는 동시에 자신을 보호해줄 관계자원을 최대화해야 하는 문제를 맞닥뜨리는 것이다. 위험을 최소화하려면 포식자의 반감을 사지 않아야 하며, 경계태세를 유지하는 동시에 호의적인 관계를 구축해야 한다. 어린아이의 경우 성인에 대한 의존과 애착, 근접성을 추구하는 생물학적 추동 탓에 이 문제가 특히나 어렵다. 이들에게는 학대당할 위험성을 높이거나 자신이 받을 수 있는 긍정적인 관심을 희생하지 않으면서 애착추동을 억제할 해법이 필요하다.

> 내가 안야의 엄마와 정서적으로 문제가 있는 안야의 오빠에 대해 의논하고 있을 때, 두 살인 안야가 뛰어들어오다가 장난감에 발이 걸려 넘어져 턱을 심하게 찧었다. 안야는 흐느껴 울기 시작했는데 누구와도 눈을 마주치지 않았고 달래달라고 엄마를

찾지도 않았다. 안야의 엄마도 안야가 우는 것을 눈치채지 못한 것 같았다. 주변의 어른을 전혀 의식하지 못한 듯, 안야는 일어서서 한 발씩 번갈아 짚으며 몸을 흔들기 시작했다. 조용히 흐느끼면서 동시에 몸도 같이 흔들었다. 이제 자기만의 세계에서 안야는 눈의 초점을 잃은 채 차분하고 고요해질 때까지 계속해서 몸을 흔들었다.

혼란애착 연구자들은 두 살이라는 이른 나이에 시작된 안야의 행동을 설명하면서, 근접성을 추구하려는 충동과 거리를 두거나 방어하려는 충동을 동시에 경험하는 문제 상황에 대한 일종의 해결책이라고 상정한다. 미취학 아이들은 취약할 때나 도움이 필요할 때 '무섭고 두려운' 양육자와의 근접성을 추구하는 것을 경계하면서 통제력을 더 가질 수 있도록 '통제전략'Liotti, 2014이라는 방식으로 관계를 맺기 시작한다. '통제-돌봄'으로 이름 붙인 한 집단은 부모에게 애교를 부리고, 감독하고, 즐겁게 하고, 달래고, 아이답지 않게 독립적이며, 부모에게 인정과 위안을 주는 등 부모화되거나 '보살피고 친구가 되어주는' 행동을 한다. '통제-처벌' 유형의 아이들은 근접성에 반응할 때 적대적이고, 도발적이며, 강압적이고, 수치심을 주며, 때로는 공격적이거나 폭력적이어서 '적대적 반항장애'로 진단될 위험이 있다. 이 연구에 따르면, 양육자가 방임형이고 위험하거나 필요할 때 곁에 없으면, 아이에게 안전이란 한 축으로는 유화정책이나 부모화, 다른 한 축으로는 적대감 또는 거리두기 사이의 선택과 동일시되는 것으로 나타났다. 아니면 근접성 추구와 거리두기가 한 개인에게서 번갈아 나타나며, 각 충동은 서로 다른 생존방어 반응이 주도한다. 애착을 원하는 부분이나 순응하는 부분은 친밀함을 공고히 하기 위해 부모화된 행동을 사용하지만, 그와 동시에 투쟁하는 부분은 타인을 밀어내기 위해 적대적인 관여를 사용한다. 우리의 생존이 양육자에게 달렸을 때는 친밀함과 안전이 서로 얽혀 있으므로, 다음과 같은 암묵적 메시지를 전달한다. "의존하는 것은 안전하지 않아. 너무 가까이 다가가거나 가장 가까운 사람을 사랑하는 것은 안전하지 않아." 이러한 애착행동의 패턴은 성인기까지 지속되며, 구조적 해리가 동반되면 점점 더 정교해지고 양극화되며 쉽게 활성화된다.

동물방어와 위험한 행동

구조적으로 해리되어 있으면 안전하지 않은 애착관계를 헤쳐나가기가 수월하다. 친밀감을 향한 욕구는 '애착을 원하는 부분'이, 달래는 능력은 '순응하는 부분'이, 거리두기의 욕구는 '도피하는 부분'이, 공격에 대한 두려움은 '얼어붙는 부분'이, 상황을 통제하려는 충동은 '투쟁하는 부분'이 본능적으로 갖고 있다면, 그 개체는 위험한 세상에서 살아가는 데 필요한 모든 '재료'를 다 가진 셈이다. 구조적으로 해리된 각 부분이 자신의 목적을 추구하기 위해 다른 부분과 어느 정도 독립적으로 작동하는 것은 이점이 된다. 과경계에서 거리두기로, 거리두기에서 기계적인 순응으로 신속하게 자동 전환하면 유연하게 방어할 수 있으며, 이는 양육자가 쉽게 흥분하는 사람일 때 특히 중요하다. 외상 관련 자극을 위험으로 인식해서 눈앞의 곤경을 모면하고 나중에 안전하게 지낼 가능성을 높인다면 이 패턴은 적응적이다. 하지만 일단 안전해지고 나면, 다시 말해 정서적으로나 육체적으로 학대하는 누군가에게 더는 의존하지 않게 되면 이러한 방어패턴은 더 이상 유용하지 않다. 부분들은 여전히 그들의 목적과 필요에 중요한 외상 촉발자극을 찾느라 환경을 유심히 살피고, 자기만의 독특한 방식으로 개별 촉발자극에 반응한다. 그러나 부분들의 활성화는 내적 갈등의 민감성을 높인다. 모든 부분이 마주하게 될 가장 큰 위협적인 촉발자극은 또 다른 사람일 가능성이 크다. 화를 내고 폭력적이고 공격적인 사람은 말할 것도 없고, 권위적인 대상이나 심지어는 파트너와 배우자, 치료자, 가족구성원, 가까운 친구, 그 밖에 모든 종류의 사랑하는 대상처럼 내담자와 가장 가까운 사람도 강력한 방어반응을 불러일으킬 수 있다. 안타깝게도 치유과정을 돕는 사람들마저 내담자에게 해를 주는 사람들과 마찬가지로 구조적으로 해리된 부분에게 촉발자극이 될 수도 있다.

이러한 투쟁이 필연적으로 양극화의 심화로 이어지면 내적 갈등이 증폭된다. 애착을 원하는 부분은 본능적으로 치료자를 포함한 잠재적 애착 대상을 이상화하는 반면, 투쟁하는 부분은 더욱 조심스러워져서 과경계하거나 가까이 다가오는 사람에게 적의를 갖고, '함께 있어주지' 못했거나 돌보지 않았거나 다른 우선순위가 있어서 어린 부분에게 실망감을 주고 공감에 실패한 사람이라면 누구든 적대적으로 대한다. 내담자 주변 사람들은 자신이 어린아이가 아닌 성인과 함께 있다고 믿기 때문에 '함께 있어주려는' 그들의 진정 어린 선의와 지지조차도 외상을 입은 어린 부분의 감정을 쉽게 해치거나 실망시킬 수 있다. 제시카가 증명하듯, 성인이 느끼는 선의와 지지는 아이가 받아들이는 '선의와 지지'와 매우 다르다.

제시카는 친구들을 믿었다. 자기가 힘들 때 친구들이 도와줄 것이라 기대했고, 친구들도 그렇게 해주려고 노력했다. 그러나 차를 태워주거나, 새로운 직장을 구할 때 도와주거나, 점심식사를 함께 하는 등 친구들의 실질적인 지원은 애착을 원하는 두 살짜리 부분에게 '돌봄'으로 입력되지 않았다. 제시카는 포옹, 눈맞춤, 자신의 말 한마디 한마디에 귀 기울이는 사람, 점심식사를 마치면 어디론가 가려고 서두르지 않는 사람을 갈망했다. 이러한 것들은 일반적으로 45세 여성에게 주어지는 경험이 아니었기 때문에, 제시카의 애착을 원하는 부분은 종종 감정이 상했고 실망감을 느꼈다.

이 상황을 복잡하게 만든 것은 그녀의 투쟁하는 부분이 애착을 원하는 부분에게 상처를 입히거나 자신이 설정한 공정성에 반하는 행동을 끊임없이 경계했다는 점이다. 제시카의 부모는 과민하고 지나치게 비판적이었기 때문에, 친구들은 매우 사소한 수준의 침해라고 여겼던 맥락에서도 투쟁하는 부분의 경보가 울렸다. 그리고 투쟁하는 부분은 한번 기분이 상하면 몇 달, 길게는 몇 년 동안 적대적이고 바짝 경계하는 채로 제시카가 상대를 용서하고 관계를 개선하도록 허락하지 않았고, 심지어는 어린 부분을 안심시키는 것도 거부했다. 제시카는 점점 더 고립되었고 새 친구도 사귈 수 없었는데, 투쟁하는 부분이 어떻게든 상대가 '차갑고' '자기도취에 빠져 있으며' '비열'하거나 '건전하지 못한' 점을 찾아냈기 때문이었다. 하지만 고립으로는 제시카의 마음 밑바닥에 존재하는 애착 상처를 치유할 수 없었다. 어린아이 부분의 외로움과 거절 민감성은 깊어만 갔고 투쟁하는 부분의 과경계도 나란히 증가했다.

특히 아이들이 사춘기에 접어들어 개성이 생기고 신체적으로 강해지면 투쟁 또는 도피하는 부분이 더욱 활발해진다. 15세가 되면 청소년 부분은 종종 권위적인 대상에게 신체적으로 맞설 뿐 아니라 이용당하기 쉬운 어린 부분의 취약성, 가령 갈망·결핍·상처·실망감 등에 대해 힘과 통제력을 행사할 수 있다. 섭식장애와 물질남용이 대략 11~12살 시기에 나타나는 것은 우연이 아니다. 왜냐하면 이때 분리/개별화 본능이 애착추동을 억제하며, 동시에 신체적인 힘과 독립성이 커지면서 섭식장애와 자해의 가능성이 커지고 약물을 접할 기회가 증가하기 때문이다. 때때로 이 단계에서 자살시도가 처음 발생하기도 한다.

아네트는 자신이 처한 상황에 대한 해결책으로 처음 죽음을 꿈꿨던 때를 기억했다. 그녀는 여섯 살이었고, 그녀의 엄마는 종일 일을 하느라 집에 없었고, 의붓아버지의 학대는 점점 더 냉정하고 계산적이며 가학적으로 변했다. 아네트는 매일 자기 자신에게 "오늘만 버티면 내일은 죽을 수 있어"라고 약속하곤 했다. 그러면 끝이 보이는 것 같아서 숨을 쉴 수 있었다. "오늘만 버티면 내일은 죽을 수 있다"는 약속은 안도감을 가져다주었고 앞으로 닥칠 일에 담대해지게 해줬다. 심지어 그녀의 엄마가 의붓아버지와 헤어지고 학대가 멈췄을 때도 감당하기 벅차거나 버림받았다는 느낌이 들 때마다 죽기를 소망하는 것이 '자동복구'용 해결책이 되었다. 아네트는 열네 살 때 첫 번째 남자친구와 헤어진 뒤 아스피린 한 병을 삼키는 자살시도를 했다.

역설적인 것은 죽음을 바랐던 것이 처음에는 통제력을 발휘해 학대에서 살아남는 수단이었다는 점이다. '하루만 더 참겠어.' 그녀가 스스로와 이렇게 약속할 때마다 통제감이 생겼고, 이는 안도감으로 이어졌다. 그러나 열네 살이 되자 단지 바라는 것만으로는 안도감을 느끼기에 충분치 않았다. 아네트가 말했다 "그래서 뭔가를 해야 했어요. 끝낼 수 있다는 것을 느껴야 했죠." 그녀는 아직 살아 있음에 안심하지도, 실망하지도 않았다. 약물 과다복용 후 아네트는 목적의식이 새로워지는 것을 느꼈다. 이제 필요할 때 이용할 탈출구가 생긴 것이다. 동시에 '감금당할까 봐' 두려워 자살충동을 들키지 않도록 주의했다. 이것이 아네트가 30대가 될 때까지 계속된 패턴이었다. 무언가나 누군가가 어린 부분들의 감정을 다치게 하거나 촉발하면 자살하려는 부분은 자살위협, 자해, 치명적이지 않은 약물 과다복용, 종종 다음 날 아침에 깨서 하루를 시작하기까지 밤 동안만 의식을 잃을 정도로 소량의 약물로 통제감을 재정비했다. 더 걱정되는 것은 음주였다.

열네 살 때 첫 번째 자살시도 이후 병원에 입원한 다음부터 아네트는 덫에 걸린 것 같았고 두려웠다. 자살충동을 통제하지 못하면 다시 갇히겠지만, 자살소망을 포기하면 안도감을 얻을 방도가 없었다. 아네트는 내면에서 전투가 일어남을 느꼈다. 그녀의 가장 어린 부분은 그저 누군가가 자신을 사랑해주고 안전하게 지켜주기를 애타게 바랐는데, 이로 인해 그녀는 성관계를 원하는 남성들에게 취약해졌다. 보살펴줄 사람을 찾지 못한 실망감으로 어린아이 부분은 슬펐고, 자살하려는 부분이 그녀의 팔을 할퀴어 약간의 안도감을 가져왔지만 아네트는 할퀸 자국이 죽고 싶어한다는 표시로 비춰질까 봐 걱정했다. 아네트의 열다섯 번째 생일에 몇몇 친구가 와인을 가져왔고, 첫 잔을 마신 아네트는 '정상'이라고 느끼기 시작했다. 와인은 긴장감과 두려움을 누그러뜨렸고, 비로소 다른 사람들의 농담에 웃을 수 있었다. 친구들도 아네트에게 미소로 화답했고, 그녀의 어린 부분은 이들이 결국 나를 좋아할 것이라며 희망에 부풀었다.

안전해진 뒤에도 외상과 관련된 촉발자극은 당시의 위험과 지금의 안전을 구분하는 데 방해가 된다. 의붓아버지가 떠나자 아네트는 마침내 위험으로부터 안전해졌지만, 그녀와 그녀의 부분들은 안전하다고 느끼지 못했다. 어린 부분은 여전히 누군가의 사랑과 보호를 통한 안전을 갈망했고, 자살하려는 부분은 모든 것을 끝내겠다는 약속으로 안도감을 느끼게 해주었다. 그리고 중독 부분은 외상과 관련된 암묵기억과 이에 동반하는 자율신경계의 각성을 조절하기 위해 음주량을 늘려야 했다. 남자친구가 떠나거나 여자친구가 실망스러울 때면 어린 부분은 공황에 빠졌고, 상처와 절망에 빠진 아네트에게는 더 많은 와인이 필요했다. 그러나 세월이 흐르면서 한때 믿음직한 지원군이었던 것이 그녀를 실망시키기 시작했다. 감정을 없애려면 도피하는 부분은 이제 의식을 잃을 때까지 술을 마셔야 했다. 하지만 기절하고 나면 불편한 감정이 완화되기는커녕 오히려 더 악화되었다. 젊은 술꾼 '친구들'과 함께 술집에서 밤을 보내는 일이 너무 잦아지면서, 아네트는 다음 날 아침 낯선 사람의 침대에서 눈을 뜨곤 했다.

자기파괴적 행동의 원인 치료하기

자기파괴적 행동은 여러 변수가 겹쳐 '더할 나위 없이 나쁜 상황'에서 비롯된다. 첫째, 촉발자극이 외상과 관련된 암묵기억을 불러일으킨다. 둘째, 위험과 연합된 암묵기억이 긴급 스트레스 반응을 활성화해 교감신경계의 반응을 유도하고, 전전두피질을 차단해 판단력을 손상하고, 정상적 삶의 자기를 무력화시킨다. 이제 상충하는 방어반응을 가진 부분들이 생존본능에 따라 완전히 자유롭게 행동할 수 있게 되고, 결과적으로 폭식과 구토·베기·자살시도·중독행동·섭식제한 등 안도감을 줄 것이라 생각되는 몇몇 행동이 나타난다. 짧은 시간, 아마도 단 몇 분 동안 내담자는 일시적인 통제감이나 행복감을 보고하는데, 이 경험으로 말미암아 혐오 감정을 비롯한 조절되지 않는 각성과 '안도감'을 줄 행동을 향한 즉각적 갈망 사이에 연합이 강화된다. 종종 겉보기에 해롭지 않거나 가벼운 정도의 불쾌한 촉발자극과 어린 부분의 상처·슬픔·수치심, 그리고 투쟁 또는 도피하는 부분의 충동적 행동 사이에 연관성이 거의 느껴지지 않기 때문에 내담자조차 "난 자살하고 싶어요"처럼 자신이 취한 행동에 대해 진술만 할 뿐 자신의 행동을 이해하지 못한다.

고위험 행동의 안정화를 위해서는 '부분들의 부분'을 다루어야 하는데, 이는 최신·최첨단 치료법에도 포함되지 않은 단계다. 변증법적 행동치료dialectical behavior therapy, DBT에서는 외상을 입은 부분들의 조절되지 않는 정서를 견디기 위해 정상적 삶의 부분에게 필요한 기술들을 다루지만, 파편화라든가 '정상적 삶의 자기와 부분들을 구분하는 방법'을 다루지는 않는다. 내면가족체계에서는 부분들의 역할을 다루지만, 자기파괴적 행동이란 취약한 '유배자'를 진압

하려고 애쓰는 '소방관' 부분의 출현으로 개념화한다[Schwartz, 2001]. IFS에서 정상적 삶의 자기는 '관리자'로 생각할 수 있으며, 관리자의 기능을 강조하는 것 역시 유배자를 의식 밖으로 쫓아내는 또 다른 방법이 된다. 하지만 이 책의 모델에서 정상적 삶의 자기는 사회적 판단과 '하향식' 행동관리를 할 수 있는 개인의 유능하면서도 현재 지향적인 측면일 뿐 아니라 호기심, 연민, 지혜, 용기, 평온함도 갖추고 있다. IFS에서는 명료성, 자신감, 연결성을 더한 이런 자질을 '참자기' 또는 내가 '지혜로운 마음'이나 '지혜로운 자기'라고 부르는 대상이 갖고 있다고 본다. 감각운동심리치료[Ogden & Fisher, 2015]는 신체 경험치료를 제외하면 자율신경계 조절장애와 동물방어가 외상후스트레스장애에 끼치는 영향에 주목한 유일한 트라우마 치료모델이지만, IFS와 마찬가지로 위험한 행동을 다루는 구체적인 개입법이 부족하다. IFS와 감각운동심리치료는 안전과 관련한 쟁점에 대해 해결 지향적 접근보다는 습관적 패턴에 대해 마음챙김을 통한 흥미와 호기심을 가질 것을 장려한다. IFS에서 치료자는 소방관을 유배자로부터 보호하고 방어하기 위해 동기화된다고 이해한다. 감각운동심리치료에서는 위험한 행동을 자율신경계의 조절장애에 대한 '생존반응'으로 본다.

트라우마 기반 안정화 치료

트라우마 기반 안정화 치료[trauma-informed stabilization, TIST][Fisher, 2015]는 전통적인 치료법에 반응하지 않는 심각한 자기파괴적 행동을 안정화시키기 위해 개발된 치료모델이다. TIST는 원래 코네티컷주립 정신건강 및 물질남용부 산하 청년서비스 부서에서 패러다임을 수정하면서 개발되었다. 18~25세의 가장 심각한 사례 중 만성적으로 자살충동을 느끼고 자기파괴적인 내담자들이 높은 비율로 심각한 외상 이력을 가지고 있다는 점을 감안해, 트라우마에 기반한 접근법의 효과를 살펴보자는 과감한 결정이 내려졌다. 초창기 이 프로그램은 병원이나 요양시설에서 수년간 정신건강 치료를 받으면서 다양한 진단을 받은 내담자들을 대상으로 실시되었다. 이들의 공통점은 초기 어린 시절의 외상 이력과 이후 심각한 자해, 자살충동, 물질남용, 섭식장애, 그리고 다른 사람들(주로 직원들)에 대한 공격성이라는 증상이 뒤따랐다는 것이다. 이들은 모두 6개월 이상 길게는 10년 이상 입원한 경험이 있다. 이들이 기존 치료모델로 효과를 보기 어려웠던 이유는 이들이 보이는 자기파괴적 행동의 개별 구성요소를 동시에 다룰 방법이 없었기 때문이다. 다시 말해 과거의 외상에 기원을 두고, 외상과 관련해 촉발되며, 피질 억제로 인한 통찰력 및 판단력의 상실과 자기파괴적 행동에 따른 안도감의 정도를 동시에 살펴야 했다는 것이다. TIST는 구조적 해리 모델을 이론적 기반으로 삼아 내담자가 위험한 행동을 일으키는 개별 변수를 식별할 수 있었고, 각각의 자기파괴적 충동을 외재화하여 적절한 부분에 할당할 수 있었다. 이 한 차례의 개입만으로 내담자가 정상적 삶을 살아가는 자기와 동일시하는 데 즉각적인 도움이 되었고, 자살 및 자해 충동과의 동일시가 느슨해졌다. 내담자에게 수치심을 주지 않게 하기 위해 이 모델은 자살하려는 부분을 포함한 자기의 모든 측면을 생존에 긍정적으로 기여한다는 관점에서 일관되게 기술했다.

치료모델이 자기파괴적인 행동을 병리적이거나 '경계선적' 또는 조종하는 것으로 개념화하고 위험한 충동을 억제하는 것을 '건강한' 것이라고 하면, 상충하는 추동 간의 내적 투쟁이라는 근본적인 문제에 초점을 맞출 수 없다. 내담자는 충동적인 행동에서 안도감을 찾아야 하는가, 아니면 고통을 견딜 방법을 찾아 계속 나아가야 하는가? 갈등을 제대로 해소하려면 우리가 편견을 가진 측면이나 주체뿐 아니라 이해관계가 있는 모든 측면을 인정해야 한다. 겉보기에는 답이 쉬울 것 같지만 실상은 그렇지 않다. 미래에 대한 어떤 희망이나 믿음이 없고, 자율신경계의 활성화와 아드레날린이 만들어낸 투쟁-도피 충동 때문에 정서적 취약성이 커진 상태에서, 외상을 입은 내담자는 '계속해서 버티기'가 성공할 가능성이 크다고 믿기 어렵다. 이 투쟁을 해결하기 위해서 내담자는 자신의 모든 부분이 다른 방식으로 생존에 헌신하고 있음을 신뢰하는 법을 배워야 한다. 심지어 가장 강렬하게 자살충동을 느끼는 부분들조차 '살기 위해 죽고 싶어한다'는 점을 믿어야 한다.

자기파괴적 부분들 인정하기

"자살충동을 느껴요"라는 말은 모든 치료자의 마음에 두려움을 주는데, 내담자의 전체 존재가 죽기를 원하고 위험이 임박했음을 암시하기 때문이다. 하지만 TIST 모델은 자살소망이 한 부분의 견해나 충동을 나타내는 것이지, 반드시 전체 존재가 그러지는 않다고 본다. 결론에 도달하기 전에 우리는 다음과 같은 질문을 해야 한다. 어떤 '내'가 자살충동을 느끼는가? 우울한 부분인가? 자살하려는 부분인가? 무엇이 이 부분 또는 부분들을 촉발했는가? 무엇이 이 충동이나 감정을 끌어내는가?

일단 구성요소를 부분들로 쪼개고 나면, 자살위협은 단지 '나의 어린 부분이 정말 슬프고 낙심했고, 투쟁하는 부분은 자살위협으로 앞으로 거절당할 것을 방지하기 위해 애쓰고 있어요'라는 의미일 수 있다. 아니면 자살하려는 부분이 어린아이의 눈물로 촉발되어 울음을 멈추라고 그녀를 겁주는 것일 수도 있다. 또는 우울한 부분이 그저 잠들어서 다시는 절대 깨지 않기를 원한다고 말하는 것일 수도 있다. 이 답변들은 각각 다른 해결책이 필요한데, 부분들에 대한 이해 없이는 불가능하다. 게다가 TIST에서는 다음과 같이 질문한다. 정상적 삶의 자기는 어디에 있는가? 이 상황에서 왜 보이지 않는가? 무슨 일이 일어나고 있는지 더 알아내거나 괴로워하는 부분들을 달래기 위해 정상적 삶의 부분이 할 수 있는 일은 무엇인가? 정상적 삶의 자기가 어린아이 부분이나 투쟁 또는 도피하는 부분들의 강렬한 감정과 충동을 만나면 일시적으로 무력해지는가, 아니면 그저 거리를 둔 채 지켜보고만 있는가?

대다수 사람은 비난으로 동기부여가 되지 않으며, 감정을 억누르거나 차단하는 것은 우울하거나 화나게 만든다는 점에 동의할 것이다. 그런데 자살충동을 보이고 섭식장애나 중독이 있는 자기파괴적인 내담자에게 이런 식의 치료법이 사용되는 경우가 많다. 이때 전달되는 메시지는 '이러한 충동이나 행동은 잘못된 겁니다. 위험해요. 우리는 당신이 이러한 충동이나 행위에 관여하지 않도록 도울 겁니다'와 같다. 투쟁 또는 도피하는 부분에게 이런 접근은 힘센 황소에게 빨간 깃발을 흔드는 것과 같아서 우리가 가장 신뢰받길 원하고 그 동기를 이해하고 싶은 부분들을 고립·양극화시킨다. 그러면 정상적 삶의 자기는 치료자와 진심으로 협력하려고 노력하는데도 충분히 노력하지 않는다는 말을 계속 들으면서 위축될 수 있다.

실제로 정상적 삶의 자기가 아무리 '노력'해도 아드레날린에 이끌려 행동하는 것만이 안전하다고 확신하는 부분을 막을 수는 없다. TIST 모델에서는 부분의 의도와 행동을 구분한다. 투쟁하는 부분이 자살을 통해 성취하려고 하는 것은 무엇인가? 이 내담자를 어떻게 보호하려고 하는가?

다음에 나오는 예는 TIST 모델로 치료한 첫 내담자에 관한 이야기다. 카티야는 단일의식 모델에서 부분 모델로, 경계선성격의 치료 모델에서 트라우마 치료 접근법으로의 전환이 어떻게 치료 상황을 빠르게 변화시킬 수 있는지를 보여준다.

카티야는 끈질긴 자살충동과 자해, 약물 사용, 직원 폭행 때문에 2년이 훨씬 넘도록 입원해 있었다. 새로운 치료모델에 대한 설명을 듣자 카티야는 자신의 투쟁하는 부분과 그것이 자신의 생존에 기여했다는 점을 인정했다. 그럼에도 안전하지 못한 사건이 발생할 때마다 투쟁하는 부분은 투지가 커지는 것처럼 보였다. 때때로 카티야는 주문처럼 "이것은 투쟁하는 부분일 뿐이야. 이것은 투쟁하는 부분일 뿐이야. 애가 말하는 대로 할 필요는 없어"라고 반복하면서 투쟁하는 부분의 폭력적인 충동과 섞이지 않고 자신을 구분할 수 있었다. 하지만 때로는 투쟁하는 부분이 '쥐도 새도 모르게' 그녀를 장악해서는 갑자기 공격적인 행동을 하거나 자해를 하곤 했다.

자살충동을 일으키는 투쟁하는 부분이 위태롭게 행동하는 것이 염려된 카티야와 나는 무엇이 투쟁하는 부분을 몰아가는지 알아내야 할 때라고 판단했다. 내가 말했다. "자살충동을 가진 부분에게 당신이 이 모든 것에 대해 작업할 시간을 가질 수 있도록 지금 하는 것을 멈춘다면 무엇이 걱정되는지 물어볼 수 있을까요? 만약 자살하려는 시도를 멈춘다면 자살충동을 가진 부분은 무슨 일이 일어날까 봐 두려워하나요?"

카이야는 투쟁하는 부분의 대답을 듣고 놀랐다. "이것이 사람들을 밀어낼 수 있는 유일한 방법이야. 사람들이 가까이 올 수 없어야 네가 안전해."

카티야는 병원에서 직원 몇 명과 가까워졌는데, 이들은 그녀의 어린 부분들을 위로했고, 사춘기 부분에게 장난을 쳤고, 그녀의 정상적 삶을 살아가는 자기와 접촉했다. 하지만 투쟁하는 부분은 그녀가 죽을 수도 있다는 두려움을 견딜 수 없었기 때문에 가족을 밀어냈고 약혼자도 파혼을 결심하게 만들었다. 자살충동을 가진 부분의 생각을 듣자 애착을 원하는 부분은 공포에 질렸고 정상적 삶의 자기는 염려했다. 사랑하고 사랑받고 싶은 그녀의 바람은 어떻게 되는가? 결혼해서 언젠가 아이를 갖겠다는 바람은 어떻게 되는가?

나의 안내에 따라 카티야가 자살충동을 가진 부분에게 물었다. "너에게 내가 바라는 관계를 잘 다룰 수 있다는 믿음을 주려면 무엇이 필요하니?" 자살충동을 가진 부분이 대답했다. "네가 괜찮을 거고, 망가지지 않을 것이라는 믿음이 필요해." 카티야가 투쟁하는 부분에게 자신을 증명하는 데 몇 달이 필요하고, 최종적으로 주립병원에서 퇴원 허가를 받기까지는 그로부터 몇 달이 더 걸릴 것이다.

현재 카티야는 사랑스러운 동반자 고양이를 키우며 혼자 산다. 고양이는 카티야의 애착을 원하는 부분에게 가장 친밀한 위안이 되어주었고, 감정을 다잡아주고 부정적인 감정을 조절해주었다. 카티야는 한때 꿈꿨던 삶, 곧 대학수업을 듣고 자기 자신·아파트·고양이를 돌보는 삶을 일군 것을 자랑스럽게 여긴다. 투쟁하는 부분은 이제 그녀가 관계를 잘 선택하고, 부분들이 다른 사람에게 상처 입거나 거절당한 것처럼 느낄 때 암묵기억이 촉발되어 압도하기 전에 그 부분들을 잘 다독일 것이라 신뢰하고 있다. 카티야 역시 사람들이 자신을 이용해먹으려는 건지 아니면 그저 그녀에게 너무 많은 기대를 하는 건지 구별할 수 있다고 믿는다. 부분들과의 의사소통과 협력이 늘어나면서 이제 카티야는 투쟁하는 부분이 잠재적 위협에 공격적으로 반응하기 전에 그 부분의 경고에 주의를 기울이고 경계를 설정할 수 있다. 애착을 원하는 부분을 위로할 수 있게 되면서 외로움과 취약함이 줄어들었고, 투쟁하는 부분은 뒤로 물러서서 카티야가 자기 일을 하도록 내버려두었다.

'내면을 향해 질문하기'를 배우면서 카티야는 투쟁하는 부분의 행동을 해석하기보다 투쟁하는 부분과 대화하는 법을 익힐 수 있었고, 마침내 왜 이 부분이 주립병원의 폐쇄병동에 '감금'되는 것을 감수하면서까지 그렇게 끈질기게 자신을 자기파괴적인 길로 이끌었는지 알게 되었다. 투쟁하는 부분이 자신의 주된 목적은 카티야의 부모를 포함해 모든 애착관계에서 그녀를 지키는 것이라고 인정하자, 카티야는 지난 몇 년이 바로 이해되었다. 그녀와 애착을 원하는 부분이 친밀함을 얼마나 갈망하는지 깨닫자 그녀는 외상 경험이 이끄는 대로가 아니라 자신이 원하는 대로 자유롭게 살아가기 위해 무엇을 해야 할지 즉시 이해했다. 카티야는 죽음 직전까지 간 적이 많았는데, 뭔가를 달리하지 않는다면 투쟁하는 부분이 물러서지 않은 채 결국은 자기방식을 고수할 것이 분명했다.

　이제 카티야는 자신의 감정과 행동을 조절할 때 고양이 외에는 그 무엇에도 의존하지 않는다. 퇴원했고, 정신과 약물을 복용하지 않고, 치료도 받지 않는다. 부분들은 카티야가 페이스북 페이지를 개설해 다른 사람들과 접촉하고 생존과 회복에 대한 자신의 이야기를 공유하는 것을 허락할 정도로 그녀와 함께하는 것이 충분히 안전하다고 느끼는 것 같다.

　내가 이 병원에서 새롭게 개발한 '트라우마 프로그램'은 TIST의 시범 형태였다. 카티야는 이 프로그램에 처음 배정되자 즉시 자신이 아픈 것이 아니라 상처를 입은 것이며, 그 결과 특별한 서비스를 받고 있다는 자부심을 느꼈다. 트라우마에 대한 기본적인 이해를 통해 자신의 증상이 타당하고 의미 있는 것이라고 인정하면서 카티야는 무가치감이 줄어들었다. '트라우마 환자'로서 그녀는 약물·구속장치·부상 방지 병실 이상을 받을 자격이 있는 사람, 그리고 지적이며 스스로 회복하기 위해 협력할 수 있는 사람으로 대우받고 있었다. 그녀는 직원들에게 거듭 "나에게는 트라우마 프로그램이 필요했는데, 드디어 갖게 됐네요. 이것이 바로 여태껏 나한테 필요했던 거예요"라고 말했다.

　증상과의 관계를 바꿀 기회가 찾아온 것, 증상을 트라우마의 흔적으로 이해하는 것, 증상을 부분들의 의사소통으로 외재화하는 것 모두 카티야가 부분들과 동일시하지 않고 분리되는 데 도움이 되었다. 그녀는 투쟁하는 부분의 과경계로 인한 의심이나 애착을 원하는 부분에서 비롯되는 접촉과 인정을 향한 절박한 욕구를 '믿어버리기'

보다는, 그것과 지적이고 동기화된 정상적 삶을 살아가는 자기의 증거로서 기꺼이 치료에 임하려는 마음을 구별하기 시작했으며, 자신을 돕고 싶어하는 직원들과 더 큰 치료 동맹을 맺을 수 있었다. 그녀가 어린 부분들을 연민과 성실함으로 대하는 것을 잊지 않으면서 정상적 삶의 자기와 동일시할 때, 부분들은 아주 조금이나마 긴장을 풀었고 촉발되는 빈도가 줄었으며 자신이 촉발되는 순간을 더 자주 알아차릴 수 있게 되었다. '그녀 본연의 모습'을 부분들의 행동 및 반응과 떼어놓고 이들의 반응을 충분히 조절해서 투쟁하는 부분의 행동화를 중단시키는 법을 배우는 데는 여러 해가 걸렸다. TIST 모델을 받아들인 몇 명의 직원이 그녀의 감정을 부분의 언어로 번역하고 감정과 충동을 그 부분들과 연결시켜 부분들에 공감하도록 반복적으로 그리고 지속적으로 도와주었다. 직원들은 이 과정을 통해 그녀가 투쟁하는 부분의 충동에 따라 행동하지 않을 수 있다고 믿는한편, 그녀가 자신의 부분들을 돕는 법을 배우기 전에 죽을지도 모른다는 위험을 감수해야 했다.

취약한 부분들을 달래고 보호자 부분들 존중하기

자살충동을 갖고 있는 카티야의 경우, 자기파괴적 부분들은 전형적으로 애착외상 경험과 연관된 어린 부분들의 고통으로 활성화된다. TIST 모델에서 주된 초점은 투쟁 또는 도피하는 부분의 충동을 억제하는 데 있지 않다. 그보다는 투쟁 또는 도피하는 부분이 행동으로 옮기기 전에 어리고 취약한 부분들의 정서적 활성화를 예상하고 달래는 데 있다. 첫째, 내담자가 고통을 겪는 어린아이 부분들의 징후와 증상을 인식하는 것을 돕는데, 이는 내담자가 이 부분들을 '돕는' 능력을 갖추기 전이라 해도 그들의 출현으로부터 안전하지 못한 상황을 예상할 수 있기 때문이다. 치료자는 촉발된 부분이 다른 부분을 촉발하고 이 부분이 다시 다른 부분을 촉발해서 결과적으로 투쟁 또는 도피하는 부분을 촉발하는 '도미노 효과'와 같은 패턴을 주의 깊게 관찰하는 모델을 만들어야 한다.

나는 테리가 자신의 자살충동과 버려진 어린 부분의 관계를 알게 하는 것이 중요하다고 판단했다. 나는 적절한 시기와 기꺼이 하려는 상태가 치료의 전부라고 믿기 때문에, 테리가 장래의 위기에 대한 불안감을 드러내어 말할 때까지 몇 달을 기다렸다. "직장 상사는 제가 다시 입원한다면 더는 일을 할 수 없을 거라고 말했어요. 제가 아무리 일을 잘한다 해도 말이죠. 어떻게 해야 할지 모르겠어요. 상사에게 다시는 자살을 시도하지 않겠다는 말을 못하겠어요!"

나 음…… 그게 문제군요, 그렇죠? 아마도 이 문제를 해결할 방법이 있을 거예요. 저는 한 가지 패턴을 관찰 중인데, 당신의 우울한 열세 살짜리가 힘든 시간을 보낼 때만 자살충동을 가진 부분이 활성화된다는 것을 눈치채셨나요? 당신이 그녀를 무시하고 하던 일을 계속하려고 한다는 거 알아요. 그런데 내 생각에는 무시당하는 것이 그녀에게 아무도 자신을 봐주지 않았고 아무도 자신을 중요하게 대하지 않았다는 느낌을 환기시키는 것 같아요. 저는 우리가 마침내 열세 살 아이의 말에 귀 기울이게 된 것이 자살하려는 부분 덕분이라고 생각되는군요! 저는 자살하려는 부분이 정말 죽기를 바란다고, 누군가를 죽이려고 한다고 생각지 않아요. 하지만 이 부분은 그녀가 혼자 고통받는 것을 용납하지 않겠다고 분명히 말하고 있네요.

처음에 테리는 이 의견에 콧방귀를 뀌었고 자신에게는 부분들이 없으니 관련 없는 얘기라고 고집했다. 그럼에도 나는 계속해서 열세 살 아이의 짙어지는 우울감의 징후를 살펴서 테리에게 자살하려는 부분이 멀리 있지 않다고 경고해줄 수 있었다.

이 사례에서 우울한 부분은 번번이 몇 달간 입원하는 결과를 낳았던 자살충동을 가진 부분의 충동적인 행동을 예측할 수 있는 매우 정확한 지표였다. 위기가 닥치기 전에 이 열세 살 아이의 고통을 인식하고 돕는 데 개입함으로써, 자살시도를 예측하여 늦지 않게 차단함으로써 그녀의 직장과 목숨을 지킬 수 있었다.

우울한 부분은 종종 위험한 행동의 촉발자극이 된다. 때때로 플래시백과 기억을 통해 소통하는 부분들은 투쟁 또는 도피하는 부분들을 부추긴다. 어린 부분들의 신체 및 감정 기억은 다시 상처 입을까 봐 두렵고, 아무도 자신을 믿어주지 않으며, 자신들은 보호가 필요하다는 것을 전달하기 위해 정상적 삶을 살아가는 자기의 의식에 침투한다. 상황이 여전히 안전하지 않다는 신체의 메시지는 투쟁하는 부분을 촉발해 다시 상처 입을 위험성을 영원히 종식하기 위해 보호조치를 취하게 만들 수 있다. 수치스러워하는 부분들도 적을 제압하는 것이 생명 유지에 필수적이라 여기는 부분에게 견디기 힘든 취약성을 유발한다. 치료자가 위험을 예측해 내담자의 정상적 삶을 살아가는 자기가 취약한 부분들을 진정시키고 더는 혼자가 아니라는 느낌을 줄 수 있다면 충동적인 행동은 극적으로 줄어든다. 내담자는 내적 대화법을 배우고(부록 C를 보라), 치료자와 떨어져 있어도 부분의 견딜 수 없는 감정을 조절하는 능력을 사용할 수 있을 때까지 연습한다.

'두고 가는 부분은 없다'

'두고 가는 부분은 없다'라는 모토는 내담자가 배워야 하는 동시에 지켜야 하는 기준이다. 이 기준은 자기소외라는 생존전략에 의문을 제기한다. 정상적 삶의 자기가 기능하는 한, 그(그녀)는 생존을 책임 진 부분들을 포기하지 않을 것이다. 수치스러워하는 부분, 두려워하는 부분, 도피하는 부분, 투쟁하는 부분, 이 모두가 존중과 연민을 받을 자격이 있다.

내담자가 치료에서 '두고 가는 부분은 없다'는 기준을 지키면, 어린아이 부분들에게는 소멸의 위협만큼 무서운 유기의 위협이 사라진다. 자기 처지를 대변하는 치료자의 말을 듣고 부분들은 '누군가 내 말을 들어주고 있구나' 하는 회복을 경험한다. 정상적 삶을 살아가는 자기도 그(그녀)를 향한 부분들의 애착이 커감에 따라 고마움을 느낄 것이다. 부모라면 누구나 알겠지만, 어린아이에게 사랑받는다는 것은 아이와 어른 모두에게 기쁨이다. 그리고 정상적 삶의 자기가 마음챙김을 통해 이들의 암묵기억을 '단지 감정으로' 또는 '단지 기억으로' 해석하고, 이들의 반응을 달래고 조절하는 능력을 키워가면 부분들은 더 안전하다고 느끼기 시작한다. 이제 새롭고 더 안전하고 만족스러운 내적 환경을 구축할 수 있다.

외상을 입은 내담자는 트라우마에 좌지우지되는 삶에서 벗어나 안전하다고 느끼는 세상에서 자신이 '갖고자 했던' 삶을 함께 만들어가기 위해 내면의 부분들과 소통하는 법을 배울 수 있다. 각 부분은 외상 후의 삶에서 가치 있는 역할을 맡을 수 있다. 부분들은 생존방어 반응뿐 아니라 자신들만의 전문적인 역할과 관련된 다른 중요한 자원도 제공한다. 예를 들어 투쟁하는 부분은 활력, '투지' 또는 결의, '근성', 무너지기를 거부하는 것, 그리고 우리의 권리와 특권을 지키는 능력을 제공해준다. 정상적 삶을 살아가는 자기가 투쟁하는 부분에게 "나에게 '아니'라고 말할 수 있는 용기를 줘"라고 하거나 "나에게 내 입장을 지킬 힘을 줘"라고 요청하는 법을 배우면서 내담자는 몸의 중심부와 척추에서 활력이 솟구치고 힘이 세진다. 이제 정상적 삶의 자기는 변화와 성장을 위한 또 다른 자원을 갖춘 셈이다. 얼어붙는 부분은 보호받는다는 신체감각을 느끼고, 순응하는 부분은 타인에게 '이용당하지 않고' 우울한 저각성 상태를 상쇄할 힘이 생긴다. 도피하는 부분은 '이제 여기서' 안전하므로 숨을 곳을 찾아 도망다닐 필요가 없다.

로버트는 키가 크고 수척한 70세 노인으로, 20대 초반부터 누군가 그를 죽이고 싶어한다고 경고하는 목소리 때문에 고통을 겪었다. 엄마가 폭력적인 아빠에게 죽기 직전까지 맞는 것을 목격한 그에게 살해당한다는 두려움은 무척 익숙했고, 어려서부터 죽음을 갈망하면서 그 두려움을 달랠 수 있었다. 삶을 끝내고 싶은 충동이 무척 강했지만 독실한 가톨릭 신앙이 그의 자살을 막아주었다.

로버트가 살아남도록 2년을 도운 뒤, 나는 말기 암으로 죽음을 목전에 둔 그와 작별인사를 하기 위해 그의 병실을 찾았다. 이제 그의 '소원'은 바로 눈앞에 있었고 그는 겁에 질렸다. "일 평생 죽기를 고대했어요. 그런데 이제 정말 죽어가고 있으니 두려워요. 죽기를 바라는 것이 나에게 통제력을 줬어요. 그런데 죽음은 그것을 빼앗아가는군요." 그에게 작별을 고한 지 20년이 지나서야 나는 그의 지혜를 내 것으로 만들었다. 죽기를 바라는 것은 통제력을 갖기 위해서지 정말 죽음을 원하는 것이 아니다.

8장

치료 과제
: 해리체계와 해리장애

해리는 트라우마의 본질이다. 압도적인 경험은 분리되고 쪼개지고 조각나 외상과 관련된 감정, 이미지, 생각, 신체감각이 저마다의 삶을 영위한다. 기억의 감각 조각은 현재로 침입해 말 그대로 다시 살아난다. 트라우마가 해결되지 않는 한 신체가 자신을 보호하기 위해 분비하는 스트레스 호르몬이 계속 돌고, 방어적인 움직임과 정서적 반응이 끊임없이 유발된다.

_반 데어 콜크[2014, p. 66]

한 개의 단일한 '자기'라는 개념은 한 개의 단일한 '뇌'라는 개념만큼이나 잘못된 것이다. 좌반구와 우반구는 자기만의 고유한 방식으로 의식적인 좌뇌 자기 체계와 무의식적인 우뇌 자기 체계를 담당하면서 정보를 처리한다.

_앨런 쇼어[2011, p. 76]

1950년대 당시 '다중인격장애'라고 불렸던 것이《이브의 세 얼굴 The Three Faces of Eve》과《시빌Sybil》같은 책을 통해 처음으로 정신건강 전문가들의 관심을 끌었다. 그때나 지금이나 해리장애는 여전히 논란의 대상이다. 심지어 치료자는 DID 내담자를 만나기도 전에 이미 정신건강 전문가들이 이 진단에 대해 갖는 불안과 일종의 적대감에 영향을 받았을 것이다. 한 개인이 '개별적인 정체감을 가진 채 각자 삶을 살아가는' 다수의 의식이나 부분을 가질 수 있다는 발상에 대한 '역전이' 반응 탓에, 그런 장애가 존재한다는 것을 누구보다도 믿지 못하는 정신과 의사들과 해당 장애의 특징적인 증상과 표현을 직접 접하면서 이 장애가 존재한다는 증거를 가진 정신분석가 및 정신분석 심리치료자들이 종종 대립해왔다.

1950년대 이후로 해리장애는 종종 '허위성장애factitious disorder'로 간주되었는데 이런 가정에는 이의 제기도, 증거에 따른 입증도 없었다. 해리장애 진단에 반하는 체계적 편향 때문에 정신건강 분야는 DID 진단의 신뢰도를 검증하고 DID가 통념보다 모집단에서 훨씬 더 흔함을 입증하는 연구를 간과하거나 무시했다Brand et al., 2012; 2016. 비록 DID가 허위성장애라는 것을 입증하는 연구보다 경계선성격장애에서의 해리 증상을 살피고 해리장애의 과소 진단을 밝히는 연구가 더 많이 출판되었지만, 트라우마와 해리 분야는 고정관념을 떨쳐 낼 수 없었다. 예를 들어 코르제콰 등2009과 자나리니1998는 경계선성격장애에서 통계적으로 유의미한 비율로 해리 증상이 발견되며 해리 증상의 심각도와 자해 및 자살률, 우울, 전반적인 정신병리, 행동 문제, 정신과 서비스 이용을 포함한 경계선 증상의 심각도 간에 강한 상관관계가 존재한다는 사실을 지속적으로 밝혔다. 하지만 이러한 강력한 증거자료가 경계선성격장애 관련 문헌들에는 거의 언급되지 않는다. 경계선성격장애로 진단된 내담자를 치료할 더 효과적인 모델이 필요한데도 이들의 해리 증상은 거의 언급되지 않거나 치료되지 않고 있다.

내가 2008년 한 주립병원으로부터 컨설팅과 '트라우마 기반의 돌봄' 훈련 프로그램을 제공해달라는 제안을 받았을 때, "여기에는 DID 환자가 없어요. 우리 트라우마 환자들은 모두 경계선성격장애입니다"라는 말을 들었다. 나는 그 메시지가 명백히 '여기 와서 우리 환자들을 DID로 진단하지 마세요. 당신이 우리와 함께 일하고 싶다면 그 진단은 놔두고 오세요'라는 뜻이라고 이해했다. 그러나 나는 마음이 흔들리지 않았다. 나는 병원에 트라우마를 위한 훈련 프로그램과 위험한 행동이나 자살충동을 이해하기 위한 모델, 곧 구조적 해리 모델을 들고 갈 참이었다. 나는 직원을 안심시키려고 "이건 트라우마 모델이지 해리장애 모델이 아닙니다. 25년간 사용해온 경계선성격을 위한 최고의 접근법입니다"라고만 말했다. 이 말로는 불안감이 가시지 않는 듯하면 "섭식장애가 있는 내담자가 자신들의 섭식장애에 이름을 붙여 외재화할 때 더 잘 치료되는 것처럼, 부분의 언어는 내담자가 문제를 외재화할 수 있는 방법을 제공하여 자신과 문제 간의 관계를 바꾸게 해줍니다"라고 말한다. 이 말은 모두 사실이다. 각 부분이 어린아이의 암묵기억을 대변한다고 믿든 단순히 행동을 외재화하기 위해 부분의 언어를 사용한다고 믿든, 이 책에서 설명하는 접근법은 내담자에게 도움이 된다. 그리고 이 지점에서 이 접근법의 회의론자와 신봉자가 만날 수 있다.

해리성정체감장애 내담자 알아차리기

치료자가 해리성정체감장애 또는 달리 분류되지 않는 해리장애 DDNOS를 마주칠 통계적 확률은 꽤 높다. 특히 트라우마, 경계선, 자살충동을 가진 내담자의 치료자라면 더 그렇기에 마땅히 해리장애의 진단과 치료적 도전에 익숙해야 한다[Brand et al., 2016]. 이 장에서는 부분들이 구조적으로 해리되었을 뿐 아니라 다른 부분을 거의 또는 전혀 인식하지 못한 채 독자적으로 기능하곤 하는 내담자를 치료할 때 어떤 난관을 만날 수 있는지 설명하겠다. 이론적 모델과 치료는 앞장에서 설명한 것과 거의 같지만 해리장애는 내담자뿐 아니라 치료자에게도 특유의 어려움을 일으킨다.

정신장애의 진단 및 통계 편람(DSM-V)과 세계질병분류(ICD-9) 진단체계는 DID 진단을 위한 '최소한의' 기준을 제시한다. 진단을 위해서는 "의식 상실의 증거가 있어야 한다. 다시 말해 두 개 이상의 성격 부분이 신체를 통제하고 의식적인 자각을 벗어나 작동해야 한다."[DSM-IV-R, p. 20000].

박사과정 인턴십 동안 입원 병동에 배정된 나의 첫 환자는 급성 정신병 진단을 받은 40세 작가였다. 케이틀린은 자살하라고 말하며 가차없이 굴욕감을 주는 여러 목소리에 둘러싸여 있었다. "이 살 가치도 없는 창녀야. 네가 없어져야 이 세상이 더 나은 곳이 되지 않겠어?" 일반적으로 정신증적 장애가 있는 내담자에게 그들의 망상에 관해 물어보면 상황을 악화시킨다는 것을 모르고서 나는 케이틀린에게 입장을 밝히라고 제안하는 초보적인 실수를 저질렀다. "그 목소리에게 너희가 그렇게 하면 퇴원하는 데 도움이 안 된다. 내가 여기서 나가길 원한다면 나에게서 조금 물러서야 한다고 설명해주세요."

목소리들이 반응하자 우리는 둘 다 놀랐다. 그다음 날까지 목소리들은 조용했고 내담자는 퇴원할 수 있었다. 케이틀린이 두 번을 더 입원한 뒤 내가 놀라운 성공을 거둔 이유가 분명해졌다. 케이틀린은 정신증적 장애가 아니라 해리장애가 있었다. 그녀를 만나기 위해 병원에 도착했을 때, 나는 내 40살 난 통통한 환자가 레이스 발레복을 입고 전투화를 신은 채 병동을 배회하는 것을 발견했다! 케이틀린이 혼란스러운 어조로 말했다. "이상한 날이었어요. 오늘 아침에 옷을 어떻게 입어야 할지 기억이 안 났어요." 케이틀린의 목소리는 서서히 잦아들었다. 내가 면회실 문을 열자 케이틀린이 문간에서 얼어붙어 소리치기 시작했다. "나한테 무슨 짓을 하는 거야? 너 누구야? 우리 엄마 어딨어?!"

당신이 치료자가 되기 전에 엄마 노릇을 해본 경험이 있다면 특별한 능력이 있을 것이다. 당신이 절대 잊지 못하는 한 가지 기술은 아이들이 몹시 겁먹었을 때 무슨 말을 해야 할지 아는 능력이다. "괜찮아." 나는 본능적으로 어린아이에게 하듯 말했다. "네 엄마는 네가 어디에 있는지 알아. 내가 오늘 엄마랑 얘기를 나눴거든(실제로 그랬다). 엄마는 네가 나랑 함께 있으니 괜찮다고 하셨어. 엄마한테 전화해줄까?" 내가 어른의 몸을 한 어린아이와 대화하는 동안 케이틀린은 조금 진정되긴 했으나 여전히 나와 거리를 유지한 채로 마치 어린아이가 방을 탐색하듯 텅 빈 병원 사무실을 배회하기 시작했다. "너희 엄마는 네가 몇 살인지, 학교에 다니는지 말해주지 않았어."

케이틀린 저는 여섯 살이고 빨강 독서반이에요! (자랑스럽게 웃는 다.) 그 반이 최고라는 건 다들 알죠.

이 함박웃음은 자부심 있는 성인 여자의 웃음이 아니라 여섯 살 아이가 활짝 웃는 모습이었다. 마음이 아팠다. 바로 여섯 살 때, 빨강 독서반이었던 이 순진한 소녀는 친오빠에게 강간당했고, 이웃 소년들에게 괴롭힘을 당했으며, 알코올의존자인 엄마에게 정서적으로 버려져 보호받지 못했다. 이용당하고 학대당하기 전의 케이틀린은 매우 영리하고 배우기를 열망하며 자신을 자랑스럽게 여기는 자신감 넘치는 어린 소녀였다.

케이틀린 덕분에 나는 매우 빠르게 몇 가지 중요한 교훈을 얻었다. 첫째, DID 또는 1990년대 초에 다중인격장애라고 불렀던 것은 실제로 존재했다. 둘째, 어린아이들을 키우고 가족들과 함께 일했던 '직무경험'이 해리장애 환자들과의 작업을 훨씬 더 수월하게, 쉬운 게 아니고 더 '수월하게' 해주었다. 그때 내가 몰랐던 것은 (물론 얼마 지나지 않아 알게 되지만) 케이틀린의 여섯 살 부분과의 관계에서 얻은 성공이 그녀의 다른 부분들을 격분시킨다는 점이었다. 당시 초보 치료자였던 내게 유익했던 또 하나의 교훈은 '항상 모든 부분을 만족시킬 수는 없다'였다.

해리장애 진단하기

말린 스타인버그Marlene Steinberg[2013]는 해리장애에서 특징적으로 발견되어 진단의 기준이 될 수 있는 여섯 가지 증상군을 언급했다.

- **해리성 기억상실 또는 기억공백**missing time 9세 이후 일정 기간의 기억상실 또는 일상적인 건망증으로 설명할 수 없는 일상에서의 기억공백.
- **해리성둔주**dissociative fugue 가기로 계획한 기억이나 안면 있는 사람이 전혀 없는 낯선 장소에 있는 자신을 발견하는 것. 때때로 해리성둔주는 해리성기억상실, 이름·주소·나이·직업이나 중요한 타인과 같은 개인적인 정보에 대한 기억상실을 동반한다.
- **이인증**dipersonalization 자신 또는 자신의 경험과 분리된 느낌.
- **비현실감**derealization 주변 사람이나 익숙한 환경을 '낯설고 비현실적'인 것으로 경험하는 것.
- **정체성 혼동**identity confusion("내가 누구지?") 내가 정상적으로 생활하는 사람인가? 또는 이것은 거짓 자기인가? 내가 애정에 굶주려 있고 집착하는가, 아니면 투쟁하듯이 독립적인가? 나는 살고 싶은가, 죽고 싶은가?
- **정체성 변화**identity alteration 퇴행 경험, '내 것'처럼 느껴지지 않는 감정이나 행동, 여러 다른 이름으로 알려지는 것, 어린아이 부분이 존재한다는 증거(봉제완구, 엄지손가락 빨기, 혼자 있기를 두려워하는 것 등), 했다는 기억이 없는 행동의 증거.

목소리를 듣는 것, 내적 대화, 침습적인 목소리나 생각 또는 이미지, 시각적 트라우마에 대한 '환각' 같은 정신증적 증상들 역시 해리장애의 잠재적 징후다. 이런 증상들은 모두 암묵기억과 부분들의 발현을 나타내지만, 불행히도 '외상과 관련된 목소리'와 환청 사이에는 명백한 차이가 있음에도 조현병으로 진단되는 경향이 있다. 마틴 도라히Martin Dorahy 등2009은 조현병 환자 두 집단(한 집단은 외상 이력이 있고 한 집단은 없음)에서 보고하는 목소리와 DID로 진단된 환자 집단에서 보고하는 목소리를 비교했다. 연구자들은 이 표본에서 DID 환자들이 조현병 환자들보다 더 자주 목소리를 듣는다는 사실을 발견했다. 또 DID 환자들은 목소리마다 성별과 나이가 달랐다고 설명했으며, 목소리가 전달하는 내용이 전반적으로 부정적이고 자신을 향해 부적절함·무가치함을 지적하는 데 초점이 맞춰져 있고, 이러한 비난을 '왜 네가 죽을 만한가'를 정당화하는 용도로 사용한다고 요약해서 설명했다. 조현병 환자들이 보고하는 목소리는 빈도가 낮았을 뿐 아니라 연령과 성별에서 차이가 없었고 비록 자기파괴를 부추긴다고 해도 개인적인 것이 아니며 영적이거나 편집증적 관점에서 말했다.

진단을 내릴 것인가 말 것인가?

내담자가 이미 마음챙김을 통해 정서, 인지, 신체감각, 부분들의 행동 충동을 인식하는 것에 중점을 둔 외상 기반 치료모델을 이용하는 경우라면, DID 진단을 내리는 것이 임상적으로 필수적이지는 않다. 공식적인 진단을 내리는 것의 장단점은 언제나 내담자의 임상적 양상과 고통의 원인에 따라 결정되어야 한다. 만약 증상으로 인해 내담자가 미쳤다거나 꼼짝없이 갇힌 것처럼 느껴 두려워한다면, 진단명을 듣고 이러한 증상이 어린 시절의 외상 경험에서 비롯된 것이므로 치료할 수 있다는 사실을 알게 되어 안도감을 느낄 수 있다. 애니의 사례는 진단이 지지적인 개입이 될 수 있음을 보여준다.

신체의 통제권을 쥐고 나름의 생존전략을 추진하느라 정신없이 전환되는 부분들이 일으키는 해리성기억상실 탓에 애니는 점점 더 심한 어려움을 겪었다. 어쩌 된 일인지 기억도 나지 않는 심한 낙상을 겪고 나서, 그리고 자신은 이혼을 원하지도 않고 그런 말을 한 기억도 없는데 남편이 부부치료사에게 '애니가' 반복적으로 이혼을 요구한다고 했다는 말을 듣고 애니는 깜짝 놀랐다. 몇 주 동안 집을 나서거나 양치질하거나 샤워하거나 규칙적인 식사를 할 수 없게 된 뒤로, 애니가 자신에게 무슨 일이 일어나고 있는지를 이해하려면 모종의 설명체계가 필요하다는 것이 분명해졌다.

나는 다음 회기에 환히 미소를 지으며 그녀를 맞이했다. "저기요, 애니. 지난 회기에 대해, 그리고 당신이 간단한 일을 하기 위해 얼마나 고군분투했는지를 생각해보았어요. 이제 왜 그런지 알 것 같다고 말씀드릴 수 있어서 기뻐요!" 나는 언제나 진단명을 말해주기 전에 마치 내담자에게 당신이 복권에 당첨됐다고 말해주는 것처럼 신나거나 기쁜 마음을 전달한다. 어린아이 부분들을 가진 내담자는 종종 성인의 기분 변화에 민감하다. 내가 유난히 심각하거나 말에 확신이 부족해 보이면, 이 부분들은 경각심을 가질 것이다.

애니는 '왜' 자신이 양치질을 할 수 없고 아침을 먹지 못하며 하루를 제대로 보낼 수 없는지 듣고 싶어했다. 나는 그녀에게 구조적 해리 모델에 대해 교육하고 DID 진단을 공유한 뒤 이렇게 설명했다. "당신의 부분들은 당신의 어린 시절에 생존을 위한 릴레이 경주 체계를 개발했어요. 한 명이 바통을 쥐고 '경주'의 다음 구간을 달리는 동안 다른 부분들은 발생할 사건으로부터 보호되죠. 그리고 다른 주자가 바통을 이어받아 다음 구간을 달립니다. 이 모든 게 자동으로 일어난답니다. 특정 상황에 맞는 최적의 '주자'가 본능적으로 다음 구간을 달리기 위해 활성화되고, 다시 경주의 그다음 구간을 위한 최적의 주자가 촉발되는 방식이죠. 어느 부분도 다른 부분이 어떻게 달리든 방해하지 않아요. 각자가 분리되어 있을뿐더러 상대를 거의 인식하지 못하거든요. 당신은 당신의 부분들에게 고마워해야 해요! 당신과 내가 바로 지금 여기에 앉아서 이렇게 대화를 나눌 수 있는 것은 당신의 부분들과 해리장애 덕분이랍니다!"

반면 더스틴의 경우에는 임상적으로 볼 때 공식적 진단이 오히려 해로울 수 있었다. 그는 조현병 환자인 엄마 밑에서 자랐고, 아빠에게서 '엄마처럼 미쳤다'는 말을 들은 뒤로 정신증으로 진단될까 봐 평생 공포를 느끼며 살았다. 또 그는 자신이 부적절하며 '미흡하다'는 고통스러운 신념과 씨름했는데, 성인으로서 직업적인 성공을 거뒀다는 점을 상기해야만 겨우 이 신념에 이의를 제기할 수 있었다. 더스틴은 어린 시절부터 정상적 삶을 살아가는 자기가 매우 강했는데, 엄마를 닮거나 아빠의 부정적인 기대가 실현될 것에 대한 두려움에 이끌렸기 때문이다. 그에게는 극도로 수줍음을 타는 순응하는 부분도 있었다. 하지만 이 부분이 종종 그의 몸을 장악해 눈에 띄지 않고 다른 사람을 피

274

하려는 자신의 욕망대로 행동하게 만들어 여자친구를 크게 실망시켰다. 여자친구는 그가 특히 사회생활을 할 때 우울하고 수줍고 위축된 어린 소년의 모습이 아니라 자신이 처음 데이트했던 활기찬 전문직 남성이기를 원했다. 어린 소년 부분은 누군가가 자신에게 친절하게 대해주고 함께 있어도 이상하게 여기지 않기를 바랐지만, 그 부분의 존재는 더스틴이 여전히 '나는 사람들과 어울리기를 원하지만 배제되었다'라는 신념 아래 사람들과 거리를 두게끔 영향을 끼쳤다. 여자친구가 종종 이런 패턴에 의문을 제기했지만, 그는 전혀 의문을 품지 않았다. 눈에 띄지 않는 주변부로 불안하게 물러서는 신체적 행동은 그가 부적절하고 환영받지 못하는 존재라는 신념에 대한 분명한 증거였다. '눈에 띄지 않고 얌전히 있어야 해' '너는 여기에 속하지 않아' '넌 문제가 있어' '아무도 너를 원하지 않아'와 같이 어린 시절 절차적으로 학습된 신념은 사회적 환경에 대한 그의 정서 및 행동 반응을 계속해서 조건화시켰다. 따라서 이 시점에서 그에게 진단명을 부여하는 것은 그에게 희망을 주고 회복의 길을 밝히기보다는 자기 자신을 공격할 무기를 제공하는 것밖에 되지 않는다.

해리장애 진단을 위한 평가도구

DID는 전문가뿐 아니라 일반인들의 세계에서도 논란의 여지가 있는 진단이기 때문에, 내담자가 진단을 수치스럽게 느끼지 않고 진실하고 유용한 정보로 받아들이려면 진단을 위해 타당하고 표준화된 평가도구를 사용하는 것이 매우 중요하다. 공식적 진단도구의 객관성이 담보되지 못한다면 내담자는 치료자를 의심하고 부분이라는 개념에 불안해하고 방어적으로 되며, 진단을 그저 자신들이 갖고 있는 또 다른 결함처럼 간주하기 쉽다. 우리는 내담자를 평가하는 것이 아니라 트라우마 생존자에게 흔한 '상태'를 평가하는 것이다. 진단은 내담자에게 이 복잡하고 당황스러운 일련의 증상을 겪고 있는 사람이 혼자가 아니며 이 문제가 치료자에게 진지하게 받아들여지고 있다는 확신을 줄 수 있다. 하지만 공식적인 평가가 어떤 부분에게는 위협이 될 수 있기 때문에 치료자는 이 시도가 흥미롭고 어쩌면 재미있을 것처럼 호기심과 열정을 발산하는 것이 중요하다.

자기보고식 검사이자 가장 잘 알려진 평가도구인 해리경험척도 dissociative experience scale[Carson et al., 1993]는 가장 쉽게 실시할 수 있지만 안타깝게도 신뢰도가 제일 떨어진다. 이 평가도구를 사용하는 임상가들은 위음성률이 높다고 보고한다. 다시 말해 매우 낮은 점수를 받은 내담자가 나중에 치료회기 동안 부분들이 전환되는 등의 매우 심각한 DID 증상들을 보이는 경우가 많다. 치료자가 이러한 위음성을 내담자의 인내의 창을 넘어서고 부분들의 자기파괴적인 행동을 활성화할 수도 있는 치료 작업을 진행해도 좋다는 청신호로 받아들였다가는 위험할 수 있다.

좀 더 신뢰할 수 있는 척도는 트라우마증상목록 trauma symptom inventory[Briere et al., 1995]으로, 해리에서 침습하는 이미지·감각·불안·우울부터 자해·충동행동·중독과 같은 '긴장 해소'를 위한 행동에 이르기까지 다양한 증상에 대한 정보를 도출하는 자기보고식 검사다. 비록 이 척도가 DID를 명시적으로 진단하지는 않지만 이것이 측정하는 것 중 하나가 해리 점수의 심각도이며, 내담자가 이 증상군에서 높은 점수를 받을 때 치료자는 다른 관련 점수와 함께 해리 및 해리장애를 논의하기에 매우 자연스러운 출발점이 되는 객관적 통계치를 갖게 된다.

DID를 정확하고 공식적으로 진단하는 데 'DSM-Ⅳ의 해리장애 진단을 위한 구조화된 임상면담structured clinical interview for DSM-IV dissociative disorders, SCID-D'보다 나은 도구는 없다Steinberg, 1994. 한 번 완료하는 데 보통 3~4시간이 소요될 만큼 길고 매우 복잡한 면접 형식 때문에 실시하기는 가장 힘들지만, 해리장애를 상세하고 비병리적인 방식으로 논의하도록 돕기 때문에 내담자와 치료자 모두에게 값진 경험이 된다. 공식적인 방식으로 전체 면접을 한 번에 완료하는 대신, 치료가 진행됨에 따라 해리에 대한 정보를 조금씩 얻어내기 위해 SCID-D 진단 질문의 상당수를 별도로 사용할 수도 있다.

진단 준거 및 질문들

공식적인 평가와 진단이 당장 필요하지 않은 경우에도 내담자의 해리 증상이 걱정되고 계속 신경이 쓰인다면, 치료 중의 자연스러운 정보수집 과정으로 SCID-DSteinberg, 1994의 일부를 사용하는 것이 여전히 유익할 수 있다. SCID-D 질문들의 상당수는 치료적 대화에 쉽게 통합될 수 있다. 예를 들어 월은 그의 동료 중 한 사람의 이름을 기억하지 못하거나 직장에서 매일 한 일을 일관되게 설명할 수 없었는데, 치료자는 내담자도 인정하는 '건망증'에서 해리가 어떤 역할을 하는지 궁금했다. 만약 내담자가 일시적인 기억공백을 경험하고 있다고 의심되면, 다음의 SCID-D 질문 몇 가지를 해볼 수 있다.

- 기억력에 문제가 있다고 느낀 적이 있나요? 가령 '그 프로젝트를 시작한 것은 기억나는데, 끝낸 것은 기억나지 않는다'처럼 기억력에 크든 작든 공백이 있었던 적이 있나요?
- 어제 또는 지난주에 한 일을 기억하기가 어려운가요?
- 몇 시간 또는 며칠간 기억이 끊긴 것처럼 보이거나 설명하기 어려웠던 적이 있나요?
- 어떻게 또는 왜 갔는지 기억하지 못하는 곳을 돌아다니는 자신을 발견한 적이 있나요?

Steinberg, 1994

자신과의 분리being disconnected를 자주 보고하는 내담자의 경우, 이인증에 관한 정보를 얻어내는 질문을 논의에 포함할 수 있다.

- 마치 거리를 두고 몸 밖에서 자기 자신을 지켜보는 것처럼 느낀 적이 있나요?
- 자신이 삶을 살아가고 있지만 '진정한 당신'은 멀리 떨어져 있다고 느낀 적이 있나요?
- 자신이 두 사람 같다고 느껴본 적이 있습니까? 하나는 삶을 살아가고 다른 하나는 그저 조용히 지켜보고 있는 것처럼요?
- 자신이 말하는 것을 듣고 '저게 나라고?'라는 생각을 해본 적이 있나요?
- 자신의 말이나 생각, 행동, 감정을 통제할 수 없다고 느낀 적이 있나요?

Steinberg, 1994

비현실감에 대한 질문은 종종 시간과 장소에 대한 감각을 잃은 부분들을 탐지하는 데 도움이 된다. 이 부분들이 내담자의 현재 환경을 비현실적이고 낯설게 느끼기 때문에 내담자는 '비현실적'이라고 경험하는 것에 대해 호소하게 된다.

- 익숙한 환경이나 사람들이 낯설거나 비현실적으로 느껴진 적이 있나요?
- 주변 환경이 점점 사라지는 것 같은 느낌을 받은 적이 있나요?
- 가까운 친구나 친척, 심지어 자신의 집조차 알아보지 못한 경험이 있나요? Steinberg, 1994

내적 투쟁과 갈등에 대한 정보를 끌어내는 것은 진단과 관계없이 항상 치료를 진전시킨다.

- 내면에서 투쟁이 벌어지는 것 같은 느낌을 받은 적이 있나요?
- 자신이 진정 누구인지에 대해 혼란을 느낀 적이 있나요?
- 자신이 진짜 누구인지, 정말로 무엇을 원하는지에 대해 다툼이 벌어지고 있다고 느낀 적이 있나요?

그리고 이러한 질문에 대한 대답이 '예'라면 치료자는 정체성 변화에 대해 더 직접적으로 질문할 수도 있다.

- 자신이 다른 사람처럼 행동한다고 느끼거나 남들에게 그런 말을 들은 적이 있나요?
- 자기 자신을 다른 이름으로 부르거나 남들에게 다른 이름으로 불린 적이 있나요?
- 언제인지도 모르게 소지품을 잃어버렸거나 잃어버린 소지품이

느닷없이 나타난 적이 있나요?

- 일상생활을 수행하는 능력이 급격히 변한 적이 있나요? 또는 분명한 이유 없이 갑자기 기분이 변한 적이 있나요?
- 내적 대화를 나눈 적이 있나요? 그런 대화가 생각에 가까운가요, 목소리에 더 가까운가요? 스트레스를 받으면 내적 대화가 많아지나요? Steinberg, 1994

SCID-D 질문의 목적은 점수 산출보다는 내담자의 일상 경험에 대한 논의를 끌어내는 것이기 때문에 내담자의 증상과 내적 투쟁을 상세하게 이해하는 데 도움이 되며, 따라서 진단과 무관하게 모든 트라우마 치료에서 매우 유용하다. SCID-D는 질적 평가도구이므로 어쩔 수 없는 장단점이 있다. 철저하고 상세한 SCID-D는 치료자에게 추가 질문을 하거나 즉흥적으로 후속 질문을 할 수 있는 재량권을 주며 표준화된 질문에 제한받지 않는다. 치료자가 공식 진단을 내리는 것을 좋아하지 않더라도 SCID-D로 촉진되는 대화는 가치가 있으며 치료에 필요한 소중한 정보를 얻을 수 있다.

'그녀'도 '그'도 없다

많은 치료자는 해리 또는 해리장애를 접한 경험이 없거나 치료법을 훈련받지 않았기 때문에 처음으로 DID 내담자를 떠맡는 난관에 부딪히면 겁을 집어먹는다. 게다가 내담자가 금세 퇴행적인 행동, 기능 상실, 자살이나 자해 행동, 해리성둔주 상태처럼 심각하고 복잡한 증상을 보이는 경우도 종종 있다. 하지만 얼마 지나지 않아 가장 큰 난관을 맞닥뜨린다. 바로 내담자의 자리에 '그녀'나 '그'라고 볼만한 존재가 아무도 없다는 것이다. 비록 이 내담자가 '물리적'으로는 온전히 통합된 존재이지만 그(그녀)는 하나의 통합된 '심리적' 존재가 아니며, 이런 상황에서는 가장 숙련된 치료자라 하더라도 혼란스럽고 불안을 겪을 것이 분명하다.

치료자는 또한 진단에 내재하는 '정보의 공백'으로 방해를 받는다. 치료자는 기본적으로 내담자를 과거의 이력과 매 순간의 인식이 어떤지에 대한 정보를 제공하는 가장 믿음이 가는 출처라고 가정하고, 내담자를 자기 자신의 내적 상태를 가장 잘 아는 전문가로서 신뢰하도록 훈련받는다. 그러나 DID 내담자의 경우, 아주 기본적인 정보조차도 내담자가 접근할 수 없거나 알더라도 보호자 부분들에 의해 검열될 수 있다. 더욱 곤란한 것은 치료자가 요청하지도 않았는데 외상 관련 부분들이 자기만의 의제를 내세우면서 흔히 치료자를 밀어내거나 끌어당기려고 예상치 못한 정보를 보내오는 경우다. 성인 내담자가 정기적인 의사소통 방식으로 문자와 이메일을 사용하는 경우는 드문데, 치료자와 접촉하고 싶은 욕구에 이끌리는 어린 아이 부분은 정상적 삶의 자기가 알지 못하거나 동의하지 않은 상태로 이런 의사소통 수단을 꾸준히 쓴다. 부분들이 전전두피질의 '관찰자아'의 인식 밖에서 자율적으로 은밀하게 행동할 수 있을 때, 부분들이 위험과 관련된 촉발자극에 반응해 발달 초기의 동물방어 본능에 이끌릴 때 내담자는 현실검증력·의식의 연속성·행동 통제력에 손상을 입는다.

자신에게도 비밀로 하다

DID 내담자와 작업하는 치료자는 내담자의 정상적 삶을 살아가는 자기 등 뒤에서, 다시 말해 정상적 삶의 자기가 의식하지 못하도록 의사소통하는 개별 부분이 공개한 비밀을 들을 때가 많다. 암묵기억의 촉발로 인해 위험에 처했다고 느끼는 어린아이 부분은 종종 치료자로부터 보호를 유도하기 위해 학대 사실을 폭로하거나 치료 중에 플래시백을 일으켜 신체를 장악함으로써 치료를 지배할 수 있다. 성격에서 투쟁 또는 도피를 주도하는 부분들은 다른 방식으로 치료의 통제를 시도할 수 있는데, 치료자를 평가절하 또는 해고하거나, 충동적으로 치료를 그만둬버림으로써 치료자를 밀어내거나, 어린아이 부분들이 더 많은 비밀을 폭로하거나 치료자에게 더 많이 의존하지 못하도록 처벌할 수 있다. 혼란스러워진 치료자 역시 관계를 원하거나 '무슨 일이 일어났는지' 말하고 싶어하는 어린아이 부분을 무의식적으로 편들면서 상황을 악화시킬 수 있다. 보호자 부분이 불안해한다는 증거가 있음에도 치료자가 기억을 공개하도록 독려하면 대개는 불안정성이 커지는 결과를 부른다.

실라의 치료자는 1990년대에 처음 개발된 모델을 사용하여 DID 치료에 접근했지만 그러한 작업방식이 무력감과 퇴행을 일으킬 위험이 있어 그 모델의 사용을 중단했다. '대화치료'가 트라우마에도 효과가 있을 것이라는 가정에 기초해 DID 내담자의 어린아이 부분들이 치료에서 '자신을 드러내' 치료자에게 '자신들의 이야기를 하도록' 권장했고, 마치 아동학대를 부모에게 보고하는 것처럼 치료자가 다시 이 내용을 정상적 삶을 살아가는 자기에게 알렸다. 내담자가 인내의 창이 충분한 수준일 때는 이 방법이 꽤 효과적이었지만, 강렬한 트라우마 반응이나 늘어나는 파편화 경향성을 관리할 정도의 감정수용력을 가진 DID 내담자는 거의 없었다.

종종 실라의 정상적 삶을 살아가는 자기는 감정의 '쓰나미'에 휩쓸릴까 봐 두려워 비밀을 듣고 싶어하지 않았다. 거절은 다시 아무도 들어주지도 믿어주지도 않는다는 어린아이 부분의 고통스러운 기억을 일깨웠다. 투쟁 또는 도피하는 부분은 치료자가 비밀을 내담자에게 해롭게 사용할 것이라 확신하고는 치료자가 비밀을 알게 된 것에 경각심을 가졌고, 동요한 나머지 필사적으로 조치를 취하면서 중독과 자해 행동이 증가하는 결과를 낳았다. 투쟁하는 부분은 더 이상 퇴행과 취약성을 허락하지 않겠다고 작심하고 자해를 통해 어린아이 부분을 '처벌'했다.

실라의 사례는 DID 치료에서 기억을 공개하는 접근법의 위험성을 잘 보여준다. 트라우마 치료 분야의 역사는 패러다임의 변화를 반영하는데, 1980~1990년대에 기억을 인출하고 공개하는 접근법을 사용한 결과 내담자가 나아지는 게 아니라 더 나빠지는 경우가 흔했기 때문에, 이 분야 선도자들은 어쩔 수 없이 이 접근법을 포기할 수밖에 없었다. 지난 15년 동안 신경과학 및 애착 연구에 힘입어 치료의 강조점이 사건기억을 인출하는 것에서 암묵기억의 흔적으로 옮겨갔고, 서술적 표현보다 마음챙김을 통해 바라보는 것에 초점을 맞췄다. DID 치료만큼 새로운 패러다임이 필요한 곳은 없다. 마음챙김을 통한 자기관조는 의식의 연속성을 유지하는 데 어려움을 겪는 증상에 대한 해결책이다. 부분들을 본능적인 피질하 동물방어

반응이 주도하는 암묵기억의 분리된 '저장소'로 이해하면 이들이 이상하거나 미친 것 같다는 느낌이 줄어든다. 나는 내담자에게 "부분은 당신이 특정 나이였을 때의 어린아이이거나 특정 상황에서 그럴 수밖에 없었던 어린아이예요. 어린 당신이지요"라고 말해주는데, 이 말을 이상하게 느끼는 사람은 거의 없다. 이 모델에서 트라우마에 대해 부분들이 들려주는 이야기는 무슨 일이 일어났으며 그 사건의 흔적이 내담자의 마음과 몸에 어떻게 살아 있는지에 대해 부분들이 이해하는 바를 나타낸다. 부분들은 역사를 집필하지 않는다. 부분들은 여전히 무섭고, 여전히 느끼고, 여전히 경계하는 위험을 폭로한다.

실라는 치료자로부터 어린아이 부분의 기억을 듣고 겁을 집어먹었다. 그녀는 치료를 시작하고 몇 분 만에 무슨 일이 일어났는지 기억하지 못해 몹시 불안했다. 치료자가 자신이 알지 못하는 사이에 '모습을 드러낸' 부분들에 대해 말해주자 실라는 '홀린' 듯한 느낌을 받았다. 자신의 몸에서 계속 발견되는 상처는 보기 무서울 정도였다. 어떻게 저런 일이 일어날 수 있었을까? 실라는 자기 자신에게 화상을 입힌 것을 기억하지 못했다. 치료자가 회기 사이에 실라의 어린아이 부분이 전화하고 이메일을 보내고 있다고 알려주자, 실라는 위험할 정도로 통제 불능 상태에 빠졌다. "나는 나아지려고 치료받으러 왔는데, 점점 더 나빠지는 것 같아요!"

어린아이 부분과 일대일의 강렬한 관계를 발전시키고 기억을 공개하는 것을 장려하면서 치료자 제니퍼는 의도치 않게 이미 불안정했던 체계에 조절장애를 유발했다. 또한 애착을 원하는 부분의 절박한 욕구를 불러일으켜 회기 사이에 연락을 하게 했다. 실라의 상태가 악화하자 당황한 제니퍼는 더 자주 만나 어린아이 부분이 더 많은 비밀을 공개하게 하고 이런 기억을 실라의 정상적 삶을 살아가는 자기가 수용해야 한다고 생각했다. 제니퍼와 실라는 악순환에 빠졌다. 실라는 안정을 위해 치료를 그만둘까 생각했는데, 이런 생각을 하자 애착을 원하는 부분이 패닉에 빠지면서 전전두피질의 기능이 멈췄고, 이로 인해 실라는 제니퍼 없이는 살아갈 수 없다는 두려움에 사로잡히거나 아예 그 생각을 '잊어버렸다'.

치료자는 혼란애착이 내담자와 부분들에 끼치는 영향에 훨씬 민감해야 한다. 부분들이 자율적으로 기능하기 때문에 치료자는 각 부분이 개별적인 내면의 사람인 것처럼 역전이 관계를 발전시키기가 더 쉽다. 가령 투쟁하는 부분의 분노와 평가절하에 겁을 먹거나 매우 고독하고 극심한 고통에 시달리는 어린아이를 '돕고 싶은' 강렬한 보호충동을 느낄 수도 있다. 기억상실 장벽amnestic barrier과 부분들 간의 격렬한 갈등으로 인해 총체적 인간 또는 체계가 치료자와 협력하거나 자기 자신과 작업하기가 어려워지면 어떤 치료적 접근이든 효과적으로 사용하기가 더욱 힘들어진다.

혼돈 상태의 내면세계에 질서 회복하기

DID 내담자 대부분의 내면세계나 체계는 이들이 자란 가혹하고, 은밀하고, 비판적이고, 처벌적이고, 방임적이고, 위협하고, 공포에 떨게 하는 환경을 반영한다. 내담자의 부분들이 '교묘한 은폐'를 통해 서로는 물론 가족, 이웃, 교사에게 비밀을 숨기고 살아남은 만큼 내담자는 안정을 찾으려고 허우적거릴 것이다. 한 단계 전진할 때마다 비밀이 한 겹 한 겹 노출되는데, 이런 구조는 종종 의식 밖에서 작동하면서 다른 부분들을 위협하거나 수치스럽게 만들거나 보이지 않게 하는 방해하는 부분들에 의해 유지된다. 이런 부분 중 하나가 나에게 말했듯이 "그들이 너무 두려워하거나 수치심을 느낀 나머지 집을 나설 수 없을 때 보호하기가 더 쉽다". 개인과 그의 부분들이 취약성을 억누르거나 통제권을 쥐기 위해 투쟁해서 살아남았다면, 그 내면세계는 예컨대 취약성·상처·의존·거절을 방지하기 위해 투쟁하는 부분들로 특징지어진다. 어린 시절의 가혹하고, 처벌적이며, 방임적이었던 환경은 자신과 그 부분들을 대하는 내담자의 습관에 반영되어 나타난다.

애니가 몸단장하기, 샤워하기, 하루 세 끼 먹기, 자기관리를 포함한 일상생활의 기본적인 활동을 해내지 못하는 것은 돌봄받기만을 갈망할 뿐 자기 자신을 관리할 줄 모르거나 그러는 것을 부끄럽게 여기는 방임된 어린아이 부분들의 강력한 영향 때문이었다. 이 부분들은 일찍이 다른 사람들을 돌보는 법은 배웠지만, 자기관리를 곧 돌봄받지 못하고 환영받지 못하는 고통과 연합시켰다. 애니는 학교에서 다른 아이들을 관찰하면서 머리를 감고 상의와 하의를 맞춰 입어야 한다는 것을 알았지만, 빨지도 않은 채 바닥에 널려 있는 옷더미에서 더럽고 맞지도 않는 옷을 주워 입어야 하는 처지였다. 아무도 옷이 깨끗한지 다려졌는지 얼룩이 있거나 찢어지지는 않았는지 신경 써주지 않았다. 아이 네 명이 칫솔 하나, 부츠 두 켤레, 우산 하나를 함께 썼다. 유일하게 늘 넘쳐나는 품목은 술이었다.

수십 년 뒤 애니의 부분들의 체계는 어린 시절의 가혹한 환경을 재현했다. 아침에 일어나는 것, 이를 닦는 것, 아침을 먹는 것, 하루를 계획하는 것 모두가 부분들이 제기하는 '안전 문제'로 중단되었다. 우울한 부분들은 너무 지쳐서 일어날 수 없다고 느꼈고 계속 침대에 머물라고 애원했다. 안전과 연결감을 끌어내기 위해 돌봄을 이용했던 '어린 성자'는 보살핌이 필요한 사람이 누구인지 걱정했다. 비록 돌봄이 다른 부분들을 화나게 하고 압박감을 주긴 했지만, 어린 성자에게는 안전과 연관된 것이었다. 애니의 도피하는 부분들에게는 다른 의제가 있었다. '그녀가 이 세상에 가치 있는 존재라는 점을 입증하기에 충분히 의미 있고 중요한 일을 하려면 오늘은 무엇을 해야 하지?' 도피하는 부분들은 매일 팔다리를 움직일 수 없을 때까지 멈추지 않고 광적으로 활동하도록 그녀를 몰아붙였다. 투쟁하는 부분의 경계심이 가득한 눈은 각 부분의 수행을 지켜보고 있었고, 그녀의 엄마가 그랬던 것처럼 모든 그리고 각각의 수행에 대해 가차 없이 비난을 퍼부었으며, 이것은 다시 어린 부분들에게 내재한 두려움과 수치심을 촉발했다. 이 지점에서 그녀의 열여섯 살 부분이 그들을 마취시키기 위해 맥주를 권했다. 여러 해 전에 애니의 엄마가 집에 음식이 없어 아이들에게 맥주를 먹이곤 했을 때 그랬던 것처럼, 맥주 몇 캔을 마시고 나면 어린 부분들은 조용해졌다. 하지만 부분들이 여전히 오래된 위험을 방어하고 있었기 때문에 내면에 안전하다는 느낌은 없었다.

한 명의 내담자 안에 여러 명의 내담자가 있을 때

내면세계와 내담자의 삶의 환경에 '질서를 회복하는 것'은 정상적 삶의 자기가 투쟁과 갈등을 포함한 부분들의 체계가 작동하는 방식을 관찰하는 능력이 커지면서부터 시작된다. DID 실험 참가자를 대상으로 한 뇌영상 연구Reinders et al., 2006에서 정상적 삶의 자기와 전전두피질 간의 연관성은 입증된 반면 외상 관련 부분들의 뇌영상에서는 피질 활동이 나타나지 않았다. 이 발견은 치료자가 전전두피질을 정상적 삶의 자기와 연결하는 수단으로 활용할 수 있음을 시사한다. 외상 관련 부분들의 강렬한 반응과 감정기복을 관리하고 분리되기 위해서는 정상적 삶의 자기가 이중인식을 키워나가야 한다.

새로운 모델과 새로운 기술을 배우기 위해서도 피질 활동이 필요하다. 전전두피질은 마음챙김 상태가 되고 호기심을 품으며, 이미 학습한 정보를 인출해 능숙하게 조작하며, 새로운 정보를 통합하는 능력과 연관되므로 정상적 삶의 부분만이 새로운 개념이나 기술을 익히고 새로 학습한 것을 부분들에게 전달해줄 수 있는 잠재력이 있다. 전전두피질에 관여함으로써 정상적 삶의 자기는 과거와 현재에 대한 정보에 접근할 수 있고, 그(그녀)가 한 번도 만난 적이 없는 부분들을 상상하고, 부분들을 어린 시절의 사진 등과 같은 다른 정보와 연결해주고, 심지어 부분들을 시각화할 수 있다.

정상적 삶의 자기에게 부분들과 작업하는 법 가르치기

4장과 5장에서 설명한 것처럼 내담자에게 모든 본능·감정·신체반응·생각이 비록 해리와 관련된 기억상실로 인해 뒤늦게 '들은' 것이라 하더라도, 부분들과의 의사소통을 나타낸다고 가정하도록 요청한다. 다음으로 내담자의 정상적 삶을 살아가는 자기가 이러한 징후를 관찰하고, 각각의 감정 상태나 신념을 부분의 것으로 이름 붙이고, 그 부분의 경험을 타당화하도록 가르친다.

특히 안전이 문제인 경우, 정상적 삶의 자기는 기억하지 못하는 현재의 사건을 '해독해야' 한다. 무엇이 강렬한 감정을, 또는 우울한 부분의 절망감을 촉발했는가? 절망감이 올라온 다음에는 무슨 일이 일어났는가? 만약 그때 무슨 일이 일어났는지를 내담자가 기억하지 못한다면, 예를 들어 영화표·영수증·이메일·인터넷 사용 기록처럼 그 공백을 메울 단서가 있는가? 만약 기억도 단서도 없다고 한다면, 치료자는 내담자가 추가 정보를 수집하도록 어떻게 도울 것인가?

구조적 해리 모델과 부분들 및 동물방어에 대한 이해를 토대로 조금 창의적으로 사고해보면, 치료자와 내담자는 경험에서 우러난 추측도 할 수 있다. 어느 부분이 한밤중에 묘지에 갔을까? 적어도 운전할 수 있는 부분일 테니, 청소년기 부분이었을 수 있다. 어떤 부분이 묘지 근처 술집에서 차를 얻어 타고 지저분한 모텔에 간 것일까? 아마도 묘지에 간 부분 말고 애착을 원하는 부분이 그랬을 수 있다. 너무 두려워서 치료자에게 도와달라고 요청하지 못하는 부분은 무엇일까? 순응하거나 얼어붙는 부분일까? 애착을 원하는 부분은 확실히 아닐 것이다! 그리고 어떤 부분이 도움의 손길을 거절했을까? 독립적인 도피 또는 투쟁하는 부분은 도움을 요청하는 것에 대한 반의존적counterdependent 입장을 절대 포기하지 않을 것이다. 단순히 압도적 감정을 부분의 감정으로 이름 붙이기만 해도 내담자가 경험하는 감정의 강도가 어느 정도 감소한다. "나의 한 부분이 이렇게 느껴요"또는 "한 부분이 혼자가 되지 않으려고 필사적이에요"와 같이 관찰하는 능력을 키워나가는 것은 부모가 자녀의 기분을 알아차리고 말해주는 것과 같은 효과를 내는 것 같다. '타인'이 연민을 갖고 바라봐주면 안도감이 생긴다. '누가' 그 감정을 느끼고, 그렇게 반응하고, 절박한 충동에 따라 행동하려는지 식별하면 내담자가 분리되어 내적 불안을 다루기가 수월해진다.

자기 자신을 이해하고 의식적인 결정과 선택을 하기 위해 DID 내담자는 부분들에게 장악당하기보다는 부분들이 오가는 것을 알아차리고 어떤 촉발자극이 각 부분의 비밀스러운 등장과 퇴장을 통제하는지를 관찰하는 법을 배울 필요가 있다. 치료 초기에 치료자와 내담자는 구조적 해리 모델을 지침으로 사용할 수 있다. "오늘 오고 싶지 않았던 것은 투쟁이나 도피하는 부분이었나요?" "기쁘게 해주고 싶어서 온 것은 순응하는 부분이나 애착을 원하는 부분이었을까요?"

진단에 내재하는 '정보의 공백' 때문에 DID 치료 초기에는 내적인 의사소통 기술은 물론이거니와 침습적인 감정과 신체적 현상을 관찰하고 그것을 부분과의 의사소통으로 해석하는 능력을 키워나가는 것이 중요하다. 내담자가 직장에 대해 생각하다가 갑작스럽게 두려움을 느꼈다면 치료자는 "당신의 한 부분이 직장에 대해 불안해하는 것 같군요"라고 재구성해야 하며, "그 부분이 무엇을 걱정하는 것 같나요? 직장에서 어린아이 부분을 놀라게 할 만한 촉발자극이 무엇인지 알 수 있을까요?"라고 질문하면서 내담자가 불안에 대해 더 많은 정보를 얻도록 격려해야 한다. 구조적 해리가 있는 비DID 내담자들의 경우 부분들 사이에 있는 해리장벽이 침투하지 못할 정도는 아니기 때문에 정보 수집이 더 쉬울 수 있다. 하지만 DID

내담자들은 다른 부분들이 인식하지 못할 수 있고 정상적 삶의 자기도 내면의 정보에 거의 접근할 수 없으므로 어느 부분이 염려하거나 외로워하거나 수치심을 느끼는지를 알기가 더욱 어렵다.

DID 내담자는 '전환'을 통해 개별 부분들이 '등장해서' 다른 부분과 상호작용하는 경우가 좀 더 전형적이지만 섞임도 발생한다. 정상적인 삶의 자기는 부분들의 감정과 생각이 침입하는 것을 느낄 수 있지만 이를 '내 감정'으로 해석하는 경향이 있다. 우울감, 비판적인 생각, 반추는 부분들이 직접 경험하지 않았더라도 언제나 부분에서 기인한 것이라 여겨야 한다. 트라우마 내담자와 마찬가지로 DID 내담자에게 부분들과 섞이는 순간을 알아차리고 분리를 실행하는 것은 중요한 기술이다. 가령 내담자가 '자신의' 절망감에 계속 머물러 있다면, 치료자는 이렇게 반영해줄 수 있다. "당신이 무가치하다고 믿는 부분이 있는 것 같군요. 그 부분은 당신에게 어떤 희망도 없고 다른 사람들에게 소속되거나 받아들여질 방법이 없다고 느끼는 것 같아요. 맞나요? 당신도 이 부분을 눈치챘나요?" 특히 분노감이 내담자 자신과 주변에 있는 다른 사람들을 위협하는 경우 투쟁하는 부분이 반응하는 지표로 이름 붙일 필요가 있다. "아마도 이 반응은 언어적·육체적으로 당신을 방어하기로 한 매우 화난 투쟁하는 부분에서 오는 것 같네요. 당신에게 든든한 경호원이 필요했겠죠. 우리 모두 보호자가 필요하잖아요."

순간순간의 경험을 의미 있게 만들기

DID 내담자의 부분들은 침습적인 생각, 감정, 이미지, 신체의 긴장과 감각을 통해 자신의 존재를 알릴 뿐 아니라 '정상적 삶을 살아가는 성인'의 인식 밖에서 행동을 통해 '말하기도' 한다. 기억나는 행동의 증거를 찾다 보면 내담자는 불안해지고 종종 굴욕감까지 느끼지만, 불안한 감정이 호기심·창의성·치료 차원의 조사 업무를 방해하지 않는 것이 중요하다. 호기심은 치료자가 다음과 같이 반복해서 질문할 때 길러진다. "만약 밤늦게 부엌을 찾아가는 패턴이 당신의 한 부분이 하는 의사소통이라면, 그 부분은 당신에게 무엇을 말하는 걸까요?" "자신도 모르게 음식을 먹는 것이 이 부분에 대해 더 말해주는 것은 무엇일까요?" 정상적 삶을 살아가는 자기의 인식 밖에서 이루어지는 부분들의 활동을 '해독하는 것'은 DID 치료에서 매우 중요한데, 문제가 되는 부분들에 대한 공감 없이 판단하듯 이뤄져서는 절대 안 된다. 이 과정은 가족을 처음으로 만나는 것만큼이나 중요하며, 내담자는 이를 통해 자신의 체계에 익숙해진다.

DID 내담자가 자신의 부분들과 '분리'되도록 돕는 것은 그 부분들이 몸을 장악해 의식 밖에서 독립적으로 행동할 능력이 있을 때 더더욱 중요해진다. 정상적 삶을 살아가는 자기의 건강한 경계를 가지려는 결의에도 불구하고, 우울하고 절망하는 부분은 자신이 더욱 가치 있다고 인식하는 타인을 위해 자기 자신을 희생할 위험이 있다. 불안해하는 부분은 자기회의적인 질문을 너무 많이 하면서 무심코 내담자의 출근 첫날을 망쳐놓을 수 있다. 이런 부분들이 내담자의 정상적 삶을 살아가는 자기와 섞여 있다면, 내담자는 부분들과 동일시하지 말고 그 부분들을 성인의 삶에서 발생하는 요구에 대처하지 못할까 봐 걱정하거나 성인의 일을 감당하기에 역부족이었고 생명을 위협받았던 촉발기억에 사로잡힌 어린아이 부분들로 구별하는 것이 중요하다.

치료에서 애니는 이러한 현상을 언어로 표현하는 방법을 배웠다. 이를 통해 그 부분이 순간순간 자신의 감정, 관점, 능력에 어떻게 영향을 끼치는지 더 잘 알 수 있었다. 처음에 애니와 나는 단순히 고통스러운 감정을 부분이 전달하는 의사소통으로 재구성하고 이제 안전하다고 안심시키는 말로 그 부분들에게 반응하려고 노력했다. 그러나 애니의 부분들은 포괄적인 방식으로 안심시키는 말을 어린 시절 가해자가 했던 기만적인 말처럼 받아들였다. 그들의 외상 경험을 인정하면서 왜 그들이 이렇게 괴로운지를 타당화해줄 때에야 부분들이 긴장을 조금 푸는 듯했다. 마치 "내가 무엇을, 왜 두려워하는지를 네가 정말로 안다면 이제 안전하다는 너의 말을 믿을 수 있어"라고 말하는 것처럼. 나는 애니에게 "당신은 자신이 이해받는다는 느낌이 들지 않을 때 내가 한 말을 믿으려 하지 않았어요. 그랬죠? 여러 해 동안 이 아이들이 당신을 돕기 위해 힘겹게 투쟁했던 것을 당신이 '알아주지' 않는다면, 이 아이들은 당신을 믿을까요?"라고 상기시켰다.

처음에 애니의 정상적 삶을 살아가는 자기는 어린 시절의 경험을 간접적으로 언급하기조차 거부했다. "나는 예전에 겪은 모든 끔찍한 일을 기억하고 싶지 않아요. 나는 그 이미지를 보고 싶지 않고 그런 감정도 느끼고 싶지 않아요."

나 무슨 일이 일어났는지 자세히 기억할 필요는 없어요. 단지 당신이 '알고 있다'는 것을 보여주기만 하면 돼요. 이 부분들은 그저 당신이 그 일에 대해 아는지를 확인할 필요가 있는 거예요. 무슨 일이 일어났는지를 당신이 안다면 "내 세상에서 다시는 그런 일이 일어나지 않도록 하겠다"고 당신이 말하는 것을 믿을 수 있으니까요. 이 부분들이 당신의 세상과 자신들이 여전히 갇혀 있는 세상의 차이를 알려면 정말로 도움이 필요해요. 이들의 세상을 뭐라 부를까요? 어디서 자랐나요?

애니 저는 뉴저지에서 자랐어요. 이 부분들은 뉴저지의 사람들, 제 엄마와 아빠, 오말리 신부를 두려워하는 거예요. (이 사람들은 모두 죽었지만, 그들의 두려움은 과거의 암묵기억이었기 때문에 이 부분들은 그들이 죽었다는 사실에 무관심하거나 저항했다.)

나 좋아요. 이 부분들의 생각이 이렇게나 분명하다니 놀랍군요. 이들은 뉴저지에 있고 싶지 않고, 매일 살해당할까 봐 두려워하고 싶지 않은 게 분명하네요! 버려지거나 폭행당하거나 어떤 식으로든 이용당하는 것을 두려워하고 있고요. 물론 누구도 그러기를 원하지 않죠. 누가 그러겠어요. 그럼 당신이 지금 사는 곳을 무엇이라 부를까요? 성인이 된 당신이 의도해서 만든 이 세상은 뭐라고 불러야 할까요?

애니 제 세상을 '메인'이라고 부르죠. 지금 내가 사는 곳이기도 하고 집과 가족이 있는 곳이니까요. 메인은 뉴저지와 문화가 완전히 달라요. 그건 확실해요.

과거에 얽매인 부분들을 위해 현재 만들어주기

이 예는 DID 내담자와 치료자가 직면하는 또 다른 문제인 시간지남력time orientation의 상실, 곧 과거와 현재의 혼동을 보여준다. 외상을 입은 부분들이 동물방어 생존반응에 이끌리고, 해리되어 서로 단절되어 있으며, 각 부분이 '그때' 직면했던 위험의 징후를 극도로 경계하고 있는 점을 고려하면 시간지남력이 왜곡되는 것은 놀라운 일이 아니다.

내담자가 아침에 일어나고, 아이들의 등교 준비를 돕고, 설거지하고, 식사를 준비하고, 운전하는 것과 같은 평범한 삶의 가장 간단한 활동을 하는 그때, 그 활동이 갑자기 방아쇠를 당긴다. 운전은 위험한 어딘가로 끌려갔던 암묵기억을 활성화하고, 설거지나 요리하는 것은 노예처럼 여겨졌던 어린 신데렐라의 수치심과 외로움을 촉발한다. 이처럼 촉발하게 만드는 활동에 대한 반응으로 몸은 한순간에 경직된다. 심박수가 증가하고 다리가 떨리며 위가 뭉치고 수치심이 덮친다. 우리가 시간상·공간상으로 어디에 있는지를 알려주는 시각적 이미지가 없다면, 대다수 내담자와 부분들은 자신들을 이렇게 느끼게 '만든' 무언가 또는 누군가가 있다고 간주한다. 지금 당장 그들은 명백하게 위험에 노출된다. 최소한 창피를 당하거나 최악의 경우 죽음을 당할 수 있는 위험에 처한 것이다.

몇 년 동안 애니는 매일 아침 공포감에 시달렸고, 새로운 하루를 맞이할 때마다 배가 아팠다. 아침에 자녀들의 등교 준비를 하면서 두려움은 강렬한 불안으로 바뀌었다. 떨림과 두려움이 너무 심해져 아이들이 점심에 먹을 샌드위치를 겨우 만들 수 있었다. 애니는 이 감정을 어린아이 때와 같은 방식으로 이해했다. "오늘도 엉망일 거야. 난 여전히 글러먹었어. 아무도 나랑 친구하고 싶지 않을 거야. 다들 나한테 문제가 있다고 생각하겠지." 마치 '기본 설정값'처럼 작동하는 자동적 가정이었다. 이 믿음이 어디서 온 것인지 몰랐으므로 어린아이였을 때 그랬던 것처럼 지금도 사실처럼 느껴졌다. 애니는 자신이 실패자이기 때문에 뭔가 나쁜 일이 일어날 것만 같았다.

내가 물었다. "어렸을 때 학교에 가는 것이 왜 두려웠나요?" 애니는 곧바로 알아차렸다. "교장이 아빠 친구였는데, 접근금지 명령을 무시해서 아빠가 마음대로 우리에게 올 수 있었어요. 아빠는 우리를 학교에서 데리고 나와 하교 시간이 되어 우리가 집으로 돌아가야 할 때까지 자기가 원하는 대로 했어요."

나 아침에 부분들이 왜 두려워하는지 알겠어요? 왜 '학교' 도시락을 준비하는 게 무서웠는지 이해되세요?

애니 네! 저는 아침마다 학교에 가져갈 도시락을 준비해야 했거든요. 진짜 내팽개치고 싶었어요!

치료자가 "당신이 어렸을 때 _____이 두려웠던 이유가 무엇이었을까요?" 또는 "당신이 어렸을 때 그런 상황이나 그 시간/요일/월/년이 특별했던 점은 무엇이었나요?"라고 물으며 생각하도록 상기시키면, 대다수 내담자는 '알게 된다'. 이러한 질문에 대답하기 위해 과거 사건에 대해 상세한 설명이 필요하지는 않다는 점에 주의하라. 이러한 질문은 일어난 일을 인정함으로써 과거와 현재 사이의 연관성을 인식할 수 있도록 돕는다. "당연히 무섭죠!" "당연히 그렇게 반응할 수밖에 없겠네요!"라며 감정과 신체 기억을 트라우마에 대한 정상적인 반응으로 타당화하면 내담자를 안심시킬 수 있다. 그 반응이 촉발된 것이고 이들의 몸이 기억하고 있다는 점을 믿을 '증거'를 요구하는 일은 불필요하다.

DID 내담자는 내부에 매우 조밀한 해리장벽이 있으므로 부분들의 영향을 받아 변화한 기분, 신념, 행동을 인식하는 법을 배우기가 더욱 어렵다. 자기 내면세계에 호기심과 흥미를 갖고 부분들을 기꺼이 보살피고 좋아하려는 의지를 보이지 않는다면 '장악hijacking'당하는 데 취약해진다는 사실을 받아들이기가 어렵다. '장악'은 외상을 입은 내담자가 촉발자극에 노출될 때 일어나는 일을 묘사하기 위해 팻 오그던Pat Ogden이 만든 용어다Ogden et al., 2006. 신체가 긴급 스트레스 반응을 동원해 교감신경계를 '켜서' 아드레날린을 방출하고 전전두피질을 억제한다. 부분들 역시 긴급 스트레스 반응과 동물방어 반응을 활성화한다. 전전두피질이 억제되면 정상적 삶의 자기는 부분들의 행동과 반응에 대한 의식적 자각을 상실하고, 그 행동을 통제하거나 관리하는 능력이 떨어진다. 정상적 삶의 자기가 정상적 삶을 온전히 유지하는 모든 능력을 잃는다는 것은 내담자가 부분들에게 '장악'되었다는 명백한 신호다. 치료자는 "나는 신경쇠약에 걸렸어요"나 "나는 망가지고 있어요"를 "아니요, 당신이 느끼는 것은 당신의 부분들이 '쿠데타'를 일으켜 장악했다는 사실을 보여줍니다"로 재구성함으로써 위기를 외재화하고 정상적 삶의 자기에게 힘을 불어넣는다. 대다수 내담자는 이렇게 대답한다. "그래요? 내 삶을 되찾고 싶어요!" 특히 자신의 부분들을 두려워하거나 '자신이 얼마나 망가졌는지' 부끄럽게 여기는 내담자의 경우, 자신의 삶을 되찾고 돌려받겠다는 동기를 유발하는 것이 중요하다. 나는 그들에게 이렇게 묻는다. "당신의 부분들과 트라우마가 당신의 삶을 결정하기를 원하나요, 아니면 외상 후의 삶을 살기를 원하시나요? 어떤 삶을 선택하실 건가요?"

조건학습 극복하기

촉발자극에 대한 암묵적 반응은 주관적으로 생명의 위협을 느낀 경험과의 조건화된 학습 또는 절차적 학습의 결과다. 언젠가 한 동료가 나에게 상기시켰듯이 "트라우마는 우리가 아는 인간행동의 유일한 단일사건 조절기다. 단 한 번의 경험도 지울 수 없는 흔적을 남긴다". 이런 조건화된 반응은 변화시키거나 대체하기가 매우 어렵다. 그것은 마치 신체와 신경계가 내일의 안전을 보장해주는 자동 반응을 '포기'하기를 몹시 싫어하는 것과 같다. 게다가 대다수의 트라우마 내담자는 전전두피질의 반복적인 기능 정지로 조절장애가 만성적으로 악화되면서 새로운 정보를 간직하는 데 어려움을 겪는다. 누군가가 상기시켜주거나 단서를 주지 않고서는 어제 안도감을 준 기술을 기억하고 활용하기가 어렵다. 좌뇌 활동의 반복적인 억제가 새로운 정보의 부호화와 인출을 더욱 어렵고 불안정하게 만드는 것이다.

상황을 더 어렵게 만드는 것은 DID 내담자들에게는 종종 '지우개' 부분, '사고 정지' 부분, '정보를 빼가는' 부분이 있어서 적극적으로 현재 지향적인 새로운 정보의 부호화를 방해한다는 점이다. 이 부분들은 새로운 정보를 신뢰하면 위험하다고 느낀다. 암묵기억 속의 위험한 세상에서 이들은 생존과 관련된 가정을 바꾸는 것이 무모한 짓이라며 두려워한다.

DID 내담자의 두려움을 줄이고 보호를 늘리려면 관찰과 분리 기술을 연습하도록 도와야 한다. 내담자들은 감정과 생각을 알아차리고, 감정과 생각을 부분의 것이라 가정하고, 그 부분에 대해 호기심을 가지며, 감정과 생각을 '그 부분'의 감정과 생각으로 이름 붙이고, 이중인식을 키워나가라는 지시를 유익하다고 여기며 거의 불평하지 않는다. 만약 부분들이 신체에 대한 통제권을 탈취해 기억의 공백과 해리성둔주를 유발한다면, 치료자와 내담자는 반드시 반복해서 호기심을 연습하고, 계속해서 다음과 같이 질문해야 한다. "어떤 자극에 어느 부분이 촉발되었나요? 어느 부분이 충동적으로 문제행동을 했나요?"

연속적인 의식: 순간순간 '내가 누구인지' 알기

DID 내담자는 비록 파편화가 명확하고 반응 통제도 어렵지만, 여전히 대개 '나'로 이야기를 시작하며 하나의 몸으로 존재한다. 치료자는 이 새로운 유형의 내담자를 이해할 때 다른 내담자들과 같은 방식으로 개념화하는 편이 더 쉽고 편안하다. '그들'보다는 '그녀'나 '그'로 보는 것이다. 그러나 DID 내담자의 안정화와 회복을 위해서는 내담자와 치료자 모두 해리장애 치료의 궁극적인 목표, 곧 시간 지남력의 중단이 줄어들고 치료자와 내담자 몰래 부분들이 작동하는 경우가 적어지는 '연속적 의식'을 유지하는 능력에 계속 초점을 맞춰야 한다. 연속적 의식은 오직 새로운 실천, 다시 말해 초점 집중, 신체 또는 '바로 여기, 바로 지금' 존재한다는 자각, 그리고 비록 여러 다른 부분이 제공하는 파편화된 조각이라고 해도 정보가 공유되도록 해주는 부분들과 내적인 의사소통을 반복해서 습관으로 만들어야만 개발할 수 있다.

DID 내담자들이 '연속적 의식'에 더 많이 접근할수록 그들의 부분들이 덜 활성화되고 더욱 기꺼이 협력할 수 있고, 내담자는 안정화될 수 있다. 그들은 순간순간 자신이 '누구'인지 아는 법을 배우고 점점 더 부분들의 감정과 호불호에 민감하면서도 외상 후 편집증에 제약받지 않는 방식으로 건강하게 인생에서 여러 결정을 내리는 법을 배울 수 있다. 내적인 대화 능력이 향상됨에 따라 정상적 삶의 자기는 문제 시기가 오면 전환하는 부분들과 "내가 그 일을 하게 해줘. 그건 아이들이 할 일이 아니야"라고 협상할 수 있다. 해리가 부지불식간에 일어나며 무의식적이므로 '누가' 등장할지, 또는 내가 종종 내담자에게 말하듯이 '누가 버스를 몰지' 결정하는 것은 외상의 촉발자극이다. 그런 다음 나는 이렇게 덧붙인다. "일곱 살이나 열여섯 살짜리 어린애가 당신의 삶을 이끌어가길 원치 않는다면, 당신이 직접 버스를 운전하는 게 낫겠어요."

자원으로서의 해리

이중인식과 내적인 의사소통을 통해 내면의 신뢰와 이해가 커지면 부지불식간의 전환이 줄어들고 더 잘 통제된다. 일단 DID 내담자가 자신에게 부분들의 전환을 억제할 수 있는 능력이 있다는 점을 깨달으면, '적재적소'에 알맞은 부분들을 불러오기 위해 전환을 선택할 수도 있다는 점을 이해하게 된다. DID 내담자가 해리성 구획화를 부채가 아닌 잠재적 자산으로 경험하기 시작하면 내담자의 자신감이 자라난다. 예를 들어 가장 친한 친구의 결혼식에서 건배할 것이라는 예상이 부분들 사이에 공포를 불러일으킬 때, 정상적 삶의 자기는 내면을 향해 이렇게 물을 수 있다. "자진해서 건배할 사람?" 그리고 사람들 앞에서 말하는 것을 두려워하지 않는 부분에게 그 일을 맡아달라고 부탁할 수 있다. 사람들 앞에 서서 침착하고 분명하게 말하며 웃음을 자아낼 수 있는 '대중 앞에서 말하는 부분'의 자신감을 내담자와 부분들이 함께 느낄 때 종종 승리했다는 쾌감이 든다. 정상적 삶의 자기는 내담자가 거절하기 어려워하는 면을 의도적으로든 무의식적으로든 이용하는 다른 사람들과 경계를 설정하도록 돕기 위해 투쟁하는 부분에게 협조를 요청하는 법을 배울 수도 있다.

때때로 이러한 '승리'가 다른 부분들을 촉발한다. 가령 자격이 없다고 느끼는 수치스러워하는 부분은 "나는 경계를 설정할 권리가 없어"라고 말할 수 있다. 또는 사람들의 눈에 띄는 것을 두려워하고 자신의 능숙함과 자신감을 공개적으로 과시하는 것을 노출된 것처럼 느끼는 부분들이 촉발될 수도 있다. 이때 치료자는 부분들 간의 불투과성 해리 경계가 새로운 정보를 받아들이는 데 방해가 됨을 기억하는 것이 매우 중요하다. 따라서 정상적 삶의 자기에게 '지금 무슨 일이 일어났는지 부분들에게 항상 알려주도록' 요청해야 한다. 예를 들면 다음과 같이 물을 수 있다. "그들에게 당신이 거절할 수 있고 아무 일도 일어나지 않을 것이라고 약속했잖아요. 그들에게 알아차렸는지 물어보세요. 당신이 경계를 설정하는 것을 그들이 봤나요? 그리고 지금 무슨 나쁜 일이 일어나고 있나요?"

내면의 신뢰 구축하기

내적인 의사소통이 활발해지고 능숙함과 유능함을 경험하면서 정상적 삶의 자기와 부분들 간에 신뢰가 쌓이기 시작한다. 어린 부분들은 평생토록 '나쁜 사람들'이 다가오지 못하게 하기에 충분히 강한 누군가가 자신의 목소리를 들어주고 믿어주고 보호해주기만을 바랐다. 10대 부분들은 어린 부분들뿐 아니라 청소년 부분들도 지켜줄 수 있는 강한 누군가를 기다려왔다. 어린 부분들이 정상적 삶의 자기를 신뢰하기 시작하면 투쟁 또는 도피하는 부분들의 과도한 경계심도 어느 정도 풀린다. 그들은 긴장된 근육이 이완되며 더 쉽게 '편안히 있을' 수 있다. 나이 들고 현명한 성인이 된 자기를 더 많이 신뢰할수록 부분들은 정상적 삶을 살아가는 자기의 안심시키는 말과 관점을 더 쉽게 믿을 수 있다. "긴급 상황이 아니야. 나쁜 일은 일어나지 않아"라는 말이 기만하는 계략이 아니라 신뢰할 수 있는 정보로 느껴진다. 그들의 애착상처가 치유되려면 더 가까이 느낄 수 있고 위험한 순간에도 함께 있어줄 거라는 정상적 삶의 자기에 대한 '기본적인 신뢰'가 필요하다. 어린 부분들의 암묵적·명시적 기억을 완전히 바꿔놓거나 해결하고, 이들이 안전과 환영의 체감각을 느끼는 회복을 경험하려면 신뢰가 선행되어야 한다.

하지만 안전하게 환영받는다고 느끼려면 어린아이 부분들이 자신을 환영하는 사람이 '누구'인지 선명하게 알아야 한다. 부분들은 입구에 들어설 때 미소를 지어주고, 자신을 만나서 반가워하고, 어린아이가 상처를 입었을 때 다정하게 대해주고, '그'나 '그녀'가 화를 내거나 적대적일 때 두려워하지 않는 '타인'이 정말로 있다는 것을 감정적으로나 신체적으로 느낄 수 있어야 한다.

그 부분들의 세상이 '뉴저지'라는 점을 생각했을 때, 애니는 회피하기 위해 부단히 애를 썼던 플래시백을 촉발하는 자극이 없음에도 부분들이 그렇게나 과도하게 경계하고 쉽게 놀라는 이유가 생각났다. 애니는 어떻게 그들이 뉴저지에서의 경험을 메인에 있는 자신의 환경에 투사하는지, 처음에는 나의 도움을 받고 더 쉽게 알게 되었다. 그 부분들이 곤경에 처했을 때 애니는 자기 자신에게 질문하는 것을 잊지 않으려고 노력하고 있었다. 애니는 "왜 그들은 뉴저지에서 이것을 걱정했을까? 왜 이것이 그곳에서는 위험했을까?"라고 질문하고서, 자신의 부분들이 오래전 세상과 열아홉 살 때 뉴저지에서 도망친 뒤로 자기 자신을 위해 만든 지금의 안전한 환경 사이에 온갖 종류의 연관성을 만들어내고 있음을 발견했다. 아이러니하게도 애니는 친구와 가족에게 안전한 피난처를 마련했지만, 정작 애니 자신과 그녀의 부분들은 그곳에서 안전하다고 느끼지 못했다. 애니가 너무 자주 부분들과 섞였기 때문이다. 때로는 그들의 절망감과 수치심, 때로는 그들의 두려움과 갈망, 때로는 그들의 불신과 섞였다.

더 큰 문제는 '애니의 등 뒤에서' 비밀스럽게 움직이는 부분들이었다. 내 사무실을 나서자마자 치료회기에서 있었던 일을 거의 기억하지 못하는 것처럼 보이는 이유에 대해 호기심을 갖고 살피면서, 애니는 다른 부분들이 '지우개 부분'에 대해 말하는 것을 들었다. 그런 뒤 여러 이미지와 부분들과 나눈 더 많은 내적 대화를 통해 긍정적이거나 힘이 되는 경험을 할 때 그 즉시 기억의 칠판에서 지워서 절대 다시 그것을 기억하지 못하게 하는 부분의 존재가 드러났다. 그 부분은 애니가 DID로 진단받은 것, 외상 이력이 있다는 사실, 애니의 기술과 자원 같은 정보를 지우기도 했다. 애니는 기술을 배우긴 했지만 결국 잊어버렸고 그러고는 다시 배웠다. "오늘 우리가 나눈 대화를 칠판에 그대로 적어두면 지우개 부분이 어떤 걱정을 할까?"라고 그녀가 내면을 향해 물었다. "그건 다르잖아." 지우개 부분이 대답했다. "정보가 다르거나 새로운 것이면 뭐가 걱정돼?" "우리는 지금 같은 방식으로 생존할 수 있는데 새 방식으로도 생존할 수 있을지 확신할 수 없거든……. 안전하지 못할지도 몰라." "말해줘서 고마워." 애니가 대답했다. "여태껏 내가 치매에 걸린 줄 알았는데, 모두를 지키려고 노력한 게 바로 너구나!" 그날 이후로 애니와 나는 회기 끝마다 "오늘 우리가 나눈 대화를 칠판에 그대로 남겨둘 수 있겠니? 혹시 우리가 알아야 할 걱정거리라도 있니?"라고 묻기 위해 지우개 부분과 접촉하는 것을 잊지 않으려고 노력했다. 그런 다음 애니는 이 부분에게 "이 정보를 남겨두는 것이 안전하게 느껴지려면 지금 바로 여기에서 내가 어떻게 해야 해?"라고 묻곤 했다.

우리는 중요하다고 느낀 아이디어, 기술, 통찰을 다시 찾아볼 수 있도록 몇 가지 기술을 개발했다. 애니가 기억해서 가져가고 싶다고 한 모든 내용을 색인카드에 적어줄 수도 있고(나는 그녀의 애착을 원하는 부분이 그것을 던져버리지 않을 것을 알고 있었다!), 애니더러 잊지 않고 가져가고 싶은 것을 이메일에 적어 내게 보내라고 요청할 수도 있다. 나는 때때로 그날의 회기에 대해서나 특정한 부분들과 그들이 무엇을 원하고 무엇에 의해 촉발되는지 일기를 쓰도록 요청했다. 또한 때때로 내가 알게 된 것과 애니에게 유익해 보이는 생각을 담아 이메일을 보냈다. 치료 초기에 애니와 나는 이런 종류의 이메일이 왜 항상 메일함에서 사라지는지 궁금했다! 그러던 어느 날 애니에게 제안했다. "지우개 부분에게 두 가지 일을 할 의향이 있는지 물어볼래요?" 애니가 대답했다. "그녀가 '그게 뭔지에 따라 할 수도 있다'고 하네요."

나 지우개 부분에게 소중한 것이 하나도 지워지지 않도록 함께

해줘서 고맙다고 전해주세요. 하지만 그녀의 첫 번째 일이 여전히 '나쁜' 것을 지우는 것이잖아요. (아마도 그녀가 어린 부분들이 스스로에 대해 가진 해로운 믿음 일부를 지우는 데 도움을 줄 것이다.) 그러나 우리는 당신(정상적 삶의 자기)이 중요한 정보를 저장하고 안전한 장소에 보관하도록 도와줄 누군가도 필요해요. 당신이 너무 많은 목소리와 감정에 휩쓸릴 때면 그렇게 하기는 힘들죠. 그녀가 도와줬더라면 간직했을 중요한 순간과 힘이 되는 경험이 너무 자주 지워져요.

DID 내담자의 경우, 부분들이 자율적으로 기능하면 현실검증·관계·안전·판단에 문제를 일으키고 일반적으로 치료가 필요한 위기를 초래한다. 부분들의 감정, 생각, 신체 반응, 행동에 대한 의식적 인식의 결핍은 4장과 5장에서 논의된 방식으로 부분들을 알아가는 기회를 방해한다. 구획화가 덜 심각할 때라면 우리는 '너무 슬프다'와 같은 부분의 감정, '누가 돌봐줬으면 좋겠어'와 같은 부분의 소망, '혼자가 되는 건 안전하지 못해'와 같은 부분의 신념을 통해 한 부분을 '알' 수 있다. 그러나 DID 내담자에게서는 '내담자'가 회기를 마치고 사무실을 떠나기 어려워할 때나 회기 사이에 반복해서 문자를 보내고 전화를 걸어올 때 그 부분의 발현을 느낄 수 있다.

애니는 부분들과 섞이지 않고 의식적으로 정상적 삶의 자기에서 집중했을 때 자신과 부분들의 관점 차이를 인식할 수 있었다. 현재의 삶이 안전하다는 것이 몸으로 느껴졌다. 심장박동은 느렸고, 숨쉬기가 더 수월했고, 몸이 단단하게 느껴졌다. 비록 부분들이 언제나 그것을 믿지 말라고 충동질했고, 애니는 오랫동안 그들이 말하는 현실을 받아들여 자신이 더럽고, 우울하고, 빈곤한 가정에서 자신을 이용하고 학대하며 그녀의 필요를 채워주려는 노력을 전혀 하지 않는 사람들과 함께 산다는 부분들의 투사를 그대로 믿었음에도, 이 감각은 좋은 느낌이었다.

몇 달 동안 애니와 나는 부분들의 정향orienting Ogden & Fisher, 2015을 위해 노력했다. 먼저 애니는 부분들에게 무섭거나 공포나 수치심, 굴욕감으로 인해 무력해지는 '장소'에 대한 이미지를 보여달라고 요청했다. (언제나 뉴저지의 이미지가 의식에 떠올랐다.) 그다음 애니가 "내가 어디에 사는지 보고 싶니?"라고 물었고 지금 자신의 집과 이웃의 이미지, 예를 들어 울타리가 있는 마당, 빨간색 뒷문, 그녀의 화원, 여름에 수영하고 카누 타기 좋았던 강의 이미지를 불러왔다. 외상적 과거와 관련된 이미지가 떠올랐을 때 그녀는 동요와 떨림, 배의 조임, 달아나고 싶은 느낌 등 신체가 활성화되는 것을 느꼈다. 부분들의 관심을 현재 환경으로 돌리자 Ogden & Fisher, 2016, 자율신경계의 각성이 잦아들고 떨림이 줄어들며 호기심이 증가하는 것을 느꼈다. 애니는 반복적으로 '그들'의 시선을 현재로 돌리면서 덜 섞였고 자신의 현재를 더 객관적으로 볼 수 있었다. 그들이 어디 있는지 볼 수 있도록 부분들을 도움으로써 마침내 자신이 어디에 있는지 알 수 있었다.

애니는 이제 자신이 남편과 함께 여러 해 동안 살아온 허름한 농가를 '빈민가'가 아닌 '운치 있는' 곳으로 볼 수 있었다. 오래되고 낡아 항상 여기저기 수리가 필요했기 때문에, 부분들은 아직까지 이 집을 어린 시절 학교 갈 때 입었던 찢어지고 더러운 옷처럼 방치되고 하찮은 자신을 노골적으로 상징하는 것으로 여겼다. 하지만 이제 애니는 집의 구조물, 골동품, 그녀와 남편이 다시 손질한 물건들을 외상 후 그녀가 일궈낸 삶에서 자신이 어떤 사람이 되었는지를 나타내는 것으로 인식할 수 있었다. 심지어 그녀가 선택한 대가족을 환영하는 밝은 빨간색 뒷문, 집의 중심이자 심장인 주방, 미적 감각을 보여주는 색상과 장식 등에서도 자신이 어떤 사람인지 반영하는 섬세한 손길이 보였다. "이전에는 전혀 몰랐어요." 부분들에게 '그때'와 '지금'의 이미지를 보여주면서 그녀가 말했다. "바로 여기에 내가 항상 원했던 것, 내가 어렸을 때부터 꿈꿔왔던 것이 있는데, 내가 이미 꿈을 이뤘다는 것을 몰랐어요." 부분들이 그녀의 인식을 지배하는 한, 그녀는 바로 눈앞에 무엇이 있는지 정확히 알아볼 수 없었다. 애니가 의식적으로 부분들의 주의를 환경의 세부요소로 돌리기까지 부분들은 그들이 이제는 뉴저지에 있지 않다는 사실을 인식하거나 통합할 수 없었다.

애니의 사례는 해리성 구획화가 어떻게 하나의 삶과 하나의 몸에서조차 정보의 흐름을 방해하는지 보여준다. 애니의 정상적 삶을 살아가는 부분은 남편과 함께 가정을 만들어가고, 자녀를 양육하고, 곤경에 처한 가족 구성원에게 안식처를 제공했지만, 그녀의 부분들은 애니가 자신의 일거수일투족을 통제하는 남자와 함께 지옥 같은 곳에 갇혀 있다고 믿었다. 만성적인 생존방어의 활성화로 인해 편향된 부분들은 그들이 보려고 하는 것, 곧 애니가 자라온 환경과 유사한 것만 눈에 들어왔다.

증거 수집: 회고적인 의식 확립

DID 진단은 개인정보, 그중에서도 특히 자기파괴적인 부분들의 자율적인 활동에 관한 정보의 기억상실을 내포하고 있으므로 내담자들은 비록 회고적인 것이라 하더라도 자신의 인식 밖에서 자신의 신체가 한 일에 대한 증거를 의식적으로 수집하기 위해 '공백을 채우는' 방법을 배워야 한다. 마이클 가자니가Michael Gazzaniga[1985]는 뇌량을 제거해 외과적으로 좌우 반구가 분리된 '분할 뇌' 환자들의 성향을 관찰했다. 우뇌는 좌뇌가 기억하지 못하는 충동에 따라 행동할 수 있지만, 좌뇌는 시간의 공백이나 행동의 결과에 대한 이유를 말해주는 이야기를 구성한다. 연구자들은 우뇌의 행동 및 반응과 단절되었을 때조차 동기와 의미를 만들어내려는 좌뇌의 집요함에 충격을 받았다.

DID 내담자들이 직면한 도전과제는 부분들이 좌뇌의 정상적 삶을 살아가는 자기가 인식하는 영역 밖에서 행해지는 자기파괴적이거나 자신을 훼방하는 행동에 가담할 때 무엇을 해야 하는가 하는 것이다. 가자니가[1985]는 우뇌의 행동을 합리화하기 위해 언어를 사용할 수 있는 좌뇌의 능력이 DID 내담자들의 삶에서 잠재적인 위험이 되는 행동의 재발 우려를 높인다고 강조한다. 그러한 내담자와 함께 작업하는 치료자는 "무슨 일이 일어났는지 자세히 기억하나요, 아니면 결과만 기억하나요?"라고 직접 묻기를 두려워해서는 안된다. 치료에서 정상적 삶의 자기가 지난밤에 행동을 취했던 부분과 섞였는지 아니면 행동을 취했던 부분이 신체를 장악해 의식 밖에서 행동했는지를 구별하는 것이 중요하다. 만약 "자살하려는 부분과 섞인 것 같아요"라고 대답한다면 치료자와 내담자는 내담자가 언제

섞이는지를 인식하고 분리하는 전략을 연습할 수 있다. 만약 부분이 좌뇌의 의식 밖에서 행동하는 부분이 있다면, 내적 의사소통과 더불어 행동하는 부분과의 협상력을 높이는 데 초점을 맞춰야 한다.

치료자는 또한 DID 내담자가 일어난 일을 도표로(5장 참고) 재구성하도록 도울 수 있다. 아울러 내담자에게 심상으로 위기가 있기 바로 전의 순간으로 '시간을 거슬러' 가서 촉발자극을 식별하도록 요청한 뒤 "그런 다음에 무슨 일이 일어났나요?"라는 치료자의 질문을 따라 한 장면씩 다시 앞으로 움직이게 함으로써 사건을 재구성하도록 도울 수 있다. 종종 내담자는 그 '영상'에서 기억이 없는 공백이 있음을 발견한다. 이때 치료자가 할 일은 내담자가 내면을 향해 "그 뒤에 무슨 일이 있었는지 아는 사람 있니?"라고 묻도록 상기시켜주는 것이다. 안전을 확보하면서 무엇이 부분들을 촉발했고, 어떤 부분이 어떻게 반응했는지, 왜 투쟁 또는 도피하는 부분들이 '구조하러 왔는지'를 규명하려면 내적인 의사소통이 필수적이다.

의식의 공백을 극복하기 위한 기술 함양

내담자의 삶에서 나타나는 불안정성의 밑바탕에는 독립적으로 행동할 수 있는 각 부분들의 역량, 공유된 의식과 기억의 부재가 존재한다. 메타인식, 곧 순간순간의 경험을 추적하는 관찰자가 없다면, 외상 관련 부분들이 자신들은 그저 살아남기 위해 노력한다고 믿으면서 무의식적으로 내담자의 정상적 삶을 방해할 수 있다는 것은 놀랄 일이 아니다. 치료 초기에 내담자들은 자신의 일상 경험에 관해 연속적이고 끊이지 않는 의식을 키워가는 데 필요한 기술을 함양해야 한다. 2장을 다시 언급하자면, 치료의 안정화 단계에서는 초점을 외상기억에 대한 내담자의 의식에 두지 않고 '지금'에 둔다. 의식적인 인식의 상실이 과거에는 내담자의 생존에 보탬이 되었지만, 지금은 불안정을 불러올뿐더러 때로는 위험하다.

수년간의 약물중독과 위험천만한 행동 끝에 삶을 안정시키기 시작했을 때, 가비는 처음으로 자부심과 활력을 느꼈다. 성인으로서의 그녀가 과거 어린 시절뿐 아니라 외상 후 생존을 위해 얼마나 애썼는지 입증해주는 것만 같았다. 그녀는 대학원에 갈 예정이었고, 대인관계가 안정적이었으며, 파트너와 집을 같이 썼고, 아르바이트 자리까지 막 구한 참이었다. 하지만 그즈음부터 그녀는 점점 우울해지기 시작했다. 침대에서 일어나지 못하는 날이 많아지면서 수업에 빠지고 학업도 뒤처졌다. 그녀가 결근하기 시작하자 그녀의 파트너는 좌절하면서 비판적으로 변했다. "우리에게 그 돈이 얼마나 필요한지 몰라?" 마치 어린아이일 때 그랬던 것처럼 그녀가 이불 밑으로 숨어들자 상실, 학대, 외로움, 돌봐주거나 위로해줄 사람이 없었던 기억이 떠올랐다.

절망감과 체념 속에서 몇 달을 보내던 어느 날, 일을 마치고 집으로 돌아온 파트너가 의식을 잃고 쓰러져 있는 가비를 발견했다. 약물 과다복용이었다. 자살에 대해 의식적으로 생각해볼 겨를도 없이 가비는 약물을 과다복용했다. 자신도 모르는 사이에 자살하려는 부분이 우울한 부분의 고통을 끝내려고 행동을 취했던 것이다. 물론 그녀는 너무 섞여 있는 상태여서 자신의 우울증이 성공적인 삶을 살아가는 것에 위협을 느낀 어떤 부분의 것일 수 있다는 생각조차 하지 못했다. 뒤처질까 봐 두려웠던 우울한 부분이 그녀에게 얼마나 도움이 필요한지 알려주기 위해 나섰던 것이다.

가비의 경험은 시간에 따른 의식적인 인식을 높이는 기술을 기르는 것이 얼마나 중요한지 보여준다. 가비가 자살하려는 부분의 의도를 미리 알았더라면 정상적 삶의 자기는 도움을 청했을 것이다. 내가 DID 내담자에게 가르치는 첫 번째 기술은 그들이 하는 일이나 시간대별 일정에 따라 매시간 일어나는 일을 기록함으로써 매일의 활동을 추적하는 것이다. 그러다가 내담자가 시간의 빈틈을 발견한다면, 예를 들어 내담자가 "점심 먹고 일하러 돌아왔을 때 시계를 보니 2시였는데 그다음 기억나는 것은 일과를 마치는 5시였어요"라고 말한다면, 빈칸을 채울 단서를 찾아보라고 한다. 예를 들어 "제가 2시부터 5시 사이에 무엇을 했는지 둘러봤더니 이메일 여러 개를 회신했고, 상사에게 메일을 썼고, 내일이 마감인 보고서를 끝냈더군요" 하는 식이다. 하루 내내 그들이 하는 일에 집중하고 기록하라는 단순한 지시만으로도 종종 해리로 인해 다른 상태로 전환되면서 의식상실이 발생할 가능성이 줄어든다. 내담자들은 이 과제를 통해 많은 것을 배운다. 그들은 종종 자신들의 활동을 추적하는 데 초점을 맞춰 집중하면 해리성 전환이나 멍해지는 자동적인 습관에 저항하는 데 얼마나 크게 도움이 되는지 알고는 놀라곤 한다. 때때로 그들은 일정표에 적힌 활동을 보고 놀라기도 한다. "제가 침대에서 그렇게 많은 시간을 보낸 줄 몰랐어요."

시간을 놓치거나 자주 전환된다고 보고하는 DID 내담자에게 내가 자주 쓰는 또 다른 기술은 매 순간 '당신이 누구인지'를 알아차리는 법을 알려주는 것이다. 회기 중에 나는 내담자에게 자신의 말에서 표현되는 단어·주제·감정·신념을 알아차리기 위해 서로 다른 부분들과 섞이는 징후를 관찰하고, '어느 부분이 말하고 있는지' '어느 부분이 그것을 믿는지' 또는 '내가 그녀를 좋아하지 않을까 봐 불안해하는 부분은 무엇인지'에 대해 호기심을 갖도록 요청한다. 앞 장에서 논의했듯이, '나'라는 단어로 문장이 시작된다고 해서 정상적 삶의 자기가 말하고 있다거나 모든 부분이 정확히 같은 방식으로 느끼고 있다는 의미는 아니다. '누가' 말하고 있는지, '누가' 이런 감정을 느끼는지, '누가' 이 생각을 믿고 있는지를 알기 위해서는 호기심과 서로 다른 부분들을 인식하는 능력을 키우는 데 도움이 되는 구조적 해리 모델을 짧게라도 설명할 필요가 있다.

내담자가 기억공백이나 부분들에게 장악되곤 할 때, 특히 위험한 행동이 문제가 되는 경우 치료회기 동안 이 기술을 일주일에 한두 시간 연습하는 것만으로는 충분하지 않다. 기억과 시간 공백을 줄이고 섞임과 전환을 더 잘 자각할 수 있도록 나는 종종 내담자에게 매시간 자동으로 울리도록 설정할 수 있는 알람기능이 있는 저렴한 시계를 구입하라고 요청한다. 매시간 알람이 울리면, 멈춰 서 '내가 누구인지' 또는 '여기에 누가 있는지' 알아차리도록 가르친다. 이 과제를 좀 더 구조화하기 위해 종종 내담자에게 관찰한 내용을 기록하는 해리경험 기록지를 제공한다(부록 E 참고). 밤사이 해리성둔주가 발생했을 때, 다시 말해 내담자가 잠든 동안 어떤 부분이 위험하거나 원치 않는 행동에 관여했다는 증거를 발견한 경우 정상적 삶의 자기가 하루가 끝날 때, 자동차의 주행기록계를 설정한 뒤 아침에 점검함으로써 밤새 자기도 모르는 사이에 어딘가로 이동했는지 확인하도록 가르칠 수도 있다.

부분들이 일상생활에 유용한 전문 역량을 보유한 일부 DID 내담자들은 일정을 짜는 부분에게 시켜서 밤이나 낮 동안에 자신이나 다른 부분들이 하는 모든 일을 추적할 수 있다. 또는 의식적 인식에서 벗어나 어떤 활동이 일어난 것이 틀림없다는 증거가 있을 때, 내담자는 "왜 _____이 일어났는지 아는 사람 있니? 누가 한 거야?" 라고 내면을 향해 질문하는 법을 익힐 수도 있다. 아울러 "그럼 그 부분이 어떻게 도우려고 한 거니?"라는 말을 덧붙이도록 배운다.

'나쁜 녀석들'과 '좋은 녀석들'은 없다

각 부분이 보호하고 돕고자 하는 본능에 의해 동기화된다는 예상을 중심으로 대화를 구성함으로써 내담자와 치료자는 누구도 자기 나름의 방식으로 '돕고자' 노력했다는 이유만으로 비난이나 처벌을 받지 않을 것이라는 점을 전달한다. 이러한 대화는 또한 이곳은 다른 환경이며 이 사람은 다른 부류의 성인, 곧 처벌적이거나 수치심을 유발하지 않으며 도리어 모든 부분이 더 안전하다고 느끼고 더 인정받을 수 있도록 돕길 원하는 성인이라는 점을 전달한다. 목표가 의사소통을 늘리고 신뢰관계를 발전시키는 것이라면, '나쁜 녀석들'은 있을 수 없다. 부분들에게 서로를 향해 세심하고 사려 깊은 태도를 취해달라고 요청할 수는 있지만, 신체에 해를 가하는 부분이라 해도 비난할 수는 없다. 부분들에게 위험하다거나 가학적이라는 꼬리표를 붙이면 누구도 안전하다고 느낄 수 없다.

자해하는 부분들을 감정에 압도된 부분들에게 안도감을 주려고 하거나 몸을 무감각하게 만들거나 모두가 '강인해지도록' 가르치려고 노력하는 것으로 이해한다면, 그들이 본래 선한 의도를 가진 것으로 여기게 된다. 그들의 행동을 판단하지 않고 그들을 억누르거나 하찮게 여기지 않는다면, 그들은 다른 부분들과 더 많은 것을 공유하며 더 많이 공유되도록 허용할 수 있다. 가장 중요한 것은 그들을 본질적으로 더없이 협력적이라고 대할 때, 그들이 협력자가 될 수 있는 학습의 기회가 늘어난다는 점이다. 그렇기에 나는 '내면화된 가해자' 같은 존재는 없다고 단호하게 말한다. 내담자는, 마치 그런 것처럼 느끼더라도, 자신을 학대한 사람을 '내면화'할 수 없다. 가해자처럼 말하고 행동할 수 있는 부분들은 가해자를 모델로 삼아 '자기만의 방식을 학습'했지만 언제나 내담자와 어린 부분들을 보호하려는 의도를 가진 보호자 또는 투쟁하는 부분들로 재개념화된다.

팀 코칭

구조적 해리가 있는 다른 내담자들에 비해 DID 내담자들에게는 협력과 공동체 의식이 훨씬 더 필요한데, 안전과 안정감을 지속적으로 확보할 다른 방도가 없기 때문이다. 자율적이고 단절된 부분들은 서로를 모를 수 있으므로 정상적 삶의 자기라고 해도 새로운 규칙을 시행할 수 없으며, 규칙이 깨졌을 때 그 자리에 없을 수도 있기 때문이다. 치료자는 종종 거의 불가능한 과업을 수행하는 팀의 코치 역할을 맡아야 한다. 현재 순간의 위협보다는 과거 경험의 촉발자극에 무의식적으로 반응하는 제각각의 부분들로 구성된, 혼란과 갈등으로 가득한 팀을 돕는 것이다. 각 부분은 외상 경험의 흔적에 의해 지각이 편향되어 있으며, 각자 자동적인 충동과 동물방어에 따라 본능적으로 행동할 준비가 되어 있다. 아무도 협업에 익숙하지 않으며 누구도 이전에 코치를 가져본 적이 없다. 어떤 부분들은 치료자를 코치가 아니라 신적인 구원자나 보호자로 볼 것이고 어떤 부분들은 사악한 숨은 동기가 있다고 여길 것이다. 오직 정상적 삶의 자기만이 치료자의 역할, 동기, 치료법까지 정확히 이해할 수 있다. DID 내담자의 정상적 삶을 살아가는 자기는 더 자율적이고 전전두엽의 정보처리와 학습에 더 많이 접근할 수 있으므로, 치료회기에 정상적 삶의 부분이 존재할 때 치료 '작업'이 가장 효과적일 수 있다. 치료자는 지금 여기의 목표에 기반해 치료동맹을 만들어야 한다. 지금 여기의 목표에는 정상적 삶을 살아가는 부분에게 자기조절 기술을 가르치고, 심리교육을 제공해 부분들의 체계를 다루고, 취약한 부분들의 강렬한 감정으로 인해 투쟁 또는 도피하는 부분들이 충동적으로 행동하기 전에 그 부분들과 분리되어 진정시키거나 조절하는 능력을 길러주는 것이 포함된다.

DID 내담자들을 치료하면서 치료자는 종종 내가 '회전문'이라고 부르는 상황에 직면한다. 치료자가 기대한 모습으로 약속시간에 나타나는 '한 명'의 내담자란 존재하지 않는다. '여러' 내담자가 각자 자기만의 안건을 가지고 온다. 애착을 원하는 부분은 도움과 보호를 끌어내려고 하고, 순응하는 부분은 기쁘게 하려고 하고, 투쟁하는 부분은 통제권을 갖기 위해 싸우려고 하고, 도피하는 부분은 안전거리를 유지하거나 아예 오지 않으려고 하고, 얼어붙는 부분은 투명인간처럼 있으려고 한다. 내담자의 삶이 혼돈에 빠진 것처럼 치료가 혼돈에 빠지지 않으려면, 치료자는 치료시간에 등장하는 모든 부분을 환영하는 일과 정상적 삶의 자기가 부분들과 신뢰관계를 구축하여 한 팀으로 만드는 능력을 키운다는 치료목표 사이에 균형을 맞출 필요가 있다. DID의 핵심 문제 중 하나는 정상적 삶을 살아가는 자기의 의식 밖에서 움직이는 부분들에게 장악되는 것이기 때문에, 치료자는 부분들이 '회전문'처럼 치료에 등장하는 것을 억제하려고 노력해야 한다. 부분들을 향한 공감 실패 없이 이 목표를 달성할 수 있는 방법이 몇 가지 있다.

- 회기 중에 정상적 삶의 부분이 자리에 없는 때라고 해도 치료자는 각 부분과의 대화에서 내담자의 성인 자기를 언급할 수 있다. "펠리시아를 아세요? 아, 당신도 그녀를 좋아할 거예요! 그녀는 똑똑하고 재밌고 아이들을 좋아하지요.""당신이 펠리시아와 얘기해보지도 않고 그녀를 믿지 않는다고 말할 수 있나요? 이치에 맞지 않죠. 당신들 둘은 서로를 알아가야 해요.""당신이 밤에 얼마나 무서워하는지 펠리시아도 알고 있나요?"

- 치료자는 정상적 삶의 자기나 '현명하고 수완이 좋은 성인 자기'가 치료시간에 함께해야 한다는 점을 강조할 수 있다. "나는 당신이 얼마나 외롭고 두려워하는지를 펠리시아가 알아야 한다고 생각해요.""펠리시아가 고통을 없애기 위해 몸을 죽여버리겠다는 당신의 제안을 아는 게 정말 중요해요. 아마도 그녀는 어린 부분들의 고통을 도울 것이고, 당신은 '긴급대책'을 사용할 필요가 없을 거예요. 당신이 그런 엄청난 제안을 해서 그녀는 고맙다고 말하고 싶을 겁니다." 부분이 고집을 피운다면, 나는 그들의 걱정거리가 해소되려면 정상적 삶의 자기와 대화할 필요가 있다고 강조한다. "펠리시아가 그게 당신에게 문제가 된다는 사실을 모른다면 어떻게 이 상황을 변화시킬 수 있겠어요?"

- 각 회기에서 부분들의 필요와 정상적 삶을 살아가는 자기의 필

요 사이에 균형을 이루도록 구조를 만든다. 예를 들어 부분들을 위해 회기 초반부 10분이나 중반부 20분 또는 후반부 15분을 할당할 수 있다. (개인적으로 나는 회기 전반부에 어린아이 부분들을 불러내고, 후반부에는 정상적 삶의 자기와 내가 만나는 방식을 선호한다.) 핵심은 치료의 구조나 규범을 권위주의적인 용어로 설명하지 않으며 부분들을 향한 관심을 담아 표현하는 것이다. "당신을 괴롭히는 모든 것을 다 말하고 싶다는 거 알아요. 하지만 당신을 어떻게 도울지에 대해 펠리시아와 대화할 시간도 필요해요." "당신을 어떻게 도울지 펠리시아에게 가르칠 시간이 필요해요." 내담자의 이름이나 '당신'이라는 단어를 사용해서 정상적 삶의 자기만 인정해주고 있다는 점을 유념하라.

DID 내담자의 해리장벽은 침투하기가 더욱 어려우므로 내담자는 일부 부분들을 자기가 아니라고 부정하고 다른 부분들과는 과도하게 동일시하기가 훨씬 쉽다. 또 부분들이 서로를 알지 못하거나 서로를 지나치게 경계하거나 자기를 위협하는 다른 부분들을 인정하지 않기도 더 쉽다.

정상적 삶의 성인이 더 많이 더 자주 존재하도록 하기

DID 내담자는 자신에게 정상적 삶의 자기가 있다는 것을 믿기가 특히 어려울 수 있고, 정상적 삶을 살아가는 자기의 강점 및 역량과 연결되어 있다고 느끼기는 더더욱 어려울 수 있다. 부분들은 정상적 삶의 자기를 이질적인 역할을 하며 그들과 마찬가지로 자기 자신을 보호할 힘이 없는 어린아이로 기억할 수 있다. 부분들은 투쟁하고 도망치고 얼어붙고 순응하고 도움을 요청하려고 대비하는 반면, 정상적 삶의 어린아이는 정상적인 발달경로를 따라 계속 앞으로 나아가며 구구단을 외우거나 야구를 하거나 어린 형제자매를 돌보는 데 집중했다. 만약 내담자가 더 어린 부분과 동일시했다면, 가령 애착을 원하는 부분의 외로움과 고통, 순응하는 부분의 수치심과 우울 같은 것과 더 동일시했다면 정상적 삶의 자기를 '나'라고 생각하는 것이 이질적으로 느껴질 것이다. 많은 내담자가 부분들에 장악되었거나 섞인 결과로 압도되고, 불안하고, 미친 것 같고, 결함이 있다고 느끼는 것에 너무 익숙해진 나머지 어떤 긍정적인 자질이나 능력도 의심하게 된다. 공황, 수치심, 절망, 격노의 감정, 해치고 싶은 충동이 모두 동시에 범람하면 정상적이라거나 성공했다거나 유능하다는 느낌을 붙들고 있기가 어렵다. 판단하는 부분들이 연일 자신이 어리석고 무가치하며 역겹고 자격이 없다고 말하는 상황에서 올바른 자존감을 유지하기란 누구에게나 어려울 것이다. 종종 치료자 역시 내담자가 온전한 전전두피질을 가지고 있는 한, 일상적으로 기능할 수 있는 영역이 있는 한, 또는 정상적 삶에 대한 소망이나 비전을 품고 있는 한 정상적 삶의 부분이 없을 수 없다는 점을 생각해내기가 몹시 어렵다. 세실리아의 예는 역량과 실행 기능이 제한된 상황에서도 치료자가 정상적 삶의 역량을 강화하기 위해 어떻게 일할 수 있는지를 보여준다.

세실리아는 '정상적인 삶'을 경험해본 적이 없었다. 태어난 날부터 마약에 중독된 부모와 함께 살았으며, 인생 경험에서 안전하거나 정상적인 것이 하나도 없었다. 다섯 살 때 위탁양육이 되었고 초등학교 3학년 때 선생님들에게 '정신적 장애가 있다'는 소리를 들었으며 열두 살에 처음으로 입원했다. 그 뒤로 세실리아는 살던 곳을 거의 벗어나지 않았다.

하지만 치료자가 구조적 해리 모델에 관해 설명했을 때, 세실리아에게 흥미로운 인식이 번뜩였다. "나에게는 정상적 삶을 살아가는 자기가 있어요! 평범한 가정을 이루고 병원이 아니라 집에서 살기를 바라는 내 부분이에요. 대학을 가고 싶어하는 부분이죠! 위탁가정에 있을 때 그 부분이 있었던 걸 기억해요. 그 부분은 언젠가는 내가 미친 사람들의 손아귀에 놀아나지 않아도 될 것이라고 계속해서 말했죠. 내가 충분히 오래 살기만 한다면 나 자신의 삶을 만들어갈 수 있을 거예요."

온전하고 건강하고 정상적 삶을 살기를 바라는 욕구와 정서적으로 연결되어 있다는 느낌에서 영감을 받은 세실리아는 그 즉시 본인의 외상 관련 부분들이 더 안전하고 안정되게 느끼도록 돕고 싶어한다는 것을 깨달았다. 이전에 의식적으로 느껴본 적이 없던 육체적 결단력과 추진력을 느꼈다. 그래서 처음으로 치료자에게 "정상적 삶을 살려면 어떻게 해야 하나요?"라고 물었다.

치료자의 임무는 인간에게는 '계속해서 나아가려 하고', 일상생활을 영위하려 하며, 더 나아가 자기를 실현하려는 본능이 있다는 믿음을 놓지 않는 것이다. 세실리아가 질문했을 때 치료자는 당연히 회의적이었다. 치료자들은 세실리아가 정상적 삶을 살려면 먼저 섭식장애를 해결하고 자해 및 자살 위협을 자제해야 하며 '청결을 유지하고 금주해야 한다'고 알고 있었다. 치료자의 지도감독자로서 나는 확신이 있었다. "첫 번째로 할 일은 세실리아에게 각 부분을 개별적으로 알아차리고 '수치스러워하는 부분' '슬퍼하는 부분' '어린 소녀 부분' '자살하려는 부분'처럼 부분들을 그 행동이나 감정에 따라 이름을 붙이는 것이라고 말해주는 겁니다. 그러면 그녀는 구조적 해리 모델의 도표를 보고 어떤 종류의 부분들을 찾아봐야 할지 떠올릴 수 있을 거예요."

내담자가 '성인 자기'나 '정상적 삶의 부분'은 없다고 완강하게 버티더라도 치료자는 믿음을 가져야 한다. 내담자는 전전두피질이 손상되지 않은 한 호기심, 마음챙김을 통한 인식, 연민, 창의성, 자신감, 용기, 헌신을 발휘할 수 있다Schwartz, 2001. 내담자가 삶의 어느 한 영역에서라도 정상적으로 생활하고 있다면, 자기의 어떤 측면인가가 그렇게 하는 것이다. 누가 아이를 돌보는가? 누가 학교에서 열리는 부모-교사 회의에 참석하는가? 누가 강아지를 산책시키는가? 누가 청구서 요금을 내는가? 인내심을 발휘했던 순간을 한 번이라도 기억하는가? 호기심을 갖거나 창의적이었던 순간이 한 번이라도 있었는가? 타인에게 연민을 베푼 적은? 다른 사람들이 나에게 도움이나 조언을 구한 적이 있는가?

매기는 자기회의, 수치심, '나는 어디에도 속하지 못해'라는 외로움으로 고통스러워했다. 자신이 원치 않는 존재처럼 느껴지는 가정에서 보낸 무서운 어린 시절에 대한 감정기억으로 의식이 가득 찼고, 성인이 된 지금은 세상에서 따뜻하게 환영받는다는 새로운 정보가 부분들에게 전달되지 못했다. 나는 그녀에게 다음 주 동안 매기 자신이 어딘가에 속해 있다는 것을 의미하는 모든 증거를 기꺼이 찾아볼지, 그리고 그 증거들을 비판하거나 거기에 의문을 제기하지 않을 의향이 있는지 물었다.

매기는 다음 상담 날 목록과 많은 질문을 들고 와 내게 물었다. "친구들과 가족이 조언을 구하러 전화한 것도 '소속'의 증거로 볼 수 있나요?" "그럼요!" "학교 교사회의에 참가해달라고 요청받은 것은 어떤가요?" "와, 소속은 물론이고 당신을 가치 있게 여긴다는 증거죠!" 내가 분명하게 말했다. "그럼 교회에서 집사가 되어달라고 추천받은 것은요? 이것 역시 그렇게 생각할 수 있겠죠? 그들이 내가 소속되어 있다고 생각하지 않는다면 어떻게 그런 중요한 역할을 맡아달라고 부탁하겠어요?" 내가 말했다. "매기, 우리가 중요한 걸 배웠네요. 당신이 여기, 당신 스스로를 위해, 그리고 당신이 살아가기로 선택한 삶을 위해 만든 세상에 속해 있다는 확실한 증거를 얻은 거예요. 이제 부분들에게 알려주는 문제가 남았네요. 이러한 순간이 올 때마다 부분들에게 말해주세요. 소속의 증거라고 생각하는 순간으로 부분들의 주의를 돌려볼 수 있을까요? 그러지 않으면 부분들은 사람들과 어울리기를 바라면서도 자신이 여전히 배제되었다는 고통스러운 감각을 계속 느낄 거예요."

부분들에게 최신 정보 제공하기: '낙수효과'

해리된 자기 상태를 둘러싼 기억상실 장벽은 부분과 부분의 의사소통을 가로막으므로 현재의 생활 경험에 대한 정보가 통합되지 못한다. 애착을 원하는 부분은 친구, 배우자, 자녀에게 중요해지고 싶은 갈망을 느끼며, 정상적 삶의 부분이 보살핌을 받는다는 감정을 끌어내는 관계를 우선시하게 만든다. 그러나 지금 내담자의 삶에 돌봐주는 사람들이 있다는 소식은 애착을 원하는 부분에게 절대 전달되지 않으며, 투쟁 또는 도피하는 부분이나 우울하고 순응하는 부분에게는 더욱 그렇다. 애착을 원하는 부분은 자신이 다섯 살이 아니라 이제 43살인 부분이라는 소식을 전혀 듣지 못한 채 여전히 작고 버림받기 쉽다고 느낀다. 정상적 삶의 부분은 순응하는 부분의 수치심이 촉발한 투쟁하는 부분이 자살하려고 약물 과다복용을 계획하고 있다는 사실을 모를 수 있다. 다른 부분들은 불안해하며 뭔가 나쁜 일이 일어날 것 같다는 것을 감지하지만 정확히 무슨 일이 일어날지는 알지 못한다. 정상적 삶의 부분은 여름휴가를 계획하고 예약을 하지만, 자살하려는 부분은 이 사실을 모른다. 자살하려는 부분이 우울함은 모든 희망이 사라졌다는 증거가 아니라 단지 기억이라는 것을 알았더라면 자살충동이 가라앉았을지도 모른다. 한 내담자는 이렇게 표현했다. "내 인생에서 많은 것이 바뀌었지만 분명 낙수효과는 없었습니다. 아직 부분들에게 소식이 전달되지 않았어요."

애니의 사례는 '낙수효과trickle-down effect', 다시 말해 외상적 과거에 갇혀버린 부분들에게 현재에 대한 정보를 제공하는 데 도움이 되는 기법을 가지고 내담자의 작업을 어떻게 도울지 보여준다.

애니는 어느 날 밤 자신이 다리를 베여 피가 흐르는 채로 뒷마당을 배회하는 것을 깨달았다. 마지막으로 기억나는 것은 오후에 치료자와 조만간 있을 휴가/부재에 대해 나눈 대화였다. 대화하는 도중에 애니는 밀려오는 불안감에 등이 굳었으며 공포감을 느꼈다. "부분들은 어떻게 느끼나요?"라고 내가 물었다. "무서워해요. 선생님이 곁에 있으면 부분들은 위험으로부터 보호받는다고 느껴요. 그런데 선생님이 여기 없으면 누군가가 자신을 해칠 수 있다고 생각해요." "애니, 그들은 자기들이 어디에 있다고 생각하나요? 바로 지금 어디에 있는지 보여달라고 요청하세요."

애니 어릴 적 집이 떠올라요.

나 그럴 수 있어요. 나쁜 사람들이 다시 자신들을 해칠까 봐 두려워하는군요. 그때의 뉴저지로 돌아간다면 그들에게 저는 어떤 사람이었을까요? 제가 없다는 게 그들에게 어떤 의미일까요?

애니 그들은 선생님이 원더우먼이나 내가 괜찮은지 계속 확인해주는 학교 지도상담자랑 원더우먼을 합친 사람이라고 생각해요.

나 그럼 그들 눈에 나는 악당으로부터 그들을 구해줄 힘이 있는 사람이겠군요. 그런데 당신이 이미 아주 오래전에 그들을 구했다는 사실을 그들에게 말해주지 않았나요? 설마, 아니겠죠! 애니, 그들에게 말 안 했어요? 그들은 지금까지 내내 안전했는데, 아직 아무도 말해주지 않았군요! (이런 실수에 소름이 돋았다는 듯이 나는 일부러 약간 겁에 질린 어조로 말한다.)

애니 맞아요. 그런데 저는 부분들이 거기 있는 줄 몰라서 말해주지 못했어요.

나 애니, 지금이라도 말해주는 게 정말 중요해요. 내가 말할까요? 아마도 그들은 내 말을 믿을 거예요. 모두 내 말을 들을 수 있는지 물어볼래요? (애니가 모든 부분이 잘 듣고 있는지 확인하기 위해 내면을 조율하는 동안 잠시 멈춘다.) 여러분 모두가 알아야 할 매우매우 중요한 일이 있습니다. 좋은 소식이에요!

굉장한 소식이죠! 아주 오래전, 거의 20년 전에 애니는 나쁜 일이 너무나 많았던 뉴저지의 무서운 집을 떠나 멀리 떨어진 메인주로 왔어요. 엄마는 정말 화가 나서 다시는 그 집에 돌아오지 말라고 했답니다! 여러분의 엄마가 언제 그랬는지 기억하는 사람 있나요? (부분들이 이 질문에 대답하고 인정하도록 기다린다.)

　뉴저지에서 멀리 떠나왔을 때, 애니는 여러분 모두에게 상처를 준 나쁜 사람들이 여러분이 어디에 있는지 모르면 더는 상처 주지 못할 거라고 생각했어요. 그래서 어디 사는지 아무에게도 말하지 않기로 작정했어요. 여러분과 그녀를 보호하기 위한 절대 깨지지 않을 비밀이었죠. 나쁜 사람들은 여러분이 어디 있는지 전혀 모르기도 하거니와 이제 너무 늦어서 애니가 여기 있는 한 여러분을 해칠 수 없어요. 애니는 이제 그들보다 몸도 훨씬 크고 더 강인해졌죠. 애니, 내가 전한 이 소식을 들은 부분들의 기분은 어떤가요?

애니 까무러칠 것 같은 침묵이 감돌고 있어요. 그 사실을 받아들이고 있어요……. 믿기 어렵지만 믿고 싶어해요.

나 그들에게 지금 사는 집을 보여주세요. 여기가 당신이 사는 곳이라고 알려주고, 각 방을 찬찬히 둘러보면서 그 집이 뉴저지와 같은지 다른지 살펴보라고 해보세요.

애니 오, 그들은 매우 다르다고 생각해요. 지금 집은 깨끗하고 예쁘고 편안하다고 해요. 늘 바라던 거예요. 그런데 어린 부분들이 이 집에서 혼자 있어야 하는지 궁금해해요. 그들은 혼자 있는 것을 좋아하지 않고 무서워하거든요.

나 이 집에 누가 사는지 그들에게 말해주세요. 그리고 왜 당신이 남편, 아들, 조카가 거기 살도록 허락했는지도요.

애니는 남편, 아들, 조카의 이미지를 불러와서 반응을 공유하도록 부분들을 초청한다. "그들이 이 집에 나를 보호하려는 강한 남자들이 있어서 기뻐하고 있어요."

나 물론이죠. 당신을 보호하고 당신을 위해 싸워줄 강한 남자들이 있다는 것은 좋은 일이죠. 당신의 아들, 조카, 남편 모두 그럴 거예요.

애니 맞아요. 저는 경호원들이 있어요! (환하게 웃는다.) 상상할 수 있겠어요? 키 180센티미터가 넘는 남자들이 모두 저에게 의지하고 있어요. 상상이 가세요?

나 이제 진짜 문제는 부분들이 이 소식을 받아들이도록 돕는 거예요. 그들이 여전히 뉴저지에 있는 것처럼 당신의 집과 이웃에게 자동 반응할 때마다, 그들에게 잠시 멈춰 눈을 뜨고 주위를 둘러보고 주의를 집중해서 그들이 어디에 있는지 알아보도록 요청하세요. 여기가 뉴저지인지 메인주인지 물어보세요. 어떻게 말해줄까요? 네, 빨간 문을 보면 메인주에 있다는 걸 알 수 있죠. 흰색 페인트, 주방에서 풍기는 음식 냄새, 고요함, 웃음소리, 이것들은 뉴저지에 없어요. 메인주에만 있죠.

그 뒤로 애니가 방이나 집을 둘러보라고 요청할 때마다 부분들은 지금 그들이 어디 있는지 깨닫고 안도의 한숨을 내쉬었고, 그녀도 몸이 진정되는 것을 느낄 수 있었다.

패턴 및 역할 변화

생명이 위협받는 맥락에서 학습된 생존 행동은 좀처럼 변화시키기가 어렵다. 신체는 손을 꽉 쥐는 것, 몸에 힘이 들어가는 것, 심박수가 증가하고 숨을 가쁘게 쉬는 것, 주먹으로 치거나 발로 차거나 긁거나 할퀴려는 충동과 같은 패턴이 이완되는 것에 저항한다Ogden et al., 2006. 과거의 위협과 연관된 암묵기억 때문에 경계심을 낮추고 긴장을 누그러뜨리고 마음을 여는 것 모두 위협적으로 느낀다. 내담자의 신체가 이완되는 즉시 불안감이 고조된다. 위협에 대한 자동적이고도 본능적인 반응을 수정할 능력이 없다면 트라우마 생존자는 안전함을 느낄 수도, '(위험이) 다 지나갔다'는 것을 감지할 수도 없다Ogden & Fisher, 2015; Ogden et al., 2006. 이런 어려움은 내담자가 해리로 인해 구획화되어 있을 때, 특히 부분들이 서로의 행동을 기억하지 못하거나 생사를 건 내적 투쟁에 관여하고 있을 때 더욱 복잡해진다. 외상으로부터 회복하기 위한 가장 기초적인 기술마저 기억해내기 어렵고, 활용하기는 더욱 요원해진다. 해리장애가 있는 내담자들을 돕는 최상의 접근법은 다음과 같은 것들에 의지하는 것이다.

- 4장에서 논의한 것처럼, 마음챙김을 통해 부분들 및 그들의 촉발·전환·섞임의 징후에 대한 의식적 인식 늘려나가도록 돕기
- 심리교육
- 내담자가 '부분의 언어'로 말하는 법을 배울 수 있도록 돕기
- 의식의 연속적인 감각을 따라 사건을 맞추어보고, 내담자가 서로 다른 부분들과 연관된 정서적·인지적·행동적 패턴을 관찰하도록 돕기

- 익숙해질 때까지 새로운 패턴이나 행동을 연습하고 반복하도록 강조하기
- 부분들 사이에 더 큰 신뢰와 협력을 끌어내기 위해 내적 의사소통으로 내적 관계 재설정하기

일반적으로 내담자가 여러 가지 심각한 증상과 문제를 보일 때, 치료자는 종종 가장 높은 수준의 위험을 일으키는 문제를 먼저 다루려고 한다. DID 내담자의 경우라면 기억상실, 내적 갈등, 자기조절 문제, 자해 행동을 부추길 수 있는 투쟁하는 부분과 애착을 원하는 부분의 문제를 다루는 것이다. 이 문제는 복잡하고 다면적이어서 한 번에 효과적으로 해결될 수 없으며, 내담자가 이중인식, 분리하는 능력, 적어도 매우 기초적인 수준의 내적 의사소통 기술, 부분에게 공감을 전달하는 능력을 개발해야 가능하다(4, 5장 참고).

투쟁하는 부분의 역할을 자살 위협을 하는 역할에서 안정감을 주는 보호자와 같은 역할로 재설정하려면, 내담자는 자살하려는 부분을 '이런 모든 어려움에도 불구하고 계속해서 나아가려는' 정상적 삶의 자기와 구별하는 법을 배우고, 그런 뒤에 자살하려는 부분과 분리되어 이 부분의 의식적인 충동과 이 부분을 전환으로 이끄는 모든 압력을 관리하는 방법을 배울 필요가 있다. 또 화나 있거나 자살하려는 부분과 이 부분이 보호하는 상처 입은 어린아이 모두를 존중하고 이들과 관계를 맺고 싶다는 바람을 전달해야 하며, 애착을 원하는 부분들을 위로하고 그들과 유대관계를 맺는 방법을 찾아 고통스러운 감정에 대한 취약성을 줄여줄 필요가 있다. 그리고 나서 힘차게 곧게 뻗은 척추, 행동준비태세, 근력, 주먹으로 치거나 팔과 어깨로 밀거나 막으려는 충동 등 투쟁 반응과 연관된 '보호받는다는

신체감각'을 확립할 필요가 있다.

DID 치료에서 성공하려면 구성요소가 정교해야 한다. 구성요소로는 부분들과 연관된 감정 및 감각의 변화 인식하기, 각 부분의 기능이나 특성에 유념해 이름 붙이기, 부분들의 충동 및 감정과 분리되기, 각 부분의 친구가 되어주기, 부분들을 향한 관심과 연민 키우기, 내적인 대화를 통해 부분들의 의도와 동기를 판독하는 법 배우기, 각 부분의 '최고의 자기'와 동맹 구축하기, 오랜 문제에 대해 새로운 해결책을 적용해보도록 협상하기가 있다. 애니의 사례는 DID 내담자들이 이런 기법에 능숙해지려면 얼마나 많은 인내와 반복이 필요한지, 그리고 다른 부분을 방어하기 위해 겹겹이 덮은 부분들이 어떻게 고착된 패턴을 만들어내는지를 보여준다.

애니는 부분들과 작업하기 위한 기본 기술을 몇 년 동안 연습했는데도 계속해서 새로운 장애물에 부딪힌다는 사실을 발견했다. 먼저, 내가 결국은 자신들을 이용하거나 학대할 것이라 믿는 10대 부분들이 나의 어떤 말과 조언도 불신했다. 애니가 내 말을 듣더라도, 또는 어린 부분들이 아무리 나를 기쁘게 해주고 싶어해도 자신의 의견을 견지할 만큼 강하다고 확신하고 나서야 보호자들은 안심하고 그녀가 계속 성장하도록 허락했다. 1년 뒤 애니는 자신이 겪은 트라우마와 학대를 부정하기 위해 싸우는 한 부분과 맞닥뜨렸는데, 이 부분은 그녀에게 부분들이 있다는 것을 '망각하게' 해서 결국 분리되는 것을 잊어버리게 했다. 최근에 애니는 '지우개 부분'을 찾아냈는데, 이 부분은 애니가 가족의 학대뿐 아니라 종교기관의 학대에서도 살아남게 해준 현재 상태가 바뀌는 것을 막고 그녀를 보호하기 위해 새로운 아이디어·기술·정보, 특히 그녀의 삶에서 일어나는 긍정적인 변화에 대해 고의적으로 기억상실을 유발했다. 이 부분은 모든 긍정적인 변화와 긍정적인 경험에 대한 기억을 지워버림으로써 절망감, 수치심, 죄책감, 드러나기를 회피하는 것, 고립 및 소속되지 못한다는 느낌을 강화했다. 이 모든 것이 매우 오랜 세월 동안 트라우마라는 비밀을 '감춰왔기' 때문에 애니는 30대 후반이 되어서야 자신에게 무슨 일이 있었는지 알게 되었다.

DID에서 부분들 간의 기억상실 장벽은 내담자가 자신의 내면세계와 그것을 구성하는 부분들을 알아차리는 능력을 방해하여, 정상적 삶에서 종종 인식조차 할 수 없던 부분들에게 유격전이나 방해공작을 일으킬 좋은 기회를 주었다. 또한 기억상실은 외상과 관련된 부분들이 정상적 삶을 살아가는 성인이 의식적으로 구성한 삶이 주는 안전함, 안정감, 안락함을 인식하지 못하게 한다.

퇴행과 공격성 작업하기

인간의 가장 강력한 두 가지 추동은 애착추동과 투쟁반응이며, 두 가지 모두 생존에 결정적인 역할을 한다. 애착추동으로서의 근접성 추구와 그에 따른 생존반응을 향한 집착은 어린 존재를 보호하는 데 필요하다. 투쟁은 우리 자신과 다른 사람들을 보호할 힘을 주는 생존반응이다. 이러한 두 가지 추동 모두 DID 내담자에게서 극적으로 강해지는 경향이 있으며, DID는 통계적으로 어린 시절의 혼란애착이나 애착외상과 관련이 있는 것으로 알려진 진단명이다Lyons-Ruth et al., 2006. 생존하기 위해 애착을 원하는 부분이 해리로 인해 캡슐에 싸여 영원히 작은 아이로 있게 되면, 자신이 성인의 몸으로 보호받고 있다거나 대인관계를 할 힘이 있다는 것을 인식하지 못한 채 거절과 버려짐의 두려움이 쉽게 활성화되고, 그것이 과거의 기억이 아니라 '지금 존재하는' 것처럼 느끼게 된다. 근접성의 상실에 따른 정서적 고통이나 불안은 결국 투쟁하는 부분의 화, 과경계, 불신, 심지어는 편집증까지 촉발한다. 시간감각이 흐트러지면서 투쟁하는 부분은 애착을 원하는 부분의 방어에 나서고, 두 부분 모두 치료자·친구·중요한 타인을 이런 상처와 분노 감정의 원인으로 간주한다. '타인'은 '차갑고 무관심하며' '둔감하거나' '오만하다고' 여겨 거부하며, 그들이 '잘못되었으니' 결점을 교정하라고 암묵적으로 요구한다. 아니면 그 반대 경우가 발생하기도 한다.

내담자가 애착을 원하는 부분과 섞여 수줍고 말이 없거나 매우 고통스럽고 불안해하면서 상담실에 올 수 있다. 어떤 경우든 치료자는 애착을 원하는 부분의 결핍과 '보잘것없음'을 마주하면서 돕고 싶은 열망이나 압력을 느끼거나, 거꾸로 투쟁하는 부분의 비난에 직면해 반발하거나 방어적이 되는 느낌을 받을 수 있다. 어떤 치료자는 퇴행적이거나 공격적인 행동을 맞닥뜨렸을 때 그들의 경계를 더 명확하게 긋는 반면, 어떤 치료자는 내담자를 위해 더 많은 것을 주고 행함으로써 자신이 믿을 수 있고 보살피려는 사람임을 입증하려고 노력한다. 두 가지 모두 외상성 전이를 강화하는 경향이 있다. 경계 설정은 통제권에 대한 도전으로 여겨지면서 투쟁하는 부분을 격분시키고 애착을 원하는 부분에게는 거절당한 느낌을 불러일으킨다. 내담자를 위해 더 많은 것을 주고 행하는 것 역시 위협적일 수 있는데, 애착을 원하는 부분의 갈망과 상실에 대한 두려움에 불을 지피고, 투쟁하는 부분에게는 적신호로 받아들여지기 때문이다. 이런 문제는 트라우마 치료를 복잡하게 만드는데, DID 내담자들의 경우에는 부분들의 자율적 활동이 더욱 두드러지므로 치료의 어려움이 극심해질 수 있다. 유능하고 양육하는 부분들과 통합되지 못한 어린 부분이 결핍과 유기의 두려움을 지닐 때는 욕구와 취약성을 매우 뚜렷하게 전달하기 때문에, 치료자가 죄책감과 방치한다는 느낌을 받지 않으면서 저항하기가 어렵다. 통합되지 못한 투쟁하는 부분이 분노와 격분을 보일 때는 분노가 더욱 위협적일뿐더러 관점, 공감, 감사로 풀어지지 않는다. 어떤 치료자는 맹공격에 직면해 경계를 유지하는 데 어려움을 겪는 반면, 어떤 치료자는 경계를 강화하고 치료틀을 엄격하게 지킨다. 어떤 식으로든 극단적인 것은 부분들을 촉발하는 경향이 있다.

두 경우 모두 어려운 점은 역설을 명심해야 한다는 것이다. 각 부분은 관점, 민감도, 방어 측면에서 독립적이다. 각각 별개의 사람처럼 몸을 차지하고 행동을 주도할 수 있지만, 한편으로 각각은 온전히 기능하고 스스로를 돌볼 수 있는 전체의 일부이기도 하다. 따라서 치료자는 어린아이 부분을 대하면서 내담자 전체가 어리고 스스로 기능할 수 없는 것처럼 여겨서는 안 되지만, 오로지 분노하고 비난하고 평가절하하는 것처럼 취급해서도 안 된다. 이런 실수를 피하기 위해서는 이중적인 관점을 유지하려고 노력해야 한다.

이런 역설을 다루려면 각 부분을 개별적으로 다루기보다 치료자가 어린 부분에 공명하여 그 발달 수준에 맞춰 의사소통할 수 있어야 하며, 동시에 화난 부분을 마치 통찰력·공정함·용기를 존중받아 개별화하고 싶어하는 청소년처럼 공감할 수 있어야 한다. 화난 부분의 긍정적인 의도, 다시 말해 어린아이를 보호하려는 바람을 인정해

쥐야 한다. 무엇보다도 DID 내담자의 혼란애착에 대해 작업할 때 치료자는 어린아이를 달래며 안심시키는 말을 해주거나 정상적 삶의 자기와 화난 부분 사이에서 중재자가 되려는 충동을 억제해야 한다. 치료자인 우리가 퇴행이나 공격성 어느 측면에 대해서든 지나치게 반응하는 것을 자제할 수 있다면, 내담자의 정상적 삶을 살아가는 부분과 외상을 입은 어린 부분들 간의 관계와 대화가 발전하도록 촉진할 수 있다.

정상적 삶의 자기가 어린아이를 진정시키고 그들이 특별하다는 느낌을 제공하는 법(안정애착에서 매우 중요하다)을 배운다면 투쟁하는 부분이 유일한 보호자일 필요가 없어진다. 정상적 삶의 부분이 투쟁하는 부분과 협상하여 보호자 역할을 넘겨받을 수 있다면, 어린아이가 위협감을 느낀다고 해서 투쟁하는 부분의 공격적인 행동이 지금처럼 자동으로 활성화되지는 않을 것이다. 만약 치료자가 내담자의 정상적 삶을 살아가는 부분을 대신한다면, 내담자의 체계가 치료자에게 의존하게 되어 혼란애착을 부추긴다. 투쟁하는 부분이 치료자가 '위협'이 된다고 감지하는 것은 내담자가 전반적으로 치료자에게 의존할수록 심해진다. 이렇게 되면 부분들과 치료자는 동시에 악순환에 빠지고 만다. 내담자는 생존하는 방법을 알고 있으므로(사실은 전문가다) 치료자는 관계에서 촉발되는 내적인 힘을 관리하는 방법만 가르치면 된다는 자제심과 끊임없는 자기확신이 있어야만 내담자가 외상과 관련된 혼란애착이 유발하는 폭풍우를 헤쳐 나가도록 도울 수 있다.

인내, 끈기, 좋은 안전벨트

치료자로서 우리가 양육과 자기보호라는 양측의 충동을 적절히 억제한다는 것은 우리가 생존을 바라는 부분들, 곧 애착을 갖거나 자기 이야기를 하거나 특별하다고 느낄 누군가를 원하는 부분들에 대해 책임을 짊어지지 않는다는 것을 의미한다. 우리는 정상적 삶의 자기나 어린아이 부분들을 위해 화난 보호자 역할을 '떠맡지' 않는다. 우리가 시스템에 유입되거나 구조자·가해자·피해자의 역할을 떠맡지 않고, 우리의 헌신·돌봄·연민을 전달하는 일종의 '경제성'을 발휘한다면 모든 부분이 더 안전하다고 느낄 것이다. 치료자가 어린 부분들을 돌보기 위해 정상적 삶의 자기와 경쟁하지 않는다면 정상적 삶의 자기는 어린 부분들을 돌보는 책임을 더 쉽게 짊어질 수 있다. 치료자가 애착을 원하는 어린 부분들에게 온정을 품는 동시에 투쟁하는 부분을 존중하고 그 용기에 경의를 표한다면, 치유자나 위로자가 될 잠재력을 가진 정상적 삶을 살아가는 자기의 징후를 알아볼 수 있다면 문제와 위기를 '해결해야 한다'는 압박감에서 좀 더 쉽게 벗어날 수 있다. 내담자의 체계는 치료자의 양육이 아니라 배려심과 연민 어린 마음이 한결같은지를 시험하므로 심지어 자살하려는 부분이 위협할 때도, 어린아이 부분이 상실감을 느끼고 외로워할 때도, 정상적 삶의 부분이 부분들과 너무 섞여서 마음챙김을 하거나 부분들에게 관여해 전환이나 행동화를 막을 수 없을 때라도 치료자는 끈기 있게 견뎌낼 필요가 있다.

'부모'의 도움을 얻어 어린아이 치료하기

내담자와 그의 투쟁하는 부분 또는 애착을 원하는 부분은 내가 정상적 삶의 자기와 부분들 사이의 직접 소통을 강조하는 것에 종종 이의를 제기한다. 하지만 나는 부분들에게 "내 역할은 성인이 된 사람에게 스스로를 돌보는 법을 가르치는 것"이라고 말한다. 나는 이 팀의 코치이자 부모 교육자다. 모든 부분은 내가 그들 각각을 직접 도와주기를 원한다. 물론 이해할 수 있는 바람이지만, 트라우마의 해독제로서 마음챙김이 필요하다는 점과 충돌한다. 내담자의 몸에 존재하는 관찰하는 목격자, 곧 '모든 부분을 볼 수 있는 부분'이 없다면 아동과 청소년기의 자기들은 여전히 '집에 혼자 있고' 부분들을 통제할 수 있는 자원은 여전히 외부에 있을 것이다. 외상과 관련해 통제력이 상실되면 신경계를 조절하고 부정적인 감정을 긍정적인 것으로 변화시킬 외부 자원이 계속해서 필요하다.

애니와 작업하던 어느 날, 왜 내가 자기조절과 마음챙김 기반 치료를 중요하게 여기는지 머리로 이해하는 것 이상으로 와닿는 순간이 있었다. 애니의 어린 부분들이 나에게 '듣기 좋은 말을 해달라'고 조르면서 애니를 무능하게 만들어 일상을 무너뜨리는 부분들을 다루던 치료를 방해했다. 나는 애니에게 우리가 다루던 주제로 돌아갈 수 있도록 어린아이 부분들에게 좋은 말을 해줄 의향이 있는지 물었다. "그런데 그들은 선생님이 좋은 말을 해주길 원해요. 오늘 좋은 기분이 필요하대요." 이 어린 부분들은 다음과 같은 중요한 메시지를 전달했다. "우리의 감정은 우리 자신의 것이 아닙니다. 다른 사람들이 우리를 기분 나쁘게 만들고, 다른 사람들만이 우리를 기분 좋게 해줄 수 있어요." 이것이 트라우마가 주는 교훈 중 하나다. 그 어린아이 부분들 덕분에 나는 내 내담자가 기분을 조절하기 위해 타인에게 의지할 필요가 없도록, 나쁜 감정을 관리하고 좋은 감정을 끌어내는 능력을 갖추어 치료를 완성할 수 있도록 하는 데 최선을 다했다. 만약 내가 IFS에서 치료자와 내담자의 부분이 일대일로 작업하는 것을 가리키는 '직접 접근'을 주로 사용하여 작업한다면, 내담자와 부분들은 좋은 감정을 느끼려면 나에게 의지해야 한다고 배울 것이다. 하지만 내가 강연 일정으로 멀리 떠나 있을 때나 회기 사이에 정해진 치료 외의 접촉을 제공하지 않으면, 부분들은 좋은 기분을 느낄 자원이 없어지고 이로 인해 혼란애착이 악화할 위험성이 있다. 애착을 원하는 부분은 끊임없이 유기에 대한 불안이 고조된다. 그 부분들은 '선생님'이 없으면 좋은 감정의 원천도 사라진다고 믿는다. 하지만 거꾸로 내담자가 부분들의 신뢰를 얻고 따뜻한 애착관계를 형성하면 통제력을 쥐게 된다. 애착을 원하는 부분들은 유기를 걱정할 필요가 없어지고, 지혜롭고 잘 돌보는 내담자의 정상적 삶을 살아가는 자기가 언제나 함께하기 때문이다. 내담자가 따뜻함, 즐겁고도 안전한 감정의 원천이 된다. 어린아이 부분들이 같은 몸에서 돌보는 성인 자기에게 의지할 때 의존성은 비로소 해소된다.

대인관계적 치유가 아닌 자기치유

내담자와 임상가의 관계를 다루는 데 익숙한 치료자라면 가족치료사와 같은 '뒷자리' 역할을 하기는 어려울 수 있다. 내담자 한 명을 치유하는 수단으로 관계를 활용하면 매우 효과적일 수 있지만, 조각나 있거나 DID가 있는 내담자라면 '하나'의 치료관계란 없다. '내담자'는 여럿이 되며, 그들 모두는 마치 생물학적 가족처럼 과거에서 벗어나려면 체계 자체를 치유해야 하는 가족체계의 일부다. 이 가치관은 감각운동심리치료 작업에서도 중심이 되는데Ogden & Fisher, 2015, '유기성의 원칙principle of organicity'이라고 한다. 유기성이란 균형이 깨지면 스스로 교정하고, 베인 상처에 새로운 피부세포가 자라고, 신체 일부에 부상이 있으면 자동으로 복구하듯이 치유와 성장을 향한 신체의 타고난 추동을 가리킨다. 동일 원칙을 IFS에서는 '자기리더십self-leadership'이라고 부르는데, 우리 모두의 자기가 선천적으로 지닌 연민·호기심·명료성·창의성·용기·평온함·자신감·헌신이라는 자질에 접근함으로써 자신을 치유할 수 있다고 믿는다. 외상을 입은 어린 부분들은 마땅히 누려야 할 연민과 평온함을 오랫동안 박탈당했다. 그들은 용감하게 자신들을 보호해줄 누군가가 필요했고, 어른들이 자신에게 충분히 헌신하지 않아 고통받았다. 여기에 더해 정상적인 자기가 '내가 아닌' 부분으로 여겨 추방한 부분들은 그 뒤로도 날마다 이러한 좌절을 되풀이하고 있다.

감각운동심리치료와 IFS 두 가지가 가르치는 것은 모두 치료자가 치유에 필요한 내담자의 자연스러운 경향성을 일깨우는 '그릇' 또는 '성장 촉진적' 환경을 제공해야 한다는 점이다. IFS에서 치료자가 본인의 자기가 지닌 자질을 활용하는 것은Schwartz, 2001 내담자가 호기심·헌신·연민의 상태에 자연스럽게 접근하도록 자극하기 위해서다. 감각운동심리치료에서도 구체적으로 언급하지는 않지만 이와 같은 자질을 키운다. 치료자가 이런 자질을 체화하여 마음챙김과 뚜렷한 호기심의 상태를 유지하는 데 전념하면 전염 효과가 있으며, 자연스럽게 내담자의 호기심과 주의집중을 끌어내어 유기적인 변화를 촉진한다Ogden & Fisher, 2015.

심지어 치유자의 역할을 맡지 않더라도 치료자는 사회적 참여 체계를 통해Porges, 2011 치료에서 안전감을 준다. 사회적 참여 체계는 미주신경의 배측미주 또는 복부 부분에 연결된 신경계로, 눈과 눈꺼풀의 움직임, 표정을 관장하는 근육, 후두, 중이, 머리와 목을 기울이거나 돌리는 움직임을 제어한다. 이러한 것들이 아기와 부모 사이의 의사소통을 위한 통로다. 엄마는 아기의 시선을 끌면서 미소짓고, 눈을 반짝인다. 그러면 아기가 옹알이하고 엄마는 아기를 따라 소리 내고 아기는 엄마에게 반응을 보인다. 엄마가 고개를 기울이고 다시 미소를 지으면 아기는 웃음으로 화답하며 안전함과 따뜻함을 느낀다.

치료자는 모든 부분, 특히 내담자가 불편해하는 부분에게 환영·온정·이해를 전달하기 위해 사회적 참여 체계를 사용함으로써 안전함에 대한 체감각을 만들어낸다. 어린아이 부분은 치료자에게서 배려하는 어조를 들을 뿐 아니라 눈과 얼굴에서 상냥함을 볼 수 있다. 어린아이 부분은 자연스럽게 웃음으로 화답하며 상냥한 목소리에 마음이 안정된다. 치료자가 온정과 슬픔을 담아 "당연히 어린 부분은 빈집에서 무서워하죠. 어떻게 안 그럴 수 있겠어요? 돌봐주는 사람은 없고 못되게 굴던 사람은 많았으니 혼자 있기가 몹시 무서웠을 거예요"라고 말한다면, 어린아이 부분은 단지 말 때문만이 아니라 어조 덕분에 안심하며, 정상적 삶의 자기에게는 교훈을 얻고 어린아이에게 어떻게 반응해야 하는지 모델링하는 기회가 된다. 치료자가 투쟁하는 부분을 언급할 때 우려나 권위적인 어조가 아니라 존중이나 더 나아가 기쁨을 담은 어조를 사용한다면, 자신이 투쟁하는 부분의 위협을 두려워하지 않으며 그들이 적대시하는 것과 싸우다가 지면 자결하겠다는 각오에 감탄한다고 전할 것이다. "와! 투쟁하는 부분이 제 말을 막고 저를 제자리에 돌려놨군요. 그렇게 하기가 쉽지 않거든요. 그 부분이 정말 당신의 뒤를 받쳐주고 있군요!" "그렇게 관대한 제안을 해준 자살하려는 부분에게 고마워할 수 있을까요?" "아마도 그 부분은 당신이 이 모든 감정과 기억을 다룰 만큼 충분히 강하지 않으니까 자기가 개입해야 한다고 믿는 것 같네요. 하지만 당신이 이 모든 것을 감당할 수 있을 정도로 아주 강해지고 싶어도 투쟁하는 부분이 언제나처럼 당신을 구제해준다면 제대로 배울 수 없다고 설명해줄 수 있겠죠."

치료자는 가족치료사나 코치의 역할을 통해 정상적 삶의 자기와 애착 또는 투쟁하는 부분들 간의 연결을 강화하는 데 도움을 줄 수 있다. 치료자는 내담자에게 어린 자기, 곧 순진하고 사람을 잘 믿는 가장 취약한 부분을 위해 내담자의 삶이나 마음에 특별한 장소를 마련하라고 강력하게 권고할 수 있다. 표정, 어조, 상냥한 시선 모두 치료자의 공감을 전달하거나 내담자에게 공감을 불러일으키는 데 도움이 된다.

재결합 촉진하기

전전두피질은 중립성, 관찰하는 존재, 연민에 접근하기와 연관되어 있으므로 나는 정상적 삶의 부분과 대화를 나눌 때 더욱 통합된 응답을 들을 수 있다고 확신한다. "저는 이 어린 부분들을 대할 때 양면적이에요. 아마 제가 이들을 두려워하는 것 같아요"라든가 "이들이 가버리고 다시는 돌아오지 않았으면 좋겠어요"라는 말을 들으면, 나는 애착의 취약성에 노출되는 것이 '다른 부분들을 싫어해' 거리를 두거나 문지기 역할을 하는 부분을 촉발했다고 확신할 수 있다. 적대적이고 처벌적인 발언은 오직 한 가지만 의미하는데, 바로 외상을 입은 부분들을 두려워하는 어떤 부분이 침입했다는 것이다. 나는 그 순간에 내담자의 지혜롭고 연민 어린 '최고의 자기'가 말하고 있지 않다는 것을 안다. 그래서 이어지는 톰의 예에서 그랬던 것처럼 '나'가 내담자를 대표하지 않는다고 자신 있게 도전한다. '최고의 자기'에 대한 나의 믿음은 찬사이기 때문에 그는 내 말에 반박하기 어렵고 화내기는 더욱 어렵다.

톰은 단호했다. "저는 이 부분들에게 내가 생존할 수 있도록 도와달라고 부탁한 적이 없어요. 그리고 지금도 이 부분들을 원하지 않아요. 그들이 죽어버렸으면 좋겠어요!"

나 왜 그들이 죽었으면 좋겠나요, 톰?

내담자 그들은 저를 난처하게 만들어요. 그들은 슬퍼 보이고 자신의 그림자를 보고도 겁을 먹어요. 그리고 제가 사람들에게 의지하길 원해요. 전에 한 번 그랬던 적이 있는데, 어떻게 됐는지 보세요!

나 톰, 저는 당신이 어떤 사람인지 알아요. 당신은 결코 상처 입은 아이에게 등을 돌리지 않을 거예요! 다른 사람은 몰라도 당신이 울고 있는 아이를 놀릴 거라고는 믿지 않겠어요. 당신은 늘 모든 사람을 도우려고 노력하잖아요! 바로 여기 당신 앞에 어린 소년이 서 있다고 상상해보세요. (나는 바닥의 한 지점을 가리킨다.) 이 소년은 길을 잃었는지 울먹이면서 주위를 둘러보고 있어요. (나는 겁먹은 것처럼 똑같은 동작을 흉내 낸다.) 마음에 어떤 충동이 일어나나요? "닥쳐, 꼬마야"라고 말하고 그냥 지나칠 건가요? 아니면 다른 충동이 있나요?

톰 아뇨, 멈춰 서서 그 소년에게 "무슨 일이니?"라고 묻고 싶은 충동이 일어나요.

나 당연하죠! 저도 그럴 줄 알았어요. 당신은 도움이 필요한 어린아이를 그냥 지나치지 않잖아요. 그 아이가 뭐라고 하나요?

톰 안 좋은 일이 생겨서 집에서 도망쳤다는데, 지금은 길을 잃고 무서워해요.

나 그렇게 작은 아이가 도망쳤다니 매우 용감했군요. 마음에 어떤 충동이 일어나나요? 당신의 몸과 감정이 뭐라고 말하나요?

톰 이렇게 말하고 싶어요. "나와 함께 가자. 내가 돌봐줄게. 우리 집에서는 아무도 너를 해치지 않아."

나 그렇게 말하면서 어떻게 할 건가요? 아이의 손을 잡아주고 싶나요? 데리고 가고 싶나요? 아니면 당신을 따라오라고 말할 건가요?

톰 데리고 가고 싶은 기분이 들어요.

나 그럼 그 직감을 따르세요. 손을 내밀고 아이가 좋아하는지 보세요.

톰 아이가 벌써 내 품에 뛰어들었어요. 내가 데려가고 싶다고 말하자마자!

나 그럼 당신의 품에 안긴 아이를 느껴보세요. 그 조그만 몸에서 따뜻함을 느껴보세요. 아이가 안겨 있는 느낌을 좋아하는지 보세요.

톰 아이가 편히 쉬는 게 느껴져요. 내가 안전한 사람이라는 것, 내가 자기를 다치게 하지 않는다는 것을 아는 것 같아요.

나 아이가 그걸 아는지 느껴보세요. 그래요, 아이는 안심할 수 있죠. 이제 믿을 수 있는 사람의 품에 있으니까요. 기분 좋으세요?

톰 최고예요. 기분이 아주 좋아요.

나 기분 좋다니 저도 기쁘군요. 아이는 정말로 안길 필요가 있었잖아요. 이렇게 되기까지 참 오래 걸렸네요. 아이에게는 자기를 안아주고, 기분이 나쁠 때 알아봐주고, 매일 아침 환한 미소와 포옹과 키스로 자기를 맞아줄 누군가가 필요해요.

톰 (눈물을 흘리며) 네, 아침마다 저를 보고 반가워하는 사람은 아무도 없었어요⋯⋯.

나 그게 그 아이의 경험이자 당신의 경험이었죠, 그렇죠? 그렇다면 바로 지금 당신과 함께 있는 아이를 보고 어떻게 느끼나요?

톰 (아이의 눈물이 내담자의 눈을 통해 흐른다.) 아이가 울어도 괜찮은지 물어요. 자기가 왜 우는지 몰라서 "미안하다"고 해요. 너무 안됐어요. 괜찮다고 말해줬어요. 저도 너무 기뻐서 같이 울어요.

나 안도의 눈물이군요. 아이가 마침내 모든 아기와 모든 어린아이가 원하는 것을 얻었어요. 자기가 다가갈 때 누군가의 눈이 반짝이는 것, 자신이 누군가에게 매우 특별하다고 느끼는 것 말이죠. 지금 그것을 당신 품에서 느끼고 있네요. 당신이 그 아이가 늘 원했던 것을 준 것이 아이에게도 당신에게도 기분 좋은 일이군요.

Healing the Fragmented Selves of Trauma Survivors

9장

과거 복구하기
: 우리의 자기들 끌어안기

트라우마의 순간에 [어린아이는] 완벽하게 무력하다. 자기 자신을 방어할 수 없어 도움을 요청하지만 아무도 도와주러 오지 않는다. (…) 이 경험에 대한 기억이 이후의 모든 관계로 퍼져나간다. 절망감과 유기에 대한 [어린아이의] 감정적 확신이 클수록 아이는 더 절박하게 전능한 구조자의 필요성을 느낀다. [그러나 아이는] 자신의 생명이 구조자에게 달려 있다고 느끼므로 관대할 여유가 없다. 인간적 실수는 허용되지 않는다.

_주디스 허먼1992, p. 137

인간은 잔인함이나 상실 등 온갖 역경에 직면하더라도 충만하고 풍요롭고 의미 있는 삶을 살아가기 위해서 '계속 나아가는 데' 필요한 자질을 갖고 태어난다. 우리는 애착을 가지고 탐험하며 웃고 놀고 사회의 집단과 유대를 형성하고 어린이들을 양육하려는 타고난 추동을 갖고 세상에 나온다. 어린아이들도 호기심, 연민, 창의성, 경이로움 같은 자원을 공급하는 발달하는 두뇌를 가지고 있다Schwartz, 2010. 또한 우리는 상상력을 발휘할 정신적 능력이 있다. 모든 것을 잃더라도 여전히 꿈꿀 수 있고 전혀 몰랐던 삶을 상상할 수 있다.

그러나 방임, 외상, 두렵고 무서운 양육이라는 만성적 조건 아래 우리 몸은 동물방어 생존반응과 위험 예측을 우선시하도록 조직화된다Ogden et al., 2006; Van der Kolk, 2014. 정상적인 애착, 탐색, 학습, 놀이, 심지어 자고 먹는 것과 같은 '호사'는 잠재적인 촉발자극을 과경계하여 주목하고 방어반응 태세를 갖추기에 밀려 뒷전이 된다.

위협적인 상황에서 과각성하여 행동을 취할 준비를 함으로써 생존을 돕는 부분들만큼이나 최악의 상황에서조차 '어떻게든 헤쳐나갈 수 있는' 부분도 중요하다. 정상적 삶의 어린아이 자기는 가족사진과 행사를 위해 웃어주고, 동생이나 심지어 부모를 돌보기도 하며, 학교에 가기, 다른 애들과 놀기, 자연 탐험하기, 운동이나 학업적인 경쟁에 참여하기, 책에 푹 빠지기, 악기 연주 배우기, 교사·이웃·조부모 등 지지해주는 대리부모 맞이하기와 같은 어린 시절의 정상적인 발달 '과제'를 즐기며 완수하려고 한다.

내담자의 이력을 취합하는 과정에서 종종 치료에서 '다룰 필요가 있는' 방임, 학대, 가정 내 역기능의 세부사항에 치료자의 마음이 쏠리기도 한다. 정상 상태·또래 관계·학교생활에 대한 아동의 추동을 나타내는 지표가 없거나 아동이 계속해서 '나아가게' 하는 것에 귀 기울이는 훈련을 받지 못했다면, 치료자와 내담자는 부지불식간에 내담자를 독창적으로 살아남은 생존자가 아닌 상처 입은 피해자로 묘사하게 된다. 애니의 예는 치료자가 내담자를 '계속해서 나아가게 하는' 측면에 관심을 덜 갖고 상처 또는 상처 입은 부분들에게만 치료를 집중할 때 어떤 일이 발생하는지 잘 보여준다. 심각한 수준의 방임으로 인해 트라우마가 만성적이었고 빈민거주지역에 살았음에도(아마도 그래서였겠지만), 애니의 정상적 삶의 자기는 언제나 그녀가 만들어내거나 따라 할 수 있는 '정상적'인 것을 최대한 활용하는 방향으로 움직였다.

열성적이고 밝고 사교적인 어린 소녀 애니의 정상적 삶의 자기는 자연스럽게 선생님들의 지지와 관심을 불러일으켰다. 활동적이고 운동을 잘했던 그녀는 야구 글러브와 배트를 갖는 것이 또래와 사회적 관계를 맺는 가장 좋은 방법이라는 것을 일찍부터 깨달았다. 애니는 지저분한 머리, 맞지도 어울리지도 않는 더러운 헌 옷에서 보이듯 방임과 가난이라는 오점 탓에 또래 관계에 불리했지만, 신문을 배달하고 베이비시터를 해서 번 돈으로 스포츠 장비를 사고 성격이 활기찬 덕에 가까스로 단점을 보완할 수 있었다. 여덟 살 무렵, 엄마의 알코올의존이 심해지면서 애니는 집안일을 모두 책임지고 두 동생을 돌봐야 했다. 신체적 학대가 두려워 어쩔 수 없이 짐을 짊어졌지만, 요리·청소·육아에서 어린 나이가 무색할 정도로 능력을 갖출 수 있었다.

애니를 아주 좋아하고 그녀도 안전하게 애착을 느끼는 어린 두 동생을 돌보는 일은 소중한 정상발달 경험을 선사했다. 아마도 이 경험 덕분에 이후 애니가 두 자녀를 안정애착으로 양육하고 위탁아동 여러 명을 안전한 피난처를 찾아 '입양'시킬 수 있었을 것이다. 성인이 되어서도 도움과 피난처가 필요한 친구, 친척, 이웃이 애니를 찾았다. 애니는 종종 그들이 자기를 왜 찾는지 혼란스러워했다. 투쟁하는 부분은 그저 만만해서 사람들이 자신을 이용하려 하기 때문이라고 말하려고 했다. 애니가 '나'라고 동일시하는 인물은 절대 사람들이 호의적으로 생각하지 않을 것이고, 안전과 지원을 바라는 사람들이 찾을 만큼 '지혜로운 여자'도 결코 아니었을 것이다.

정상적 삶을 살아가는 자기의 강점과 자원에도 불구하고 애니는 하루하루가 외상을 입은 어린아이 부분들에게 지배되고 극단적으로 영향을 받는다는 것을 알아차렸다. 비록 애니는 (애착을 원하는 부분이 그렇듯이) 다른 사람들과 더 많이 접촉하길 원했지만, 투쟁 또는 도피하는 부분들은 그녀의 바람대로 행동하는 것을 막았다. 대신에 그녀는 고립되고, 외출을 꺼리고, 친구가 될 수 있을 사람들과의 약속을 취소하고, 사람들의 방문이나 전화에 절대 응대하지 못하게 만드는 내적 압력에 시달렸다. 그녀의 집에서 보살핌을 찾으려는 사람들만 그녀와 접촉할 수 있었다. 아이러니하게도 보살핌이야말로 어린 시절부터 애니가 알았던 가장 안전한 역할이었으며, 판단하는 보호자 부분들의 신랄한 비판에도 불구하고 많은 부분은 애니가 그 역할을 그만두기를 원치 않았다. 애니의 정상적 삶을 살아가는 자기는 규칙적인 식사와 수면 습관, 가정에서의 책임, 즐거운 활동이 균형을 이루는 일상을 원했지만 일정을 지키기가 거의 불가능했다. 나는 애니와 반복해서 일정을 짰지만 소용이 없었다. 애니의 부분들은 어떤 유형의 구조화도 회피했는데, 이는 방임의 이력이 있는 내담자들이 (대학원 학력과 전문직 경력까지 있더라도) 종종 보이는 현상이다. 조시의 사례는 부분들의 암묵기억과 관점이 한 개인을 지배하고 전전두피질의 기능을 선점해 정상적 삶의 자기를 무력화하면 어떤 일이 발생하는지를 보여주는 또 다른 예다. 성인이 된 자기와 외상과 관련된 부분들을 구별하는 피질의 능력이 없었기 때문에 조시는 자신의 인생이나 자기 자신을 올바르게 바라볼 수 없었다.

조시는 매우 유능하고 직업적인 성공을 거두었으며 인기 있는 40대 남자였다. 동료들에게 존경받고 아내와 딸들에게 사랑받았으며 수요일 밤 함께 농구를 하는 친구들에게 '선택된 일원'이었고, 지성·친절함·겸손·유머를 겸비해 그를 아는 대다수 사람에게 사랑받았다. 때때로 조시는 다른 사람들이 너무도 잘 아는 이 남자를 언뜻 볼 수 있었지만, 그가 다른 사람에게서 끌어낸 긍정적인 반응이 불안과 자기회의를 품고 있는 어린아이 부분을 촉발할 때가 더 많았다. "제가 부적절하고 아무것도 아니며, 심지어 그보다 더 형편없다는 것은 알지만, 저에 대한 긍정적인 면을 받아들이기가 어려워요. 저도 긍정적인 면들이 있다는 걸 알아요. 그런데 믿지를 못하겠어요."

부부를 위한 긍정심리학 주말 모임에 참석한 조시는 자신이 회의적이고 때때로 냉소적이기까지 하다는 점을 알게 되었다.

"너무 비과학적이에요. 자신에게 좋은 말을 하면 기분이 나아질 거래요. 그런데 그렇지 않다면요? 그 말을 했다가 사실이 아니라고 밝혀지는 것을 참을 수 없었어요." 조시가 자신의 어린아이 부분들이 시인하는 부적절함을 넘어서는 무언가를 얼핏 알게 될 때마다 그의 냉소적인 부분은 그 자신에게 어떤 긍정적인 자질도 뒷받침할 증거가 없다는 것을 납득시키곤 했다.

던 또한 어떤 부분의 강렬한 감정과 반응이 자신의 몸을 '장악해' 충동적인 행동으로 이끌 때면 관점이 왜곡되는 것을 발견했다.

던은 열두 살에 위탁양육시설에서 나와 아동정신건강 부처의 주거센터에 보내졌다. 던에게 그건 아무 문제가 되지 않았다. 여태껏 삶은 거의 정상적이지 않았고 안전하지도 않았으며, 항상 그런 건 아니었지만, 주거 프로그램은 안전을 의미했다. 이제 스물두 살이 된 던은 지난 10년 동안 주거센터와 병원을 오가며 보냈으며, 그녀의 만성적인 자해와 섭식장애는 경계선성 격장애의 증상이자 타인을 조종하고 관심을 끌기 위한 행동의 증거로 치부되었다.

던의 정상적 삶을 살아가는 자기가 삶에서 더 많은 것을 원하며 한 걸음 앞으로 내디딜 때마다 눈에 띄는 것, 상처받는 것, 유기되는 것을 두려워하는 부분들이 촉발되었다. 던은 인내의 창이 없었기 때문에 자신의 외상 후 과각성 증상이나 외로움, 정서적 고통을 관리할 길이 없었고, 이로 인해 약물을 찾고 섭식장애를 유발하는 부분들이 그녀의 상태를 바꾸려고 열성적으로 노력했다. 그리고 그런 노력이 효과가 없을 때 그녀의 자해하는 부분은 아드레날린을 분출하며 두려움과 취약성에 대응하기 위해 칼로 몸을 긋곤 했다. 이 부분들이 그녀의 몸을 장악해 상태를 악화시키고 자해로 몰고 갈 때마다 겁에 질린 어린아이 부분들은 안전한 곳은 어디에도 없다고 확신했으며, 이로 인해 투쟁 또는 도피하는 부분은 기능 정지를 위해 다시 공황을 유발했다.

새로 만난 치료자가 구조적 해리 모델의 도표를 보여줬을 때, 던은 정상적 삶의 자기에 대한 설명을 듣자마자 무엇을 의미하는지 알아차리고는 깜짝 놀랐다. "네, 맞아요. 저도 그 부분이 뭔지 알아요! 언젠가는 '여기'에서 벗어나 진짜 집과 내 가족을 가질 거라고 마음속으로 맹세했던 부분이에요. 제가 더 나아지기 위해 줄곧 노력하게 만든 바로 그 부분이죠." 조시와 달리 던은 즉시 자신의 정상적 삶을 살아가는 자기와 동일시했으며, 이름과 목적을 부여하면서 안도감을 느꼈다. 심지어 결국에는 아마도 자신이 정상적 삶을 살 수 있으리라는 것이 현실로 느껴지기 시작했다!

위 내담자들 각각에게는 타고난 강점과 자원을 가진 정상적 삶의 자기가 있다. '정상 상태'를 전혀 몰랐던 던조차 다른 내담자들과 마찬가지로 최고의 자기가 되려는 추동, 타인에 대한 호기심과 연민, 온갖 장애물에도 불구하고 정상적 삶을 살겠다는 결의가 있었다. 세 내담자의 정상적 삶을 살아가는 자기는 모두 의지가 강하고 창의적이며, 본능적으로 본인들에게 '정상적 삶'이 무엇을 의미하는지 알았다. 좌뇌의 정상적 삶을 살아가는 자기들이 이끌 때면 그들은 성격, 정체성, 가치가 명확해졌다. 애석하게도 정상적 삶의 자기는 너무 쉽게 외상을 겪은 부분들과 섞이면서도 그들을 '내가 아닌' 측면으로 간주했기 때문에 우뇌와 관련된 부분들과는 거의 의사소통이나 협력을 하지 못했다. 이 내담자들은 증상과 어려움 때문에 결핍감을 느끼면서, 부분들의 외상과 관련된 암묵기억과 생존방어가 섞이는 것이 자신들의 삶과 정체감sense of identity에 어떤 영향을 끼치는지를 알아채기 어려워졌다.

오히려 각 사람의 내면세계는 전쟁터에 더 가까워지는 경향이 있다. 애니의 정상적 삶을 살아가는 자기는 멋대로 상상해낸 세상 때문에 겁을 집어먹은 부분들과 씨름해야 했다. 정상적 삶을 위해 전혀 해롭지 않고 자연 친화적이어서 선택한 그녀의 집은 부분들이 생각하는 세상과 아무런 상관이 없었다. 애니의 부분들은 그 집이 어린 시절의 트라우마 환경처럼 악의적이라고 믿었기 때문에 그 집의 어떤 것에도 만족하지 않았다. 조시의 지적이고 사려 깊은 정상적 삶의 부분은 어떤 성취나 수용을 통해서도 '보잘것없음'이라는 오점을 지울 수 없다고 확신하는 비판적이고 수치스러워하는 부분과의 갈등 끝에 패배하고 말았다. 던의 정상적 삶을 살아가는 자기는 특수한 프로그램의 안팎에서 문자 그대로 '봉쇄되어' 중독, 자해, 섭식장애 부분들의 폭력성을 당해내지 못했다.

이들 각자가 생의 초기에 경험한 애착외상 또는 혼란애착은 특히나 유기에 대한 두려움과 돌봄을 향한 갈망을 가진 애착을 원하는 부분과 모든 취약성으로부터 스스로를 지켜내겠다고 결의하고 투쟁하는 부분 사이에 강렬한 내적 갈등을 일으켰다. 그 결과 (따돌림에서 인신매매, 노숙자 생활, 성적 학대, 가정폭력에 이르기까지) 모든 종류의 외상사건은 이런 두려움을 악화시키고 부분들의 양극화를 심화시킨다. 두려움, 공포, 수치심이라는 암묵기억을 지닌 부분들은 생존을 위해 도피 또는 투쟁하려는 충동에 이끌리는 부분들을 촉발했고, 그 반대 경우도 마찬가지다. 이 순환은 끝이 없다. 각 부분의 신념체계, 반응성, 방어반응, 감정은 내담자의 역사에서 자신의 역할을 암묵적으로 말해주며 당시에 필요했던 방어반응을 체화한 것이다. 그들의 어린 시절에 대한 의식적인 기억은 아무도 봐주지 않고 사랑받지도 못한 그들이 어떻게 희생당했는가 하는 이야기다. 그러나 이들은 자신이 어떻게 살아남았는지는 말하지 못했다.

조시의 이야기는 그가 어린 시절을 특징짓는 굴욕·가난·학대·방임에서 결코 벗어나지 못하리라는 것, 그가 절대 어디에도 속하지 못할 것이라는 내용이었다. 던의 이야기도 비슷했다. 아무도 그녀를 원하지 않았고 안전했던 적이 없으며 앞으로도 그럴 것이었다. 차라리 죽는 게 더 나을 수도 있다. 이들은 매일의 의식에서만이 아니라 어린 시절의 기억에서도 정상적 삶의 부분이 빠져 있었다. 외상을 입은 부분들의 감정, 충동, 신념에 휩쓸려 각자의 정상적 삶을 살아가는 자기가 자동으로 부분들의 암묵기억과 동일시되었다. 이들 각각은 이 모든 역경에도 불구하고 '계속해서 나아가려고' 의도적으로 만들어낸 삶이 있다는 체감각을 경험하지 못했다. 세 사람 모두 부분들과 섞여 자신이 의식적으로 만들어낸 '외상 후의 삶'이 아니라 어린 시절의 외상적인 삶과 동일시했다.

부분들의 혼란애착과 다른 사람의 인정과 수용을 향한 욕구는 다른 사람에게 의존하는 취약성을 만들어냈으며, 그로 인해 투쟁 또는 도피하는 부분들은 자신이 여전히 이용당하고 학대당한다고 또는 언제든지 그럴 수 있다고 인식한다. 투쟁하는 부분은 그들의 몸, 그들의 진실성, 심지어 그들에게 가장 가까운 사람들마저 공격하여 정상적 삶을 살아가는 자기의 사기를 떨어뜨렸고, 유능함 또는 유능하다고 느끼는 능력 모두에 영향을 끼쳤다. 안전, 안정감, 그리고 외상

후의 삶을 만들어낼 자기와 부분들 사이의 신뢰관계 없이는 셋 중 누구도 균형 있는 시각을 가질 수 없었다. 던은 혼자 남겨져 보호받지 못한 채 소아성애자들의 먹이가 되어버린 내면의 어린 여자아이를 발견했을 때에야 마침내 해 질 녘의 공포와 위험한 행동 사이의 연관성을 이해할 수 있었다. 던은 즉각적으로 보호해줘야겠다고 느껴 작은 여자아이 인형과 인형 침대를 마련했다. 그러고는 "내가 봐주고 돌봐줄게"라고 어린 여자아이에게 말해줄 수 있었다. 그러나 던의 정상적 삶을 살아가는 부분이 매일 밤 어두워지기가 무섭게 겁에 질려버리는 여자아이를 안심시키려고 했지만 정서적인 효과가 전혀 없었다. 이 어린아이 부분과 섞여 유발되는 공황을 완화시키는 유일한 개입법은 음식섭취를 제한하고 술을 마시는 것이었다. 던은 어린 여자아이가 자신의 말을 믿을 수 있으려면 먼저 아이의 친구가 되어주고 신뢰를 얻어야 한다는 것을 몰랐기에 낙담했고, 자신의 우울하고 순응하는 부분과 섞여 노력하기를 그만뒀다.

조시의 판단하고 모욕하는 투쟁하는 부분이 사회적 상황으로 촉발되자, 조시의 전전두피질은 그 정서적 강도를 이겨낼 수 없었다. 수치스러워하는 부분이나 자신이 어디에도 속하지 못했다고 느끼는 부분을 안심시킬 수도 없었다. 조시가 그들과 너무 섞여 있었기 때문이었다. 다른 사람들에게 지지와 지혜가 되는 말을 해주던 정상적 삶의 자기는 정작 자신의 어린아이 자기들과 '함께해줄' 수 없었고, 부분들 역시 그를 찾지 않았다. 수치심을 가진 어린 소년과 열두 살짜리 우울한 부분들은 투쟁하는 부분과 오랜 시간 나쁜 관계로 지내왔지만, 정상적 삶의 자기와는 아예 관계가 없었다. 조시가 그들과 섞여 있으니 어떻게 정상적 삶의 자기가 있다는 것을 알 수 있었겠는가?

352

애니는 부분들과 관계를 맺으려고 노력했지만 부분들에게 하는 말에 어떤 감정도 담기지 않았다. 사실 애니는 자신의 어린 자기들에 대해 너무 많이 느낄까 봐 두려웠다. 부분들의 두려움이나 슬픔을 느끼기 시작하면 감정이 쓰나미처럼 격렬해졌다. 애니의 정상적 삶을 살아가는 자기는 위탁아동과 학생들을 대하는 데 탁월한 재능이 있었고, 그들의 트라우마에 민감했으며, 그들이 자신의 정상적 삶을 살아가는 자기를 찾는 데 도움이 되는 방법을 알았다. 애니는 이웃 알코올의존자 엄마의 자녀들을 더 많이 맡았고 자신이 깨달은 대로 살아남는 방법을 그들에게 가르쳤다. 아이들에게 건강한 간식을 먹이고 숙제를 하게 했고 시간이 지나면서 그들의 학부모 회의에도 참석했다. 10대인 아이들이 언젠가 독립할 때 필요한 모든 기술과 자질을 갖추도록 애니는 그들을 차에 태워 직장이나 학교활동에 데려다주었다. 애니는 나에게 방임의 영향에 대해 중요한 교훈을 주었다. 그들에게 아무런 지원이나 구조가 없었을 뿐만 아니라 (엄마와는 상관없이) 자기 스스로 안전함을 느낄 수 있는 자질을 계발하는 데 아무 도움도 받지 못하는 것을 보면서, 애니는 그들이 도움 없이는 결코 떠날 수 없다는 것을 깨달았다. 자기조절이나 기능에 관한 어떤 기술도 없는 채 혼자가 되는 것은 끔찍했고, 커다란 세상이 더 커 보였다.

하지만 애니는 자신의 부분들을 위해서는 이런 통찰이나 능력에 접근할 수 없었고, 특히 어린 부분들의 감정이나 투쟁 또는 도피하는 부분들의 방어반응에 압도되면 더욱 그랬다. 그 결과 애니는 촉발되면 부분들과 섞여 부분들과의 관계를 구축할 수 없었다. 부분들의 입장에서는 막 도움을 요청하면서 우는데 자기들이 부른 사람이 절규를 듣고도 그냥 가버리는 것이나 마찬가지였다. 부분들은 가장 좋아했던 이모가 집에서 자신에게 어떤 일이 벌어졌는지를 보고도 이모 자신의 삶으로 '가버렸을 때'처럼 버려졌다고 느꼈다. 부분들과 구별되어 분리되는 것을 느낄 수 있게 되자, 애니의 정상적 삶을 살아가는 자기는 (부분들과의 정서적인 연결보다 좌뇌를 통해 부분들을 이해하는 것을 선호하는) 교사라는 전문성을 가진 자기의 도움과 격려를 받으면서 부분들의 감정과 안전거리를 유지했다. 그러나 돌봄이나 친절을 갈망했던 기억을 지닌 부분들에게는 교사가 감정을 드러내지 않은 채 이제 안전하다고 안심시켜주는 말이 안심을 주는 것만큼이나 종종 두렵기도 했다.

집이나 마당을 떠나는 것의 두려움에 관해 이야기하다가, 나는 애니에게 왜 몇몇 보호자 부분이 여전히 '가택연금'(그녀의 광장공포증을 언급할 때 사용하던 표현이다)으로 그녀를 억류하는지 호기심을 가져보라고 요청했다. 나는 애니가 문을 여는 것조차 용납되지 않는 데에는 어린 부분이 두려워하는 것 이상의 뭔가가 있다는 점을 전달하고 싶었다. 정체를 알 수 없는 어떤 보호자 부분이 그녀가 떠나는 것을 막고 있었다. 애니가 겁먹은 부분을 안심시키고 문으로 향하자 몸이 움직일 수 없을 정도로 경직되었다.

애니가 '가택연금'에 들어간 이유를 더 자세히 알아보기 위해 '내면을 향해' 물었을 때 "그들은 어릴 때 널 잡아갔던 사람들처럼 집 밖에 있는 나쁜 사람들을 걱정하고 있어"라는 답변을 들었다.

나 그건 말이 되네요. 그들은 위험한 사람들이었어요. 매우 위험했죠. 당신은 너무 어렸고요. 그런데 지금은 그 사람들로부터 안전하다고 부분들에게 아무도 말하지 않았어요? 당신이 오래전에 그들을 데리고 아무도 찾을 수 없도록 뉴저지에서 멀리 떨어진 이곳으로 왔다는 것을 누가 말해주지 않았나요? 그들과 당신 자신을 위해 당신이 그렇게 했잖아요. 당신이 이름을 바꿔서 아무도 뒤쫓을 수 없다는 것을 그들에게 누군가 말해줬나요? 당신이 지난 40년 동안 이곳에서 일궈낸 삶에 대해 그들이 아는 것이 있나요?

애니 제가 그들에게 말해야 한다고는 생각하지 못했어요. 그들도 그냥 알 거라고 생각했거든요.

나는 그녀가 잘못했다는 점을 부분들에게 전달하는 것이 아니라 부분들이 지금의 상황을 알아야 한다는 뜻으로 말해주는 어조로 그녀에게 이의를 제기했다. "어떻게 그들이 알 수 있겠어요? 그들은 여전히 뉴저지에 있고 여전히 어리다고 알고 있죠. 아무도 그들을 돌보지 않고 누구나 그들을 데려갈 수 있어요. 징그러운 사람들에게 만만한 표적이었던 그들은 여전히 그렇게 믿고 있어요. 이게 그들이 겁먹은 이유예요." 잘못한 게 아니라고 그녀를 안심시키면서(그때 그녀는 그 부분들에 대해 몰랐다), 아이들에 대한 연민에 호소했다. "당신은 몰랐잖아요, 애니. 하지만 그들은 당신이 그들을 그곳에 내버려둔 것처럼 느꼈어요. 당신이 떠난다는 것을 그들에게 말해주지 않았다면, 당신이 그 모든 것에서 그들을 데리고 나왔다고 말해주지 않았다면, 당신이 메인주에 도착했을 때 부분들에게 그들이 어디에 있는지 말해주지 않았다면, 그렇다면 그들은 모르죠!"

다른 날 조시와의 회기에서 남성 동료들과 비즈니스 미팅을 하면서 촉발된 수치심과 실패에 대한 두려움을 이야기하면서 나는 비슷한 질문을 했다. "조시, 그 어린 소년은 자신이 더는 그곳에 살지 않는다는 것을 알고 있나요? 맞지도 않는 큰 옷을 입을 필요가 없다는 것을 알고 있나요? 이제는 아무도 그를 놀리지 않을 것이라는 점을 아나요? 장담하건대 사람들이 당신을 우러러본다는 것조차 모를 거예요! 그는 단지 뚱뚱하고, 맞는 옷이 없고, 다른 남자아이들과 운동을 할 수 없었던 것과 괴롭힘을 당할 때의 수치심만 기억하죠. 당신의 지금 삶이 그에게는 진짜가 아니에요. 오직 괴롭힘만 진짜처럼 느껴지죠."

애니와 조시 모두 어린 시절에 자신의 수치스러워하는 부분들과 동일시하면서 눈에 띄지 않을 수 있었고 가족 내 학대를 최소화할 수 있었다. 생존하기 위해 그들에게는 오랜 세월 그들 내면의 삶과 정체감을 지배했던 판단하는 부분들과 수치스러워하는 부분들과 조건화된 피해억제전략Gilbert & Andrews, 1998이 필요했다. 수치스러워하는 부분이 지닌 망원렌즈를 통해 세상을 보았기 때문에 성인이 되어 자신의 삶에서 이룩해낸 건강한 정상 상태나 사람들이 자신에게 다가온다는 사실을 알아차릴 수 없을 뿐 아니라 통합해내기도 어려웠다. 두 사람 모두 건강하고, 의식적이며, 연민을 갖고, 친절하며, 의미 있는 일을 하려는 타고난 추동이 어떻게 가난, 학대, 사회경제적 수준, 외상후스트레스장애를 이겨내는지를 보여주는 고무적인 사례였다. 물론 두 사람 모두 당장은 자신을 그렇게 바라볼 수 없었기 때문에, 이러한 통찰을 나 혼자만 간직하고는 대신에 수치심을 지닌 부분들에 대해 그들의 호기심과 흥미를 끌어내려고 노력했다. 나는 각자에게 자신의 마음과 영혼을 잃지 않고서 살아남을 수 있도록 도와준 그 부분들에게 고마움을 표현하라고 독려했다.

던은 정신건강 시스템 바깥의 '정상 상태'를 전혀 경험하지 못했기에, 특히나 일상생활을 수행하고 관리해나가는 정상적 삶을 살아가는 자기의 능력에 대해 알지 못했다. 그러나 애니나 조시와 달리 던은 부분들과 분리될 수 있었고 겁먹은 부분을 향해 따뜻한 감정을, 투쟁 또는 도피하는 부분들에게는 존중하는 마음을 가질 수 있었다. 던의 치료팀은 모든 기회를 활용하여 정상적 삶을 살아가는 부분의 징후를 알려주었다. 비록 앞으로 나아가려는 그녀의 시도 때문에 촉발된 부분들이 강력하게 반응해 기복은 있었지만, 그 덕분에 정상적 삶의 자기를 자기 삶의 힘으로 인식하기 시작했다.

현명한 성인의 자원에 접근하기

많은 트라우마 생존자가 끊임없이 촉발되는 부분들의 암묵기억이 전달하는 과거를 현재보다 더 '진짜'처럼 경험한다. 그렇게 되면 부분들은 방임, 학대, 분노, 두려움, 공포를 반복해서 경험하고 수년 또는 수십 년 전에 양육자에 의해 유기되었던 것처럼 정상적 삶의 자기에게 유기당하는 경험을 되풀이한다. 애니, 조시, 던은 이러한 현상을 잘 보여준다.

이 순환을 깨려면 치료자 관점에서 몇 가지 단계가 필요하다. 첫째, 치료자는 내담자의 자동적인 믿음과 습관적인 패턴에 도전하여 자율적으로 활성화된 부분들의 감정 및 추동과 동일시하는 경향을 억제하도록 돕는다.

두려움, 슬픔, 무감각, 멍한 비현실감에 휩싸여 직장에서 막 휴직한 칼라는 매우 흥분된 상태로 치료를 받으러 왔다. 지난 1년의 과정을 설명하는 칼라의 이야기를 들으니 그녀의 정상적 삶을 살아가는 자기가 외상과 관련된 두 부분, 곧 실패를 두려워하는 부분과 그만큼이나 성공하려는 의지가 강한 부분의 지원을 받은 덕에 오랫동안 뛰어난 수준의 기능을 발휘했다는 것이 분명해졌다. 이 팀은 성공적으로 경력을 쌓고 파트너와 장기적인 관계를 발전시킬 수 있도록 이끌었지만, 칼라는 "고무줄과 껌으로 붙여놓은 것처럼 위태위태했다"라고 설명했다. 그 뒤로 그녀의 파트너가 바람을 피웠다. 칼라는 자신이 사는 동네에서 강도를 당했고, 아버지가 사망했으며, 외상 관련 부분들이 활성화되며 정상적 삶의 부분을 완전히 무력화시켰다. "당신이 '내가 아닌' 것 같은 느낌을 받는 게 당연해요. 부분들이 쿠데타를 일으켰어요. 아마 당신이 파트너의 불륜을 알게 된 직후일 것 같아요. 당신을 압도하는 이 감정들은 고통스러워하는 매우 어린 부분들의 것입니다"라고 내가 말했다.

다음 회기에서 칼라가 불륜에 대한 자신의 반응을 엄마를 돌보고 아빠를 달래서 자신의 안전을 지키던 어린 시절과 연관시켰을 때, 나는 그녀의 이야기를 부분의 언어로 바꿔 표현해줬다. "그래서 그 어린아이가 혼자였군요. 엄마를 돌볼 때 도와줄 사람 하나 없고 누구도 아빠로부터 자신을 지켜주지 않았네요. 그 아이가 매우 빨리 자라야 했겠군요, 그렇죠?" 칼라가 곧바로 부분의 언어로 대답했다. "그랬어요. 그 아이는 외로움과 두려움을 느낄 여유가 없었죠. 아무도 돌봐주지 않으니 스스로 자신을 돌봐야 했어요."

"아멜리아가 바람을 피우고 있다는 걸 알았을 때의 기분이 이랬어요. 다시 혼자가 된 기분이었어요."

칼라가 자신의 감정과 부분들에 압도된 것이 걱정된 나는 그녀의 뛰어난 전전두피질과 과학적 배경지식을 활용하여 상황을 해체하기 시작했다. 우리는 스트레스 요인을 세분화하고, 각각에 대한 반응을 구별했으며, 일련의 감정을 그에 맞는 부분들과 연결지었다. 감당하기 벅찬 상황을 작은 구성요소로 나누니 각각을 감당하기가 더욱 쉬워졌다. "그러니 그건 당신의 강력한 정상적 삶의 부분이 받아들이기 힘든 상실이었을 뿐 아니라 이 어린아이에게도 굉장한 충격이었군요"라며 타당화했다. 또 "기억하세요. 배신은 어느 어른들도 매우 고통스럽겠지만, 무엇보다 당신의 어린 부분들에게 최악의 공포를 불러일으켰어요. 아이들은 자신이 하찮고 관심받지 못한다는 느낌에 훨씬 더 취약하답니다. 아이들은 공격을 두려워하는 것 이상으로 버려지는 것을 두려워해요."

칼라 맞아요. 그런데 이 어린 여자아이가 가슴 아파했어도 저는 아멜리아랑 벽을 쌓았어요. '너는 나랑 진짜로 연결되어 있지 않으니까 더는 나를 해칠 수 없어' 뭐 이런 거죠.

나 그 어린 소녀의 마음이 다시 상처받지 않기를 바라는 경호원 부분 같군요! 하지만 제 기억에, 당신의 정상적 삶을 살아가는 자기가 전화를 걸었고 즉시 부부치료사를 찾았던 것으로 아는데요. 그래서인지 벽을 쌓은 게 아니라 그저 관계를 지키기 위해 노력하는 것처럼 느껴져요. 하지만 확실히 누군가가 있죠! 당신이 몸으로 그 벽을 느낀다면, 어떤 부분이 그렇게 하는 거겠죠.

칼라 벽은 여전히 있어요. 무너뜨릴 수 없어요. 해봤거든요. 그런데 제가 그것을 세우지 않았다면 말이 될 수도 있죠.

일주일 뒤 칼라가 좋은 소식을 가지고 돌아왔다. "제가 그 어린 여자아이에 대해 많이 생각하고 명상도 했는데, 그 애 때문에 많이 울었어요. 그게 어땠는지 기억하고 있어요. 전에는 내 커리어에 너무 집중해서 그 아이가 무슨 일을 겪었는지, 얼마나 외로웠을지 생각해본 적이 없었는데, 아멜리아가 불평했던 게 바로 이거예요! (그녀가 아이러니를 알아채고는 쿡쿡대며 웃는다.) 이번 주에 그 여자아이를 잘 보살피고 껴안고 있었더니 벽이 조금, 아주 조금 부드러워지고 있어요. 벽은 제가 그 아이를 보호해주리라는 것을 아직 믿지 않는다고 얘기해요."

칼라가 어린 여자아이와 공감을 느끼는 데는 거의 시간이 걸리지 않았다. 마치 그녀가 이미 알고 있거나 감지한 무언가를 표현할 언어를 누군가가 전해줄 때까지 기다려왔던 것만 같았다. 아이에게 연민을 갖기가 어렵지 않았으며, 명상수련 덕분인지 그 아이 및 보호벽과 연결되어 있다고 느끼는 한편 마음챙김을 통해 관찰하는 자기와의 연결을 체감할 수 있었다. 그 뒤로 몇 주 동안 칼라는 현명한 마음챙김의 자리에서 스스로 치료를 이끌었고 나는 단지 그녀를 지원하고 그녀의 작업에 대해 논평할 뿐이었다. 칼라는 때로는 어린 여자아이와의 관계를 작업하기로 선택했으며, 때로는 명상수련을 통해 리처드 슈워츠2001가 '자기 에너지'라고 부르는 평온함·호기심·수용·중심을 잡는 능력을 강화하기도 했다. 자신의 마음이 점차 열리는 것을 느꼈고, 덕분에 이전에 마음이 얼마나 닫혀 있었는지를 판단 없이 관찰할 수 있었다. "저는 제가 온화하고 배려하는 사람이라고 생각했는데, 다른 사람들은 저를 그렇게 보지 않았을 거예요. 사람들은 제가 업무적으로 거리를 두는 것밖에 보지 못했을 거예요. 그런데 저는 그것을 직업적 성공을 위해 치른 대가라고 합리화했죠."

모든 내담자가 칼라처럼 자신의 부분들에게 즉각적으로 반응하거나 연민 어린 이해심을 갖지는 않으며, 직관적으로 내면가족체계에서 말하는 '자기' 또는 '자기 에너지'라 부르는 '현명한 마음'에 접근하지도 않는다. 예를 들어 칼라는 자신과 자신의 부분들이 경험하고 있는 수많은 고통스러운 생각, 감정, 신체감각과 마음챙김의 관계를 발전시키는 방법으로 명상이 필요하다는 것을 직감적으로 알아차렸다.

다른 내담자들의 경우라면 서술적인 접근방식에서 마음챙김을 통한 이중인식으로 옮겨가는 데만도 수개월이 걸렸을 수 있다. 내담자들은 흔히 치료를 대화로 하는 치료, '속마음 털어놓기' 또는 '쏟아내는 것'으로 여긴다. 물론 특정 부분들도 대화치료에 매달릴 수 있는데 누군가가 자신들의 이야기를 '듣거나' '듣고 믿어주는' 기회를 주기 때문이다. 정상적 삶의 부분들도 일상생활에서 가장 문제가 되거나 가장 촉발하는 사안을 해결하고 '내 것이 아닌' 감정에서 벗어나는 것이 우선이기 때문에 대화치료에 매달릴 수 있다. 연결을 갈망하는 어린아이 부분들은 치료자의 뛰어난 경청과 공감에 위안을 느낄 수 있다. 트라우마나 트라우마와 연관된 감정을 피하는 데 집중하는 부분들은 불평하거나 분석에 집착할 수 있다. 그러나 부분 접근법의 핵심 요소는 마음챙김과 연민 어린 태도로 생각·감정·신체반응을 부분들이 전하는 의사소통으로 알아차리는 것이기 때문에, 작업의 성공 여부는 이야기하는 것에서 알아차리는 것으로 옮겨가는 데 달려 있다. 이야기를 통해 내담자의 이력이나 일상생활에서 부분의 역할이 무엇인지 이해할 수는 있지만, 그 부분이 상처를 치유하거나 안정애착을 '획득'하게 해주지는 못한다. 작은 어린아이가 울고 있다고 생각해보자. 성인이 "어린아이가 울고 있어요" 또는 "내가 울고 있어요"라는 말로 반응한다면, 그 어린아이는 어떤 위안이나 안도감도 느끼지 못할 것이다. 10대가 격분하는 소리를 듣고 "나도 그것 때문에 화가 난다" 또는 "그게 왜 그렇게 나를 화나게 했을까?"라고 말한다면, 청소년을 더 화나게 하는 것 말고 다른 효과는 없을 것 같다. 부분들은 자신들의 감정과 반응을 내담자가 '자신들의 감정'으로 이야기할 때 경청한다.

아이들의 말에 귀 기울이는 것이 애착유대를 형성한다.

모든 아이가 그렇듯이, 신뢰관계를 발전시키려면 누군가 반응해주는 사람이 필요하다. 종종 내담자에게 단순히 부분의 언어를 시도하도록 요청하는 것, 가령 "나는 무서워"를 "나에게 무서워하는 부분이 있어요"라고 바꾸는 것만으로도 고통스러운 감정이 줄어든다. 진정과 이완 효과는 정상적 삶의 자기가 부분들의 불만에 대해, 이들이 드러내는 강도의 바로 위 또는 아래 수준으로 진정 어린 관심을 보이는 어조로 반응하도록 장려할 때 증가한다. "네가 뭔가에 정말 화가 났구나. 무엇 때문에 괴로운 거니? 무엇이 너를 아프게 하니?" 해리된 어린아이 부분들은 당연하게도 고통받는 모든 아이에게 어른들의 도움이 필요하다고 대답한다. 말하자면 걱정스럽게 질문해주거나 '이해한다'는 식으로 대답하고 어린아이의 상태가 '회복'될 때까지 도움이 되는 여러 반응을 시도하는 돌봐주는 사람인 필요하다. 자녀가 있는 내담자는 자신의 어린 부분들을 돕는 기술과 능력에 즉시 접근할 수 있다는 것을 알아차리며, 나는 내담자가 알고 있는 지식을 '이 어린아이'를 위해서도 사용하도록 격려한다.

누구의 감정인가?

내담자가 외상 관련 부분들의 고통에서 성공적으로 회복되는 데 가장 큰 장애물은 부분들과 섞이고 그들의 감정과 동일시하려는 자동적이고 무의식적인 경향성이다. 자신의 감정과 부분들의 감정이 하나의 몸과 마음에서 경험되기 때문에, 내담자들은 부분들이라는 개념을 이해하고 그들을 식별할 수 있고 나서도 한참 동안 '부분의 감정'이 아니라 '내 감정'으로 느낀다. 서로 다른 부분들이 지닌 인지도식과 탈동일시하기도 마찬가지로 어려울 수 있다. 몇몇 내담자의 경우, 머리로는 부분들과 연결된다 하더라도 오랫동안 친숙하고 '진실'처럼 느껴온 신념에 의문을 제기하기가 어렵다. '진실처럼 느껴지는 것'에 의문을 제기하는 것은 내담자에게나 특정 부분들에게 위협적으로 경험될 수 있다. 예를 들어 치료자가 가치·소속감·자격·적절성에 대한 신념에 도전해서 그것들을 부분들이 지닌 외상과 관련한 신념으로 재구성하면, 그런 신념을 지닌 부분들은 불안해할 수 있다. 그 부분들에게 안전은 무가치하거나 자격이 없다는 믿음과 동일시되며, 이 생각은 뒤로 물러서서 눈에 띄지 않고 문제를 일으키지 않으려는 생존습관에 명분을 제공한다. 위험한 세상에서 아이들은 자신이 혼자라고 믿기보다 자신이 나쁘다고 믿기가 더 쉽다. 또 수치심과 자기혐오가 넘쳐날 때 순종하고 수치스러워하며 벌을 받아들이기가 더 쉬워진다.

내담자가 방어반응이나 이것을 창의적으로 사용해 생존에 보탬이 된 부분들을 끌어안도록 돕는 과정에는 두 단계가 있다. 첫째, 섞이는 징후를 관찰하는 법과 분리되는 기술을 익힌다. 다음으로, 부인하거나 폄하하거나 '내가 아닌' 부분들로 치부해 알아차리지 못하게 되는 조건화된 습관을 극복하고, 타고난 연민에 접근해서 이런 어린 부분들을 '가엽게 여긴다'. 여기서 치료자는 내담자가 자신의 부분들을 도우려고 하기 전에 부분들과 섞이지 않도록 이끌어야 한다. 오직 이중인식만이 내담자가 좌뇌 측의 정상적 삶을 살아가는 자기와 우뇌 측의 외상 관련 부분들 간의 '의견 일치'를 이루게 한다. 치료자가 각각의 부분을 내담자에게 설명하면서 호기심과 공감을 키우고, 서로의 차이를 존중하고, 부분들을 위한 팀을 만드는 데 참여하게 하면 변화가 일어나기 시작한다.

제니는 나와 처음 상담하는데도 나를 믿고 싶어하면서, 매 회기마다 계속해서 불쑥 튀어나오는 치료에 대한 불신이나 의문을 무시하려고 애썼다. 나는 명백히 해롭지 않은 뭔가를 말했을 테고 제니는 내가 하는 말에 자신이 긴장한다고 느꼈을 것이다. 또는 제니 스스로가 뭔가 불편해져서 주제를 바꾸려고 한다는 것을 알아차렸을 수 있다. 제니는 자주 나의 진짜 의도가 무엇인지에 대해 생각했다. "선생님이 내게 팔아먹으려는 게 뭐지? 내가 믿어도 될까?" 이런 생각에 빠져 있던 어느 날, 내가 제니에게 말했다. "당신의 어떤 부분들은 나를 믿고 싶어할 것이고 다른 부분들은 믿지 못할 거예요. 나는 그저 그들이 그런 식으로 느끼는 게 매우 자연스럽고 당연하다는 걸 알려주고 싶어요. 내담자들은 내 기분을 상하게 할까 봐 두려워 이런 생각에 대해 말하지 않으려고 하거든요. 그러니 내가 당신의 신뢰를 얻을 때까지 믿지 않으려고 하는 부분이 있다면 안심이에요." 제니는 엄청난 안도감을 느꼈다. 어쨌든 믿기 어려운 것이 '나쁘지' 않을 수 있다는 말이었다. "이렇게 생각해봐요, 제니. 당신이 겪은 모든 일을 생각하면, 당신과 부분들이 나를 믿지 않을 자격이 충분해요. 그에 비하면 내 일은 단순해요. 일부 부분들이 믿지 않더라도 내가 믿을 만한 사람이라는 것을 계속 보여주는 거죠."

내가 '기회균등'의 접근방식을 사용해, 의심 없이 나를 믿어주는 부분들만큼이나 그보다 더 많이 나를 믿기 어려워하는 부분들에게 힘을 실어준다는 점에 주목하라. 내 목적은 치료에 참여하는 데 가장 적합한 부분뿐 아니라, 모든 부분이 갈등이나 관점에 구애 없이 명백하게 환영받는 치료 환경을 만드는 것이다. 나는 또한 제니의 정상적 삶을 살아가는 자기가 부분들의 신뢰를 얻기 위해 지녀야 할 공감과 호기심도 균등하기를 원한다. 정상적 삶의 자기는 신뢰하지 않거나, 협력하지 않거나, 취약성을 허용하지 않거나, 오래된 해결책을 반복적으로 재연하는 부분들에 대해 부정적으로 반응하기보다는 좋은 부모처럼 다음과 같이 질문하는 법을 배워야 한다. 왜 이 부분들은 믿지 않으려고 할까? 왜 협력이 이들의 세계에서 안전하지 않은 것이었을까? 단절된 채로 있는 것, 두려운 상태에 있는 것,

계속 화난 상태에 있는 것이 왜 중요했을까?

안정애착 상태에서 부모는 자신이 직관적으로 이해한 것을 어린 아이에게 반영해준다. "너는 그저 특별하다고 느끼고 싶었구나" "정말 오랫동안 나를 기다리게 했구나. 너무 길었다, 그치?" "그래서 네가 화가 났구나, 맞지?" 아이의 반응에 따라 부모의 다음 반응이 결정된다. "내가 네 기분을 상하게 했구나, 그렇지? 너는 화난 것이 아니라 슬펐구나. 정말 미안해!" 안정애착은 양육자의 말이 아니라 상호조절의 경험을 통해 형성된다Fogel & Garvey, 2007; Hughes, 2007. 아이가 뭔가 고통스럽거나 즐겁다고 느끼면 부모의 신경계, 신체, 감정은 이에 반응한다. 이때 부모는 아이의 감정을 정확히 이해한 뒤 말로 표현하여 그 의미를 어린아이에게 다시 전달하며, 아이는 진정되거나 조절곤란이 생기거나 무반응하게 된다. 이번에는 어린아이의 반응이 부모를 차분하게 하거나 조절곤란을 야기하거나 혼란스럽게 또는 좌절하게 만든다. 다시 부모는 조율과 회복을 위해 또 다른 시도를 하며, 어린아이는 이것에 긍정적으로나 부정적으로 반응할 수 있다. 조율된 공동조절을 통해 부모는 어린아이의 감정에 수용적인 태도를 유지하고서 조율이 이루어질 때까지 회복을 위한 시도 각각을 개선하기에 충분할 정도로 자신의 조절곤란이나 좌절을 잘 관리할 수 있다. '조율'의 순간, 곧 어린아이와 부모 모두 이완된 평온함에 깊이 빠지는 순간, 어린아이의 작은 몸이 부모의 성숙한 몸에 녹아드는 순간, 둘 다 서로를 응시하며 웃는 순간은 양쪽 모두에게 더없는 행복으로 다가온다. 무엇보다 안전함을 느낀다.

인간의 두뇌와 신체에서 안전감은 신경생물학적으로 사회적 관여 또는 얼굴 근육, 눈과 눈꺼풀의 움직임, 후두와 중이, 머리와 목을 기울이거나 돌리는 움직임을 관장하는 배측 미주신경계와 연관된다Ogden et al., 2006; Porges, 2005. 조율된 공동조절은 이 체계에 달렸으며, 이것의 가용성은 다시 '위험 대 안전'을 감지하는 신체의 신경지 neuroception에 달렸다. 내담자들이 "여기서는 안전하다는 느낌이 안 들어요"라고 말한다면 이들은 신경지, 다시 말해 자신의 과거 경험을 토대로 무언가 문제를 감지했다는 '육감'을 말하는 것이다. 내담자들이 "여기서는 완벽하게 안전해요"라고 말한다면, 그 말의 의미는 '나는 신경을 통해 여기서 어떤 위험도 감지하지 못한다'다. 신경지는 머리로 하는 평가가 아니라 생리학적 반응이기 때문에 전전두피질에 의한 평가에 우선한다. 예를 들자면 "여기가 안전하다는 것은 알겠어요. 하지만 확실히 그렇다고 느끼지는 못하겠어요"와 같다. 외상을 겪은 개인이 "여기서는 안전해. 그렇게 느껴져"라는 것을 확신하기 위해서는 환경에 대한 정확한 평가와 함께 편향되지 않은 신경지가 필요하다.

그러나 외상에 의해 편향된 신경지를 재구성하여 내담자가 안전한 환경을 '안전한' 것으로 경험하게 하는 것은 외상을 입은 부분들과의 애착유대를 형성하지 않고는 불가능하다. 자신을 보호할 수 없어 돌봐주는 사람에게 의존해야 하는 어린아이들에게 애착은 안전과 마찬가지다. 부분들이 조율이라는 회복의 순간 없이 애착실패나 애착외상의 비언어적 암묵기억을 지니는 한, 정상적 삶의 자기는 계속해서 침습적인 불안·불신·외로움·분노·과각성을 경험하거나 정서를 차단하면서 생활을 위한 활동이 제한된다. 안전함이 진정으로 느껴지려면 소외되고 억압된 부분들을 진정으로 끌어안아야 한다.

세라는 구조적 해리의 명백한 징후가 전혀 없었다. 직장생활에 문제가 없었고, 파트너, 강아지 두 마리와 함께 안정적이고 만족스러운 생활을 하고 있었다. 또 2년 전 EMDR 치료를 받은 이래 PTSD 증상도 많이 감소했다고 했다. 세라가 지금 내 사무실에 있는 이유는 무엇일까? 그녀는 자기 인생에 남은 한 가지 문제를 이렇게 설명했다. "집에 혼자 있을 때나 직장에서 스트레스가 심할 때 불안, 아니 공포에 가까운 것이 종종 엄습해요. 그러면 저는 몸을 웅크린 채 그것이 끝나기만을 기다려요. 그런데 제가 무엇을 기다리는지 모르겠어요." (나는 귀가 번쩍 뜨였다. '혹시 어린아이 부분인가? 여전히 외롭고 두려워하는?') 세라는 첫 번째 회기를 마치고 일어서다가 잠깐 멈칫하더니 "잃어버린 영혼을 되찾을 수 있다고 믿으세요?"라고 질문했다. 나는 그녀와 내가 같은 이야기를 한다는 것을 감지하고는 미소 지었다. "그럼요. 그게 치료의 전부죠. 우리 내면의 잃어버린 아이들을 되찾아 안전한 곳으로 데려가는 것이죠." 세라도 미소 지었다. 나는 암묵적인 이해가 이루어졌다고 느꼈다. 부분들이 세라가 아니라 나를 인터뷰했고, 나는 그들의 이야기를 들어주고 환영했다.

사건기억을 처리하는 모든 작업을 마쳤음에도 불구하고 세라는 특정 부분이 지닌 좀체 사라지지 않는 암묵기억은 전혀 다루지 않았다. 그녀는 자신이 조각나 있다는 것을 인식하지 못했고 겁먹은 부분의 공포를 촉발하는 충족되지 못한 애착욕구에 대해서도 알지 못했다. 단지 세라는 자신이 영혼을 되찾는다는 개념에 강하게 끌렸다는 사실과, 겁먹은 부분이 전달하는 것을 통해 그녀 안에 숨어 있는 부분들을 어렴풋이 알 수 있을 뿐이었다. 나중에 마침내 그들을 알게 되어, 그들의 공로를 치하하며 영예로운 손님으로 맞이하고 그들이 내면에서 안전함을 느끼게 했을 때, 세라는 자신과 그들의 관계를 가장 소중하게 여기게 되었다.

세라는 더 잘 이해하기 위해 자신이 그린 부분들의 그림을 설명하면서 "그들을 막대 인간이 아니라 입체로 그렸어요. 이제 그들은 저에게 진짜이고 저도 그들에게 진짜랍니다. 우리는 그림을 통해 서로를 볼 수 있어요." 세라는 안전하지 못했으며 부모가 화났을 때를 제외하고는 눈에 띄지 않았던 어린아이였다. 하지만 치료의 막바지 단계에서 마지막으로 그린 그림에서 어린아이 부분들은 연극무대에 서 있고, 정상적 삶의 자기인 세라는 객석에 앉아 미소 지으며 지켜보고 있었다. 성인이 무대 위의 아이들을 다정하게 바라보면서 그들의 노고에 기쁨과 고마움을 전할 때, 아이들은 편안하고 두려워하지 않으며 남의 시선을 걱정하지 않는 것처럼 보였다.

강점을 가진 자리에서 부분들에게 다가가기

세라는 성인이 된 뒤로 어린 동료들을 '거두며' 개인적으로나 전문적으로 보살피는 능력이 뛰어났다. 조시의 강점 또한 어리고 취약한 존재, 특히 자신의 어린아이들과 조율하는 능력이었다. 던은 친구들이 다른 사람에게는 말할 수 없는 문제를 가지고 찾아오는 사람으로 알려져 있었으며, 병원에서 퇴원한 뒤로 동물보호소에서 자원봉사했다. 애니의 주방은 힘겨워하는 친구들과 가족, 다친 동물, 폭력적이고 방임하는 가정에서 온 위탁아동의 안전한 피난처였다. 던은 본능적으로 정확히 자신이 어린아이였을 때 필요했던 것을 제공해주었다. 새 운동화나 학용품부터 숙제를 도와주거나 힘들 때 기댈 수 있는 어깨를 내어주는 것까지, 자신이 필요한 것을 말할 줄 모르거나 수치심이 너무 심해 요구할 줄 모르는 사람들에게 조용히 주었다. 세라는 기관에서 일을 시작하기 전에 교육자였고, 애니는 중학교 교사였으며, 조시는 YMCA에서 도시 빈민가 아이들을 위한 농구 리그에서 11~12세 소년들을 지도하는 병원 관리자였다. 이제는 그들이 다른 사람들에게 베풀었던 자원을 자기 자신의 어린 부분이나 청소년기 부분들에게 제공할 차례였다. 그들은 부분들과 분리되어 알아차리고, 공감하고, 내적 대화에 참여하는 법을 배움으로써 한 단계 더 나아가 수용·편안함·인정·지원과 같은 회복의 경험을 부분들에게 줄 수 있었다.

　내담자가 어린아이를 돌보는 방법이나 그들에게 무엇을 말해야 할지, 어떻게 다가가야 할지를 모른다고 이의를 제기하더라도 치료자는 각 내담자가 자신에게 필요한 모든 자질에 접근할 수 있다고 확신해야 한다. 사람은 누구나 선천적으로 호기심이 있고, 타인을 돌보며, 연민과 창의성을 발휘할 수 있고, 어린 부분들이 과거 어른에게서 받고자 했던 모든 자질을 지녔다. 내담자의 삶에는 정상적 삶의 자기로 살아가면서 이러한 능력을 꽃피운 영역이 종종 있다. 조시는 여러 가지 역할을 감당하면서 공감, 조율, 인간관계, 확신에 찬 용기가 필요할 때 자신의 자질을 활용했다. 조시는 아버지였고, 직장생활을 하면서 다른 사람을 변호하는 데 중점을 두었고, 자녀들이 속한 스포츠팀의 코치로 자원봉사를 했으며, AA(알코올중독방지회) 후원자였다. 나는 조시가 맡았던 역할들을 보면서, 그가 자신의 부분들을 위해 '곁에 있어주는 데' 필요한 모든 자원을 갖췄다고 확신했다. 엄마이자 위탁모일 뿐 아니라 교사였던 애니에게는 이렇게 도전했다. "애니, 열서너 살 된 학생들이 교실에서 말썽을 피울 때에는 어떻게 했나요? 아무도 당신 말을 들어주지 않고 듣지도 못할 때는요? 그냥 무시하고 넘어가려고 했나요, 아니면 뭐라도 했나요?"

애니는 재빠르게 대답했다. "애들을 무시할 순 없었어요. 그랬다가는 대혼란이 일어났을 거예요! 분위기를 되돌려놓아야 하니까 애들의 주의를 다른 데로 돌리는 활동을 했어요. 아니면 이제 차분히 있을 시간이라는 메시지가 전달될 때까지 말하기를 멈추고 바라보기만 했어요."

"애니, 정말 흥미롭군요! 저는 당신이 부분들에게 그런 창의적이고 안정적인 체계를 보여주는 것을 본 적이 없어요. 교실에서도 체계가 중요하겠군요, 그렇죠? 잠시 당신의 부분들에 대해 생각해보죠. 마음속에 교실이 있다고 상상해보세요. 그런데 한 교실에 모든 연령대의 아이들이 다 있어요. 8학년 교실보다 더 복잡할 거예요!" 그 즉시 애니는 정상적 삶의 자기가 되었고, 부분들이 모인 내면의 가족이 아이들로 가득한 교실이라면 어떻게 할지 곰곰이 생각했다.

정상적 삶의 자원에 접근하기

정상적 삶의 부분이 부모나 양육자라고 한다면, 치료자는 그런 역할에 관한 내담자의 풍부한 지식을 활용할 수 있다. 나는 자녀가 있는 내담자에게 이렇게 묻는다. "아이들이 화가 났거나 겁에 질렸을 때 당신이 무시해버린다면 어떻게 되나요?" 대답은 항상 이렇다. "애들이 더 화를 내겠지요. 그러니 무시할 수가 없어요!" 그러면 나는 이렇게 말한다. "맞아요, 당신 말이 전적으로 옳아요! 그리고 당신의 아이들과 마찬가지로 내면의 이 어린아이 부분들도 당신이 무시해 버리려고 하면 더욱 겁을 집어먹겠지요. 만약 그 부분들이 친자식이라면 어떻게 하시겠어요?" 만약 내담자가 관리자이거나 경영인이라면 이렇게 요청한다. "당신이 관리하는 사람들이 업무에 최선을 다할 수 있게 하려면 무엇을 해줄 수 있을지 생각해보세요.""당신에게 보고할 사람 중 한 명이 이러한 불안으로 어려움을 겪고 있다면 뭐라고 말해줄지 상상해보세요."

어린 시절의 트라우마와 초기 성인기를 특징짓는 일련의 위기에도 불구하고 정상적 삶을 살기로 결심한 레이철은 입원 기간 사이에 대학교육을 마치고 결혼을 했지만, 대학원 과정의 중반쯤에 갑자기 부분들이 그녀를 장악하면서 일상생활을 수행하는 능력을 다시 빼앗았다. 레이철의 치료자는 이런 위기에 특정한 패턴이 있음을 알아차렸다. 밝고 야심만만한 레이철은 피할 수 없는 촉발자극에도 불구하고 마침내 안정적인 위치에 도달한 것처럼 보일 때까지는 학업과 직장생활을 잘했다. 하지만 이처럼 안정적인 위치에 도달할 것 같은 순간이 부분들에게는 반란의 조짐처럼 보였다.

레이철이 뒤처지는 것을 두려워한 것인지 성공해서 결과적으로 사람들의 눈에 띄는 것을 두려워한 것인지는 분명치 않았지만(이 두 가지는 외상을 입은 부분들에게 흔한 촉발자극이다), 분리되는 법을 배우고 나자 또 다른 주제가 등장하는 것이 보였다. 레이철이 자신감이 생기고 걱정하지 않아서 일어날 일을 두려워하는 어린 부분이었다. 레이철은 친구가 되어주는 네 가지 질문을 통해(부록 F를 보라) 이 어리고 불안해하고 무력한 부분이 한때 아빠의 분노로부터 자신을 보호하는 데 중요한 역할을 했다는 사실을 발견했다. 레이철의 아빠는 어린 딸이 자신만만하고 자부심 있고 자신과 대치할 때마다 분노를 폭발했지만, 레이철이 무력하고 자신감이 없는 상태가 되면 태도가 누그러졌고, 위협을 느끼지 않을 때는 딸을 학대하지 않았다. 그 결과 레이철의 내면은 정상적 삶을 살아가는 강인한 자기 및 자부심이 있고 화난 부분들과 그녀의 생존과 적응을 도왔던 무력하고 자신감 없고 겁에 질린 부분들로 나뉘었다. 강인하고 자부심 있는 쪽은 레이철의 열정과 추진력을 지지했지만, 자신감 없고 겁먹은 부분들은 그녀의 성공을 위협으로 받아들였는데 그것이 그들에게는 폭력과 거절을 유발할 것이기 때문이었다.

양쪽 모두에게 필요한 것은 한결같은 내면의 존재, 다시 말해 어린 부분들을 향해 연민 어린 마음을 품고 어린 부분들이 극단적이거나 조절되지 않는 방식으로 감정을 분출하고 매달리거나 판단하는 부분들이 화가 나서 혹평할 때에도 자기 입장을 고수할 수 있는 존재에 대한 감각이다. 요가, 달리기, 강아지 돌보기, 친구들과 어울리기 등 성인이 할 수 있는 특정 활동은 이러한 한결같은 내적 존재에 대한 느낌을 제공해준다.

레이철은 엄마가 해주지 않았던 방식으로 자신의 부분들과 '함께 있어주는' 첫걸음으로, 퇴근 후 저녁시간에 요가 수업에 참여하거나 강아지와 산책하며 시간을 보내기로 마음먹었다. 어린 부분들은 퇴근 후에 집에 가거나 자고 싶어했지만 레이철이 일관되게 지켰던 단순한 결심이 안정감을 주고 취약성을 줄여줌으로써 모든 부분에게 도움이 되었다.

레이철을 비롯한 여러 내담자가 힘겨워하는 것은 부분들이 안전함을 느끼고 정서가 진정되려면 연민이 필요하다는 지점이다. 호기심은 내측 전전두피질을 활성화하고 부분들의 정서나 자율신경계의 각성을 조절함으로써 마음챙김을 위한 약간의 거리를 만들어낸다. 정상적 삶의 자기를 위한 자원을 키워가는 것 또한 어린아이 부분들의 암묵기억과 성인의 자질을 구별하는 능력에 보탬이 된다. 그러나 '관찰하는' 정상적 삶의 자기가 부분의 감정에 마음 아파할 때, 연민과 더 깊은 유대를 체감할 때면 심리적 거리가 줄어들고 다른 부분들이 끼어들거나 고통스러운 감정이 범람할 가능성이 커지면서 이중인식을 상실하는 결과를 초래한다. 이때 치료자는 신경계를 조절할 뿐 아니라 부분들을 향한 헌신과 연민을 전달하는 데 도움이 되는 몇 가지 단순한 신체적 개입을 제안할 수 있다Ogden & Fisher, 2015.

- 어린 부분들이 불안해하거나 괴로워할 때 내담자에게 심장이나 가슴, 또는 어린 부분들의 슬픔이 느껴지는 신체 부위에 손을 올려두도록 요청하면 대다수 내담자는 진정 및 조절 효과를 보이며, 해당 부분들에게 "괜찮을 거야. 내가 널 위해 여기에 있어"라는 신체적 메시지를 전달할 수 있다. 이 단순한 개입은 자기소외 그리고 내가 아니라고 여기는 부분들을 거부하는 습관보다 깊은 지점까지 도달한다. 대다수 부분에게 전혀 위협적이지 않으면서도 종종 내담자가 여태껏 자신의 어린 자기들을 향해 가져보지 못했던 보살핌을 전해준다.
- 부분들 간의 격렬한 내적 갈등이나 압도적인 감정기억 때문에 조절이나 현재에 머무르기가 어려울 때, 치료자는 내담자에게 마치 큰 비치볼을 잡거나 어린아이를 안으려는 것처럼 팔을 벌

려 큰 원을 만드는 실험을 해보자고 요청할 수 있다. 나는 내담자가 감정에 압도되어 힘들다거나 내적 투쟁이 너무 심해 수용하기 어렵다고 호소할 때까지 이 기술을 소개하지 않고 기다렸다가 "이해해요. 때로는 이 모든 감정이 너무 커서 한꺼번에 담아내기는 어렵죠"라고 말해주면서 이 실험을 해보자고 제안한다. "부분들을 다 담을 만큼 충분히 큰 저장소를 만들면 어떤 일이 일어나는지 볼까요? 부분들의 모든 감정, 모든 관점, 모든 신념, 모든 필요를 담을 수 있는 저장소를 만드는 거죠." 이러한 제스처는 부분들에게 가슴을 열고 "모두 환영합니다. 아무도 소홀히 하지 않을 거예요"라는 신체적인 메시지를 보낸다. 이때 부분들은 대개 안도의 한숨을 내쉰다. 그들은 그들 모두를 둘러싸면서도 각자를 위한 공간을 만들어내는 팔을 감지하면서 '모두가 함께한다는' 신체감각을 느낄 수 있다.

어린 부분들을 보호자의 '날개 아래' 두기

애니는 어린아이 부분들의 고통을 머리로 이해하는 것을 넘어 감정적으로 느끼려고 할 때마다 번번이 감정에 압도당했다. 그 경험은 때때로 너무 갑작스럽고 강렬해서 거의 숨을 쉴 수 없을 지경이었다. 애니가 매우 방어적으로 투쟁하는 부분들과 충분히 분리되어 취약한 어린 부분에게 관심을 갖고 다가가면 모든 부분이 해를 입을까 봐 두려워하는 느낌도 종종 들었다. 레이철 또한 부분들의 고통스러운 감정, 부정적인 생각, 그리고 두통·현기증·피로감 등 신체적 불쾌감 때문에 부분들을 식별하는 것을 넘어 정서적으로 관계 맺기가 어려웠다. 레이철은 정상적 삶의 자기와 부분들의 강력한 반응을 구별하기 위해 부분들과 분리되는 기술을 사용할 수 있었지만 다음 단계로는 나아갈 수가 없었다. 마치 정상적 삶의 자기와 외상과 관련된 부분들을 갈라놓는 벽이 있는 것처럼 부분들과 정서적으로 연결될 수 없었다.

세라도 부분들에게 연민과 애정을 담아 말하고 그들을 이해한다고 머리로는 표현할 수 있었지만, 부분들에게 차분함·강점·자신감·명료함을 안전함과 공감적 이해로 체감되게끔 전달해주는 것은 어려워했다. 애니와 세라에게는 한편으로 어떤 부분을 인식하고 그 딜레마를 인정해주는 것과, 다른 한편으로 연결의 체감각이 충분한 상태에서 그 부분을 감정적으로 만나는 것 사이에 중간단계가 필요했다. 마찬가지로 중요한 것은 이 중간단계가 어떤 식으로든 애착 지향적이거나 애착형성과 관련되어야 한다는 것이다.

나는 세라가 안전거리를 두고서 부분들과 관계를 맺는 것에 대해 부정적인 말은 하지 않으면서 '세라가 그들을 보호해야 할' 필요가 있다고 얘기했다. "당신은 어떤 부분이 촉발되는지 알아차리고 정상적 삶을 살 수 있도록 자원을 보태는 부분들에게 고마움을 전하는 일을 아주 훌륭하게 하고 있어요. 그런데 우리가 아직 다루지 않은 게 한 가지 있는데, 고통을 겪는 어린 부분들이 겁에 질리면 어떻게 당신의 날개 아래 거둘 것인가 하는 것이죠. 당신도 알다시피 부모나 조부모, 고모, 삼촌 할 것 없이 그 애들을 보호해주는 존재가 아무도 없었잖아요." 나는 '날개 아래'라는 말을 할 때마다 누군가를 내 팔 아래에 감싸서 보호하듯이 오른팔을 뻗었다. 세라의 어린 부분들에게 '날개를 내어주는 것'이 무슨 의미인지 더 얘기하는 동안 나는 세라에게 나처럼 하라고 요청하지는 않은 채 계속해서 팔을 쭉 뻗고 있었다. "그 애들은 너무 많은 걸 두려워해요. 그런데 두려워하지 않고 반응하는 아이가 하나 있어요. 그리고 그 애는 내가 어릴 적에 자기가 무모하게 행동했던 모습을 보여주면서 그들을 더욱 촉발시켜요."

나 음…… 그 애가 더는 그렇게 용기를 낼 필요가 없도록 당신이 겁먹은 부분들을 날개 아래 품으면 그 애에게도 도움이 될까요? 아니면 그 애도 날개가 필요할까요?

세라 (얼굴이 밝아지며) 그 애도 날개가 있으면 좋을 것 같아요! 겨우 일곱 살이거든요. 그 나이에 그렇게까지 용감할 필요는 없잖아요.

다른 여러 내담자와 마찬가지로 세라는 어떤 부분과는 연결되었다는 것을 체감했지만 다른 부분들, 아마도 어렸을 때 부인해야 했던 부분들과는 가까워지기가 더 어려웠다.

나 오, 좋아요. 그 애를 잘 아는군요, 그렇죠? 정말로 그 애를 '이해'했군요! 당신이 한순간이라도 그 애를 측은하게 여겼다면 그 애는 많이 창피했을 거예요. 그러니 그 애를 '이해한' 당신 안의 그곳에서 그녀에게 날개를 주세요.

세라 (아이에게 말한다.) 너도 알지? 넌 정말 대담한 꼬마였어! 나라면 무서워서 그렇게 높은 나무에 오르지 못했을 거야. (웃음) 그 애가 자기처럼 저도 엄마를 무서워하지 않아야 했다고 말하네요! 그래서 나무에 올라갈 용기를 가질 수 있었대요.

나 당신이 이제 그때의 엄마만큼 나이가 들었다고 말해줄 수 있겠네요. 그 애는 아마 모를 거예요. 당신이 어른이 되었으니 이제 이야기가 달라지죠. 그 애가 당신이 소리치고 위협하는 사람들로부터 자기를 보호해주길 원하는지 살펴보세요. 무서운 사람들이 가까이 오면 당신의 날개 아래에서 보호하겠다고 말해주세요. 물론 그 애가 원한다면 말이죠.

세라 그 애가 좋아하네요. 그리고 제 날개가 자기가 숨을 만큼 큰지 물어봐요.

나 정말 똑똑한 아이군요. 그래서 뭐라고 말해주셨어요?

세라 "물론 크고말고! 어서 여기에 숨어"라고 말해줬어요. (세라는 마치 그 어린 소녀가 소파 옆자리에 앉은 것처럼 다정하게 내려다보면서 미소 지었다.) 그거 알아요? 난 그 애가 너무 자랑스러워요. 그 애가 정말 용감했고 내가 당당히 살 수 있도록 도왔다는 것을 알겠어요.

나 그 마음을 전해주세요. 당신의 감정과 몸을 통해서요. 그 애는 매우 특별하죠. 그리고 그 애도 그 사실을 알 필요가 있어요.

세라의 유머, 따뜻함, 성인으로서의 현실적인 자질은 그녀의 어린 말괄량이 부분에게 딱 필요한 것이었다. 이 어린 소녀를 향해 강렬한 자부심과 부드러움이 밀려드는 것을 느끼며 세라는 놀랍고 가슴이 따뜻해졌다. 세라의 자부심과 따뜻함이 내장을 통해 느껴지는 것이 겁먹은 부분들의 만성적인 불안과 무력감에 해독제처럼 작용하는 듯했다. 특히 과감한 어린아이 부분의 정서는 덜 압도적이었으므로, 세라는 정상적 삶의 자기를 중심에 두고 지내면서도 그 아이와 정서적으로 가까워질 수 있었다. 이 아이에게 '날개'를 제공하는 것은 양측 모두에게 위협적이지 않으면서 이 두려움 없는 어린 자기조차 갈망했던 안전감을 전달했다.

자신의 부분들과 섞여 정상적 삶의 자기가 성인기에 습득한 안목·정보·능력과의 연결이 끊어지면 내담자들은 자신의 부분들을 돌볼 수 없고, 결정을 내릴 자신감을 느끼지 못할 것이며, 자신에게 안전함을 만들어낼 능력이 있다고 확신하지 못하고, 부분들로부터 두려움이나 혐오 외에 다른 어떤 것도 느끼지 못하리라는 점을 명백한 사실처럼 느낀다. 외상을 입은 부분들의 견해가 반영되면 '내가 절대로 할 수 없는 일' 목록이 늘어난다. 하지만 내담자의 정상적 삶을 살아가는 자기가 마음챙김을 통해 이중인식이 가능하다면, 어린아이 자기에게 기꺼이 '날개를 제공'할 의향이 있는가 하는 질문은 내담자에게 위협적이지 않은 이미지를 불러일으킨다. 노력이나 믿음이 필요치 않은 행동을 묘사하는 무해한 표현으로 구별과 보호를 동시에 전달한다. 더 좋은 것은 (취약성과 관련된 언급이 있을 때마다 흔히 친절함이나 연민을 맹렬하게 거부하면서 끼어드는) '다른 부분들을 싫어하는' 판단하는 부분들이 '날개를 제공'한다는 말에 반대하지 않는 것인데, 그들도 종종 '돌봄'이나 '보살핌'이라는 말을 사용하기 때문이다. 치료자가 팔을 날개처럼 벌리는 것이 투쟁 또는 도피하는 부분들을 위협하는 경우는 거의 없으며, 도움이 필요한 누군가에게 날개를 내어주기가 얼마나 쉬운 일인지 보여준다. 신체적 의사소통은 누군가를 자신의 날개 아래 품는다는 것이 무엇을 의미하는지 논의하거나 분석할 필요 없이 접촉과 위안을 갈망하는 어린아이 부분에게 직접 전달된다.

애착유대는 신체 경험을 통해 형성된다

유년기의 안정애착 형성은 항상 '세부적인 것에서', 곧 아기를 안고, 다가가고, 살살 흔들고, 먹이고, 달래고, 응시하는 방식에서 출발한 다Ogden et al., 2006. 애착유대는 몇 주, 몇 달, 몇 년에 걸쳐 작은 신체적 교류가 반복되면서 유기적으로 발달한다. 애착 경험에 대한 언어적 의사소통은 발달 후반기에는 나타나지 않는다. 부모가 팔을 뻗으며 "위로?"라고 말하면, 아기와 유아는 단어가 아니라 몸짓에 반응해서 팔을 들어올린다. 팔은 아동기에 안전, 불안정함, 위협을 전달하는 강력한 매개체다. 부모가 손을 내미는지 마는지 여부와 손을 뻗는 방법, 곧 팔이 축 늘어져 있거나, 내키지 않아 미적지근하거나, 위협하기 위해 쓰이거나, 근육이 긴장되는 방식 등은 부모의 포옹이나 친밀감 표시가 아동에게 어떻게 경험되지는를 결정한다Ogden et al., 2006. 이와 같은 신체적 의사소통은 어린아이 부분들의 획득된 안정 애착을 키워가는 데에도 적용할 수 있다.

'거기' 말고 '여기로' 부분들을 초청하기

트라우마 치료의 초기 모델과 달리 내적 애착 작업의 초점은 '거기'가 아니라 '여기'에 있다. 초기 외상 경험을 다시 살피기보다는 정상적 삶의 자기가 어떻게 '현재에 머무를 수 있는지'에 관심을 집중하는 것이다. 이를 통해 외상사건과 거리를 둔 채 지속해서 발달해온 내담자의 일부가 과거의 중대한 '누락된 경험'을 채워줌으로써 과거를 복구하는 데 기여할 수 있다Kurtz, 1990; Ogden & Fisher, 2015. 방임, 트라우마, 공포스러운 양육은 해롭고 부적절한 경험일 뿐 아니라 아동이 안전하다고 느끼는 데 결정적인 긍정적 경험의 상실마저 초래한다. 세라의 날개 아래 있다는 감각, 그녀의 자부심과 보호를 느끼는 것, 가혹한 말이나 공격에 맞서는 게 아니라 긴장을 푸는 느낌은 세라의 부분들에게 어린 시절 상실한 정서적·관계적·신체적 경험을 제공했다. 정상적 삶을 살아가는 부분의 날개 아래서 애착을 원하는 부분은 누군가와 '함께' 있다고 느낄 수 있었고, 수치스러워하는 부분은 '보잘것없다'는 자동적인 느낌에 이의를 제기하는 세라의 자부심을 느낄 수 있었으며, 두려움 없는 어린아이 부분은 자신이 존중받으며 사람들의 눈에 띈다고 느낄 수 있었고, 보호자 부분들은 긴장을 풀 수 있었다.

누락된 경험을 제공하는 것이 물론 실제 사건이나 행사를 포함하지는 않는다. 시간을 되돌려 아기를 안아줄 어른을 보내줄 방법은 없다. 다섯 살짜리 부분이 등교 첫날로 돌아가 자기 손을 잡아줄 누군가를 만나기란 불가능하다. 그러나 다섯 살짜리 어린 자기와 정서적·신체적으로 체감되도록 연결된 다음 아이가 꼭 가졌어야 하는 경험의 정서적·신체적 구성요소를 가져와서 이미지를 통해 그 경험에 대한 체감각을 재현하는 일은 가능하다. 누군가 나보다 더 큰 존재가 옆에 있다고 감각하는 것, 따뜻함과 견고함을 느끼는 것, 아이의 작은 손을 잡은 커다란 손을 상상하는 것, 그 감정과 감각을 알아차리는 것을 통해서 말이다. 치료자의 도움을 받아 아동과 성인 모두를 이중인식하고 구별하면, 각각은 상대의 경험과 원초적·정서적으로 연결되며 그 경험을 다시 반영해준다. 각자가 상대의 마음을 헤아리는 것이다. 큰 자기가 옆에 있는 어린 소년을 느끼는 것은 어떤 것일까? 큰 자기가 손을 내밀 때 어린 소년에게 어떤 일이 일어날까? 작은 손은 큰 손 안에 있을 때 어떻게 느낄까? 아이가 자신의 몸에 기대면 어떤 느낌이 들까? 어린 소년의 손을 잡으면 기분이 매우 좋다는 말을 들으면 아이는 어떻게 될까?

엘리자베스는 조용하고 사려 깊게 치료자에게 말했다. "아시다시피 저는 제가 좋은 가정에 태어난 나쁜 아이라고 생각했어요. 제가 '나쁜 아이'라는 것이 문제라고 생각했죠. 이제 (얼굴을 들고는 치료자와 눈을 맞춘다.) 내가 잘못된 가정에서 태어난 바른 아이였다는 것을 알아요."

엘리자베스는 어린 시절 내내 '바른 아이'라는 느낌을 경험하지 못했다. 하지만 이 경험을 하고 나자 자신과 같은 어린아이에게 원가족이 얼마나 '잘못했는지' 알게 되었다.

자신이 어디에도 속하지 않는다는 엘리자베스의 믿음은 진실이 아니었다. "물론 저는 어디에도 속하지 않았어요! 정말 다행이지 뭐예요. 그들은 제가 속하고 싶은 사람들이 아니었거든요." '지금 이 순간'의 관점을 유지하면서 엘리자베스는 부분들을 이야기에 포함시켰다. "부분들은 이제 저에게 속해 있어요. 제가 제 아이들에게 좋은 가족이듯이 저는 부분들에게도 좋은 가족이에요."

나 내적으로 언제나 소속감이 없고 잘못됐다고 느끼던 부분과 연결될 수 있겠어요? 지금 여기 그 아이가 당신과 함께 있는 것이 느껴지나요?

엘리자베스 여기 있어요. 여전히 자신 때문에 기분이 안 좋아요.

나 그 애에게 당신이 속하지 못했던 집과 가족의 모습을 보여줄 수 있는지 물어볼래요?

엘리자베스 이미지가 떠올라요. 제가 자란 아파트예요. 가구가 별로 없고 썰렁해요. 할머니의 산소탱크 소리만 들려요. 그 애는 또래에 비해 체구도 작은데, 학교에서 집으로 돌아와도 반겨줄 사람이 없어요. 외롭지만 한편으로 마음이 놓이기도 해요. 할머니와 단둘이 있으면 다치지는 않을 테니까요.

나 그 애에게 당신이 '이해한다'고 알려주세요. 그 집에서는 두려워하는 것보다 외로운 것이 나았네요.

엘리자베스 (슬프게) 그랬죠.

나 그 애가 살아야 했던 '집'을 보니 그 애에 대해 어떤 느낌이 드나요?

엘리자베스 마음이 아파요······.

나 당신의 말을 들은 그 애는 어떤가요? 그 애가 슬퍼하는 것을 보면 당신도 슬프다고 했잖아요.

엘리자베스 기분이 좋은 쪽으로 이상해요. 전에는 누구도 그 애가 슬퍼한다는 것을 몰랐어요. 아무도 신경 쓰는 것 같지 않았지요. 그래서 할머니가 신경 쓰고 있다고 상상하면 좀 안심이 되었어요.

나 이제 다른 장면을 보고 싶은지 물어보세요. 당신이 사는 곳을 보고 싶어하나요?

엘리자베스 궁금해해요. 제가 아이들, 남편과 함께 데크에서 찍은 가족사진을 보여주고 있어요. 제라늄이 활짝 피었고 뒤쪽에 나무가 있고 날씨가 화창해요.

나 당신의 집을 보고 아이는 어떤가요? 좋아하나요?

엘리자베스 흥미로워하지만 '이 사람들'이 누군지 약간 혼란스러워해요…… 내가 아이에게 "이 사람들이 내 가족이고 네가 여기를 좋아한다면 네 가족도 될 수 있어"라고 설명해주었어요. (어린 부분이 기뻐하자 미소를 지으며) 빨간 꽃과 얼굴에 비치는 햇볕이 좋다고 하네요. 원한다면 여기 있어도 된다고 말해주고 있어요…… 마치 디즈니랜드에라도 초대받은 것처럼 "정말?"이라고 말해요! (그녀는 자신의 어린 부분과 함께하는 순간을 즐기며 웃는다.)

나 정말 다정해 보이는 순간이네요. 아이의 순수함과 기쁨을 느껴보세요. 이 아이는 아무것도 당연하게 여기지 않는군요, 그렇죠? (나는 의도적으로 어린아이와 성인 사이에 공유되는 긍정적인 감정으로 내담자의 관심을 유도하는데, 그들이 서로의 즐거운 경험을 증폭시키도록 하기 위해서다.)

엘리자베스 아이가 제 손을 아주 꽉 잡은 게 느껴져요. 여기 있고 싶지만 내 가족이라는 '저 사람들'이 싫어할까 봐 걱정해요. 그리고 그들이 자기를 싫어하면 자기에게 못되게 굴 거라고 생각해요.

나 물론 아이가 바로 믿기에는 조금 두려울 거예요. 여태 알던 사람들은 아이에게 못되게 굴면서 변명조차 하지 않았잖아요.

엘리자베스 너무 슬퍼요. 여기서는 아무도 너를 해치지 않을 거라고 어떻게 말해줄 수 있을까요? 절대 저를 믿지 않을 거예요…….

나 당신의 팔로, 감정과 몸으로 말해주세요. 당신이 하는 말은 믿지 않을지 몰라도 전해지는 느낌은 믿을지 몰라요. 아이가 보이나요?

엘리자베스 제 손을 잡아당기고 있어요. 제가 남편과 아이들이 있는 데크에서 멀리 떨어진 쪽으로 가길 원해요. 그들에게 가까이 다가가기는 무서운가 봐요. 너무 슬프네요. 그들이 자신을 해칠 거라고 생각하고, 위험을 감수하지 않으려 해요.

나 엘리자베스, 어떤 충동이 드세요? 아이의 겁에 질린 눈과 작은 얼굴을 보고, 엄마로서의 본능이 시키는 대로 하세요.

엘리자베스 방금 아이를 들어올려 팔에 안았어요……. (쿠션을 가져다가 부드럽게 안는다.) 내가 여기 너와 함께 있단다. 이제 아무도 널 해칠 수 없어……. (눈물이 흐른다.) 네가 원할 때면 언제든 이곳에 와서 빨간 꽃들을 볼 수 있어. 내가 여기 있을게.

엘리자베스와 어린아이 부분 사이에 발달하는 정서적 연결의 핵심은 다중감각 경험을 불러일으키는 것이다. 어린아이의 얼굴을 보고, 할머니의 산소탱크에서 나는 쉬익 소리를 듣고, 외로움의 감각을 재경험하고, 자기 손에 잡힌 어린아이의 손을 느끼고, 팔을 뻗어 아이를 안으려는 충동을 감지하고, 엘리자베스의 부드러운 목소리를 듣고, 이미지를 교환하고, 붉은 꽃의 색깔과 슬픔의 감정과 신체적 안도감을 경험한다. 이러한 감각적 구성요소는 그 자체로 위협적이지 않으며 슬픔과 비탄의 감정은 성인과 어린아이 사이에 자라나는 따뜻하고 편안한 느낌으로 잠잠해진다. 부분들을 소외시키는 것이 이 순간 더는 긴요한 일로 느껴지지 않는다. 거리를 두어야 할 압도적인 감정이나 섬뜩한 이미지는 없다. 만약 있었다면 더 어려운 회기가 되긴 했겠지만, 외상적 이미지와 균형을 맞추는 '여기'의 이미지, 엘리자베스가 편안하게 존재하면서 어린아이와의 연결에 더

욱 초점을 맞추는 등 다중감각적 요소가 정신적 고통을 완화해줬을
것이다.

내적 애착의 두려움과 공포

칼은 어린 시절의 자기를 시각화했고 자신이 얼마나 외롭고 상
실감을 느꼈는지를 회상하면서 어린 자기를 향해 종종 슬픔을
느꼈다. 그러나 곧이어 공감을 전달할 기회를 얻기도 전에 "진
짜 황당하네. 트라우마와 잃어버린 아이들의 애기라는 게 도대
체 뭐야? 생각해봐야 할 더 중요한 것들이 있잖아!"와 같은 침
습적 생각이 들곤 했다. 마치 몽상에서 불현듯 깨어나듯이. 갑
자기 모든 근육이 조여드는 느낌과 혐오감이 들었다. 그러고 나
면 칼은 매우 분석적으로 변했다. 이 분석적인 부분은 그와 내
가 하던 작업의 이론적 근거에 의문을 제기하고, 참고문헌을 요
청하며, 칼이 일전에 시도했지만 성공적이지 못했던 것을 포함
해 다른 치료 옵션을 제안하기 시작했다.

　이런 주기가 몇 주 동안 계속되었다. 칼은 자신이 겪는 고통
을 통해 어떤 부분이 의사소통하는지 궁금해졌다. 그래서 그 부
분에게 친구가 되어주는 네 가지 질문 중 몇 개를 물어보고 그
어린아이를 향해 따뜻함과 보호하고자 하는 마음이 커지는 것
을 느끼기 시작했다. 그러자 다시 한번 짜증이 끼어들었다. "뭐
하는 거야? 왜 쓸데없이 여기에 시간을 낭비해?"

칼은 어리고 취약한 부분들과 애착유대를 형성하지 못하도록 차

단하는 역할을 하는 '문지기' 부분을 발견했다. 문지기는 분명히 칼의 부모에게 이 규칙을 배웠다. 그의 집에서는 오직 합리적이고 목표 지향적인 행동만 환영받았다. 하지만 칼은 예민하고, 아직 자신이 게이라는 사실은 몰랐지만 자신이 다른 아이들과 다르다는 것을 알고 불안해하는 아이였다. 엄마와의 분리불안으로 힘들어했고 아빠를 무서워했다. 부모의 메시지는 우리 아들은 '계집애'같이 굴어서는 안 된다는 것이었고, 그는 부모의 사랑을 받기 위해 그들의 기준에 부합해야 했다. 문지기 부분은 이 어린 소년이 거절당하지 않도록 보호하기 위해 발달했다. "'중요한 것'에서 눈을 떼지 마라. 그러면 너는 받아들여지고 존중받을 것이다."

문지기의 부단한 노력은 칼이 부모의 축하 속에 로스쿨을 성공적으로 졸업했을 때 정점을 찍었다. 그 뒤로 남자들과의 관계에서 겪은 일련의 거절이 이 어린 소년을 매우 강하게 촉발하면서 칼은 유기의 공포와 함께 누군가에게 특별한 존재로 느껴지고 싶다는 강렬한 열망에 휩싸였다. 문지기의 판단과 주의 분산만으로는 이 어린아이의 상처와 결핍을 막기에 역부족이었다. 그다음 또 다른 문지기가 등장해 칼이 어린아이 부분과 애착을 형성하는 것을 방해하기 위해 걸림돌을 만들어내는 몇 번의 회기가 이어졌다.

> 칼은 어린아이의 두려움을 몸으로 느낄 수 있었다. "그가 닉(전남자친구)에게 너무도 전화를 걸고 싶어해요. 닉에게 돌아오라고 애원하고 싶다네요."

나 닉이 없으면 뭐가 걱정되는지 물어보세요.
칼 닉이 아니면 아무도 자기를 사랑하지 않을 거래요.

나 아무도 그를 사랑하지 않으면 뭐가 걱정되나요?

칼 혼자가 될 거예요. 그 아이는 너무 어려서 혼자 있기를 몹시 무서워해요.

나 (친구가 되어주는 네 가지 질문을 사용해서) 그에게 물어보세요. 너무 무서워서 혼자 있을 수 없다면 무엇이 걱정되나요?

칼 아이가 망신을 당할 거예요. 사람들은 그를 비웃고 옆에 있으려고 하지 않을 거예요. 완전히 외톨이가 되겠죠. **(핵심 공포)**

나 어린 소년에게는 무서운 일이네요……. 거절당하고 외톨이로 남겨지는 것을 이렇게까지 두려워하지 않으려면 바로 지금 여기에서 그가 당신에게 뭘 필요로 하는지 물어보세요.

칼 (몸을 웅크리고 더 어려진 목소리로 외친다.) 너무 힘들어요. 못하겠어요!

나 칼, 아직 여기 있나요? 이 어린아이가 큰 소리로 당신을 부르는 소리가 들리나요, 칼? 아이가 자신에게는 너무 힘든 일이라고 당신에게 말하고 있어요. 물론 힘들죠! 자기 자신을 돌보기에 아이는 너무 어려요. 곁에 있어줄 누군가가 필요해요. (나는 의도적으로 칼의 이름을 반복해 부르는데, 칼의 정상적 삶을 살아가는 자기가 해리되거나 기능을 멈추지 않고 이 어린 부분과 함께 있어주라는 신호를 보내기 위해서다.)

칼 (여전히 어린아이의 상태에서) 가고 싶어요. 너무 힘들어요.

나 (아이에게 말하듯이 어린아이 부분에게 직접 말한다.) 물론 어린아이에게는 너무 힘들지. 아이들 곁에는 어른이 있어야 해. 혼자 남겨져서는 안 돼. (그러고는 성인에게 맞춘 어조로 바꾼다.) 칼, 아직 거기 있나요? 나는 당신이 이 아이를 봐줬으면 해요……. 우리는 그 애를 혼자 내버려둘 수 없어요. 너무 겁에 질려 있고 상처 입었어요. 칼, 아직 거기 있나요? (칼이 고개를 끄덕인다.) 좋아요. 이 아이에게는 당신이 필요해요. 그런데 당신이 아이와 섞여 있어서 아이를 돕기가 어려워요. "아이가 무서워해요. 아이가 감당하기에는 무리예요"라고 말하고 어떻게 되는지 살펴봅시다.

칼 (이제 성인의 목소리로) 조금 나아지긴 했지만 아이가 아직도 꽤 화가 나 있어요.

나 그러니까 더더욱 그와 섞여서 그를 버릴 것이 아니라 현재에 머물러야 해요. 아이는 정말로 당신이 버텨주길 바라고 있어요. 당신이 여기 있다는 것을 당신의 감정과 몸을 통해 알려주세요. 당신이 함께 있다는 것을 아이가 느낄 수 있도록 말이죠. 아이가 느끼고 있나요?

칼 네, 제가 애쓰는 것이 느껴진다고 하네요.

나 중요한 일이에요. 당신이 함께하고 노력한다는 것을 느낀다는 것은 아이에게 새로운 경험이에요. 이전에는 아무도 아이에게 그렇게 하려고 노력하지 않았거든요…….

칼 내가 계속 노력할 것이라고 말해주고 있어요. 당장은 잘하지 못할 수도 있지만 계속 노력할 겁니다.

나 당신 말을 듣고 아이가 어떤가요? 여태껏 '내가 계속 같이 있도록 노력하겠다'고 말한 사람이 아무도 없었을 텐데요.

칼 기분이 좋아 보여요. 그걸 보니 저도 기분이 좋아요. 그런데 그 아이가 저를 믿기가 두렵다는데, 그 말을 들으니 포기하고 싶어져요.

나 당신의 엄마가 그렇게 했죠. 엄마는 자기 아들을 있는 그대로 받아들일 여유가 없어서 포기했잖아요. 당신은 더 잘할 수 있어요. 잠깐 생각해보죠. 이 어린아이가 왜 당신을 믿기가 두렵다는 걸까요? 이걸 어떻게 이해해야 할까요?"

칼 글쎄요. 가끔 제가 엄마가 원하는 아들일 때는 엄마가 절 사랑했어요. 하지만 저는 엄마를 믿을 수 없었죠. 그래서 그 아이가 아무도 믿지 않는 것 같아요. 그리고 저는 저 자신을 완전히 신뢰할 수 없었던 것 같아요.

나 맞아요, 사실이죠. 신뢰하기 어려웠죠. 당신도 몰랐지만, 알고 나니 마음이 안 좋은 것 같군요. 그 아이에게 얘기해주세요.

칼 (눈물이 흐른다.) 그 아이의 감정을 무시한 것이 내 잘못이었다고 말하니까 아이가 울고 싶어해요. 그 애는 늘 자신에게 뭔가 문제가 있다고 느꼈어요. 겁먹거나 엄마가 곁에 있기를 바라는 것만으로도 엄마가 화를 냈거든요.

나 (어린아이에게 말한다.) 아이는 자신이 문제가 아니라는 걸 몰랐어요. 그 어린아이는 그저 자신에게 엄마가 필요하다고 알리기 위해 최선을 다했을 뿐이에요. (이어서 어른에게 말한다.) 당신도 그 애 잘못이 아니라는 것을 알죠, 칼. 당신이 그 아이에게 맞춰주기보다 그 아이가 당신에게 적응하기를 바라나요?

칼 (눈물을 흘리며) 난 그냥 손을 뻗어서 그 애를 안고……

나 (끼어들면서) 다가가고 싶은 충동을 따르세요.

칼 그 애를 보면 너무 슬퍼요. 그저 보호해주고 싶어요. (흐느끼기 시작한다.)

나 당신이 얼마나 아이를 옆에서 안전하게 지켜주고 싶은지, 당신의 감정과 몸을 활용해서 아이에게 알려주세요. (칼이 우는 동안 그와 어린 부분에게 계속 말한다.) 아이는 오랫동안 이런 날을 기다려왔어요. 누군가에게 말하려고 기다렸던 감정이 많죠. 그리고 이제, 마침내, 결국, 누군가가 여기 있네요. 안도감의 눈물을 느껴보세요. 마침내 누군가가 있어서 아이는 이제 울 수 있어요.

칼 아이는 아주 슬퍼하지만 안심하기도 해요. 내가 아무 데도 가지 않을 거라고, 다시는 너를 잊지 않을 거라고 계속 말해주거든요. 아이는 혼자가 아니에요. (아이가 칼의 말을 듣자 또 한 번 울음이 터진다.) 난 너랑 같이 있는 게 좋다고 말해주고 있어요. 아무도 혼자 있는 것을 좋아하지 않죠. 어른도 마찬가지예요.

나 맞아요. 누구도 혼자 있는 걸 좋아하지 않죠. 이제 그 아이에게는 당신이, 당신에게는 그 아이가 있어요. 중요한 사실은 '그 아이에게는 당신이 있고 당신에게는 그 아이가 있으니까' 그 아이가 다시는 혼자가 될 필요가 없다는 거예요. **(나는 이 말을 의도적으로 반복하는데, 이것이 애착의 본질을 말해줄 뿐 아니라 어린아이와 어른 모두에게 서로 있는 것이 어떤 것인지 느끼기를 바라기 때문이다.)** 튼튼한 팔로 아이를 안는 느낌이 어떤지 주목해보세요. 아이의 눈물이 가슴에 닿는 걸 느껴보세요.

칼 기분이 아주 좋아요. 아이가 느껴져요. 마침내 긴장을 풀기 시작했어요. 나를 조금 믿을 수 있다는 듯이. 그전에 아이가 나한테 "떠나는 건 아니겠죠? 그렇죠?"라고 계속 묻더라고요. (눈물이 다시 흐른다.) 그게 마음이 아파요. 아이가 그런 걱정을 하지 않았으면 해요. 아이 마음에 그런 게 가장 먼저 신경 쓰여서는 안 되잖아요.

나 정말 맞는 말이에요, 칼. 아이가 혼자 남겨질까 봐 걱정해서는 안 되겠죠. 당신이 아이가 무엇을 느끼고 원하는지 자연스럽게 아는 능력이 뛰어나다는 사실을 알면 좋겠어요. 당신은 아이들에게 무엇이 필요한지 직감적으로 알아차리는 능력이 있어요. 당신 엄마는 분명히 그런 능력이 없었지만, 당신에겐 있어요.

칼 맞아요. 그건 보호하려는 마음이에요. 아이가 얼마나 작은지 느끼고 다치지 않도록 신경 쓰고 싶어요. 우리 엄마는 그런 면이 확실히 없었어요. 그런데 이 일을 쭉 계속하려면 제가 어떻게 해야 할까요? (매우 실제적이고 정상적인 삶의 사고방식으로 어조가 바뀐 것에 주목하라.)

나 핵심은 아이를 입양할 때처럼 아이를 우선시하는 것입니다. 아침에 일어났을 때부터 밤에 잠자리에 들 때까지 아이를 마음에 담아두고 '나의 어린아이가 어떻게 지내는지' 궁금해하는 겁니다. 만일 그렇게 하는 걸 깜빡 잊었다면 아이에게 꼭 사과하고요.

우리는 '양육 요령', 다시 말해 여느 아이와 마찬가지로 이 아이는 양육자가 자신을 마음에 품고 있다고 느끼고, 자신을 봐주고 '인정해준다'라고 느끼고[Benjamin, 1994], 자신의 감정을 알아차리고 위로하고 타당화해주고 조절해준다고 느낄 필요가 있다는 점을 스스로 상기하는 방법에 대해 논의한 뒤 회기를 마친다. 나는 그에게 여러 아이디어가 적힌 목록을 제공했는데, 거기에는 우리가 가족한테 하듯이 어린 소년에게 '좋은 아침'이라고 말하면서 하루를 시작하기, 어린 소년의 나이에 해당하는 자신의 사진을 꺼내놓고 그와 '대면하여' 관계를 맺기, 장난감 가게에 가서 그가 눈을 반짝이거나 관심을 두는 봉제완구를 찾기, 아이를 상징하는 돌이나 장난감 동물 같은 작은 물체를 그라고 생각하고 갖고 다니기, 그가 안전하다고 느끼게 해주기 위해 상상으로 어린아이에게 이불을 덮어주기 등이 적혀 있다. 치료자는 각 회기 밖에서 일어나는 일이 치료 중에 일어나는 일만큼이나 중요하다는 점을 기억해야 한다. 특히 외상 이력이 있는 파편화된 개인의 경우, 시간이 지나면서 치료 작업을 어떻게 수행하는지에 주의를 기울이는 것이 중요하다.

작은 아이 부분과 연민 어린 성인 자기 사이에서 마음과 마음이 연결되는 감동적인 순간도 중요하지만, 내적인 소외에서 획득된 안정애착으로 옮겨가도록 촉진하는 것은 10퍼센트의 영감과 90퍼센트의 노력이다. 부분과 연결되기, 회복과 조율의 순간 만들기, 어린아이와 성인 자기 간의 유대 심화하기 등과 같은 단계를 계속해서 반복하고 불러일으켜 경험을 통합하는 것이 영속적인 변화에 가장 중요한 요소다. 1980~1990년대에는 정서적 경험의 강도가 변화를 가져올 것이라고 믿었다. 이제는 신경과학계의 연구들을 통해 새로운 패턴의 행동 및 반응의 집중적인 반복으로 신경가소성 또는 뇌에서의 실제적 변화가 가장 잘 촉진된다고 알려졌다[Schwartz & Begley, 2002].

내적 애착관계의 파열과 복구

오래된 정서적 고통을 재경험하는 것으로 '치유'가 일어날 수 없다는 사실은 트라우마 치료와 관련된 전통적인 구성요소인 안정화와 기억처리를 뛰어넘어 치료에 대한 다른 방향감각을 제시한다. 정서적 파열을 복구하고, 고통을 겪고 있는 부분들을 위로하고, 내적 애착 유대를 통해 자기소외와 자기혐오에 맞서려는 노력 없이는 외상을 입은 내담자가 온전함·안전감·환영받는 느낌을 받을 수 없다.

오직 우리의 어리고 상처 입은 부분들이 지금 여기에 있는 성인의 무조건적 애착이 주는 안전함을 경험하고 이제 자신들에게 보호자와 지지자가 있다는 것을 감지할 때에야 부분들은 비로소 자기수용과 자기연민을 깊이 체감할 수 있다. 연결을 추구하는 것과 잠재적인 해로움이나 거절을 방어하는 것처럼 필연적으로 충돌하면서도 똑같이 강한 추동들이 존재하기 때문에, 치료자는 작업의 궁극적인 목적이 부분의 수치심·공포·슬픔·분노·정서적 고통을 통해 전해지는 초기 애착파열의 암묵기억을 '복구'하는 것임을 명심할 책임이 있다. 각각의 내담자나 부분이 독특하고 자기소외를 표현하는 방식이 미묘하게 다르다고 해도 내적 애착을 복구하기 위한 구성요소는 똑같다.

• 내담자가 정서적 고통, 부정적인 생각, 촉발자극에 대한 신체 반응을 보고할 때 치료자는 내담자에게 이러한 증상을 부분으로 인식하도록 요청한다. "정말로 수치심에 압도되는 부분이 있군요, 그렇죠? 지금 그녀가 같이 있는 게 느껴지세요? 그녀가 거기에 있는 것이 무엇을 말해주나요?" 치료자는 먼저 내담자가 마음챙김으로 외상을 입은 부분과 성인 관찰자를 구별하도록 도운 다음, 거기서 느끼는 체감각을 묘사하도록 질문을 던져 그 부분을 살아나게 한다. 그러면 내담자는 자연스럽게 그 부분에 호기심과 관심을 느끼면서 "지금 이 부분에 대해 어떤 느낌이 드나요?"라는 질문에 공감적으로 응답하게 된다. 만약 내담자의 대답이 마음챙김에서 비롯되지 않거나 연민이 담기지 않았다면 또 다른 부분이 끼어들었다고 가정하는데, 이 부분 역시 이름 붙여지고 환영받을 필요가 있으며 치료자는 오늘 회기에

예정된 목표보다 지금 등장하는 부분들에게 더 관심을 가질 필요가 있다.

- 각 부분에 관해 그저 머리로만 하는 해석이 아니라 체감각을 끌어낸다. "그녀가 당신에게 감정이나 말, 신체감각을 통해 어떻게 말하는지 주목해보세요. 그것이 그녀가 의사소통하는 방식이에요. 당신이 듣고 있다고 알려주세요. 무얼 말하려는지 알고 싶다고 얘기해주세요. 그리고 그녀가 말하려는 것이 뭔지 명확하지 않으면 그냥 물어보세요."

- 성인인 내담자와 어린아이 사이의 대화 내용보다 그들이 함께 하는 것에 더 중점을 둔다. "당신과 함께 있다는 것을 그 아이는 어떻게 느끼는 것 같나요? 당신의 관심과 염려를 느끼는 것은요?" 이런 식의 질문은 내담자가 부분을 향한 자신의 관심, 말, 염려가 갖는 효과를 알아차리고 부분들이 누군가가 자기를 바라봐주며 이해받는다는 것을 경험함으로써 그들의 영향을 깨닫는 데 도움이 된다. "그에게는 아주 특별한 일이죠, 그렇죠? 당신의 보살핌이 그에게 매우 의미가 크다는 것을 깨달으니 내적으로는 어떻게 느껴지나요?" 치료자는 정상적 삶의 부분이 애착에서의 상호관계가 얼마나 즐거운 것인지 깨닫도록 주의를 환기하는 기회로 삼는다. 어린아이의 필요를 채워주는 시간은 따뜻함과 사랑스러운 감정이라는 '보상'을 주며, 이것은 다시 우리가 조율하기 위해 더욱 노력하도록 이끈다.

- 내적인 상호 의사소통을 장려한다. "그녀에게 물어보세요. 그녀는 지금 당신이 함께 있는 것을 느끼나요? 좋아요, 느낄 수 있군요. 아주 좋습니다. 우리 둘 다 듣고 있다고, 그녀가 얼마나 화났는지 이해하고 싶다고 알려주세요." '내적인 의사소통'이 추

측이나 '머리로 하는' 해석이 아니라는 점을 분명히 해야 한다. "그녀가 뭐라고 대답할지 예측하지 마시기 바랍니다. 그녀에게 묻고 내면에 가만히 귀를 기울여보세요. 말소리가 들리거나, 감정을 느끼거나, 이미지나 기억이 떠오를 수 있습니다." "그가 자기 방의 모습을 보여주는군요. 어쩌면 여기서 일어난 일로 화가 났다고 말하려는 것일 수 있어요." 치료자는 내담자의 정상적 삶을 살아가는 자기가 어린아이의 비언어적 의사소통을 해석한 뒤 수정사항이 있는지 물어보도록 안내한다. "내가 제대로 이해한 것 맞니? 정말 이해하고 싶어."

• 신뢰를 쌓는다. "당신이 완전히 이해했다고 알려주세요. 그녀는 당신을 믿고 싶지만 어려워해요. 상처를 너무 많이 받았거든요. 당신을 믿기 두려워하는 이유를 알고 있다고, 정말로, 정말로 안다고 말해주세요. 그렇잖아요. 그 집에서 어땠는지 정말 잘 아시잖아요." 치료자는 이러한 감정적 인식의 순간을 활용해 연결감을 심화시키는 기회로 삼아야 한다. "당신이 '이해'한다는 것을 알고 난 그녀는 어떤 것 같나요? 당신이 이해해주니까 좋아하나요? 당신이 그녀를 믿어줄 때는 어때요?"

• 효과가 없는 것을 애착 형성의 순간으로 사용한다. 복구는 관계가 잘못된 지점에서 시작할 때 훨씬 더 강력하다. "그가 물러서는군요, 그렇죠? 그가 상처받을까 봐 너무 두려워한 나머지 자신이 가장 원하는 것에서 뒷걸음질치는군요. 괜찮다고, 이해한다고 알려주세요, 알겠죠? 당신이 떠나지 않을 거라고 그를 안심시키면 어떻게 될지 봅시다. 당신은 바로 여기 머물러 있을 것이고 그는 당신을 믿을 수 있을지 확신하는 데 충분한 시간을 가질 수 있답니다." 이 순간의 소중함을 느끼며 나는 어린아이

를 대변해 성인이 세심하게 반응하도록 안내한다. 나는 내담자가 어린아이가 보내는 신호를 해석하고 공감해주면서 '부모'로서의 자신감을 가질 수 있도록 돕길 원한다.

- 부분들의 두려움, 갈등, 불신, 과경계, 수치심, 분노를 탐색하기 위해 친구가 되어주는 네 가지 질문을 활용한다(부록 F 참고). "(그가 당신에게 다가와 얼마나 화가 났는지 말한다면) 무엇이 걱정되는지 그 부분에게 물어볼 수 있을까요?" 답이 무엇일지 이미 안다는 확신이 들 때도 치료자는 친구가 되어주는 네 가지 질문의 목적이 이중인식을 높이고, 내적인 대화를 심화시키며, 어린아이의 핵심 두려움을 발견하여 분명히 한 뒤, 어린아이에게 그 핵심 두려움을 다루는 데 도움이 되는 이 순간 구체적인 필요 한 가지를 말하도록 요청함으로써 필요충족 모델을 가르치는 것이라는 점을 기억할 필요가 있다. 어떤 치료자도 시간을 되돌려 가슴 아프고 끔찍한 사건이 발생하는 것을 막을 수는 없다. 하지만 지금 여기에서 아주 작은 순간의 안전, 돌봄, 진심 어린 연결이 유기와 학대의 암묵기억 옆자리에 따뜻하고 자양분이 되는 기억을 쌓아가게 해준다는 점을 내담자와 그들의 부분들이 경험하도록 도울 수는 있다.
- 치료자의 안내에 따라 부분들이 보이는 각각의 반응은 회복의 기회가 된다. "그러니까 그녀는 당신이 이해했다는 점을 믿고 싶지만, 다른 사람들처럼 당신이 자신의 믿음을 이용할까 봐 두려워하는군요. 그 점도 이해가 되죠? 왜 사람들이 자신을 도와주기보다 이용할 거라고 예상하는지 완전히 이해하고 있다는 것을 당신의 감정과 몸을 통해 그녀에게 알려주세요."
- 책임과 의무를 강조한다. 부분들의 내면 공동체는 종종 무의식

적으로 내담자 원가족의 적대적 환경을 재현한다. 정상적 삶의 자기가 특정 부분들을 무시하거나, 가학적이거나 적대적인 부분들이 그 부분들을 박해하는 것을 허용했거나, 그 부분들이 없는 '정상적인' 상태가 되고 싶다는 소망을 표현했을 가능성이 크다. 부분들이 "당신은 우리 없이 지내는 것에만 관심이 있으니 믿음이 안 가" 또는 "당신이 한 번도 우리가 하는 말을 듣지 않았는데 어떻게 신뢰할 수 있겠어? 내가 뭘 느꼈는지 신경도 안 쓰는 것 같던데"라고 말한다면, 치료자는 내담자가 그런 불만과 연결되도록 격려한다. "이 부분이 말하는 것이 어느 정도 사실인가요? 당신이 들어주지 않았거나 신경 쓰지 않은 게 맞나요? 맞다면 그에게 당신이 '내가 잘못했어. 미안해'라고 말할 수 있는 사람이라는 것을 알려주세요."

- 이러한 잘못과 공감 실패를 복구를 위해 사용한다. "당신이 책임지겠다는 것이 그에게 어떻게 느껴지는 것 같나요? 당신이 그를 밀어냈다는 점을 깨달았다는 얘기를 들은 그 부분의 상태는 어떤가요?" "네, 당신이 사실을 인정하면 그가 조금이나마 편안해지는 것이 느껴지죠. 그러는 어른들이 많지 않잖아요."

- 신체적·정서적으로 경험되도록 조율의 순간을 극대화한다. "만약 지금 이 순간 이 어린 여자아이가 당신 앞에 서 있다면 어떻게 하고 싶나요? 다가갈 건가요? 손을 잡을 건가요? 아니면 들어서 안아줄 건가요?" "이 어린아이를 품에 안고 어떤 느낌인지 보세요. 당신이 잡은 아이의 손을 느껴보세요. 좋은 느낌인가요?" "아이 몸의 온기와 아이를 안전하게 안아주는 느낌을 받아들이세요. 만약 아이가 두려워할 때마다 당신이 이렇게 해주면 덜 무서울지 아이에게 물어보세요."

• 마음챙김을 통해 부분과 연결되면 습관적으로 통찰 지향적 논의로 옮겨가는 경향을 피한다. 내담자에게 우리가 말하는 것을 다 듣고 있으며 자신이 다시는 잊히지 않을 것이라는 점을 알 필요가 있는 어린아이가 바로 저기 있다는 것을 상기시키는 것이 치료자의 역할이다. "우리가 얘기하는 동안 그 어린아이의 상태를 확인하고 지금 어떻게 지내는지 살펴보세요. 아이가 이번에는 자신이 잊히지 않을 거라고 느껴야 해요. 그리고 아이가 이것을 아는 유일한 방법은 당신이 잊지 않는 것입니다. 아이들은 생활 속에서 배운다는 말을 기억하세요. 아이를 잊지 않겠다고 약속하고 나면, 이제 당신은 약속을 지키며 살아야 합니다. 어려울 수 있어도 어린아이와의 약속을 어길 수는 없지요. 안전하고 배려심 있는 부모라면 누구나 그렇듯이요."

이런 단계들이 반복되면 정상적 삶의 자기는 외상으로 인한 부분들의 감정과 점점 더 구별된다고 느끼고, 그로 인해 부분들을 자발적으로 돌보고 그들에게 연민을 느낀다. 결과적으로 부분들은 나이 많고 현명한 누군가에게 '안겨 있다'는 느낌을 더 많이 받는다. 마치 안정애착 관계인 부모와 자녀처럼 각자가 서로에게 필요하고 원하는 존재라고 느낀다. '획득된 안정애착'은 인간의 마음과 몸에 어린 시절의 안정애착과 같은 특성과 자원, 예를 들어 가까움과 멀어짐, 주고받음, 공감적 조율과 공감 실패를 견디는 능력, 회색의 색조를 보는 능력, 실망을 견뎌내는 능력 등을 부여한다.

Healing the Fragmented Selves of Trauma Survivors

10장

잃어버린 것 되찾기
: 어린 자기와의 연결 심화하기

무의식적으로 거부된 [우리 자신의] 부분들이 되돌아올 때, 그것들이 의식되고 받아들여지고 허용되거나 통합될 때, 자기는 하나가 되고 자의식의 구조를 유지할 필요가 사라지며 연민의 힘은 자동으로 흘러나온다.

_마크 엡스타인Mark Epstein, 1995, p. 19

내담자가 부분의 언어로 말하는 법을 배우고, 부분과 분리되는 능력을 키우고, 혐오가 아닌 호기심이 특징인 이중인식의 관계를 구축할 때 종종 신경계가 자연스럽게 안정되면서 외상과 관련된 부분들이 진정되기도 한다. 마음챙김을 통해 알아차리는 습관은 어린아이와 현명한 성인 사이에 약간의 공간을 만들어내어 덜 압도되도록 함으로써 현명한 성인이 호기심을 갖기가 훨씬 더 수월해진다. 인과관계가 더욱 선명해지고 외상을 입은 아이들의 '과민반응'이 정상적 반응으로 재구성되면서 자신을 '미쳤다고' 느끼던 내담자의 감정도 줄어든다.

이제 내담자는 부분들이 자신의 행동과 반응에 끼치는 영향을 관찰하며 섞이려는 충동을 알아차리는 연습을 하고 의식적으로 결정을 내리게 된다. "제가 만약 우울한 부분의 절망과 섞인다면 어린 부분들을 혼란스럽게 만들어 자살하려는 부분이 촉발될 겁니다. 어쨌든 저는 절망감에 '굴복'하고 싶지 않아요." 외상과 관련된 부분들과 의식적이고 자발적으로 분리되어 신경계가 더 잘 조절되면서, 내담자는 부분들을 향한 혐오가 줄어들고 연민이 커지거나 적어도 부분들 편에서 바라보는 관점이 생기기 시작한다. 특히 만성적 고위험 증상, 자기파괴적 행동, 물질남용, 섭식장애가 있는 내담자들의 경우 안정화는 거의 전적으로 정상적 삶의 목적과 외상과 관련된 취약성을 죽음보다 더욱 두려워하여 절박한 도피 또는 투쟁하는 부분들의 목적을 구별하는 능력을 습득하느냐에 달렸다.

이런 증상들에 대한 전통적 치료는 일반적으로 위험한 행동을 중단하는 데 초점을 두는데, 이는 투쟁 또는 도피하는 부분들을 소외시키고 양극화시켜 종종 안정화와 반대되는 결과를 초래한다. 마찬가지로 수치심, 소진, 자기의심을 순응과 굴욕이라는 짐을 짊어진 부분의 의사소통으로 이해하기보다는 만성 우울증이나 낮은 자존감의 표시로 취급하는 경우가 흔하다. 설상가상으로 내담자가 만성적 증상을 겪고 있거나 치료에 저항하면 종종 '성격장애'로 분류되면서 이들이 결함이 있고 어디에도 속하지 못하는 존재라는 기존의 믿음을 확인시킨다. 하지만 가장 조절이 안 되고 해리된 내담자라 하더라도 4장과 5장에서 자세히 설명한 다음과 같은 단계를 반복 수행하면 점차 안정화될 수 있다.

- 외상 관련 자극에 의해 촉발된 정서적·신체적 반응을 부분들의 촉발로 인식하고, 이것을 환경에 대한 지금 여기의 반응으로 해석하지 않는 법을 배운다.
- 이러한 반응을 '부분이 건네는 의사소통'으로 재구성하여 호기심을 유발한다.
- 촉발자극과 촉발된 부분들 간의 상호작용을 매 순간 마음챙김을 통해 알아차리는 능력을 향상한다.
- 외상으로 인해 활성화된 부분들의 특징적 징후와 증상을 외상 후의 삶에 대한 능력이나 욕구를 가진 '관찰하는 정상적 삶의 자기'의 특성과 구별한다.
- 부분들에 이름을 붙이는 능력뿐 아니라 어린 시절에 대한 연민을 키우고 '일어난 일'에 직면하여 생존할 수 있는 능력을 키워

간다.

• 내적으로 의사소통하고, 신뢰를 구축하며, 부분과 체감되는 연결을 만들어내는 법을 배운다.

이러한 간단한 초기 작업은 좀 더 심층적인 작업을 위해 반드시 필요하다. 또 치료자와 함께만이 아니라 치료 밖에서 내담자가 독립적으로 사용할 수 있을 때까지 치료자가 이러한 능력을 안정화하는 데 시간을 더 할애하는 것은 가치 있는 일이다. 서둘러 '심층작업'으로 들어가는 것은 내담자에게 도움이 되지 않는데, 지나고 보면 치료자가 생각했던 것보다 내담자가 조절이 잘 안 됐고 자신의 부분들과 더 많이 섞여 있었으며 감정이나 외상기억에 압도되어 있다는 사실을 발견할 뿐이다.

치료자들, 그리고 가끔은 그들의 내담자들 역시 치료목표를 빨리 달성해야 한다는 엄청난 압박감에 시달린다. 이 조급함은 내담자의 고통과 그것이 덜어지길 바라는 치료자의 공감적 소망, 때로는 회기 수의 제한, 보험적용 범위에 의해 유발되곤 한다. 때때로 우리는 특정 치료법이 단기간에 효과가 '있어야' 한다고 믿으면서 스스로를 몰아붙이고, 빠른 결과가 나타나지 않으면 방법 자체보다 우리 자신을 의심한다. 또 구조적 해리의 역할을 간과하기도 한다. 구조적으로 해리된 내담자는 새로운 정보를 통합하거나 강렬한 정서를 견딜 수 없으며, 부분들 간의 내적 갈등 때문에 방해를 받기도 한다. 트라우마 작업에서 치료자의 좌우명은 언제나 '느릴수록 빠르다'가 되어야 한다. 각 작업의 기초를 세우는 데 시간을 들이면 해결을 향해 착실히 나아갈 수 있다. 하지만 해결을 향한 큰 도약 한 번이 두 단계 퇴보를 불러올 수도 있는데, 외상을 입은 모든 내담자가 겪기 쉬운 패턴이다.

　전통적인 단계적 치료모델에서는 처리되지 않은 외상사건의 기억이 외상후스트레스의 활성성분이라는 가정에 기초해 '기억처리' 단계를 거친 뒤에 안정화가 이루어진다고 본다. 그러나 이 책 전반에 걸쳐 논의했듯이, 연구에 따르면 외상에서 비롯한 장애의 바탕에 존재하는 '활성성분'은 만성적인 자율신경계 조절장애, 비언어적이며 상황에 따라 활성화되는 암묵기억, 여전히 소멸이나 유기 위험에 처해 있다고 경험하는 조각난 부분들이다Van der Kolk, 2014; Ogden et al., 2006. 따라서 '트라우마 처리'는 신체와 부분들을 포함해야 하며 개인의 암묵기억 및 외상적 과거와 개인의 관계를 재구성하는 데 초점을 맞춰야 한다. 내담자가 무섭고 압도적이며 굴욕적인 사건과 자신의 관계를 바꾸려면, 압도되거나 굴욕당하는 것에 대한 두려움 없이 외상적 과거와 '대화를 나누는' 능력을 습득해야 한다. 감각운동심리치료Ogden et al., 2006에서 내담자가 기억을 처리할 준비가 되었는지를 평가하기 위한 리트머스 검사는 "'그것에 대해 생각하는 것을 생각'해 보면 어떻게 되는가?"라는 질문이다. 언젠가 애니에게 그런 질문을 했는데, 다음 회기에 그녀는 그 질문을 받은 뒤로 밤낮으로 플래시백이 계속된다고 보고했다. 분명히 그 질문은 너무 성급했다.

　'기억처리'에는 준비가 필요하다. 정서적 취약성·신체·부분들에 대한 두려움을 극복하고, 외상적 촉발자극에 대한 민감도를 줄이고, '자기패배적 이야기'나 자신을 비난하는 자동적인 경향성을 억제하는 법을 배워야 한다. 안정화를 위해서는 자신의 부분들을 알아차리고 식별하여 구별하는 능력이 필요하지만, 외상적 상처의 치유를 위해서는 또 다른 단계, 곧 부분들과 정서적 연결을 만들고 과거에 대한 해독제 역할을 하는 회복 경험이 필요하다.

과거와의 관계 재구성하기

상처받고, 외롭고, 분노에 사로잡히고, 겁에 질리고, 수치스러워하는 부분들과 연민 어린 관계를 발전시키기는 어렵다. 왜냐하면 그 감정들이 너무 날것이고 압도적이어서 그들을 환영하려면 그들의 외상으로 인한 활성화를 견뎌야 하며, 신체적 충동이 강렬해 심란할 때도 분리된 상태를 유지하는 법을 배우고 압도적이거나 무심한 감정을 조절해야 하기 때문이다.

치료자는 내담자가 강한 내적 투쟁에도 불구하고 호기심의 상태에 머무르는 능력을 유지하고 각 부분에게 환영한다는 뜻을 전달하기에 충분한 연민을 배양하도록 도와야 한다는 얘기다. 치료자들은 강한 정서와의 체감되는 연결을 우선시하는 훈련이 다른 어떤 것보다 어렵다고 느끼지만, 인내해야 한다. 내담자가 부분들을 '너무 많이' 느끼면 부분들의 감정에 휩싸일 것이다. 정상적 삶의 자기가 현재에 머무를 수 있다는 자신감을 키우고, 감정에 휩싸일 때 회복해서 '제자리로 돌아오는' 법을 배우고, 과거의 외상으로부터 살아남을 때 각 부분의 역할이 무엇인지 서서히 인식하고, 상처 입은 자기들에게 '애정 어린 존재'Kurtz, 1990가 되어줄 수 있을 때라야 내담자는 부분들에게 회복의 경험을 제공할 준비가 된다. '애정 어린 존재'란 존재의 상태를 말하는데, 따뜻함·연민·호기심을 가지며, 잘못한 것이 아니라 잘한 것을 찾고, 무조건적으로 수용한다.

론 커츠Ron Kurtz는 치료자가 '애정 어린 존재'의 특성을 키워나가는 것이 중요하다고 강조한다. 다시 말해 치료자는 내담자가 고집스럽고, 저항하며, 자신을 평가절하하고, 자기애적이거나 요구가 많은 사람이라 하더라도 그에게서 '사랑할' 무언가를 찾을 수 있어야 한다. 그런 의식 상태에 이르면 시간은 느려지고, 우리의 몸은 이완되며 따뜻함이 느껴지고, 모든 것이 '평안하다'. 이 개념은 치료 관계에서 중요한 만큼이나 개인과 그 부분들의 관계에서도 똑같이 중요하다. 개인은 각 부분에 대해 사랑할 무언가를 찾아야 한다.

기억의 역할

외상기억의 처리가 이 작업의 목적은 아니지만 부분의 두려움, 의심, 갈망에 대한 정보를 얻다 보면 특정 사건에 대한 기억이 자연스럽게 떠오른다. 기억과 이미지는 치료의 '표적'이 되기보다는 외로움, 두려움, 고통이나 자신이 사랑했던 사람들에 대한 믿음이 산산이 부서지는 경험을 한 어린아이에게 연민을 불러일으키는 맥락으로 활용되어야 한다.

　이런 기억의 가장 중요한 치료적 용도는 정상적 삶의 자기와 과거의 어린아이 사이에 진심 어린 유대가 깊어지게 하는 것이다. 내담자와 끝나지 않은 과거와의 관계 변화는 종종 정상적 삶의 자기가 어느 순간 어린아이의 경험에 체감적으로 연결되면서 즉각 슬픔과 보호하려는 마음을 느낄 때 자연스럽게 일어난다. 저절로 눈물이 흐르고 마음이 열리며 어린아이에게 팔을 뻗으려는 충동을 느낀다. 연민 어린 말이 자연스럽게 나온다. 내담자의 몸에 환영과 조율의 느낌이 나타나고 기억 속의 어린아이는 이제야 '집으로 돌아오게' 된다. 안전해진 것이다. 나는 기억을 '처리'한다는 의미가 바로 이런 순간을 가리킨다고 생각한다. 내담자가 기억을 어린아이에게 '일어난 일'로 관찰하면 그 기억을 견딜 수 있으며, 그 사건에 새로운 결말을 만들어내면서 경험이 변한다. 이제 어린아이가 돌봐주는 누군가의 품에 안전하게 안겨 있는 결말이다. 성인과 어린아이 모두 서로에게 따뜻하고 사랑스럽게 연결되어 있다고 느낀다.

내담자가 그런 순간을 알아차리고 어린 부분들과 공감적으로 연결되면 감정적으로나 신체적으로 어떤 느낌인지를 파악하고, 이 새로운 감정에 30초 또는 그 이상 집중하면, 뇌는 그것을 기억으로 부호화하기 시작한다Hanson, 2014, Ogden & Fisher, 2015. 이런 새로운 경험은 의미가 덧입혀질 때 더욱 깊어진다. "당신의 돌봄과 보호를 느낄 때 부분들이 조금이나마 긴장을 풀 수 있다는 것에 주목하세요. 그들에게 물어보세요. 자신들의 이야기를 들어주고 자신들이 이해받는다고 느끼면 그들이 더 안전하다고 느끼나요?" 성인 자기의 보호에 대해 어린아이 부분이 어떻게 느끼는지 묻는 것은 친숙함을 끌어내면서 친밀감과 조율의 체감각을 강화시킨다. 어린아이 부분이 "그래요!"라고 답하거나 심지어 "당신을 믿을 수 있으면 좋겠어요"라고만 대답해도, 내담자는 더 강력한 유대를 느껴 이 자리에 머물러 보호해야겠다는 책임감을 체감한다.

애니는 집을 나서기 두려워하는 부분들과 분리될 수 없었기 때문에 자기 집에서 과외교습을 하는 것으로 일을 다시 시작하려고 했다. 그렇게 하면 아이들이 수업을 받으러 오기 때문에 집을 나설 필요가 없었다. 그런데도 알 수 없는 이유로 컴퓨터에서 자료가 삭제되어 있다거나 '들키고 말 거야' 같은 불안감에 휩싸여 수업 계획을 제대로 세울 수 없었으며, 두려움이 너무 커져서 학생이 도착하기 전에는 말 그대로 덜덜 떨었다.

애니에게 부분들이 무엇을 말하려고 하는지 알아차리라고 요청하면서 "내면을 향해 질문해보세요. 그들이 무엇을 두려워하나요?"라고 물었다.

애니는 잠시 귀를 기울이더니 이렇게 말했다. "많은 것들요. 실수하는 것, 충분히 알지 못하는 것, 심지어 집에 누군가가 있는 것까지."

나 그들에게 물어보세요. 그들의 집에서 '실수'하거나 '충분히 알지 못하는 것'은 무엇을 의미했나요?

애니 내가 처벌받는다든가, 너무 늦게까지 무슨 일이 생길지 알아차리지 못했다는 것을 뜻한다고 하네요.

나 그럼 집에 사람들이 있는 것은 무엇을 의미했나요?

애니는 잠시 후 이렇게 말했다. "너를 나쁜 곳에 데려가거나 너에게 나쁜 짓을 하려고 왔다는 거야." (사건이 있었음을 인정하면서도 그러한 경험에서 어린아이가 무엇을 느꼈는지 알고자 사건을 더 탐색하지는 않는다는 점에 주목하라.)

나는 애니가 이런 두려움을 좀 더 본능적인 수준에서 이해하도록 돕기 위해 부분들의 이야기를 바꿔 말하려고 노력한다. "애니, 그들이 뭘 말하는지 알겠어요? 당신의 부분들은 단지 당황하거나 '실패'할 것을 염려하는 게 아니에요. 죽음을 당할까 봐 염려하고 있어요. 단지 살아남기를 바랄 뿐이에요! 맞나요? 이게 사실인지 물어보세요."

애니 당신 말이 맞대요. 그들은 밖이 안전하지 않다고 생각해요. 위험을 감수하고 싶지 않대요. 나는 그들에게 그것이 무엇을 의

미하는지 이해하지 못했어요. 그저 그들이 저를 수치스럽게 느
낀다고만 생각했어요. 그래서 그들의 반대를 무릅쓰고 일을 처
리하려고 했어요.

나 그들에게 물어보세요. 그렇게나 겁이 났는데 두려움을 무시
당한 것이 그들에게는 어떤 의미였나요? (애니는 마치 내면으
로 부분들의 말을 듣고 있는 듯 가만히 있다.)

애니 자신들의 얘기를 들어줄 만큼 신경 써주는 사람이 아무도
없다면 그들은 여전히 안전하지 않대요.

나 그럼 당신이 그것을 '알고' 있는 지금은 그들에게 어떤 기분
이 드세요?

애니 안쓰러워요. 겁먹게 하려던 건 아니었어요.

나 말이 아니라 감정과 몸으로 알려주세요. 그들이 그렇게나 겁
을 먹었던 것에 대해 당신이 안타깝게 느낀다고 알려주세요.

애니 어려워요. 그들의 불안만 느껴져요. 연민을 가지려고만 하
면 그들과 섞여버려요.

나는 이제 애니가 부분들과 새롭게 시도해볼 만한 개입을 고안
해낸다. "중요하고 매우 심각한 발표가 있으니 모두 집중해달라
고 요청하세요. 당신이 말과 몸을 통해 매우 단호하게 '너희를
해칠 사람은 절대 이 집에 들이지 않을 거야. 절대로! 나쁜 사
람은 누구도 이 집에 들어오지 못해'라고 말하면 그들이 어떻게
반응하는지 봅시다. (나는 단호한 어조를 사용한다.) 믿지 못하
겠으면 그렇게 말하지 마세요. 하지만 나는 당신이 몇 년 전에,
심지어 아이를 갖기 전부터 이 규칙을 만들었다고 생각해요."

　애니는 몸이 조금 이완되는 것을 느꼈다. 그래서 나는 같은

말을 다시 반복하도록 요청했다. "나는 절대로 너희를 해칠 사람을 이 집에 들이지 않을 거야." 평온함이 애니의 몸에 감돌기 시작했다.

애니 저는 부분들을 무시하거나 부분들과 그냥 섞여버리느라 너무 많은 세월을 보냈어요. 그들이 왜 그렇게나 겁을 먹는지는 한 번도 생각해보지 않았어요. 그들이 여전히 뉴저지에 있다고 생각한다고는 상상도 못했어요.

치료자는 이렇게 제안한다. "컴퓨터 앞에 앉을 때나 수업 들으러 오는 아이들을 기다릴 때마다 다음과 같이 알리면서 시작하면 어떤 일이 일어날지 보죠. '안전하지 않다면 하지 않을 거야. 나는 너희를 해칠 사람이 이 집에 들어오는 것을 결코 허락하지 않아. 절대로!'"

애니가 자신의 부분들이 학생들에게 보이는 경계 반응의 의미를 기억하고 똑같은 말을 반복해 그들을 안심시키자 부분들은 긴장을 풀었다. 애니는 방해받지 않고 수월하게 자기 일을 할 수 있었다. 어쩌다 부분들을 보호하고 안심시키고자 하는 체감각과의 연결을 놓쳐버리고 무의식적으로 그들의 두려움을 극복하려고 하면, 애니의 어려움은 즉각적으로 재발했다. 애니가 어릴 때는 부분들의 두려움을 극복해야 했지만 지금 그런다면 외상적 과거를 잔혹하게 재연할 뿐이었다.

'지금의 나' 대 '그때 당시의 나라는 부분'

외상을 입은 부분과 정상적 삶의 부분이 같은 마음과 몸을 공유하고 촉발된 반응이 몸과 신경계 전체를 활성화하기 때문에 대다수 내담자는 자신의 부분들과 섞여버리는 것에 익숙해져 자신의 삶에서 유능함, 능숙함, 즐거움과의 연결을 잃어버린다. 애니는 "그때는 왜 부분들이 이렇게 하는 걸 두려워했을까요? 왜 뉴저지에서 그렇게 무서웠을까요? 왜 그 집에 있는 것이 그렇게 무서웠을까요? 그 가족과 함께하는 것이 왜 그렇게 무서웠을까요?"라는 질문을 듣고 성인인 자신이 지금은 결혼해서 꾸린 가족과 다른 집에서, 다른 주에서, 심지어 다른 시간대를 살고 있다는 것을 상기했다. 그리고 부분들이 여전히 신체적·성적·정서적 학대의 위협 속에 살고 있음을 알고 깜짝 놀랐다. 애니의 정상적 삶을 살아가는 부분에게 트라우마는 다시 떠올리거나 생각조차 하고 싶지 않은 아득하고 먼 기억이었다.

애니는 성인이 되어서도 '왜 나는 그때의 기억을 다시 떠올리고 싶지 않을까?'라는 의문이 계속 들었다. 그녀는 아이들을 키우고 집과 정원을 꾸미고 지역사회에 참여하고 학생들과 이웃집 아이들의 위탁모 노릇을 하느라 무척 바빴다. 이런 활동들은 대부분 일종의 외상적 과거를 복구하는 경험이었다. 예를 들어 그녀는 자기 아이들과 위탁아동들에게 자신이 가져보지 못한 돌봄과 이해의 경험을 주었으며, 안전하게 느껴지는 가정환경을 조성했고, 집과 마당을 (그녀의 방치된 어린 시절과 될 수 있는 한 다르게) 잘 가꾸었다. 이 단계에서 치료자는 '거짓 자기'에 대한 가정에 이의를 제기하는 것이 특히 중요하다. 좌뇌의 정상적 삶을 살아가는 부분은 트라우마로 인한 강한 정서와 (섞이지만 않는다면) 연결되지 않으며 압도되는 것을 두려워하기 때문에, 내담자는 자기 자신을 간신히 삶을 살아가는 빈 껍데기 같은 존재로 느끼면서 자신의 기능하는 능력이 '거짓 자기'라고 단정하기 쉽다. 애니의 사례는 그런 식의 결론이 얼마나 현명하지 못한지 보여준다. 애니는 자신이 거짓 자기를 만들었다고 믿으면서, 자신의 가치와 우선순위가 성인으로서의 자신을 얼마나 면밀하게 반영하는지, 그리고 그녀가 선택한 가족을 위해 원가족과는 너무도 다른 매우 건강하고 창의적이고 연민 어린 환경을 조성함으로써 자신이 무의식적으로 과거에 어떻게 의미를 부여했는지를 알아보지 못했다.

> 샘에게 '진짜 자기'라는 감각은 그저 책 읽고 공상하고 우울해하는 어린아이 부분, 그리고 상습적으로 '섹스·마약·로큰롤'로 기분을 달랬던 10대 부분과 가장 크게 연관되었다. 직업적 성취, 결혼, 친구들, 어린 아들이라는 증거가 있음에도 샘의 정상적 삶을 살아가는 자기는 그리 선명하지 않았다. 샘은 성인의 책무를 등한시하고 자신의 정상적 삶을 살아가는 자기를 단지 하루를 살아가는 데 필요한, 대개는 사람들의 비위를 맞추기 위한 사회적 가면으로 치부하는 경향이 있었다. 정상적 삶의 자기를 하찮게 여기다 보니 어린 부분들이 그의 결정에 끼치는 영향력이 커져서, 샘은 세금을 내거나 차를 수리하러 가지 않은 채 계속 책만 읽거나 TV나 영화를 보게 되었다. 성적 판타지나 가상 캐릭터의 활약에 정신을 빼앗긴 채 하루를 보내기도 했다.

'거짓 자기'라는 가정에 도전하려면 치료자는 기능하는 능력이 감정을 느끼는 능력만큼이나 중요하다고 믿어야 하는데, 치료자 훈런 프로그램에서 이것을 항상 가르쳐주지는 않는다. 기능과 감정은 각기 뇌의 다른 반구에서 일어난다. 좌뇌는 질서·순서·조직화·올바른 판단을 우선시하는 반면, 우뇌는 정서적으로나 생존적인 측면에서 긴급한 필요에 따라 움직인다. 좌뇌는 사실에 접근할 수 있으므로 더 긍정적인 전망을 가지는 반면, 우뇌는 매우 감정적이면서도 위협과 부정적인 측면에 더 초점을 맞춘다^{Hanson, 2014}. 뇌의 양쪽과 각각의 우선순위 모두 충만하고 풍요로운 삶을 살아가는 데 필요하다. 게다가 내가 내담자들에게 늘 상기시키듯이 거짓 자기는 생리학적으로 불가능하다. 서로 다른 사람이 같은 인물을 모방하여 같은 언어표현과 특징을 따라 한다고 해도 각자는 고유하다. 왜냐하면 각각의 모방은 개인의 두뇌·신체·성격에 따라 만들어질 것이고, 결국 그 사람의 고유한 발달사를 반영하기 때문이다.

치료자는 내담자가 가정 내에서 정상적 역할 모델이 없었음에도 정상적 삶의 부분이 보존된 것을 고맙게 여기도록 도와야 한다. 다른 가족의 역할 모델을 따라 하거나 자신의 환경에는 없었던 가치 있는 자질을 모방하는 것은 도저히 극복할 수 없는 상황에서도 새로운 삶을 일궈내려는 정상적 삶을 살아가는 자기의 결의가 표현되는 것이다. 내담자가 정상적 삶의 자기가 가진 자질을 고맙게 여기고 호기심, 연민, 명료함, 창의성, 자신감, 헌신 같은 정상적 삶을 살아가는 자기의 역량을 더 잘 인식하도록 돕는 것은 치료자의 중요한 책임이다. 정상적 삶을 살아가는 '지금의 나'와 친해지기 위해 분명한 관심을 기울이지 않는다면, 부분들이 지닌 감정과 조절장애가 전하는 '그때의 나'가 '진짜 나'라고 계속 가정할 것이다.

길다의 무가치함과 실패에 맞춰진 뿌리 깊은 인지도식에 도전하기 위해, 나는 그녀에게 성인으로서의 삶과 정상적 삶의 자기에 대한 사실들을 '그냥 인정'하거나 인식하는 연습을 해볼 수 있겠는지 물었다. 나는 매우 사실적이면서 '인정하기' 쉬운 것을 첫 번째로 골랐다. "당신이 세 아이의 엄마라는 것을 '인정하는' 시간을 가져보세요." 길다가 대답했다. "아이들은 저에게 있었던 일 중에서 가장 좋은 일이죠."

나 그렇군요. 그들이 당신에게 있었던 최고의 일이라고 느끼는군요. 그렇다면 그 느낌을 잠깐 '인정해'보세요. 좋은 느낌인가요?

길다 그럼요, 좋죠. 아이들이 너무 자랑스러워요. 그건 그렇고, 나는 일주일에 한 번 딸아이의 수업을 돕고 있어요. 애들이 너무 귀여워요.

나 그럼요, 귀엽죠? 참 귀여운 나이죠. 그럼 그 느낌도 '인정해'보세요. 당신은 아이들을 좋아하고 줄리의 수업을 지원하는 것을 좋아하는군요. 장담하건대 당신이 1학년이었을 때는 부모 중 아무도 와주지 않았을걸요.

길다 (웃으며) 그건 확실해요. 부모가 오기를 원했는지도 잘 모르겠어요. 아마 왔어도 끔찍했을 거예요.

나 하지만 당신 딸은 그렇게 느낄 필요가 없죠, 그렇죠? 엄마가 오면 분명히 좋아할 거예요. 그것도 '인정해'보세요. 당신은 수업을 돕는 엄마를 자랑스러워하는 딸을 둔 부모예요.

자신의 삶에 대한 사실들을 받아들이는 것은 좌뇌의 활동이다. 좌뇌는 정보를 수집하고 분류한다. 길다는 우뇌와 관련한 부분들의 강렬한 정서와 정서적으로 단절된 좌뇌의 기능하는 자기가 맞물리는 경험에 혼란스러워했다. 어떤 때는 매우 취약하고 조절되지 않는다고 느꼈다가 어떤 때는 아무것도 느껴지지 않아 마치 자신이 거짓말하는 것 같았는데, 이것은 자신의 역사, 자신의 지금 생활, 자신의 환경에 대한 사실들을 파악하는 데 전혀 시간을 쓰지 않은 채 오랫동안 신념처럼 가져왔던 지각이었다. 길다는 좌뇌가 활약할 수 있는 회계사 일을 했지만, 부분들의 압도적인 감정 때문에 정상적 삶의 자기가 내적으로 '죽은' 것처럼 느껴졌다. 딸과 딸의 친구들에게서 느낀 즐거움을 '인정하도록' 요청하자 길다는 정상적 삶의 좌뇌 자기가 감정을 느낀다는 것을 경험했다.

좌뇌에서 경험되는 감정은 그리 강렬하지 않고 꽤 즐거운 정도이기 때문에, 그리고 사실을 살피지 않은 채 자기패배적인 이야기만 확인했기 때문에 길다는 여태껏 좌뇌에서 경험되는 감정을 인식할 수 없었다. 길다는 매주 스스로에 대한 사실들을 알아차리고 '인정하는' 연습을 했는데, 그러면서 여러 번 놀랐다. "당신의 집에서 결혼 파티 세 번과 졸업 파티 한 번을 주최해달라고 요청받았잖아요. 잠시 시간을 내어 '그 사실을 인정할' 수 있을까요?" 그녀는 말했다. "와, 사람들이 정말로 나와 우리 집을 좋아하는 것이 틀림없군요……. 그리고 이제야 부분이 '그들이 너를 이용하는 거야, 길다. 현실을 직시해!'라고 말하는 것이 들리네요. 방금 느낀 즐거움이 사라져버렸어요."

내가 덧붙였다. "자, 왜 지금 당신의 삶에 대한 사실들을 받아들이기 어려웠는지 우리가 살짝 알게 된 것 같네요. 당신이 삶의 풍요로움을 느끼는 것이 '너무 많은' 즐거움을 가져다줘서 투쟁하는 부분이 경각심을 갖는군요."

조절 문제가 있는 부분들과 내적 의사소통 확립하기

치료자는 계속해서 내담자가 역할·자원·능력·일상적 활동을 정상적 삶의 부분이 강건하다는 증거로 인식하도록 하면서, 동시에 내담자가 일상적인 삶에서 느끼는 감정과 기능상의 곤란을 외상 관련 자극으로 촉발되는 부분들의 표현으로 받아들이도록 계속 상기시킨다. 다음으로 정상적 삶의 자기가 부분들이 전달하는 조절되지 않은 감정에 호기심이나 연민을 갖고 귀를 기울일 때, 내담자가 부분들에게 그들의 감정에 대해 더 많이 말해달라고 요청하도록 가르친다. "그들은 무엇을 걱정하고 있나요?" '걱정한다'는 말이 두려움, 수치심, 분노, 슬픔, 심지어 무감각과 기능 정지라는 감정표현에 대한 반응에서도 계속 사용된다는 점에 주목하라. 모든 감정반응은 무언가에 대한 걱정을 반영한다고 가정한다. '걱정'은 아동과 성인 모두에게 친숙한 말이다. 아마도 더 중요한 것은 이 말이 어느 부분도 위협하지 않는다는 것이다. '분노'는 애착 또는 순응하는 부분에게 위협적인 단어다. 투쟁 또는 도피하는 부분들은 '무섭다'를 인정하기가 어려울 것이다. "_____한다면, 무엇이 걱정되나요?"라는 표현으로 치료자나 내담자가 접하는 거의 모든 상황에서 더 많은 정보를 수집할 수 있다.

이렇게 물을 수도 있다. "내가 휴가를 떠난다면 어린 부분은 무엇을 걱정할까요?" "그가 부끄러움을 버리고 고개를 꼿꼿이 들고 다닌다면 수치스러워하는 부분은 무엇을 걱정할까요?" "그녀가 희망을 갖는다면 절망하는 부분은 무엇을 걱정할까요?" "펠리시아가 살겠다고 다짐한다면 자살하려는 부분은 무엇을 걱정할까요?"

부분들이 처음 걱정을 드러낼 때는 구체적이거나 피상적인 경우가 많다. 가령 실수할까 봐 두려워하고, 상처 입을까 봐 겁내고, 판단을 받거나 거절당할까 봐 걱정하고, 모든 것이 무너져내릴까 봐 염려한다. 어린아이 부분은 더욱 구체적이고, 자극에 얽매이는 경향이 있다.

다음 단계는 우리가 아이들에게 하듯이 더 자세히 질문하는 것이다. 누군가가 그를 판단한다면 그는 무엇을 걱정할까요? 실수를 저지른다면 그녀는 무엇이 걱정될까요? 그러고는 정상적 삶의 자기에게 부분들의 두려움과 트라우마가 발생했던 어린 시절의 환경 사이에 어떤 연관성이 있는지 살펴보도록 요청한다. 왜 어린아이는 그때의 세상에서 판단받는 것을 두려워했을까? 그는 왜 집에서 실수하는 것을 두려워했을까?

이 단계의 목적은 기억을 인출하는 것이 아니다. 과거와 현재를 연결하는 목적은 언제나 부분들의 감정과 공감적으로 연결되고 조율하는 능력을 키워나가는 것이다. 기억은 자세히 탐색되지 않지만 공감을 위한 매개체로 활용된다. 수치스러워하는 부분이 수치심을 포기하지 않는 것은 당연하다. 수치심이 그녀를 안전하게 지켜줬기 때문이다. 그것이 사실이 아니라 그저 생존의 한 방편이라는 점을 안다는 전제하에 수치심을 고수하는 것이 더 안전하다고 느낀다면 그것도 괜찮다고 그녀에게 알려줄 수 있다.

그러나 위협을 감지하자마자 자동으로 활성화된 부분들과 대화를 시작하고 유지하기가 항상 쉽지는 않다. 치료자는 불안을 유발하는 생각, 떨림과 초조, 높아진 심박수, 가슴의 답답함, 위가 쓰린 느낌, 목구멍의 수축, 도망치거나 이불 속으로 기어들어가거나 벽을 치거나 자신의 피부를 할퀴고 싶은 충동이 촉발될 때 이중인식을 유지하도록 내담자를 도와야 한다. 이러한 신체적 반응은 대다수 내담자가 견디기 힘들어하며, 종종 설명할 수 없고 잘 조절되지도 않는다. 외상이 있는 개인은 감정 어휘에 익숙지 않을뿐더러 자신의 몸에 대해 말하기를 어려워한다Ogden & Fisher, 2015. '몸'이라는 단어조차 반응을 촉발하기 마련이어서 부분들을 더 활성화시킬 수 있다.

치료자의 임무는 이러한 난관을 삶에 대한 위협이나 '걸림돌'이라기보다는 그저 작업의 일부라고 간주하는 것이다. 내담자가 새로운 기술을 습득하거나 새로운 접근법을 시도하도록 도우면 종종 해당 부분들을 촉발한다. 많은 내담자가 이렇게 말한다. "이런 방법으로 살아남을 수 있다는 건 알지만, 다른 방법을 시도해서 효과가 없으면 어떡해요? 내가 살아남지 못하면 어쩌죠?" 명백히 이런 얘기들은 공격이나 소멸을 예상하는 부분들의 목소리이지만, 변화에 대한 그들의 강렬한 반응은 종종 치료자와 정상적 삶의 자기 모두를 무력하게 만든다. 치료자는 다음과 같이 질문한다. '이 새로운 단계나 기술이 너무 과한가?' '두려움을 무시해야 하는가, 아니면 인정해야 하나?' '아니면 이것은 내담자가 아직 준비되지 않았다는 신호인가?'

파열과 복구

치료자는 유아기에도 유아가 편하고 익숙한 영역을 살짝 벗어난 경험이나 자극에 노출되었다가 다시금 진정되고 조절될 때 인내의 창이 확장되고 회복탄력성이 커진다는 것을 입증하는 연구를 보고 확신을 가질 수 있다Tronick, 2007. 애착 관련 연구문헌에서는 이 현상을 '파열과 복구'라고 일컫는데, 아동이 불편함을 경험한 뒤에 조율을 회복하고 긍정적인 감정 상태를 촉진하는 일종의 복구, 예를 들어 격려·진정·안심·주의분산이 뒤따르는 것을 뜻한다. 이런 경험이 반복될 때 신체와 마음에는 복구가 따라올 것이고, 누군가 파열을 진정시켜줄 것이며, 나쁜 경험 뒤에 좋은 경험이 뒤따르고, 두려움이 안전함으로 바뀔 것이라는 기대를 키우기 시작한다.

치료자인 우리는 새로운 어떤 것이 정상적 삶의 자기에게 환영받는 만큼 외상과 관련된 부분들에게 위협적일 수 있다고 가정한다면 내담자를 도울 준비를 더 잘할 수 있다. 부분들이 우리의 개입에 '저항'하는 것은 변화가 두려워서다. 어찌 됐든 트라우마는 갑작스러운 '변화'다. 1분 동안 아무 일도 일어나지 않다가 1분 뒤에 모든 게 바뀐다. 내담자가 저항을 부분들이 당연히 가지는 주저함이나 과경계로 인식하도록 도우면 내적 연민이 커질 기회가 생긴다. 치료 작업이 내담자의 과각성이나 저각성, 좁은 인내의 창, 회기 중에 촉발된 부분들 때문에 복잡해지면 치료자는 그 회기에 다루기로 한 내용보다 내담자가 고통과 조절곤란을 해소하도록 돕는 데 더욱 주의를 기울이는 것이 결정적으로 중요하다. 부모가 종종 대화를 멈추고 아동의 고통에 주의를 기울여야 하듯, 부분들과의 작업 역시 회기의 흐름을 고집하기보다 멈춰 서서 부분들의 고통에 주의를 기울일 때 부분들과 애착유대를 형성할 수 있다.

내적 애착 작업의 매우 중요한 원칙은 회기에서 발생하는 모든 어려움이 연민과 수용을 높이고 과거의 복구를 촉진하는 기회가 된다는 점이다. 부분들이 생각·이미지·강렬한 정서를 불러일으킬 때 내담자가 이중인식을 유지하는 것을 어려워한다면, 치료자는 내담자가 애착이 중요하다는 관점을 놓치지 않으면서도 자율신경계의 활성화를 조절하도록 돕는다. 예를 들어 감각운동심리치료의 신체 개입을 부분들을 지원하는 방식으로 재구성할 수 있다. "기겁한 부분에게 바닥을 딛고 있는 발을 느껴서 내 두 발이 단단하게 서 있다는 것을 말해주면 어떻게 되는지 봅시다. 허리를 쭉 펴면 도움이 될까요? 한번 해봅시다. 허리 아랫부분의 척추 사이에 조금 공간을 만들어보시고, 어떻게 되는지 보세요. 아마 그들은 당신이 얼마나 큰지, 당신 몸이 얼마나 강한지 느낄 겁니다"Ogden & Fisher, 2015. 이 개입이 부분들의 조절되지 않는 생각·이미지·강렬한 정서를 침묵시키거나 멈추려는 것이 아님을 전달하기 위해 명시적으로 표현한다는 점에 주목하라. 여기서 전달하고자 하는 메시지는 모든 개입이 정상적 삶의 부분뿐 아니라 모든 부분을 돕기 위한 것이라는 점이다.

내담자가 촉발된 부분들에서 비롯되는 활성화를 조절하도록 돕는 또 다른 방법은 내면가족체계Schwartz, 2001에서 가져온 기술을 사용해 부분들에게 "한걸음 물러서달라"거나 "가만히 있어달라"고 요청하는 것이다. IFS 모델에서 이 기법은 숨어 있는 유배자 부분에게 접근하기 위해 현재 상황을 유지하려는 부분들을 통과하는 데 사용된다. 이 경우 내담자가 인내의 창을 유지하면서 모든 부분과 대화를 계속 이어나갈 수 있도록 돕는다.

내담자가 '활성화되는 부분들이 너무 많다'거나 '머릿속이 너무 시끄럽다' '너무 많은 생각이 빠르게 일어난다' '비난하는 목소리에 굴욕감이 든다'고 보고할 때, 치료자는 내담자에게 부분들을 향해 "가만히 있어줘" "조금만 물러서서 내가 너희 얘기를 들을 수 있게 자리를 마련해줘" "잠깐만 가만히 있어준다면 너희를 더 잘 도울 수 있어"라고 설명해주도록 요청한 뒤 어떤 일이 일어나는지 지켜보자고 제안할 수 있다. 이런 식으로 구조화되면 부분들은 위협받는다고 느끼지 않을뿐더러 그들에게 도움을 줄 수 있다. 내담자가 아무 반응이 없다고 보고하면 호기심을 가지라고 안내한다. "그 부분에게 질문해보세요. 가만히 있으면 뭐가 두려운 걸까요?" 부분들은 가장 흔히 "가만히 있으면 무시당할 것이고 아무도 내 얘기를 듣지 않을 것이다"라고 대답한다. 종종 이런 식의 대답은 목소리를 낼 수 없거나 도움을 요청할 수 없거나 아무도 자신의 얘기를 들어주지 않았던 것과 같은 과거에 대한 암묵기억을 반영하지만, 때로는 과거 경험을 정확히 반영하는 것이기도 하다.

정상적 삶의 부분은 그들을 무시하고 그들의 감정을 억누르고 그들의 목소리 듣기를 거부하려고 애써왔다. 치료자는 그 사실을 인정해줘야 한다. "알다시피 그게 사실이에요. 그들이 부분들이라는 점을 몰랐고 그들이 어리고 겁에 질린 것도 몰랐잖아요. 대다수 사람이 당신이 했던 것과 똑같이 한답니다. 그들을 무시하려고 애쓰죠. 얼마나 슬픈 일인가요? 이 부분들이 상처를 입었다는 점을 인정해주는 첫 번째 사람이 되고 싶나요? 그들에게 매우 의미 있는 일이 될 거예요." '대다수 사람' '몰랐고'와 같은 표현을 통해 일어난 일에 대한 설명을 보편화함으로써 내담자는 수치스러워하는 부분들을 자극하지 않고도 이러한 진실을 들을 수 있다.

우리는 정상적 삶의 자기를 언제나 분별력 있고, 유능하며, 돌보고, 학습이 가능하고, 자신의 행동에 책임질 수 있는 성인으로 여긴다. 반면 부분들은 항상 마술적 사고, 두려움, 이상주의, 외상적 상처로 인해 충동적이고 감정적으로 행동하는 어린아이나 청소년으로 공감을 담아 묘사된다는 점에 주목하라. 부분들에게 기대가 덜한 것과 달리 성인인 정상적 삶의 자기에게는 더 많은 것을 기대하는데, 그가 생물학적 성인과 마찬가지로 전전두피질에 접근할 수 있고 호기심과 연민의 상태가 될 수 있으며 신체와 세상 속에서 부분들의 안전을 책임질 수 있는 능력이 있기 때문이다.

상처 입은 어린아이 부분들에게 연민 전달하기

아이들이나 성인 모두 '이해받았다'고 느낄 때, 다시 말해 자신들을 믿어주고 이해해주고 신경 써줄 때, 또는 자신들이 누군가에게 중요한 존재라고 느낄 때 자신을 안심시키는 말을 믿는다. 마음이 담기지 않은 안심시키려는 말은 위로가 되지 않을뿐더러 종종 아동을 '그루밍'하기 위해 그런 말을 건넨 가해자에 대한 감정기억을 불러일으키는 촉발자극이 된다. 내담자는 부분들에게 "너희는 이제 안전해. 아무도 너희를 해칠 수 없어. 그때는 그렇지 않았지만, 지금은 달라"라고 적절히 말하는 법을 배울 수 있다. 그러나 공감적 조율이 없다면 이러한 설명은 말 그대로 귓전으로 들릴 뿐이다. 치료 관계에서도 내담자의 감정과 두려움에 치료자가 감정적으로 공명해야 내담자를 제대로 안심시켜줄 수 있다. 만약 치료자가 현명한 '자기'와 부분들을 구분하는 경계에 대한 감각을 잃지 않은 채로 호기심과 연민의 상태를 유지하는 법을 내담자에게 가르칠 수 있다면, 그들은 부분들에게 '상실 경험'을 채워줄 수 있으며Kurtz, 1990; Ogden & Fisher, 2015, 이를 통해 과거를 복구하고 '안도의 눈물'을 끌어내며 내적 안정애착을 구축한다.

　이런 이유로 부분들의 외상과 관련된 암묵기억의 '복구'를 목표로 하는 내적 의사소통은 언제나 정상적 삶의 자기와 부분들 사이에 적정량의 정서적 연결을 끌어내는 데 중점을 둔다. 다시 말해 부분들과의 연결이 정상적 삶의 자기가 섞이거나 압도되지 않게 과하지 않으면서도 정서적 공명이 커지기에 충분한 정도가 되어야 한다.

첫째, 부분들의 감정·충동·행동이 그들의 '언어'라는 가정하에 정상적 삶의 부분이 각각의 의사소통 채널을 어리고 상처 입은 부분이 전하는 메시지로 '경청하고', 부분에게 접근하는 과정에서 흥미와 호기심을 유지하도록 요청한다. 부분과의 의사소통에서 치료자는 어린아이 부분의 짐작되는 나이, 감정, 곤경에 맞춰 반응해야 한다. 일상생활에서 성인이 열여섯 살 청소년을 상대할 때와 같은 '언어'로 두 살짜리와 대화하지는 않는다. 어린아이와 의사소통할 때 우리는 몸짓뿐만 아니라 '무섭다' '나쁜 사람' '미쳤다' '불공평해요'와 같이 어린아이에게 쉽고 익숙한 어휘를 사용해 관심을 표현한다. 10대와 의사소통할 때 치료자는 자신의 반항적인 자기나 청소년기의 자기와 충분히 연결되어 꼰대처럼 굴거나 치료받는 것처럼 느껴지지 않게 해야 한다. 예를 들어 청소년에게는 "정말 너에게는 힘든 일이었겠다"라고 말하는 것보다 "젠장, 정말?!"이 더욱 효과적이다. 그런 다음 정상적 삶의 부분이 연민 어린 태도로 반응하고 이해를 전달하도록 지도하고, 만약 이해가 되지 않는다면 어린아이에게 던질 수 있는 질문을 하도록 요청한다.

다음 단계로 정상적 삶의 부분이 "무엇을 걱정하니? 무엇이 두렵니? 무엇 때문에 그렇게 슬프니?"라는 질문으로 부분들의 감정이나 반응을 탐색하도록 격려한다. 부분들은 때로는 외상적이거나 상처가 된 이미지로, 때로는 "나는 나빠. 그래서 사람들이 나에게 못되게 구는 거야" 같은 말로, 때로는 "나는 친구가 필요해. 외로워"와 같은 감정으로 대답한다. 이 시점에서 정상적 삶의 부분이 '어린아이 부분이 그렇게 느끼는 이유는 무엇일까? 내 인생의 그 시점에 무슨 일이 있었기에 그가 그렇게나 수치스러워했을까?'에 대해 생각해보도록 이끄는 것이 도움이 될 수 있다.

정상적 삶의 자기가 어린아이 부분 안에 계속 살아 있는 두려움·수치심·혼란·분노·취약성을 이해하고 그 부분과 정서적으로 연결되는 것처럼 보일 때, 치료자는 IFS에서처럼 "지금 그 부분에 대해 어떻게 느끼나요?"Schwartz, 2001라고 질문한다. 내담자가 그 부분과 진정으로 연결되었다면 그 질문을 받고 연민과 공감이 저절로 생겨나며, 내담자의 응답은 어린 부분과의 커지는 애착을 반영한다. "그녀가 안타깝게 느껴져요." "그를 돕고 싶어요." "그 어린아이를 지켜주고 싶어요."

내적 애착 작업에 성공하려면 위의 문구를 정확하게 사용하는 것이 중요하다. '~에 대해 어떻게 생각하나요?'와 '~에 대해 어떻게 느끼나요?'는 다른 질문이다. '~에 대해 생각하는 것'은 "모르겠어요. 생각해볼게요"라는 내담자의 대답에서 나타나듯이 좌뇌를 통한 정보의 인출과 관련된다. '~에 대해 어떻게 느끼나요?'는 부분에게 진실하고 진정성 있게 느껴지는 우뇌의 직관적인 반응을 끌어낸다. 부분에 대해 '느끼는 것'을 통해 정상적 삶의 자기가 부분들을 멀리하는 습관에 변화가 일어날 때, 치료자는 내담자의 정상적 삶을 살아가는 자기가 그 어린아이를 향한 슬픔, 보호해주려는 마음, 자랑스러운 느낌에 연결되도록 이끌어주고, 그 공감적 연결을 다시금 부분에게 전달해주도록 안내한다. 때로 부분들은 그저 "너를 믿어"나 "얼마나 안 좋았는지 알겠어"라는 말을 듣고 싶어한다.

의사소통에는 외상을 입은 어린아이들의 삶에서 상실된 경험인 상호성이 수반되기 때문에 치료자는 주고받는 상호관계에 집중한다. "어린 부분이 당신이 슬퍼하는 것을 느끼고 어떤 것 같나요? 자신을 가엾게 여기는 사람이 낯설 텐데……." "보호해주고 싶다는 당신의 말을 듣고 그녀는 어떤 것 같나요? 좋다고 느끼나요, 아니면 약간 무서워하나요?" 대개의 경우 어린아이 부분은 말이나 감정, 신체 감각을 통해 긍정적인 감정을 표현한다. "우리가 그녀의 감정을 걱정하는 말을 듣고 어린아이 부분은 어떤 것 같나요?"라는 질문으로 내담자를 이끌어주면, 그들은 종종 신체 경험이 저절로 변하는 것을 느낀다. 이완되고 따뜻해지며 미소를 짓고 깊게 호흡한다. 치료자는 마치 좋은 가족치료처럼 가족관계에서의 모든 긍정적인 변화를 강조한다. "좋아요, 그녀가 안심할 수 있게 됐군요. 당신이 자기를 보호하려고 한다는 것을 알고 위안받은 것 같네요. 그게 맞는지 물어보세요." "누군가가 자신의 감정에 신경을 쓰니 기분이 좋아졌군요, 그렇죠?"

마찬가지로 중요한 것은 "그것이 그에게 얼마나 큰 의미인지 느껴보니 어떠세요?"라는 질문이 언제나 뒤따라야 한다는 것이다. 부모와 자녀의 관계에서와 마찬가지로 상호관계는 반복적인 상호작용을 통해 형성되므로 이 대화는 다음과 같이 계속될 수 있다. "그가 그렇게나 감동받았다니 정말 특별하고 마음이 따뜻해지네요. 그럼 그와 이렇게 연결되어 당신의 마음도 따뜻해진다는 말을 듣고 그는 어떤 것 같나요?" "그가 당신과 함께 집에 가면 좋겠다고 말할 때 어떠셨어요?" "좋아요, 그를 집에 데려갈 준비가 된 거죠?! 급한 감이 있었는데 어쨌든 준비가 된 거네요? 그는 집으로 간다니 마음에 들어하나요?"

부분들이 정상적 삶의 자기에게 이미지를 보여주거나 기억과 관련된 무언가를 떠올릴 때, 정상적 삶의 자기에게 그 부분이 지닌 특정한 이미지나 기억에 대한 감정을 타당화하도록 요청한다. "네가 집을 떠나는 것과 눈에 띄는 것을 얼마나 두려워하는지 '알았고' 전적으로 이해해. 그때는 사람들이 너를 지켜보게 하는 것이 좋은 생각이 아니었어. 정말 무서운 일이었지.” “전적으로 이해해. 무슨 일이 일어날지 확실히 알지 못하는 상태에서 새로운 시도를 한 것은 좋은 생각이 아니었어.” 부분들은 언어적 소통만이 아닌 감정적 소통으로 공감받고 ‘이해받는다’고 느낄 때 안도감을 느끼고 정상적 삶의 자기에 대한 신뢰가 형성된다.

회복 경험을 방해함

다음 단계는 내담자가 외상을 입은 어린 자기를 위해 자신이 제공하는 회복 경험에 연결되어 머물도록 돕는 것이다. 그 경험은 어린아이가 이해받는다는 느낌이나 어린아이의 상처와 두려움에 내담자의 마음이 진정으로 움직이는 체감각, 따뜻함, 근육의 이완, 심장박동이 느려지는 것과 같은 신체 경험 같은 것이 될 수 있다. 어린아이와 성인 부분 간에 신뢰가 쌓여감에 따라 내적인 대화가 깊어지는데, 바로 그 순간에 다른 부분들이 끼어들어 정상적 삶의 자기와 상처 입은 어린아이 사이에 일어나는 조율을 방해한다. 조율·따뜻함·애정 어린 존재·부드러움·취약성에 위협을 느낀 투쟁하는 부분의 비난하는 목소리가 종종 끼어들며, 짜증 내는 부분, 혼란스러운 부분, “나는 여기 있을 필요 없어. 모든 것을 알아”라고 말하는 거만한 부분도 이에 합세한다.

　일반적으로 이런 방해를 헤쳐나가는 과정에서 치료자는 정상적 삶의 자기를 지도한다. “당신이 어린 부분과 친밀해지는 것을 비난하는 부분이 불편해하는 것 같네요. 비난하는 부분이 무엇을 걱정하는지 좀 더 살펴볼까요? 아니면 비난하는 부분에게 이 어린아이와 대화를 마칠 때까지 가만히 있어달라고 요청해볼래요?" 새로운 학습을 익힐 수 있도록 선택할 기회를 준다는 점에 주목하라. 내담자가 새로운 선택을 하거나 행동을 개시할 때 약해진 근력이 단련된다. 내담자가 수동적이거나 충동적인 것으로 과잉보상을 해온 경우 계획성과 선택하는 습관을 기르는 것은 회복의 중요한 일부다.

친구가 되어주는 네 가지 질문

조절장애나 해리가 심하지 않은 사람, 인내의 창이 넓은 사람, 깊은 사색이나 마음챙김을 잘하는 사람 등 많은 내담자는 자신의 부분들과 내적 대화를 나눌 자질이 있다. 이런 사람에게는 종종 명상모임 기법이 도움이 된다(부록 B를 보라). 명상모임 기법에서 사람들은 각 부분을 위한 자리가 있는 명상모임을 상상한 다음 각 부분이 도착하여 자리에 앉을 때 조용히 관찰하며 기다린다. 모임에서 자리를 잡는 것, 부분들에게 감정과 걱정을 표현하도록 요청하는 것, 정상적 삶을 살아가는 부분의 목소리로 전해지는 관심을 확인하는 것, 심지어 예측 가능한 방식으로 자신들의 얘기를 들어주는 경험까지 모든 것이 외상과 관련된 어린 부분들에게 회복의 경험이 되며 내적 안전감을 높이는 데 이바지한다. 부분들이 더 안전하고 신뢰할 수 있다고 느낄 때 그들의 자율신경계 조절장애가 진정되며, 인내의 창이 확장되고, 그로 인해 전전두피질이 더욱 활성화되면서 정상적 삶의 자기가 호기심을 갖고 창의적이고 차분하며 연민의 마음을 품고 통찰을 얻게 된다.

조절장애가 심하고 부분들에 대한 두려움이 크거나, 치료자의 권한을 제한하는 데 몰두하는 투쟁하는 부분이 있거나, 치료자의 돌봄에 치중하는 애착을 원하는 부분이 있는 내담자들의 경우 부분들과의 연민 어린 대화가 더 어렵다. 자유로운 내적 의사소통을 할 수 없을 때나 그것을 익히는 초기 단계의 내담자들에게는 내담자 측 역량이 많이 요구되지 않는 좀 더 구조화된 내적 대화가 도움이 된다. '친구가 되어주는 네 가지 질문'은 해리나 조절장애가 있는 경우에도 내적 대화를 수행할 수 있도록 구조화되었으며 쉽게 익힐 수 있다. 이 기법의 취지는 이름대로 부분들의 친구가 되어줌으로써 그들이 환영받으며 그들의 이야기를 누군가가 들어준다고 느끼도록 하는 것이다. 처음 세 가지 질문은 부분이 지닌 핵심 두려움을 이해하는 데 초점을 두는데, 부분들의 핵심 두려움은 주로 해를 입을 것과 소멸·유기에 대한 두려움이다. 부분들의 의사소통을 반영하는 어떠한 감정이나 사안이 있을 때마다 친구가 되어주는 네 가지 질문을 사용한다. 나는 일상생활에서 부분들에게 장악당한 내담자들에게 개입하여 안정을 되찾아주는 방편으로 이 대화 기법을 종종 활용한다. 일상의 촉발자극을 두려워하는 부분들이 삶을 위축시킬 때도 유용하다.

여러 해 동안 보지 못했던 오랜 친구의 생일파티에 초대를 받은 애니는 파티에 갈 생각만으로도 너무나 창피했다. 이 창피함을 한 부분이 전하는 메시지로 여겨 그 감정에 집중하도록 요청하면서, 나는 아래의 단계를 거치며 그녀를 지도했다.

• 너무도 창피해하는 이 부분에게 당신이 파티에 간다면 무엇이

걱정되는지 물어보세요.

애니 사람들이 자기를 볼까 봐 걱정한다고 하네요.

- 사람들이 자기를 보면 뭐가 걱정되는지 물어보세요.

애니 사람들이 자기를 보는 것을 좋아하지 않을 거야. 사람들이 역겨워할 거야라고 말해요.

- 그럼 사람들이 좋아하지 않아서 걱정되는 것은 무엇인가요?

애니 그들이 자기를 거부할 것이고 결국 혼자가 될 거라고 말해요. (핵심 두려움)

- 네 번째이자 마지막 질문을 한다. "거부당하고 버림받는 것을 그렇게 두려워하지 않기 위해 바로 지금 여기에서 그 아이가 당신에게 필요로 하는 것이 무엇인지 물어보세요." (이 마지막 질문은 그 부분이 한 말을 정확하게 포함해야 하며, 바로 이 순간 그러한 감정과 두려움을 줄여주려면 정상적 삶의 자기가 무엇을 할 수 있는지 묻는다는 점을 명확히 전달해야 한다.)

애니는 내면에서 슬프게 말하는 목소리를 들었다. "나는 네가 나를 창피해하지 않으면 좋겠어." 애니는 이 어린 여자아이의 말을 듣자 눈물이 났다. "너무 불쌍해요! 저는 이 아이를 창피하게 여겼어요. 이제 더는 그러고 싶지 않아요."

- "그동안 그녀를 창피하게 여겨서 당신이 얼마나 마음 아파하는지 그 여자아이에게 알려주세요. 그리고 당신이 진심이라는 것을 그 아이가 알 수 있도록 당신의 몸과 감정을 통해 말해주세요."

다음 몇 주 동안 애니는 열세 살짜리 부분에게 지지와 안심을 표현해야 한다는 것을 기억하려고 노력했다. 그 아이를 부끄럽게 만든 것에 대해 사과했고 그녀를 버리거나 누구도 그녀를 거부하지 않게 하겠다고 다짐했다. 놀랍게도 파티 당일이 되자 희한하게 마음이 평온했다. 얼마나 끔찍할지에 집착하거나 지레 부끄러워하는 대신, 애니는 파티에 오래 머물 필요는 없지만 즐길 수 있다면 즐기자고 자기 자신과 열세 살짜리 부분에게 상기시켰다.

다음 주 애니는 자신의 경험을 들려주었다. "재밌었어요! 린은 나를 보고 기뻐했고, 나도 처음으로 사람들에게 좋은 인상을 주려고 애쓸 필요가 없다고 느꼈어요. 사실 평소보다 훨씬 많이 사람들의 이야기를 들었고 할 말이 있을 때만 말을 했어요. 저를 거부하지 못하게 하려고 계속 얘기할 필요가 없었어요."

나 누군가에게 좋은 인상을 줄 필요가 없다는 것을 알고 당신은 있는 그대로 행동할 수 있었는데, 당신에게 그런 능력이 있다는 것을 알고 열세 살짜리 아이는 어떻게 느꼈을까요? 지금 물어보세요.

애니 그 아이가 자랑스럽대요. 내가 속해 있으면 자기도 속해 있고, 사람들이 나를 받아들인다면 자기도 받아들일 것이라고 확신한대요.

나 음, 창피당하는 것에 집중하기보다 편안해하는 것에 집중한 게 도움이 되었던 것 같군요. 당신을 지도해주던 불안해하는 부분들과 당신이 실패했다고 비난하는 부분 모두 당신이 그 아이에게 집중하고 있어서 한마디도 참견할 수 없었군요. 그 아이가 당신을 도왔네요!

치료자가 애니에게 친구가 되어주는 네 가지 질문을 해나가도록 단계별로 안내한 뒤에 열세 살짜리 아이와의 회복의 순간에 집중하도록 도와준다는 점에 주목하라. "당신이 얼마나 마음 아파하는지 그 아이에게 말해주세요. 자기에게 상처를 준 것 때문에 누군가가 고통스러워하는 것이 그녀에게 어떤 느낌인가요?" 이런 순간에는 치료자만이 각 단계의 의미를 완전히 이해할 수 있다. 목격자의 메타인식을 통해 치료자는 애니가 어린아이에게 상처 준 것 때문에 속상해한다는 것을 알 수 있지만, 한편으로 열세 살짜리 부분에게는 누군가에게 중요한 존재가 된다든지 자신에게 상처를 준 누군가가 마음 아파하는 일이 갈망해온 것이기도 하지만 매우 새롭고 낯선 경험이라는 것도 이해한다. 어린아이 부분은 정상적 삶을 살아가는 자기의 보살핌을 통해 양육·따뜻함·안겨 있음을 느끼지만, 때때로 갑자기 멈춰 서서 머뭇거리고, 불안해하고, 그것이 사실이라고 믿기 두려워하거나 믿으려고 하지 않는다. 그들이 알았던 사람 중에 돌봐주는 사람이 아무도 없었는데, 누군가가 자기를 보살핀다는 것을 어떻게 믿겠는가?

치료자는 내담자가 부분의 두려움과 불신을 타당화해서 이런 순간을 활용하도록 도와야 한다. "너무 생소하죠. 그 아이에게 물어보세요. 당신이 자기 때문에 마음 아파한다는 것, 그리고 당신이 자기를 아프게 하고 싶지 않다는 것을 알고는 기분이 좋은가요, 아니면 조금 불편한가요?" 내담자의 정상적 삶을 살아가는 자기는 다음과 같이 대답할 수 있다. "그 아이는 저를 믿고 싶어하는 것 같아요. 제가 함께할 거라는 것을 믿고 싶어해요. 그런데 그 아이는 계속 긴장을 풀었다가 다시 뻣뻣해졌다가 물러섰다가 해요." 치료자는 어린아이 부분의 반응을 더 많은 연민이 일어나는 방식으로 바꿔 표현해야 할 수도 있다. "당신을 믿고 싶어서 물러서는 것일 수도 있어요. 물어보세요. 그 아이가 당신을 믿고 싶어하나요? 당신이 자기를 떠나지도, 다치게 하지도 않을 거라는 것을 믿고 싶어하나요?"

내담자에게 부분들과의 회복 작업을 안내하기 시작할 때, 치료자들은 '말해야 할 것을 내담자에게 가르쳐주는' 것이나 어린아이 부분이 느낄 만한 것이 무엇일지 알고 있다고 가정하는 것이 불편할 수 있다. 내담자에게는 트라우마 반응을 설명할 언어가 없으므로 우리는 트라우마 작업을 하면서 내담자에게 심리교육을 기반으로 설명해줘야 한다는 점을 명심해야 한다. 과거와 현재가 한데 엉켜 있고, 정상적 삶의 자기가 사용하는 언어는 어린아이 부분이 사용하는 언어와 다르다. 따라서 우리는 그들에게 (자신의) 경험을 이해하기 위한 말을 제공해줄지, 아니면 내담자를 혼란 속에 내버려둘지 갈림길에 선다.

치료자의 편향이나 내담자의 과잉순응에 대처할 때는 내담자에게 각 개입의 효과를 관찰하고Ogden & Fisher, 2015, '그것이 맞는지'를 검토하고, 부분에게 물어보도록 요청한다. 내담자가 자신의 감정이나 신체 경험을 더 세밀하게 따라갈 수 있게 되면 치료자는 더 자세하게 질문할 수 있다. "당신이 그녀를 보호하기 위해 지금 여기 있다고 그녀에게 말할 때 긴장이나 두려움, 과민함, 떨림이 있나요?" 관찰하거나 느끼는 능력이 부족한 내담자의 경우 치료자는 더 많은 언어나 더 많은 틀을 제공해야 할 수도 있다. 이때 치료자는 내면의 경험을 관찰하는 것이 해로울 정도가 되지 않도록 유념해서 이끌어야 하며, 이를 위한 한 가지 방법은 내담자에게 여러 가능성이 담긴 목록을 건네는 것이다Ogden & Fisher, 2015. "그 아이가 더 긴장한 것 같나요, 아니면 더 이완된 것 같나요? 더 경계하나요, 아니면 더 불안해하나요? 투쟁하는 부분은 당신이 어린 부분에게 위안을 주는 것에 동의하나요, 동의하지 않나요?"

치료자는 또한 감정이나 신체 반응의 목록을 제공할 수 있다. "그가 더 수치스러워하나요, 아니면 더 슬퍼하나요?" "투쟁하는 부분의 분노가 힘처럼 느껴지나요? 용기에 더 가까운가요? 아니면 무언가를 하고 싶어하나요?" 부분들의 목록을 제공할 수도 있다. "그 슬픔이 애착을 원하는 부분과 더 연결되어 있나요, 아니면 우울한 부분과 더 연결되어 있나요?"

구체화된 의사소통을 장려하는 것의 중요성은 아무리 강조해도 지나치지 않다.

- "그 어린아이가 왜 그렇게 느끼는지 당신이 완전히 이해한다는 것을 당신의 감정과 몸으로 알려주세요."
- "당신이 지금 여기 있고 머물려고 한다고 그녀에게 말하기 위해 당신의 감정을 사용하세요."
- "그가 혼자가 아니라는 메시지를 받을 수 있도록 부드럽게 안아주세요."

돌보고자 하는 충동 키우기

내담자들에게 어린 부분의 돌봄을 받고자 하는 욕구에 대해 교육할 때 치료자는 종종 "어린아이 부분들에게는 당신의 돌봄이 필요해요" 또는 "그들이 안전하다고 느끼게 하는 법을 배울 때"와 같은 표현으로 일반화하는데, 이런 식의 심리교육은 너무 추상적이어서 정상적 삶의 자기가 알아듣지 못할 때가 많다. '돌봄'이나 '어린아이 부분을 안전하다고 느끼게 한다'와 같은 말은 실제로 무엇을 의미하는가? 이런 말은 정상적 삶의 자기를 겁먹게 할 수 있을뿐더러 어린아이 부분들을 촉발하여 실패에 대한 두려움이나 치료자가 그들을 돌보는 것과 관련된 일을 전혀 하고 싶어하지 않는다는 믿음을 불러일으킬 수 있다. 반면 어린 부분에게 해야 할 정확한 말이나 행동을 구체적으로 제안해주는 것은 효과적이며, 특히 여러 개의 보기 형태로 제시하면 좋다Ogden & Fisher, 2015. "당신이 이제 성인이 되었다거나, 나쁜 사람들이 사라졌다거나, 그가 다시는 다치지 않도록 보호해주기 위해 당신이 여기 있다고 그에게 말해줄 수 있습니다." 일련의 선택지를 제공하면 어린 부분에게 무엇이 필요한지를 내담자의 직감으로 끌어낼 수 있다. 예를 들어 "그에게 내가 이제 성인이라는 것부터 말해줘야 할 것 같아요. 내가 더는 그 애처럼 작지 않다고 말해줘야겠어요. 그 아이가 실제로 자기를 보호해줄 거라고 믿을 수 있는 방법은 그것뿐이에요."

내적 불신과 두려움 극복하기

어린아이 부분에게 희망과 안전감을 되찾아주는 데 자주 방해가 되는 것은 회의적이고 지나치게 경계하는 부분이나 이제야 마침내 가장 바랐던 것을 얻고 있다는 것을 믿기 두려워하는 어린 부분이다. 투쟁 또는 도피하는 부분들이 의심하고 불신하며 냉소적이거나 방해하는 부분들로 나타난다는 것은 일리가 있다. 일부 내담자, 가령 그들의 가해자가 심하게 가학적이고 기만적이고 악의적이었던 경우에, 그들의 보호자 부분들이 긍정적인 것을 받아들이거나 취약한 부분들이 방심하는 것을 더욱 경계하면서 자기 자신을 방어하려는 것은 이해가 간다. 이 현상은 특히 해리장애가 있는 내담자에게 흔하지만(8장 참고) 부분들이 더 통합되어 있고 해리로 인한 구획화가 덜한 내담자들에게서도 나타난다. 보호자 부분들의 내적 불신은 취약한 부분들이 불신하는 것과는 매우 다르게 나타난다. 예를 들어 정상적 삶의 부분이 내면에 질문했으나 아무 대답이 없다면, 일반적으로 그 질문을 다시 하거나 말을 살짝 바꾸기를 권장한다.

하지만 결과가 여전히 같다면, 최선의 가정은 침묵이 대답이라고 여기는 것이다. 이럴 때 침묵은 "너와 말하고 싶지 않아" "너랑 얘기하기가 두려워" "네가 누군지 모르겠어"를 의미할 수 있다. 아니면 말없이 전달되기 때문에 처음에는 침묵처럼 보이는 대답도 있을 수 있다. 내담자는 불안이나 슬픔, 분노와 같은 감정이나 긴장, 무감각, 심장박동이나 호흡의 변화와 같은 신체반응을 알아차릴 수 있다. 때때로 알아차린 감정이 슬픔이고 신체적으로는 취약성이 감지된다면 이런 식의 말이 없는 대답은 언어발달 이전의 어린아이 부분에게서 온 것이다. 이 경우 치료자는 정상적 삶의 부분에게 어른들이 젖먹이나 이제 막 걸음마를 뗀 아기를 대하는 방식으로 의사소통하고 그 부분의 비언어적 반응을 통해 회복의 성공이나 실패 여부를 가늠하라고 가르친다.

그러나 정상적 삶의 자기가 내면을 향해 "이 부분이 걱정하는 것이 무엇이니?"라고 물었을 때 대답이 분노 또는 근육의 긴장이나 마비를 동반한 침묵이라면, 과경계하거나 화난 부분이 전하는 메시지로 간주하는 것이 가장 안전하다. "아마도 당신을 신뢰하지 않는다고 말하는 부분이 있는 것 같군요." 종종 이 지점에서 정상적 삶의 자기에게 유사한 시나리오를 상상하고, 침묵하는 부분에게서 직관적으로 무엇이 느껴지는지 알아차리도록 요청해서 그 부분을 외재화하는 것이 도움이 된다. "만약 당신이 외상을 입은 어린아이를 막 입양했고 당신이 가까이 다가가려고 하는데 아이가 당신에게 말을 하지 않는다면, 당신은 어떤 생각이 들까요?" 정상적 삶의 부분이 주도하는 상태에서 대다수 내담자는 즉시 다음과 같이 대답한다. "아이가 아직은 나를 신뢰하지 않죠, 당연히." "그럼 그다음에 어떻게 하시겠어요?" "아이에게 이해한다고 말할 거예요. 어떻게 나를 그렇게 빨리 믿을 수 있겠어요? 마음을 정하기 전에 시간을 충분히 갖고 나를 알아가도 된다고 말해주고 싶어요." 어린아이 부분을 어떻게 이해하고 무엇을 해야 할지 모르겠다고 고집하는 내담자조차 자신을 외상을 입은 어린아이의 양부모 또는 외상을 입은 청소년을 위한 그룹홈의 감독자라고 상상해보라고 하면 빠르게 '전문가와 같은 능력'에 근접하게 된다.

치료자는 내담자의 직관과 통찰을 지원할 수 있는데, 정상적 삶의 자기가 이러한 직관과 통찰을 부분과 공유하도록 도울 때 가능하다. "완전히 이해가 되네요. 이제 이 똑같은 메시지를 지금 당신에게 말하지 않는 부분에게 전할 수 있을까요? 결정은 그에게 달렸고 부담 주지 않겠다고 그 부분에게 알려주세요. 그 아이가 누군가를 믿는 게 왜 어려운지 당신도 이해하니까요." 부분의 반응을 해석하기 위해 내담자가 보고하는 신체 및 감정 반응을 활용해서, 내담자가 '침묵하는 부분'에게 계속해서 말을 걸고 다양한 접근방식을 실험하도록 격려할 수 있다. 어쩌면 "내(정상적 삶의 자기)가 무엇을 해주면 네가 나에게 더 많은 것을 말해주겠니?"라고 침묵하는 부분에게 물어볼 수도 있다. 아니면 그 부분의 경계심을 인정해줄 수 있다. "내가 침묵하는 부분의 조심성을 인정한다는 점을 그에게 말해주고 싶어요. 말하는 상대가 누구인지 알 때까지는 말을 많이 하는 것보다 적게 하는 게 낫죠." 보호자 부분은 존중받고 더 큰 통제권을 갖고 나서야 기꺼이 대화에 참여하려고 한다.

제니퍼의 치료에서, 그녀의 보호자 부분이 위협적으로 여기는 모든 것을 차단하는 게 분명해졌다. 제니퍼가 말하는 중에 한 목소리가 다음과 같이 끼어들며 말을 끊었다. "그래서 요점이 뭔가요? 왜 그런 얘기를 하죠? 도대체 뭘 하는 거예요?" "이 이야기를 하면 뭐가 걱정되니?"라고 묻자 이 부분은 침묵했다. 나는 제니퍼의 '평가하는 부분'이 분명히 치료시간을 낭비하는 것에 대해 우려하고 있으며 그 부분과 제니퍼가 꽤 자주 이 주제에서 저 주제로 옮겨다닌다는 것을 정확하게 지각했다고 넌지시 말했다. 제니퍼에게 평가하는 부분에게 수고해줘서 고맙다고 말하라고 요청했지만, 그 부분은 여전히 침묵했다.

그래서 나는 제니퍼에게 논의할 주제를 제시하고 평가하는 부분에게 그 얘기를 해도 괜찮은지 물어보자고 제안했다. 놀랍게도 제니퍼는 내면에서 "좋아"라는 소리를 들었다. 나는 제니퍼에게 무언가를 더 깊이 탐색하거나 주제를 바꾸고 싶을 때마다 평가하는 부분에게 그래도 괜찮은지 물어보도록 권유했다. 제니퍼와 나는 평가하는 부분이 거의 언제나 요청을 흔쾌히 수락하며, 그러지 않을 때는 종종 그럴 만한 이유가 있다는 것을 깨달았다. 회복의 대화가 시작되었다. 평가하는 부분은 작은 여자아이 부분의 애착욕구를 처참히 무시한 부모로부터 제니퍼를 지켜줄 수 없었지만, 제니퍼가 자신의 삶에 평가하는 부분이 있을 자리를 잊지 않고 마련하는 한, 이제는 그녀를 지켜줄 수 있었다.

각 부분의 새로운 목적과 사명 만들기

내담자의 정상적 삶을 살아가는 자기가 보호자 부분에게 의식적이고 자발적으로 힘과 통제권을 부여하면 이점이 많다. 취약성과 능숙함 사이의 균형이 더 좋아진다. 보호자 부분이 어리고 상처 입었거나 순진무구한 부분에 접근하는 것을 더 기꺼이 허용해주며 내적 의사소통이 향상된다. 내담자는 더 많은 자원을 갖추고 자기 자신을 보호하며 경계설정을 더 잘하는 데 도움을 받는데, 이 모든 도움이 뜻밖에도 투쟁 또는 도피하는 부분들에게서 온다.

　치료자가 가장 흔히 범하기 쉬운 실수는 보호자 부분의 침묵이나 저항, 또는 내담자나 치료에 대한 평가절하에 직면했을 때, 이러한 반응을 자연스럽고 정상적이며 보호하고자 하는 의도에서 비롯되었다고 재구성하는 게 아니라 포기하는 것이다. 또 다른 흔한 실수는 내담자, 치료자, 또는 둘 모두가 보호자 부분을 '악마화'하는 것, 곧 그들을 치료 작업의 일부가 아니라 치료에 방해되는 것으로 보는 것이다. 치료자가 투쟁하는 부분들의 반대를 일방적으로 돌파하거나 무시하도록 내담자를 부추기면 부분들의 양극화가 심해지며 부분들의 불신이 커진다. 치료자가 투쟁 또는 도피하는 부분들의 행동과 반응에 대해 존중·감사·이해를 표현하고 내담자에게도 그렇게 하도록 권장할 때, 보호자 부분은 협력에 좀 더 개방적이 된다. 그리고 아무리 자주 거절당하더라도 내담자와 치료자가 계속해서 투쟁하는 부분과 접촉하기 위해 노력하는 것은 가장 경계심이 강한 보호자라도 궁금해할 만한 중요한 비언어적 메시지를 보내는데, 이 메시지는 바로 내담자와 치료자가 헌신적이며 기꺼이 이 헌신을 시험받을 의향이 있다는 점을 담고 있다.

연구자들은 자녀의 안정애착을 촉진하는 엄마들의 특징 중 하나가 아기의 상태에 공명하고 아이의 고통을 방지하거나 긍정적인 감정을 키우기 위해 자기 자신의 상태를 조절하며, 동시에 양측의 상태를 아이에게 반영해주는 것이라고 언급했다^{Kim et al., 2014}. 아이의 상태와 그에 상응하는 엄마의 관심, 즐거움, 공감, 따뜻함을 함께 반영해주는 것은 "내가 이해해"뿐 아니라 "내가 도와줄 수 있어"라는 메시지를 전달하는 효과가 있어 보인다. 만약 엄마가 단순히 아이의 상태만을 반영할 수 있다면 두 사람 모두 똑같은 고통에 갇힌 것처럼 보일 것이다. 그들은 마치 정상적 삶의 자기가 고통에 처한 부분들과 그렇듯이 '섞인' 것이다. 엄마가 아이와는 다른 더 긍정적인 자신의 상태만 표현한다면 아이에게 이해받았다는 위안의 느낌을 주지 못한다. "이해되지 않지만 걱정 마. 네 기분이 곧 나아질 거야"라고 안심시키는 것은 공허한 말에 지나지 않는다.

안정애착을 다룬 논문들은 공명과 회복이 '조율'이라고 불리는 것과 똑같이 중요한 측면임을 시사한다. 이 개념은 부분들과 정상적 삶을 살아가는 자기 간의 관계에도 적용된다. 엄마와 아이의 경우와 마찬가지로 부분의 감정과 '섞이는' 것은, 실체 없는 안심과 희망의 말이 그러하듯, 그저 어린아이를 고통스러운 감정 상태에 혼자 내버려두는 것과 같다. 부분들이 정상적 삶을 살아가는 자기가 자신들의 무서움, 수치스러움, 화, 상처를 '이해'한다는 것을 내장감각을 통해 느끼는 것뿐 아니라 정상적 삶을 살아가는 자기의 호기심, 연민, 평온함, 힘과 보호가 가진 효과를 느끼는 것도 중요하다. 하지만 부분들은 외상을 입었으므로, 반드시 성인 자기가 지속해서 '조율'해주어야 하며 여기에는 시간과 인내가 요구된다.

메이슨은 질병에 대한 공포증을 해결하는 데 열심이었고, '세균'을 피하는 데 지나치게 집중했다. 이것이 만성불안을 유발하여 그러지 않았더라면 만족스러웠을 외상 후의 삶을 누리지 못했다. 메이슨이 몸 안의 공포와 몸이 아파 가라앉는 기분에 귀를 기울이자 '문고리를 왜 만졌어? 저 남자가 코 푸는 것 못 봤어?' 같은 침습적 사고와 함께 어린 시절의 이미지가 자연스럽게 떠올랐다.

그는 2학년 교실에서 세균과 손 씻기를 다룬 만화영화를 보고 있었다. 영화의 각 장면에서 빨간색 깜빡임과 함께 어린이의 생활 속에서 세균이 어디에 숨어 있는지 예를 보여주면서 "세균을 조심하세요! 물건을 만진 뒤에는 손을 씻으세요. 재채기나 기침을 하는 사람에게서 멀리 떨어지세요"라는 음성 해설이 계속 흘러나왔다. 기억 속에서 일곱 살짜리 자기가 점점 더 패닉에 빠지는 것이 보였고 자신의 몸에서 불안감이 고조되는 것을 느꼈다.

메이슨이 마음챙김으로 이 공포의 강렬함에 호기심을 가진 상태에 머무르는 동안 나는 그 남자아이의 경험을 외상과 관련된 말로 바꿔 표현했다. "그 아이는 집에서 나쁜 일들을 너무 많이 겪었는데, 이제 조심해야 할 나쁜 것들이 더 많다는 말을 듣고 있군요. 두려워하는 것이 당연해요! 어쨌든 아이에게 나쁜 것은 정말 나쁜 거죠. 정말로 외상적일 만큼 충격적인 것이죠.

정말 무서웠을 거예요. 그렇죠? 그 아이가 얼마나 무서웠을지 깨달으니 그에게 어떤 느낌이 드나요?"

메이슨 그 아이가 불쌍해요. 살면서 한 번도 안전한 장소나 안전한 사람을 가져본 적이 없어요. (메이슨이 그 남자아이의 불안과 자신의 공감을 모두 비추기 시작한다.)

나 그래요, 그 아이는 결코 안전한 장소나 안전한 사람을 가져본 적이 없었죠. 그럼 당신은 그 아이가 불쌍하게 느껴질 때 어떤 충동이 드나요? 다가가고 싶은가요? 그저 당신이 같이 있다고 알려주고 싶은가요?

메이슨 그냥 들어서 안아주고 싶어요. 그런데 아이가 나를 신뢰하지 않는다고 느껴져요. (메이슨이 점점 더 적절하게 아이의 마음을 반영하면서 안고 위로하려는 자신의 소망, 너무 가까워지는 것을 두려워하는 남자아이의 민감성을 잘 전달하고 있다.)

나 그 아이는 어른을 믿기가 어려울 거예요. 당신 같은 어른을 만나본 적이 없으니까요. 그러니 그냥 같이 있고 돕고 싶어한다는 당신의 마음을 알려주세요.

메이슨 그 아이가 나를 믿고 싶어하는 느낌이 들지만 경계 풀기를 두려워해요.

나 당신 말이 맞는지 아이에게 물어보세요. 당신을 믿을 수 있다면 그가 좋아할까요?

메이슨 네. 세균 같은 나쁜 것에 주의를 기울여야 한다고, 경계해야 해서 긴장을 늦출 수 없다고 말하네요.

나 당신이 도와줄 수 있다고 말해주세요. 물론 그럴 의향이 있다면 말이죠. 당신이 아이를 위해 경계하는 일을 대신해도 괜찮겠

냐고 물어보세요. 당신이 그렇게 하면 아이에게 도움이 되는지 잠깐 시간을 가져봅시다. (치료자는 방 전체를 좌우로 구석구석 꼼꼼히 살피는 동작을 시연한다.)

메이슨은 머리와 목을 아주 천천히 조심스럽게 돌리면서 일곱 살짜리 아이에게 그가 얼마나 철저하고 조심스러울 수 있는지 보여주었다.

"내가 한 거 어땠니?" 메이슨이 내면을 향해 물었다.

"나만큼은 아니어도 꽤 잘했어요." 아이가 대답했다.

"네가 어떻게 하는지 보여줘." 메이슨이 내면의 일곱 살짜리에게 말했다. 그는 곧바로 집중력이 높아지면서 아이가 눈으로 만화영화 속 문고리 같은 것을 찾는 것을 느낄 수 있었다. 이어서 의도적으로 어린아이가 찬찬히 집중하던 그대로 따라 하려고 노력했다. "어땠어?" 메이슨이 아이에게 물었다.

메이슨은 어린아이가 자신에게 가까이 다가오는 감각을 느꼈고 몸의 긴장이 살짝 풀렸다. 뒤이어 피로감이 밀려드는지 이렇게 말했다. "저에게 무슨 문제가 있는지 모르겠어요. 그냥 자고 싶어요."

나는 다시 한번 바꿔 표현해줬다. "아마도 당신이 그 아이를 대신해 아이가 요구하는 방식으로 경계해줘서 이 작은 아이가 이제야 긴장을 풀 수 있었나 보네요. 지나치게 경계하느라 기진맥진했나 봐요."

"나에게 기대는 게 느껴져요. 이 아이는 지쳤어요. 계속해서 '쉬어도 돼. 내가 너를 대신해서 경계할게. 너는 더 이상 그럴 필요가 없어'라고 말해주고 있어요." 메이슨은 이 말을 하면서 눈물을 흘렸고 자기 아들을 떠올렸다. "우리 애는 한 번도 자신을 위해 경계할 필요가 없었어요. 어느 일곱 살짜리가 그래야 하겠어요."

나 맞아요. 그래서 이 아이를 잊지 않는 게 중요해요. 당신의 아들이 조용히 있어도 당신이 아들을 잊지 않는 것처럼 말이죠. 어떻게 하면 이 작은 아이를 계속 주시하고 당신이 함께한다는 것을 알려줄 수 있을지 생각해봅시다.

이 예에서 어린아이는 단순히 근접성과 위로가 아니라 보호를 원했기 때문에 치료자와 내담자는 창의적이어야 했다. 메이슨이 그를 위해 함께 있겠다고 그저 안심시켜주는 것은 정상적 삶의 자기가 그의 근본적인 우려를 이해하지 못했다는 것을 말해준다. 교실에서 그 만화영화를 본 뒤로 그에게 안전한 곳은 없었다. 그는 집에서 학대하는 어른들을 경계해야 했고, 집 밖에서는 위험한 세균을 조심해야 했다. 그 아이의 과잉경계를 '넘겨받아'Ogden & Fisher, 2015 그가 쉴 수 있도록 하는 과정에서 내가 어린아이 부분이 전달하는 것을 바꿔 표현한 것이 중요한 역할을 했다는 점에 주목하라. 각각의 어린아이 부분들은 다르다. 각자 나이, 발달단계, 외상 또는 방임 경험, 자신과 연관된 동물방어에 따라 외상이 남긴 상처를 회복하기 위해 다른 것이 필요할 것이다. 예를 들어 투쟁하는 부분은 목적의식·통제력·능숙함이 필요할 수 있고, 애착을 원하는 부분은 보호·사랑·유기로부터의 안전함을 느끼길 갈망하며, 얼어붙거나 두려워하는 부분은 위해나 죽음의 위협으로부터 안전하기만을 열망할 수 있다. 순응하는 부분들은 가치감·자율성·자주성을 느낄 필요가 있으며, 도피하는 부분은 함정에 빠지지 않기를 바랄 수 있다.

다음 장에서는 정서적 연결, 의사소통, 조절되지 않는 기억 상태의 복구 작업이 어떻게 해서 모든 연령대의 아동과 성인에게 (내담자의 부분들이든 실제 자녀든 간에 관계없이) 훨씬 더 근본적인 일인지를 다룬다. 회기 내에서 이러한 것을 경험하고 집에서도 동일한 기술을 반복해서 연습하도록 하면 마치 세심한 부모가 아기와 애착유대를 '키워가듯' 내담자가 안정애착을 '키워가도록' 도울 수 있다. 내담자의 성인 자기가 어린아이 부분의 충족되지 못한 필요나 두려움, 고통스러운 감정을 조율하여 고통스러운 경험을 바로잡을 때마다 조금씩 애착유대가 형성된다. 유아의 경우 부모 품에서 평온해지고 긴장을 풀면 친밀감·안전·따뜻함의 체감각이 공유되는데, 이것을 '조율'이라고 부른다. 부모가 아기의 작은 몸이 자신의 품에 '녹아드는' 더없는 행복을 느끼면 부모의 몸도 이완되면서 따뜻함과 애정 어린 존재의 느낌이 일어나며, 공유된 친밀감은 유아에게 전달되어 어린아이의 경험을 끌어올리고 부모의 행복감과 친밀감을 심화시킨다. '안정애착'을 나타내는 감정과 신체감각을 주고받으며 공유된 경험이 깊어지고, 그 경험에 머물면서 '안전하고 환영받는' 느낌이 신체기억으로 부호화되어 내면화된다.

돌보고 연민 어린 정상적 삶의 자기와 상처 입은 어린아이 부분 간에 '안전하고 환영받는' 경험을 반복적으로 공유하면 내담자의 신체적 상태는 둘 간의 상호조율이 유발하는 감각적·정서적 연결을 깊이 경험한다. 비록 오랜 세월이 흘렀어도 어린아이는 마침내 안전하게 안겨 있다고 느끼며, 적절한 시기에 안정애착을 경험한 개인과 마찬가지로 내담자의 회복탄력성도 안정된다. 내담자는 사랑과 안전함, 소중하게 여겨지는 확고한 느낌, 다른 사람의 존재에서 느끼는 편안함을 담은 신체 및 정서 상태를 부호화하게 된다. 이제 우리는 어떤 나이나 삶의 단계에서든 의지할 수 있는 부모처럼 최악의 상황마다 우리의 자기들을 위해 '함께' 있어줄 수 있다.

'획득된 안정애착'은 연구논문에서 오랫동안 논의된 개념이며, 살아오면서 갖지 못한 치유 경험을 불러일으켜 자신의 상처를 치유하는 인간의 고유한 능력을 일컫는다. 초기 애착 경험이 어땠는지와 관계없이 성인이 된 우리는 부모와의 애착 상태가 주는 안정감에 의존할 수밖에 없는 어린 시절에는 불가능했던 안정애착을 '획득할' 기회가 있다.

자녀들에게 안정애착을 심어주는 부모가 그렇듯이, 우리의 성인 자기가 더 어린 부분들에게 세심하게 안정애착의 경험을 제공하면 부가적으로 얻는 이득이 있다. 어린아이 자기들이 안전하고 안정적인 애착을 형성한 애정 어린 성인의 존재를 느끼게 되고, 성인 역시 그렇게 느낀다. 양쪽 모두 양육되며 위안을 얻는데, 조율의 순간에 양쪽 모두 느긋해지며 마음이 열리기 때문이다.

11장

안전과 환영
: 획득된 안정애착 경험

다른 존재와 조율할 때 우리는 상대방의 근육운동과 정서적 감각뿐 아니라 상대의 감정을 느끼거나 공감하게 된다. 듣는 사람은 자신의 경험에서 벗어나 다른 사람의 경험과 세상으로 들어갈 수 있을 만큼 오랫동안 마음의 생각을 내려놓는다. 정서 표현이나 감정의 호혜적인 상호작용에 참여하고, 체감된 공명을 주고받는다. 우리는 '느껴졌다'는 것을 느낀다.

_윌리엄 프리드먼William Freedman, 2012

관찰되는 사람은 자신을 받아들인 관찰자를 받아들이고 둘은 합쳐진다. 이것이 공명이다. 자신과 타인의 경계가 투과할 수 있는 상태가 되며 구별된 자기라는 감각이 부드러워지고 느슨해진다. (…) 이때 우리가 '느껴졌다'고 느낀다. 그리고 이 방식으로 두 개인이 '우리'가 된다.

_대니얼 시겔2010b, pp. 54-55

'해리'와 '통합'이라는 용어는 오랫동안 동의어처럼 쓰였는데, 이는 분리와 구획화를 다룰 때 유일한 합리적인 목표가 해리된 부분들을 융합하여 하나의 '균질화된' 성인을 만드는 것을 의미했기 때문이다. 그러나 대니얼 시겔Daniel Siegel은 통합을 융합으로 정의하는 데 강하게 반대한다. 그는 "통합에는 구별과 연결이 필요하다"라며 이견을 밝혔다[2010a]. 해리된 두 부분을 통합하기 전에, 우리는 그것들을 구별하고 별개의 실체로 '인정'해야 한다. 부분들이 분리되어 있다는 것을 알아채지 못한 채 그저 연결된 '것처럼 행동'할 수는 없다. 통합을 위해서는 부분들을 연구하고 친구가 되어줄 수 있도록 명확히 구별한 뒤에, 내담자의 경험을 새롭게 이해하고 치유를 촉진하는 방식으로 서로 연결해야 한다. 한 부분은 과거, 신체적 움직임이나 신체감각, 특정 감정과 연결될 수 있다. 더 어리거나 나이 든 부분과 관련된 또 다른 감정이 감지될 수 있으며, 이 감정은 다시 이 감정에 촉발되는 다른 부분들의 반응과도 연결된다.

트라우마의 여파에서도 사람들은 암묵기억을 촉발자극과 연결하고, 그 촉발자극을 다시 명시적 맥락과 연결할 수 있어야 한다. 현재에 대한 새로운 정보는 과거가 형성한 오래된 인식과 연결되어야 한다. 지금 안전함을 느끼려면, '과거의 당신이었던 어린아이'와 '오늘날 성인이 된 나'가 연결되었다는 것을 체감해야 한다. 외상과 관련된 취약성은 (아이가 가져보지 못한) 능숙한 성인이라는 새로운 신체 경험이나 "마침내 끝났어. 이제 끝난 거야"Ogden & Fisher, 2015라는 신체감각과 연결될 때 덜 고통스럽게 느껴진다. 통합에 대한 시겔의 정의에 따르면, 융합은 필요하지 않을뿐더러 응집력·협력·자기소외의 극복을 끌어낼 힘을 주지도 않는다.

이 장에서는 이전에 거부되거나 무시되거나 부인된 부분들을 구별하고, 그들을 정서적으로 연결하고, 자기소외와 자기거부를 자기연민으로 대체해 내적 애착관계를 확보하는 경험을 제공해서 통합을 촉진하는 방법에 중점을 둔다.

치료에서 중점을 두는 것이 외상사건의 회상이 아니라 내담자의 현재 경험에 여전히 영향을 끼치는 암묵기억과 연결된 외상 관련 부분들을 식별하는 것이 되면 부분들을 부인할 필요성이 줄어든다. 내담자가 자신의 수치스러워하는 부분들을 특정 연령대의 '진짜' 어린아이로 보고 그들의 작음·용기·고통에 공감하도록 도울 때, 혐오감과 두려움은 공감으로 바뀐다.

"그녀가 너무 작아 보여요"라고 내담자가 말한다. "그는 용감해지려고 열심히 노력하고 있지만, 정말 두려워하고 있어요." "그는 수치심이 너무 심해서 내가 좋은 것을 하나도 갖지 못하게 하네요. 자기는 좋은 것을 가질 자격이 없기 때문에 누군가가 빼앗을 거라며 두려워해요." 세 명의 내담자 모두 이런 관찰을 하기 직전에 자신의 부분들과 섞여 있었다.

다이앤은 상사에게 책망을 듣고 눈물을 흘리는 스스로에게 질겁했다고 말했다. "제가 너무 나약하게 굴어서 스스로를 창피하게 만들었다니 믿을 수가 없어요." 조시는 오래된 차를 새 차로 바꾸려고 했지만, 자신의 수치스러워하는 부분이 '좋은' 것이라면 무엇이든 사지 못하게 한다는 것을 알게 되었다. 마크는 사람들 앞에서 발표하는 것에 대한 '말할 수 없는 공포'와 이러한 결함이 직장생활에 어떤 영향을 끼치는지 털어놓으려고 치료에 왔다. 각각의 경우에, 문제는 내담자의 삶에서 특정 시간대 및 사건과 연결된 어린 부분들로 거슬러 올라간다. 흥미롭게도 나는 그 어린 부분들을 매우 명확하게 감지하지만, 그들에게 상처를 입힌 여러 사건을 알지는 못한다. 그래서 나는 증상과 부분들이 내담자의 이야기를 들려주도록 한다.

증상은 '이야기'보다 더 많은 이야기를 들려준다

트라우마 치료 분야는 역사적으로 외상사건, 기억, 서술에 초점을 맞추어왔으므로 치료자와 내담자 모두 증상과 부분들이 말해주는 이야기 듣기를 종종 잊어버린다. 서술이라는 자극에 집중하라고 배운 대다수 치료자는 치료의 틀을 짜기 위해 이야기를 사용한다.

"그녀의 엄마야." 내 동료가 55세의 환자에 대해 이렇게 말했다. "정말? 여전히 엄마한테 학대를 당하고 있어?" 나는 충격을 받고 물었다. "아니, 엄마는 20년 전에 돌아가셨는데도 엄마 때문에 어떤 것도 하길 두려워해. 심지어 비난과 조롱을 받을까 봐 퇴근 후 집에 가는 것조차 두려워하지." 나는 잠시 생각했다가 깨달았다. "사실 그 증상은 이제 엄마와 아무런 관련이 없어. 그녀가 어릴 때는 관련이 있었지. 하지만 지금 그녀를 괴롭히는 것은 바로 지금 이 시점에도 그녀의 엄마가 했던 행동의 영향이 그녀의 어린아이 자기들과 그들의 신체기억 속에 살아 있다는 거야. 과거 얘기가 아니라는 거지."

내 동료는 내담자가 설명한 대로 사건기억의 해석에 빠져들었다. 그녀는 증상이 말해주는 이야기를 듣지 않았다. 증상이 말해주는 이야기는 조금 달랐다. 내담자를 가장 고통스럽게 하는 증상은 주로 사랑하는 남자와 '하나인 것처럼' 느끼고 싶은 열망에 따르는 침습적인 수치심이었다. 남자와 더없이 행복하고 친밀한 순간을 갖지 못한 날은 종종 데이트를 마치고 몇 시간이나 흐느껴 울곤 했다. 그 내담자의 관계를 향한 갈망은 수많은 친밀한 우정과 밀접한 관계로 이어졌지만, 그에 따르는 거절민감성은 갈등을 야기했고, 남자친구가 그녀를 기쁘게 해줄 수 없다고 좌절하면서 관계가 끝날 때는 자기충족적 예언self-fulfilling prophecy이 되기도 했다. 증상이 '말해주는' 이야기를 듣고 나는 그 이야기에는 가혹한 비난이나 무시무시한 분노와 관련된 게 아무것도 없다는 사실에 충격을 받았다. 증상은 붕괴애착disrupted attachment이라는 매우 다른 이야기를 해주었고, 작은 어린아이는 관계를 몹시 갈망하면서도 무서운 엄마를 두려워했다. 친밀감과 조율이 필요했지만 결핍되었던 어린아이는 내담자의 신체와 정서적 삶에 계속 존재했지만 '눈에 띄지' 않았다. 치료자는 내담자가 어린 시절의 경험에 대한 기억을 자신과 공유하도록 격려했는데, 어린 여자아이를 고통스럽게 했던 사건을 기억하는 것이 그녀를 치유하고 위로하지 못한다는 점을 결코 깨닫지 못했다.

마크의 증상이 말해주는 이야기를 주의 깊게 들어보니, 자신의 말이나 의견을 들을 만한 가치가 있다고 표현하면 안전하지 못하다는 걸 분명히 알게 된 사건들이 있었다. 조시는 종종 자신이 겪은 가난·방임·굴욕적인 언어폭력·또래들의 따돌림을 보고했지만, 그의 증상은 그가 말해주지 않은 몇 가지 세부사항을 알려주었다.

조시는 남의 눈에 띄지 않고 부모를 기쁘게 하며 자신을 괴롭히는 사람들을 달래면서 살아남아야 했다. 그는 배움을 향한 욕구와 실패에 대한 두려움이 맞물려 우수한 학생이 될 수 있었다. 그렇다고 해서 어딘가에 소속감을 느끼지는 못했지만, 그의 지적 자원은 그에게 자취를 감추고 새로운 삶을 시작할 기회를 주었다. 이것이 바로 (다이앤이 묘사한 세상에서는 아주 작은 아이라 하더라도 절대로 나약함을 보여서는 안 되었던 것처럼) 그의 증상이 들려주는 이야기였다. 각각의 경우에 사건들은 부분들을 이해하고 공감하기 위한 맥락을 만들어낸다는 점에서 중요했을 뿐이다. 트라우마의 해결은 기본적으로 각 부분과의 애착 회복이라는 맥락에서 일어난다.

해리 증상을 활용하여 해리성 파편화 치유하기

해리성 파편화의 본질은 견딜 수 없는 정서를 일어난 일에 대한 기억으로부터 분리하고, '내가 아닌' 부분들과 경험을 캡슐에 싸서 부인하며, 자기소외를 악화시키지만, 한편으로는 아동의 생존과 적응을 돕는 인지도식의 안내를 따르는 능력이다. 따라서 대다수 치료자와 내담자는 해리성 분리가 단순히 증상이 아니라 정신적 능력이라는 점을 깨닫지 못한다.

감정이나 침습적 사고의 간섭 없이 빠르게 정보를 인출하여 그것에 따라 자동적이고 효율적으로 행동하는 능력은 생명을 구하는 의료전문가의 핵심 능력이다. 해리성 분리는 중요한 순간에 팀이 의지하는 선수의 전제조건이며, 배우·음악가·대중연설가·정치인들이 최고의 자질을 발휘하는 데도 기여한다. 해리는 촉발자극의 통제하에서 무의식적이고 부지불식간에 일어날 때만 병리적이다. 정신적 능력으로서 해리는 의식적으로, 사려 깊게, 자발적으로 사용될 수 있다. 목표는 그것을 '치료'하거나 예방하는 것이 아니며 내담자가 치유와 회복을 위해 그것을 현명하게 사용하도록 돕는 것이다.

성인의 일상생활 속에서
어린아이 부분을 위한 안전한 장소 만들기

많은 트라우마 생존자들이 종종 보고하는, 특히 업무 환경에서의 기능적 어려움은 권위적인 대상, 업무 요구(합리적일 수도, 비합리적일 수도 있다), 도전과 변화, 성공이나 실패, 가시성 또는 비가시성, 압력, 그룹 작업, 사회적 지지의 부족, 주어진 책무가 '너무 적은' 느낌처럼 '일상생활'에 내재하는 외상과 관련된 촉발자극으로 거슬러 올라간다. 각각의 경우 촉발자극은 정상적 삶의 자기를 장악하거나 정상적 삶의 자기와 섞여버리는 부분들을 자극하여 일상생활을 수행하는 능력을 훼손한다.

프랜시스는 빼어난 외모에 잘 차려입은 60대 초반의 전문직 여성으로, 업계에서는 기업에 서비스를 제공하는 큰 사업체를 설립해 성공한 사람으로 잘 알려져 있었다. 아이러니하게도 이혼 때문에 치료를 받으면서 그녀가 학대받은 이력이 드러났다. 프랜시스의 첫 번째 치료자는 그녀가 매우 해리되고 파편화되어 있다는 사실을 모른 채 트라우마 치료를 시작했다. 몇 달이 되지 않아 프랜시스는 직장에서 제 역할을 하기 힘겨워했고 집에서 태아처럼 웅크리고 몇 시간 동안 흐느꼈다. "하루는 출근을 했는데 더는 일을 할 수 없다는 것을 알았어요. 컴퓨터를 어떻게 켜는지, 복사기가 어떻게 작동하는지도 모르겠더라고요. 집중할 수 없었고 누굴 믿어야 할지도 몰랐어요."프랜시스는 치료 과정에서 다룬 학대의 기억과 연관된 어린아이 부분들에게 장악되었다. 파편화의 심각도, '잘 학습된 기능의 극적 상실'과 같은 증상, 기억공백, 자살을 향한 집착은 모두 그녀가 해리성 정체감장애일 수 있음을 시사했다.

내가 프랜시스를 치료하기 시작했을 때, 부분들이 활동한다는 증거는 매우 뚜렷했다. 프랜시스는 퇴근 후나 치료회기를 마치고 집에 돌아와서는 울면서 현관에 쓰러져 몇 시간 뒤 차가운 돌바닥에서 '깨어날' 때까지 무슨 일이 일어났는지 전혀 기억하지 못했다고 했다. 그리고 자신의 자살충동이 지난 40년간 자살 계획을 세우고 이를 실행할 수단을 가지고 있는 자살하려는 부분과 명백히 관련 있다고 말했다.

"나는 6개월마다 사격연습장에 가서 총기 휴대 면허를 갱신해요."그녀는 치료 시간에 늦게 들어오면서 자랑스럽게 말했다. 나는 이 부분이 프랜시스와 달리 그리 경계심이 없다는 점을 알아차리고 싱긋 웃었다. 평소의 프랜시스는 약속시간을 1분도 어기지 않았다. '그녀'는 총을 '자살용품'라고 불렀고 어디든지 총을 들고 다닌다고 당당하게 말했다. 프랜시스가 자살하려는 부분과 동일시한다는 얘기는 불안했지만, 이 패턴에 이의를 제기함으로써 그 부분을 소외시키는 위험을 감수할 수는 없었다. 만약 그녀가 자살하려는 부분과 동일시된다면 누가 부정당한 것인지 궁금해졌다. 프랜시스가 너무 불안정했기 때문에 나는 치료를 최소한으로 단순화했다. 프랜시스는 하루를 견디는 게 어렵다고 말했고, 나는 마음챙김 상태에서 감정과 증상으로 그녀를 압도하는 부분들을 인식하도록 격려했다. 프랜시스의 아빠는 그녀를 성적으로 학대하면서도 사랑했고 그녀의 '안전한' 애착 대상이었다. 하루는 그녀가 아빠를 그리워하는 어리고 비통해하는 부분과 너무 섞여 있었다. 나는 그녀에게 일어서서 '그 아기를 흔들어주자'고 즉흥적으로 제안했다. 우리 둘은 일어서서 서로를 마주 보며 품에 가상의 아기를 안은 채 좌우로 한 발씩 짚으며 몸을 흔들었다.

나는 몸을 흔들 때 프랜시스의 몸이 차분해지고 감정이 조금 진정되는 것을 볼 수 있었다. "프랜시스, 아기가 안겨 있는 것을 좋아하나요?" 내가 물었다. "좋아해요." 프랜시스가 대답했다. "잘됐네요. 아기에게 이게 필요했군요, 그렇죠? 지난 몇 달 동안 너무 절박했어요, 불쌍한 것." "이것이 아기에게도 좋지만 제게 좋은 것이기도 해요. 30년 전 우리 애들을 안고 흔들어주었던 기억이 나네요. 그때 애들을 달래주었던 것만큼이나 저를 달래주었어요. 아기 역시 좋아했을 것 같아요."

다음 주 프랜시스는 울면서 현관 바닥에서 잠들지 않고 아기 부분을 안고 흔들어주었다고 보고했다. "제가 더는 이 아기를 무시할 수 없다고 생각해요. 그러지 않으면 애가 제 인생을 엉망으로 만들 거예요. 참, 이번 주말이 내 생일인데 자살하려는 부분은 벌써 어떻게 축하할까 고민하고 있어요."

우리의 첫 회기 때 품위 있고 전문가다운 정상적 삶을 살아가는 자기의 상태에서 프랜시스는 나에게 이렇게 질문했다. "만약 당신의 환자 중 한 명이 자살충동을 느낀다면 병원에 입원시킬 건가요?" 그래서 나는 "30년 동안 내담자의 의사에 반하여 병원에 입원시킨 적이 단 한 번도 없다는 것을 자랑스럽게 생각해요. 그리고 난 은퇴할 때까지 그 기록을 지킬 겁니다. 내 환자들은 필요할 때 병원에 갔지만 언제나 자기 의지로 따라갔어요"라고 분명하게 말했다. 이제 환자의 비자발적인 참여를 지양하는 나의 원칙에 유념하면서, 생일축하에 대한 자살하려는 부분의 견해를 논의해야 했다. 나는 프랜시스에게 "저는 언제나 내담자와 함께 해결책을 찾아요"라고 말했다.

나 생일축하에 대한 자살하려는 부분의 생각이 과연 당신의 작은 부분들이 꿈꾸는 것일지는 잘 모르겠네요. 생일이니 그들이 뭘 원하는지가 가장 중요하죠. 큰 아이들은 생일에 신경 쓰지 않지만 어린아이들은 안 그렇잖아요. 가족의 생일은 어땠나요?

프랜시스 엄마가 화려한 행사를 준비했죠. 그래서 친구들은 항상 나를 부러워했어요. 물론 그들은 제가 어떤 대가를 치렀는지 몰랐지만요. 나는 생일이 두려웠어요. 나를 당황스럽게 하는 파티가 열렸고 아빠에게 '특별한' 선물을 받았죠. (프랜시스는 몸서리를 쳤다.)

나 어린 부분들이 원할 만한 것을 얻은 것 같지는 않네요! 아이들은 그저 사랑받고 자신이 특별하다고 느끼고 좋은 방향으로 주목받는 대상이 되길 원하죠. 또는 파티를 어떻게 할지, 누구를 초대할지 알아서 결정하고 싶을 수도 있어요. (그때 한 가지 아이디어가 떠올랐다.) 어린아이 부분들에게 특별한 생일을 선물하는 건 어떨까요? 그들은 '그들의 방식으로' 생일을 축하하기 위해 오랜 시간을 기다려왔잖아요. 우선 당신의 선물이 필요해요. 멋진 장난감 가게에 가보세요. 그러고는 그들이 보고 싶다는 곳은 어디든지 보게 하고, 그들이 멈춰 서서 무엇을 보는지, 계속 되돌아가서 보려고 하는 장난감이 뭔지 알아차리면 됩니다. 그것 역시 당신이 그들과 함께하는 특별한 일이 될 수 있어요. 그들을 위해 뭔가 특별한 일을 한 사람이 아무도 없었으니까요.

다음 주에 프랜시스는 활기차고 신난 모습으로 들어왔다. "제가 부분들을 위해 무엇을 샀는지 전혀 짐작하지 못할 거예요. 너무 놀라워요. 나를 위해서가 아니라 정말로 그들을 위한 거예요." 프랜시스는 핸드백에서 동화의 여주인공인 분홍색 돼지 올리비아 인형을 자랑스럽게 꺼냈다. "믿기시나요? 분홍색 돼지 올리비아라니! 제가 그들을 위해 이 선물을 산 거 아시죠?" 그녀가 잠시 멈췄다. "그런데 말해주고 싶은 게 있어요. 저도 얘를 사랑해요. 예쁘지 않나요?" 지금까지도 나는 올리비아를 볼 때마다 프랜시스가 떠오르고 올리비아가 그녀의 삶을 어떻게 변화시켰는지 생각한다. 처음으로 그 부분들은 부모의 자기애적이며 소아성애적 충동을 채우기 위한 선물이 아닌 바로 자신이 원하는 것을 받게 되었다. 그 주말의 생일에 그들의 안전감에는 근본적인 변화가 생겼다. 그들은 자신들을 위하는 누군가가 곁에 있다는 것을 느꼈다. 누군가가 그들에게 올리비아를 사줄 만큼 충분히 신경을 썼고 우는 아기 부분을 위로하고 어린 소녀를 미소 짓게 했다.

다음 출장 직전에 프랜시스는 아무렇지도 않게 말했다. "아세요? 이번 출장에 내 자살용품 대신에 올리비아를 데려갈 생각이에요."

"'아이들'이 정말 좋아하겠네요. 그런데 그게 자살하려는 부분에게 문제가 될 것 같나요?" 내가 물었다.

"아뇨, 그렇지 않은 것 같아요. 아이들이 괜찮은 한 그 부분은 꽤 잠잠해요."

프랜시스는 자신의 해리능력을 사용해서 작은 부분들의 열망하는 눈이 자신의 좀 더 비판적인 눈과 분리되어 자유롭게 장난감 가게를 둘러보게 했다. 그런 다음 정상적 삶의 부분은 올리비아를 '보자마자' 사랑에 빠진 어린 소녀와 자발적이면서도 의도적으로 분리된 채로 분홍색 돼지를 사야겠다고 판단할 수 있었다. 프랜시스는 어린 소녀에게 좋은 엄마와 같은 존재가 되어주었다. 자진해서 해리성 분리를 사용한 덕택에 어린아이 부분들의 감정을 우선시할 수 있었다.

기능하는 성인인 정상적 삶의 자기 지원하기

조시는 수치스러워하는 작은 남자아이 부분에게 사무실, 집, 아내와 세 자녀 등 성인인 조시의 환경을 살펴보라고 요청했다. 또한 조시가 어른이 된 지금 사람들이 자신을 어떻게 대하는지 알아차려보라고 부탁했다. "사람들이 네가 중요한 사람인 것처럼 행동해!" 아이는 경외심을 갖고 조시가 아마추어 야구팀, 교회 공동체, 본인이 선택한 가족에게 어떻게 환영받는지를 관찰했다. 조시가 '소속된' 것이 분명했다. 조시가 어린 부분에게 말했다. "넌 이제 나와 함께야. 여기 있는 누구도 나의 좋은 것을 빼앗지 않을 거야."

마크와 나는 겁에 질린 작은 남자아이가 곧 있을 강연을 위해 '용감해지려고 무척이나 애쓴다'는 사실을 알아차렸다. 그 강연은 외부에서 요청받은 것이 아니라 정상적 삶의 마크가 원한 것이었다! (많은 트라우마 내담자가 같은 현상을 보고한다. 한때 어른처럼 굴어야 했던 어린아이 부분들은 성인의 역할이나 활동을 '자신들이 해야 할 일'처럼 혼동한다.) 나의 지도를 받으며 마크는 그 남자아이에게 자신이 성인이 되었고 성인은 자기 일에 대해 사람들에게 말하고 자기 생각을 나누길 원하기 때문에 사람들 앞에서 강연하기를 좋아한다고 설명했다. "정말?" 그 작은 아이가 말했다.

마크 아이들이 다른 아이에게 그러는 것처럼 어른을 해치거나 못된 말을 하는 사람은 아무도 없기 때문이야. 어른들은 아이들이 겁내는 많은 일을 하지만, 네가 그런 일을 하지는 않아도 돼. 너는 그냥 작은 아이이고, 아이들은 어른들의 겁나는 일을 할 필요가 없어.

나는 마크에게 그와 이 아이 모두에게 도움이 될 만한 계획을 제안하도록 요청했다.

마크가 말했다. "나는 다음 주 회의에서 강연하고 너는 집에 있는 건 어때? 어른들이 하기로 선택한 겁나는 일에 네가 나설 필요는 없어."

"그런 것 같아." 어린 소년이 말했다.

"아마 아이는 당신이 강연하는 것을 보고 싶을지도 몰라요." 내가 귀띔했다.

잠시 침묵이 흐른 뒤 마크의 얼굴이 밝아졌다. "아이가 고양이와 함께 집에 있으면서 TV로 나를 보고 싶대요!"

우리 둘 다 웃었다. "안 될 게 뭐 있어요?" 내가 말했다. "해리는 정말 놀라운 능력이군요. 당신이 뉴욕에 사는 동안 그 아이가 여전히 버지니아의 그 집에 갇혀 있던 것처럼 아이가 집에 머물면서 TV로 당신을 지켜보는 것도 가능하죠." 그 뒤로 마크의 경력은 꽃을 피웠다. 마크가 '무서운', 적어도 그 어린아이에게는 겁나는 도전에 직면할 때마다 같은 논의를 했다. "그렇게나 많은 사람과 함께 비행기 안에 갇힌 느낌이 드는 게 네게 매우 겁나는 일이라는 거 알아. 그런데 네가 그걸 할 필요는 없어. 출장은 업무 때문에 어른들이 하는 거야. 내가 비행기에 타거나 미팅을 하고 있을 때 너는 어디 있고 싶니?"

어린 남자아이가 말했다. "나는 고양이랑 집에 있고 싶어. 하지만 네가 보고 싶을 거야."

성장과 치유를 위해 기존의 해리성 구획화를 의식적이고 자발적으로 사용하는 이 간단한 기법을 통해 나의 수많은 내담자는 매우 촉발적이고 심지어 일상적 삶을 압도할 만한 일도 감당할 수 있었다. 한 내담자는 남편과 아이들을 데리고 부모님 댁을 방문했는데, 처음에는 이 생각만으로도 공황에 빠지고 부분들이 메스꺼울 정도로 두려움에 떨었다. 내담자와 그 가족은 부분들을 '집에' 남겨두고서 짧지만 별일 없이 방문을 마쳤고, 그 부분들은 자신들의 염려를 들어주고 자신들이 보호받는다고 느낄 수 있었다.

또 다른 내담자는 '그녀'가 나가 있는 동안 겁에 질려 무서워하는 부분들을 집에 남겨두고 로스쿨을 마칠 수 있었다. 그녀는 아침마다 그들에게 "로스쿨은 어른들이 선택한 것이지 아이들을 위한 곳은 아니야"라고 말해줬다. 그녀는 이와 같은 기법을 직장을 구할 때, 남편과 함께 집을 살 때, 구조견을 입양할 때, 아기를 낳을 때 사용했다. 그녀는 일상적 삶의 어떤 측면이 위협적일 때마다 부분들에게 선택권을 주었다. "너희들이 원한다면 취업면접에 갈 수 있어. 너희들이 원한다면 내가 아기를 돌보는 것을 도와줘도 돼. 하지만 원하지 않는다면 너희 모두 집에 있을 수 있어." 부분들은 보호받고 이해받는다고 느꼈다. 그들은 작았고, 로스쿨을 다니고 집을 사고 아기를 돌보기에는 너무 어렸다. 이 경험은 내담자에게 힘이 되었다. 그저 일상적 기능을 수행하기 위해 늘 자신의 부분들과 씨름할 필요가 없어졌고, 그녀는 성숙한 성인으로 계속 성장할 수 있었다.

획득된 안정애착

획득된 안정애착 또는 '획득된 안정'에 대한 연구에서 애착 상태는 '실험 참가자'가 초기 애착 경험을 회고할 때 그들의 서술에서 드러나는 '일관성'의 정도에 따라 평가된다Siegel, D. J. (2010b). '일관성'은 한 개인 내의 파편화, 갈등, 양극화된 관점과 상반된다. 아이들은 무섭고 감당할 수 없는 어른들의 활동에 참여하는 부담을 면제해줘야 한다는 점에 마크와 어린 소년이 동의했듯이, 일관성은 많은 관점이 한데 모이는 지점에 도달하는 것을 의미한다. 마크는 어린 남자아이와 그렇게 합의할 때마다 과거에서 벗어나는 느낌이었다. 업무상의 부담이 무능해지는 감정기억을 촉발할 것이라는 두려움 없이 자신의 경력을 쌓아나갈 수 있었다. 어린아이 부분은 어린 시절 내내 그랬듯이 조숙한 꼬마 어른이 되는 대신 매우 새롭고 이전에는 하지 못했던 경험을 하게 되었다. 누군가가 그를 돌보고 있었고 그는 작은 아이로 있으면서도 안전할 수 있었다.

패러다임의 변화: 과거의 영향은 지울 수 없는 것이 아니다

계속된 것이든 획득된 것이든, 성인의 안정애착의 표준이 되는 '서술의 일관성'은 '안정애착 상태로 계속' 살아온 사람들이 자신들의 애착에 대한 이력을 기술하듯, 어린 시절의 불안정하거나 외상적인 애착 경험을 통합적이고 조절되는 방식으로 기술하는 능력으로 정의된다Roisman et al., 2002. 획득된 안정이 '좋은' 애착 경험을 가졌다는 것을 뜻하지는 않는다. 이런 연구들에서 실험 참가자들의 초기 애착은 최적이라고 볼 수 없었거나 실패였고 애착 대상과의 고통스러운 경험, 심지어 외상적일 수 있는 경험도 보고했다. 일관성이란 과거를 받아들였고, 과거에서 비롯된 최악의 피해를 복구했으며, 상실했던 경험이나 어린 시절의 상처를 '그들이 할 수 있는 최선이었어' '내 문제가 아니었어' '내가 있었다는 게 그들에게 행운이었지만 그들이 그걸 몰랐을 뿐이야'처럼 수용하는 법을 발견했다는 것을 의미한다. 일관성에는 일어난 일을 설명하기 위해 '치유하는 이야기'를 구성하는 능력이 포함된다. 치유하는 이야기는 위로가 되고 조절해주며 '있는 그대로'를 수용하도록 촉진하여 일관성을 높여준다. 일관성이 고통스러운 기억의 재구성 또는 변화를 반영할 때 새롭고 좀더 긍정적인 감정의 부호화에 도움을 준다.

그러나 획득된 안정애착을 독특하게 만드는 것은 그것이 다음 세대에서의 안정애착을 촉진하는 양육과 상관이 있다는 점이다Roisman et al., 2002. 이 연구는 부모세대에서의 애착이 최적에 못 미칠 때 다음 세대에게 최적에 못 미치는 애착 경험을 전수할 가능성이 크다는 지배적인 견해에 이의를 제기한다. 그 대신 이 연구는 인간이 안정애착으로 유익을 얻기까지 성인의 건강한 애착 경험을 내면화함으로써 과거에 대한 암묵기억과 명시적 서술을 변형시킬 수 있다고 제안한다. 획득된 안정애착이 똑같은 것을 제공할 능력을 다음 세대에 전수한다는 사실은 희망적인 신호다. 이러한 사실은 내담자가 가족 내 트라우마라는 유산이 세대 간에 전승되는 것을 멈추고 안정애착의 세대 간 전승을 통해 새로운 유산을 만들도록 도울 수 있음을 말해준다.

세대 간으로 전승되는 안정애착

두 가지 유형의 안정애착 모두 관계의 유연성을 높여주며, 감정의 기복을 조절하고, 실망과 상처 및 거리감과 친밀감을 견뎌내고, 상호의존을 위한 역량을 갖게 하고, 세상을 회색의 색조로 보게 해준다. 무엇보다 획득된 것이든 계속된 것이든 안정애착은 곁에 아무도 없는 때를 견디도록 돕는 안심시키고 위안이 되는 목소리 또는 존재를 내면화할 수 있게 해준다. 그리고 우리의 삶에 사람들이 다시 나타날 때 마음을 계속 열어놓도록 도와준다.

어린아이 부분이 정상적 삶을 살아가는 자기의 사랑스러운 시선과 반짝이는 눈을 느끼고 강하고 안전하며 보호해주는 성인의 품에 안겨 있다는 내장감각을 경험할 때, 다시 말해 안전하게 안겨 있다는 신체감각, 친밀감과 특별함이라는 정서적 느낌, '심장박동과 심장박동 간의 의사소통', 암묵기억 속의 이 작은 존재와 '함께하는' 체감각을 경험할 때 안정애착의 토대가 자리를 잡는다. 돌봐주고 헌신적인 정상적 삶의 성인과 선뜻 붙잡기가 두려울지라도 이런 순간을 갈망했던 어린아이 사이에 상호호혜적인 조율이 일어난다. 서로 우호적이면서 호혜적으로 되려면 이 과정에 자기공명과 타인공명 두 가지가 모두 필요하다. 감정과 신체를 통해 마침내 우리가 이해하며 이제 바로잡기를 원한다는 점을 전달해야 한다. 이처럼 인간의 두뇌는 외상으로 인한 애착상처를 치유하기 위해 선천적으로 갖추어진 분리를 활용한다. 첫째, 좌뇌는 정서적 고통을 어린아이의 것으로 재개념화하고, 우뇌는 그 어린아이에게 연민과 보살핌의 정서적 반응을 보인다. 이로 인해 서로를 향해 친밀하고 조율되는 느낌이 들면서 좀 더 강렬하게 즐거운 상태가 만들어진다. 그러면 좌뇌는 '일어난 일에 대한 느낌', 가령 웃는 얼굴로 팔을 벌려 자신을 안아주며 안전하고 환영받는 느낌을 부호화한다. 이로써 우리는 우리 자신에게 사랑과 안전이라는 '상실했던 경험'을 제공하고 '내가 아니라고' 치부했던 아이들의 '영혼'을 되찾은 것이다. 우리 각자가 바뀌었다.

로라의 예는 부분들과 소원했던 관계 변화에 초점을 맞춘 치료가 어떻게 사람들에게 안정애착 경험을 제공하는지, 그것이 어떻게 내면의 상처받은 장소뿐 아니라 과거와의 관계를 변화시켰는지를 잘 보여준다.

처음에는 해리장애가 있다는 사실을 몰랐던 로라는 자신의 업무를 위협적인 것으로 경험했을 뿐, 업무를 통해 특정 부분들이 촉발된다는 것을 알지 못했다. 따라서 자신이 예상되는 위협에 무관심한 것을 '부인denial'이라고 해석했다. 상사가 위협을 알아차리지 못하면 로라는 마치 아이 때처럼 보호받지 못하고 무능하고 권위적인 대상에게 휘둘린다고 느꼈다. 로라가 두려움이 얼마나 빠르게 업무적으로 뛰어난 자기self를 무릎 꿇게 하는지 설명할 때, 나는 직관적으로 로라가 구조적으로 해리된 부분들, 특히 겁에 질린 부분의 왜곡된 관점에서 말한다는 것을 알아차렸다.

나는 비즈니스 세계의 무능하고 비윤리적인 어른들에 의해 너무 잘 촉발되는 그녀의 어린 부분들에 대해 이야기하면서, 그 부분들을 그녀가 일상의 스트레스 요인에 대해 설명한 것과 연결지었다. "공격당할지 모른다는 어린 부분들의 두려움에 아무도 귀를 기울이지 않으므로 그들은 당연히 당신의 일터에서 안전하다고 느끼지 못해요." 처음에 로라는 머리로는 그 부분들을 어린 시절 이야기와 연결지을 수 있었지만, 감정으로 연결되려고 하면 매번 너무도 빠르게 부분들의 감정에 섞여버리면서 자신과 부분들이 모두 압도되었기 때문에 정서적으로는 연결될 수가 없었다. 그러나 로라가 고집스럽고 끈질기게 자신의 어린 부분들과 연결되고 그들에게 그녀와 같이 지낼 집을 제공하려고 노력함에 따라 그들의 두려움과 완고함이 누그러지기 시작했다. 그들이 처음으로 로라에게 관심을 가진다고 느낀 것은 그녀가 어린아이였을 때 기억하는 것과 같은 은신처인 나무와 덤불 뒤에서 어린 부분들이 그녀를 훔쳐보는 일련의 이미지를 통해서였다.

로라는 안정애착을 촉진하는 부모처럼 세심하고 창의적이었다. 그녀는 그들이 아직 스스로 드러낼 준비는 되지 않았지만, 우선은 알아봐줄 필요가 있다는 자신의 직감을 믿었다. 그래서 심상으로 숨바꼭질 게임에 그들을 참여시켰는데, 그 게임에서 그들은 그녀를 찾을 수 있었는데도 그녀는 그들이 준비될 때까지 그들을 찾지 않았다! 그녀는 숲속을 향해 그들이 그녀를 위해 했던 모든 것들, 다시 말해 로라 자신에게 직업적 존경, 영예, 고향을 떠나 스스로 삶을 일궈낼 수 있었던 용기를 준 그들에게 고맙다고 말했다. 그리고 공터에 앉아 숲속에 숨어 있는 아이들과 대화하는 것을 시각화하자, 로라는 그저 말뿐이 아니라 자신의 목소리에 점점 더 진정성이 담기는 것을 느꼈고 고마움도 느껴졌다. 또 다른 어느 날, 그녀가 그들에게 얼마나 깊이 고마워하는지 이야기하던 중 그녀는 마치 부분들 중 하나의 손을 잡듯이 자연스럽게 오른팔을 뻗었다. 내가 "지금 직관적으로 누구에게 손을 내밀고 있는지 알아차려보세요"라고 말하자 그녀는 작은 손이 자신의 손에 닿는 것을 느낄 수 있었다. "작은 아이예요." 그녀가 대답했다.

나 가만히 당신이 잡은 손을 느껴보세요. 그리고 당신 안에 있는 이 어린아이에게 무엇이 필요한지 느껴보세요.

'작은 손'이라는 암묵기억과 '작은 여자아이에게서 느낀 안기고 싶다는 갈망'이라는 암묵적 감정이 갑작스럽게 성인이라는 존재를 '만났다'. 로라는 자신이 이 어린아이가 겪었던 일을 정확히 알고 있다는 점을 전달해야겠다고 느꼈다. 다른 한쪽 손은 마치 생명줄을 잡으려는 것처럼 자신에게 내미는 손을 붙잡았다. 로라는 그 여자아이의 슬픔과 고통을 느낄 수 있었지만 떨쳐내고 싶은 충동이 들지는 않았다. 그 순간 그녀는 점점 확신이 커지던 영적인 감각, 곧 그녀가 마침내 이 모든 아이를 그녀가 사는 집으로 데려와야만 그들을 치유할 수 있다는 것을 확인받는 듯했다. 나는 로라가 마음챙김을 통해 관찰하는 것을 그대로 따라 했다. "그래요, 당신은 얼마 전부터 그들을 집으로 데려와야 한다는 걸 알았죠. 그 아이에게 그것을 알려주세요. 그리고 환영해주세요. 그 아이는 환영받으며 집에 돌아오는 것이 어떤 기분인지 전혀 알지 못하거든요." 로라는 작은 여자아이의 손을 잡고 앉아 있었고, 둘의 것으로 보이는 눈물이 뺨을 타고 흘러내렸다.

나는 이 순간을 앞으로도 계속 떠올릴 수 있도록 현명하고 연민 어린 성인 로라와 내면의 작은 로라 양측의 감정을 분명하게 표현하려고 노력하며 순간순간의 경험을 계속 들려주었다.

"그래요, 마침내 누군가가 여기에 있고, 마침내 누군가가 이해하게 되었네요. 그래서 아이가 우는 거랍니다. 그리고 당신도 그 아이가 겪은 모든 일 때문에 울고 있고요. 아이는 마침내 집에 왔고 누군가가 그 아이를 울리는 게 아니라 그 아이를 위해 울고 있어요. 아이에게는 이것이 어떻게 느껴지나요? 아, 당신이 물어봤더니 아이가 더 바싹 파고든다고요? 그게 대답인 것 같네요. 이 느낌을 좋아하나 봐요. 당신은 어때요? 당신에게는 어떻게 느껴지나요?" 답은 로라의 상냥한 얼굴, 애정 어린 시선, 이완된 몸을 통해 알 수 있었다. 로라 역시 깊은 즐거움과 특별함을 느꼈다.

어린 소녀와 로라 사이의 경험을 말로 표현함으로써 양측에 상대방의 반응이 어떻게 느껴지는지 알아차리도록, 곧 서로의 마음을 헤아리도록 요청함으로써 나는 어린아이와 성인 사이의 정서적 조율이 깊어지는 데 계속 초점을 맞추려고 한다. 그리하여 매 순간의 교류를 현 시점에서 '바로 여기, 바로 지금'Ogden & Fisher, 2015 펼쳐지는 애착형성의 경험이 되게 하고, 이 순간 그녀와 어린아이가 누리는 안정감·따뜻함·친밀감의 체감각과 연결된 새로운 기억으로 부호화될 수 있는 생생한 묘사를 만들어내려고 노력한다.

나는 어린아이가 흘리는 '안도의 눈물'과 그 어린아이를 위하는 성인의 슬픔 모두에 세심하게 초점을 맞추려고 했고, 동시에 그들이 함께 흘리는 눈물뿐 아니라 함께 누리는 친밀감을 강조했다. 치료자의 역할은 성인 자기와 어린아이 자기 사이에서 '안정애착의 중개자'가 되어 관계를 맺은 각자가 상대와 더 정확히 조율해나가도록 돕고 친밀감을 심화시켜 마침내 서로 연결되면 어떤 미래가 새롭게 펼쳐질지를 알리는 것이다.

이것이 바로 초기 애착상처의 치유가 안정애착으로 이어지게 하는 방법이다. 조율이 체감되는 순간들과 연관된 감정과 이미지를 심화하고 체화시킴으로써 새로운 암묵기억의 발달과 부호화를 촉진한다. '획득된' 새롭게 부호화된 경험에는 접촉으로 인한 상냥함과 따뜻함의 신체감각, 내가 '안도의 슬픔'이라고 부르는 기쁘면서도 슬픈 감정, '이해받고' 무조건적으로 수용되는 느낌, 양육과 안전 및 안정의 느낌, '상대를 위해' 그리고 상대와 함께 느끼는 것이 포함된다. 자신의 어린아이 부분들에 맞춰 조율하는 것은 친밀감과 평온함을 조성하여 내담자는 자신의 다루기 힘든 부분들과도 더욱 공명하는 애착 경험을 만들어낼 수 있다. 조율은 아이들만이 아니라 부모에게도 기분 좋은 것이다.

안정애착은 사건이 아니라 신체적이고 정서적인 경험

안정애착은 객관적인 지표가 아니라 '안전한' '친밀한' '연결된' '인식된' '이해받은' 등과 같은 여러 이름으로 부를 수 있는 신체적·정서적 상태를 말한다. 안정애착은 함께 만드는 것이며 의도하지 않게 전개된다. 안정애착은 공명이 체감되는 순간의 반복, '마음이 통하는' 즐거운 느낌에서 생겨난다. 안정애착은 일정한 패턴과 한결같음을 토대로 자라난다. 그래서 아이들이 로라가 이미지로 자신의 부분들과 숲속에서 했던 것과 같은 까꿍놀이와 숨바꼭질을 좋아하는 것이다. 아이들은 같은 어조로 반복되는 같은 말을 듣고, 같은 노래나 동요 또는 농담을 들으며, 매일 밤 잠들기 전에 정해진 루틴을 따르면서 자란다. 어린아이에게 안정애착 경험을 제공해주려면 반응의 유연성, 넓은 인내의 창, '조화'가 '딱 맞다'고 느껴질 때까지 상대가 우리에게 맞추는 것처럼 우리도 상대에게 맞춰주는 '함께 조절해가는' 능력이 필요하다. 부모와 자녀 관계에서는 이 과정이 두 개의 분리된 몸, 두 개의 분리된 미소, 두 개의 분리된 팔과 다리가 있기 때문에 수월하다.

자신의 어린 자기들과 조율할 때, 외상을 입은 내담자들은 부분들의 고통스러운 감정과 두려움에 본능적으로 움찔하는 자동적인 경향성 때문에 애를 먹는다. 이러한 감정과 암묵기억이 구별되지 않는다는 사실 또한 어려움을 초래한다. 두 덩어리의 감정이 한 몸의 경계 내에서 일어난다. 이런 생물학적인 사실은 누구의 감정인지를 알기 어렵게 만들고 서로의 감정에 '섞여버리는' 경향을 부추긴다. 내가 하나의 감정을 알아차린 뒤 그것을 한 부분이 지닌 감정기억이라고 이름 붙일 때 내담자들이 종종 내게 "아뇨, 제가 지금 그렇게 느끼고 있다고요"라고 주장하듯이 말이다. 그들이 그 감정과 동일시할 때, 그 감정은 흔히 더 격해진다. 그 감정이 자신들의 것이 아니라고 믿고 그 감정을 부정하고 그 감정이 말해주는 상처 입은 부분을 부인할 때도 마찬가지다. 그들이 아무리 다른 것을 선호하더라도, 그들의 것으로 보이는 말없이 강렬한 감정의 쓰나미에 휩쓸릴 때도 똑같은 일이 벌어진다. 섞임과 부인은 둘 다 생존을 돕는 서로 다른 전략이다. 섞임은 감정에 대응하여 빠르게 행동하고 반응할 수 있게 하고, 부인은 자기감을 보존하며 우리 삶의 최악의 순간들 한가운데에서 외상을 잊고 살아가도록 돕는다.

얽힘과 소외 피하기

상대방과 조율하려면 거부해서도, 융합되어서도 안 된다. 상대방의 주파수에 공명하고 그들도 우리의 주파수에 공명하도록 허용하는 동시에 우리 자신의 자기감을 유지해야 한다. 이 일반론은 연인 관계, 부모와의 관계, 우리 자신의 어린 자기들과의 관계에서도 똑같이 적용된다. 외상을 입었거나 버려진 어린 부분들과 융합되거나 얽혀버리려는 경향성은 자연스러운 것이다. 감정이나 신체반응을 감지하면 우리는 자연스럽게 그것에 '나'로 시작되는 이름을 붙인다. "나 피곤해." "나 불안해." "나는 정말 혼자라고 느껴." "나 화났어." 그 감정 상태를 강하게, 더 자주 경험할수록 '나'로 시작하는 말로 표현할 가능성이 커지고 전염성이 강해지며 그것과 융합될 확률이 증가한다. 어린 자녀를 둔 부모가 일상적으로 맞닥뜨리는 어려움과 같은 것이다. 이와 마찬가지로 문제가 되는 것이 이를테면 취약한

470

부분들과 같은 일부 부분들을 부인하거나 거부하는 것이며, 그들을 통제적·판단적·공격적인 부분들처럼 적대적인 부분들이나 절망적이고 퇴행하며 애같이 구는 부분들과 동일시하는 것이다. 둘 중 어느 것이라도 발생하면 현실검증력, 통찰력, 연민을 잃을 뿐만 아니라 체계의 균형이 깨진다. 내담자가 수치스러워하고 순응하며 고분고분한 부분들과 동일시한다면 건강한 분노나 방어반응의 징후를 인식하지 못할 위험이 있다. 내담자가 화나 있거나 자살하려는 부분들과 동일시하면 분노조절에 문제가 생기고, 자기파괴적인 행동을 하며, 내적으로 초기의 적대적 환경을 재현할 위험이 있다.

내담자들이 혐오하거나 무섭다고 느끼는 부분들과 조율하도록 돕는 것은 공감이 쉬운 어린아이 부분들에게 안정애착 경험을 제공하는 것만큼이나 중요하다. 판단하고 신랄하게 비난하는 부분들에게 공감을 키우는 것은 더욱 도전적이며, 내담자가 날카로운 혀와 위협적인 태도로 직업·우정·이웃 관계를 위태롭게 하는 화난 부분에게 손을 뻗기는 더욱 어렵다. 획득된 안정애착이 우리의 '자기들'을 향한 수용과 연민에 달려 있기 때문에, 치료자는 '사랑하기 힘든' 부분들에게 적어도 그들이 보호해준 점에는 고마움을 전해야 한다고 독려해야 한다. 치료자는 부모나 코치처럼 정상적 삶의 자기와 조절되지 않거나 부인되었던 부분들과의 애착관계를 중개하는 과정에서 종종 창의적이어야 한다.

린다는 자살충동을 느낄 정도의 절망 상태에서 안정에 이르기까지, 부분들이 마침내 자신의 외상적인 어린 시절을 받아들이는 데서 그녀가 기억하지 못했던 사건들에 대해 말해준 덕분에 무슨 일어났었는지 깨닫기까지 먼 길을 걸어왔다. 린다의 삶에서 상실되었던 것은 바로 욕구를 가지는 능력이었다. 남에게는 관대할 수 있었지만, 상대의 관대함을 받아들일 수는 없었다. 친절할 수 있었지만, 친절을 받아들일 수 없었다. 린다의 부모화된 열한 살짜리 어린아이 부분은 그녀 자신을 위해 아무것도 바라지 않았다. 린다에게 친절은 그것을 받을 자격이 있는 사람들을 위한 것이었다.

또 다른 '실종자'는 화난 부분이었다. 그녀는 자신의 자살하려는 부분에 대해 알고 있었고 가장 암울했던 때에 도움을 주었던 점에 대해 그 부분에게 고마워했지만, 계속해서 화난 부분이 없고 분노의 감정이 없으며 자신은 기쁘다고 우겼다! 그녀의 입장은 분노는 파괴적인데 자신은 파괴적인 사람이 아니므로 자신에게 분노는 없다는 것이었다. 아이러니하게도 이것이 그녀가 수년간 치료를 받는 동안 나에게 반대한 유일한 입장이었다! 그녀가 말했다. "아뇨, 저는 절대로 화내지 않아요." 그러던 어느 날 우리가 분노라는 주제로 대화하는 중에 그녀의 내면에서 거칠고 신랄한 목소리가 이렇게 말했다. "오, 이 여자(나를 가리키는 말) 참 '친절하지' 않아? 이년은 너무 착해! 토할 것 같아!" 린다는 깜짝 놀랐다.

"무엇을 알아차렸나요?" 내가 물었다.

"방금 어떤 부분이 당신을 이년이라고 불렀어요!"

"만세! 축하할 일이네요. 화난 부분이 집에 있었군요! (웃으며) 화난 부분이 정말 있는지 궁금했었잖아요. 방금 모습을 드러낸 것 같아요. 그런데 그 목소리를 묵살하기 전에 제 말을 들어보세요. 당신의 어떤 부분들은 냉소적이어야 해요. 어떤 부분들은 '너무 착하게' 굴다가 당신도 모르는 사이에 당신을 칼로

찌르는 사람들을 주시해야 해요. 누가 당신을 보호해주겠어요? 게다가 그 부분이 옳아요. 제 말이 가끔은 느글거리도록 달달하게 들릴 때도 있어요."

다음 주, 린다는 내게 뭔가 말할 생각에 들떠서 들어왔다. 최근에 그녀는 대기업의 최고재무책임자로 승진했는데, 그것은 좋기도 하고 나쁘기도 한 일이었다. 린다는 남자 동료들과 협력해서 일하려고 노력하는데, 그들은 번번이 경쟁심을 갖고 그녀의 노력을 허사로 만들었기 때문이다. "그들이 회의 일정을 잡고는 의도적으로 이메일 공지에 저를 참조하지 않는다고 한 말 기억하세요?" "그럼요." "음, 다행히 비서들이 제 편이라서 그런 일이 생기면 제게 알려주고 있어요. 이번 주에 놀라운 일이 벌어졌어요. 비밀스러운 회의시간이 다가오자 갑자기 힘이 솟구치는 느낌이 들었어요. 그들이 이 짓거리를 계속하도록 내버려둘 수 없다고 생각했죠. 그래서 회의실로 성큼 걸어 들어가 탁자에 앉았어요. 그러고는 아주 상냥하게 '당신들이 회의에 내가 참여하길 원한다는 걸 알고 있었어요'라고 말했죠. 그들이 무슨 말을 할 수 있었겠어요? 제가 이겼어요!"

나 그러면 당신도 저와 같은 생각을 하고 있나요?

린다 그게 화난 부분이냐고 말하는 거죠? 의심의 여지 없이 화난 부분이었어요. 굉장히 차분하고 힘차고 결단력 있고 명료한 느낌을 받았어요. 상냥한 척했지만 내 속에 강철이 있는 것처럼 느꼈어요. 그건 확실히 제가 아니었어요!

나 그럼 화난 부분에게 하이파이브를⋯⋯.

린다 아니요, 그걸로는 충분하지 않아요. 화난 부분이 정말 제대로 한 건 한 거죠!

그 후 몇 주, 몇 달 동안 남자 동료들이 아무리 열심히 막으려 해도 그들 속에서 자신의 자리를 지킴으로써 사실상 그들에게 도전장을 내밀었다. 동시에 그녀는 자기 자신을 무가치하고 자격이 없다고 느꼈던 열한 살의 순응하는 부분과 섞이기보다 자신이 그토록 힘들게 일해서 얻은 삶에 보람을 느꼈고 삶이 주는 즐거움을 더 잘 누릴 수 있었다. 그녀의 화난 부분은 그녀라는 체계에 절실히 필요했던 권리와 경계에 대한 감각을 가져다주었다. 린다는 항상 남들보다 더 열심히 일해서 앞서나갔다. 투쟁하는 부분은 그녀가 자기 입장을 고수하고 고개를 꼿꼿이 들고 맡은 일을 하지 않는 사람들을 책임지는 것을 거부함으로써 앞서나가는 법을 배우는 데 도움이 되었다. 화난 부분이 '기개'를 갖게 해준 한편으로, 애착을 원하는 부분의 상냥함과 순응하는 부분의 협력하려는 태도는 그녀의 동료들이 화를 내기 어렵게 만들었다. 화난 부분을 받아들이고 신뢰하게 되자 린다는 회사라는 '정글'에서도 자신과 부분들의 안전을 확보할 수 있었다.

획득된 안정애착과 트라우마의 해결

(획득된 안정애착 상태의) 성인들이 스트레스를 경험하는 와중에도 민감하고 세심하게 자녀를 돌볼 수 있다는 사실은 이 '획득된' 상태가 '말만 번지르르하게 잘하는' 것 이상임을 시사한다. 그들은 자신의 어린 시절에 그런 경험이 없었음에도 자기 자녀들과 정서적으로 연결되어 있다는 것을 '실제 행동으로 보

474

일'수 있다. 우리는 안정애착을 촉진하기 위해 서로 좀 더 사려
깊고 온전하게 기능할 수 있도록 지금 세대와 앞으로의 세대를
위해 중요한 역할을 할 수 있다.

시겔siegel, 1999, p. 11

　외상을 입은 내담자가 자신의 어린 부분들과 애정과 연결의 유대
관계를 구축함으로써 안정애착을 '획득하도록' 돕는 것이 다음 세
대에서의 애착 실패를 예방하는 데 도움이 될 수 있다면, 여기 설명
한 작업이 내담자 본인의 치료뿐 아니라 다음 세대를 위한 예방적
기능도 할 것이다. 치료자와 내담자는 자신들이 오래된 상처를 치유
하고 있을 뿐 아니라 조절문제와 애착장애가 있는 어른들에 의해 양
육되는 다음 세대의 자녀를 보호할 수 있다는 사실에 자부심을 가질
수 있다.

　혼란애착이 자율신경계의 조절장애, 통제적인 애착전략, 접근과
회피 사이의 내적 갈등, 정체성 형성의 어려움과 관련이 있는 반면,
획득된 것이든 계속된 것이든 안정애착은 회복탄력성과 관련이 있
다. 연구에 따르면 안정애착은 더 큰 감정수용력은 물론, 상처·스트
레스·거절·실망으로부터 회복하고, 친밀감과 거리감 모두를 잘 견
디며, 긍정적인 애착 대상을 내재화하는 능력과 관련이 있다. 획득
된 안정애착 연구에서 두 가지 발견이 특히 부분 접근법과 관련이
있다. 첫째, 비록 일부 부모들의 경우에 획득된 안정애착이 우울 증
상 및 정서적 고통과 관련 있었음에도 자녀들에게 좋은 애착을 제
공할 수 있는 능력이 있음이 입증되었는데, 이는 획득된 안정애착
이 높은 수준의 내적 불편함을 견디게 해준다는 점을 시사한다. 두
번째 발견은 획득된 안정애착의 이점이 연구자들이 '계속된 안정애

착'[Roisman et al., 2002]이라 부르는, 어린 시절의 안정애착이 주는 이점과 사실상 다르지 않다는 것이다. 이러한 발견들은 이 책에 제시한 모델과 잘 들어맞는다. 내적 애착 유대가 형성된 지 한참이 지난 뒤에도 내담자와 그들의 외상 관련 부분들은 여전히 주기적으로 고통을 겪거나 우울과 불안에 취약할 수 있고, 심지어는 파괴적 충동을 가질 수도 있다. 그러나 획득된 안정애착은 다음 세대를 양육하거나 스스로 또는 자신의 부분들을 달래고 안심시키는 능력을 잃지 않은 채, 슬픔·상실·배신 그리고 일상생활의 다양한 스트레스를 견뎌낼 수 있는 안정된 기반을 제공한다.

붕괴애착 또는 혼란애착의 고통스러운 영향과 씨름하는 트라우마 생존자에게 매우 반가운 소식이다. 외상과 관련된 자기소외를 극복하면 그들의 내적 안전감과 행복감은 안정애착된 부모에게 태어난 성인과 같다. 학대와 애착 실패로 돌이킬 수 없는 손상을 입었다고 두려워하는 내담자가 너무나 많다. 그러나 연구는 그렇지 않다고 말한다. 트라우마 생존자들이 어떤 부분들은 두려워하고 혐오하면서 다른 부분들과는 지나치게 동일시하는, 외상과 관련된 경향성을 기꺼이 극복하길 바란다면, 모든 '아이들'을 편애하거나 희생양으로 삼지 않고 환영할 수 있다면, 결말은 달라질 수 있다. 외상을 입은 내담자가 판단하는 부분들, 자살하려는 부분들, 어린 부분들의 위협을 침묵시키기 위해 몸에 상처를 입히거나 '젖병에 위스키를 따르는' 부분들을 기꺼이 포용한다면 획득된 안정애착의 씨앗을 뿌린 셈이다.

적대적이거나 공격적인 부분들을 사랑하거나 양육해야 한다는 압박감을 가질 필요는 없다. 그래서는 그들에게 공감해줄 수 없기 때문이다. 입양된 10대가 안전하게 애착을 느끼려면 세 살짜리와는 다른 경험이 필요할 것이다. 조율을 위해서는 각 부분에 대한 민감성과 함께 각 부분이 상처 입거나 부서진 지점을 변화시키고 치유하는 데 필요한 '상실 경험'에 대한 민감성이 필요하다. 린다의 사례가 증명하듯이 투쟁하는 부분의 '상실 경험'Ogden & Fisher, 2015은 안겨서 달래지지 못한 것이 아니라 위협에 대한 통제 경험, 자신의 힘과 안전을 보장하기 위해 분명한 경계를 원하는 것이 존중받지 못한 것이다. 내담자의 정상적 삶을 살아가는 자기가 취약성이나 타인의 돌봄에 대한 투쟁하는 부분의 경고를 무시하는 경향성을 극복하고, 그 대신 경계를 설정하는 능력을 기르고 관계에서 공정성을 강조하려고 노력할 때 둘 사이의 관계가 변하기 시작한다. 투쟁하는 부분의 안전에 대한 우려를 들어줄 때, 그들을 가해자가 아니라 영웅으로 대우할 때 그들은 헌신하고 충성하고 유대감을 갖게 된다. 무시하거나 힘겨루기에 빠지면 그들은 격분한다. 반면 들어주고 진지하게 받아들이면 그들은 순해진다. 이것은 도피하는 부분에게도 마찬가지다. 친밀함이나 헌신을 강요하려는 시도는 그들을 밀어낸다. 대인관계에서 거리를 통제하려는 그들의 필요를 수용하면 그들은 경계를 늦춘다.

모든 인간과 마찬가지로 모든 부분은 그들의 암묵기억과 동물방어가 겉으로 어떻게 드러나든지 수용과 조율을 원한다. 비록 어떤 엄마가 한 아이를 다른 아이보다 기질적으로 양육하기가 더 쉽다고 생각할 수 있지만, 그녀의 임무는 '쉬운' 아이와 '어려운' 아이 모두와 동일하게 애착유대를 구축하는 것이다. 획득된 안정애착을 통해 주어지는 내적인 안정감과 행복감을 경험하려면 투덜거리고 거리를 두는 도피하는 청소년 부분부터 사랑스럽고 순진무구한 애착을 원하는 부분, 항상 우울하고 절망적인 순응하는 부분, 침묵하고 겁먹고 얼어붙는 부분, '일절 타협하지 않는' 투쟁하는 부분까지 모든 부분을 포용해야 한다. 내담자가 모든 부분 각각에 대해 사랑할 점을 발견할 수 있을 때 내면세계의 변화가 시작된다. 치료자는 내담자에게 "어떻게 살아남았나요? 어떻게 한 거죠?"라고 질문하는 것을 훈련받지 못했듯이, "당신을 잠 못 들게 하는 부분, 당신이 먹지 못하게 하는 부분, 아무도 당신에게 가까이 다가오지 못하게 하는 부분에게서 어떤 점을 사랑할 수 있을까요?"라고 질문하는 훈련도 거의 받지 않는다.

연구자들에 따르면, 획득된 안정애착은 가장 흔히 배우자나 치료자와의 관계처럼 성인기의 건강하고 의미 있는 관계 형성을 통해, 또는 자녀를 양육하는 과정에서 얻을 수 있는 대리 애착 경험을 통해 형성된다. 이 목록에 추가하자면, 획득된 안정애착은 '자기들'과의 건강하고 세심한 관계를 통해서도 키울 수 있다. 구성요소는 똑같다. 상대방의 필요를 우선시하는 것, 환영과 수용을 전달하는 능력, 조율과 상호조절, 정서적 친밀감, 연민, 애정 어린 존재, 한쪽이 조절되지 않고 좌절하거나 압도된 상태일 때에도 다른 쪽과 연결되어 있다는 감각을 유지하는 능력이 필요하다. 우리가 이러한 역량을 우리 자신의 갓난아기에게 발휘하든지, 아니면 유아나 아동인 자기에게 발휘하든지 관계없이 그것들은 신경생물학적으로 영향을 끼친다.

유아의 애착에 초석이 되는 것은 앨런 쇼어2001가 '적응적인 투사적 동일시'라고 부르는 것이다. 이 용어는 조절 문제로 투사되는 유아의 고통이 부모 자신의 고통으로 경험되는 방식을 말한다. 유아가 울면 부모는 그 울음소리 때문에 조절이 잘 안 된다. 부모는 너무 불편해서, 회복시키려는 노력이 유아의 충족되지 않은 필요와 맞아떨

478

어져서 유아가 차분해지고 진정될 때까지 아기를 안아 올려서 달래고 위로하고 마음을 풀어주려고 동기화된다. 유아가 차분해지고 진정될 때에야 부모의 신경계가 차분해지고 진정된다. 이제 모든 게 잘 되었다. 둘 다 조절되고 진정되었다. 때때로 유아의 충족되지 못한 필요는 부모가 웃긴 표정을 짓고 소리 내어 유아의 웃음을 끌어냄으로써 부모 역시 기분이 고양되는 상향조절을 위한 것일 수 있다. 부모와 자녀는 상호호혜적인 기쁨을 공유하는데, 이것은 '조율의 축복' 외에 다른 말로 표현하기 어렵다.

어린아이의 울음소리 듣기

어린아이 부분들도 고통을 느끼며, 도움을 요청하기 위해 자신의 불편함을 '투사'한다. 한 개의 생물학적 신체에 두 사람의 체계가 존재하는 경우 섞임, 상호조절 장애를 통하지 않고는 어린아이 부분들이 전달하는 목소리를 듣기가 더욱 어렵다. 따라서 4장과 5장에서 설명한 기술을 연습하는 것이 치료에서 가장 중요하다. 치료실에서 이런 기술에 숙달하면, 정상적 삶의 자기는 어린아이의 울음소리를 '그녀' 또는 '그'가 속상해한다고 인식하면서 그 고통에서 분리되라는 신호로 들을 수 있다. 자신의 상태가 불편해서 호기심이 생긴 내담자는 너무나 불행한 이 어린아이 자기를 피하기보다는 관심을 갖는다. 호기심은 상호조절 장애와 고통을 조절하는 데 도움이 되며, 성인과 어린아이 간의 접촉을 유지해 그 부분의 감정을 무시하거나 부인하거나 그것과 다시 섞여버리는 습관적인 자기소외의 경향성에 이의를 제기한다.

그런 다음 정상적 삶의 자기는 작은 어린아이가 울 때 안정애착을 촉진하는 좋은 부모 역할을 배우고 어린아이의 고통스러운 상태를 회복하는 방법을 찾기 위해 실험을 한다. 회복의 성공 여부를 판가름하는 척도는 신체에 존재한다. 만약 회복이 성공적으로 이루어졌다면 작은 아이는 숨을 쉬고 심장박동이 느려지며 신경계가 진정되고 신체에 안도감이 생길 것이다. 만약 내담자가 그 안도한 상태를 "이제 제 기분이 나아졌어요"라는 말로 파악하는 것을 치료자가 방치하면 그 순간에 안정애착을 구축할 기회를 놓칠 것이다. 오직 그 어린아이와의 관계에서 '현재'에 머물러야만 내담자는 안정애착 경험을 일궈낼 수 있다. 고통을 진정시키거나 긍정적인 감정을 불러일으킨다고 해도, 이어서 성급하게 "좋아요, 다 됐어요. 이제 더 중요한 할 일이 있어요"라는 식으로는 어린아이 부분들의 회복탄력성이 자라지 않는다. 안정애착이 형성된 아이들이라 해도 부모가 '마음으로 품어주는' 것을 느낄 필요가 있다. 심지어 그들이 물리적으로 존재하지 않을 때도 말이다.

외상을 입은 내담자의 조각난 자기들을 치유하려면 치료자는 한 사람의 물리적인 몸 전체에 존재하는 부분들을 기꺼이 '보려고' 하고, 내담자가 고통을 '부분들의 것'으로 해석하도록 '끈질기게' 도울 수 있어야 하며, 부드럽고 강압적이지 않은 방식으로 상처 입은 아이들의 필요에 초점을 두도록 설득하는 데 능숙해야 한다. 아이들의 애착외상을 치료할 때처럼 치료자는 내담자가 '지금' 존재한다고 느껴지는 부분들의 회복을 위해 일관되게 개입하도록 도와야 하는데, 어떤 자극이 그 부분들의 암묵기억을 활성화시켜 '지금' 고통을 유발하고 있기 때문이다. 각각의 회복은 한때 뒤에 남겨졌던 부분을 되찾고 잃어버린 '영혼'을 '찾아내어' 더는 부인하거나 공포에 질려 회피하지 않는 것을 의미한다. 자기소외를 확실히 하기 위해 부분들이 취약한 부분들을 혐오하고 두려워할 필요가 없다. 취약성을 두려워할 필요가 없으며 보호를 위해 자신을 혐오할 필요도 없다. 차라리 내담자가 '어린아이의 기분이 더 나아졌다'는 신체적 징후를 알아차리고, '더 나아졌다'는 체감각을 공유하며, '더 나아졌다'는 공유된 즐거움을 그 어린아이에게 다시 전달하여 서로 간에 체감되는 안전감·친밀감·환영의 느낌이 계속해서 깊어지도록 하면 예기치 않은 보상이 따른다. 이완, 안전함 그리고 그 어린아이를 끌어안고 환영하며 내담자의 삶에 어린아이를 위한 자리를 마련해주는 '조율의 축복'이 생겨난다.

외상을 입은 내담자의 조각난 자기들을 치유하려면 긍정성을 지향하는 좌뇌와 관련된 정상적 삶의 자기가 '자기 것으로' 여기거나 '부인한' 우뇌와 관련된 부분들 모두의 친구가 되어주고, 그들의 나이·단계·두려움·강점에 대해 호기심을 가지며 그들과 관계를 맺는 법을 배우기만 하면 된다. 이 단계는 분명히 사소하고 위협적이지 않지만, 두 반구 사이의 의사소통과 협력을 키워감으로써 외상과 관련된 조건화된 학습에 도전한다. 우리의 부서진 곳과 조각난 부분의 치유는 마치 식물이 빛을 향해 자라듯 유기적인 과정으로 자연스럽게 일어난다. 필요한 것은 부분들을 '보고', 그들의 두려움과 감정을 듣고, 아직 연민을 품지는 못하더라도 호기심을 가지려는 열의뿐이다. 모든 부분과 전체 체계를 대변할 수 있는 치료자의 안내에 따라 부분들에 대한 정상적 삶을 살아가는 자기의 조건화된 회피에 도전한다. 마음챙김을 통한 이중인식은 자율신경계의 각성을 조절하고 서로 '보는' 것을 용이하게 하여 부분들을 부인하는 자동적인 경향성을 줄인다.

전쟁 중인 국가들이나 갈등을 겪는 가족처럼, 마주 앉는 것은 공통점을 끌어내며 서로를 '악마화'하는 것을 방지한다. 이중인식을 촉진하고, 감정에 이끌리는 부분들과 논리적으로 움직이는 정상적 삶을 살아가는 부분 사이의 첨예한 대립을 고치기로 결심하고, 양측을 협상 테이블에 앉을 가치와 자격이 있다고 보려 하며, 연민을 품고서 잘 조율하는 치료자와 함께라면 내가 아니라고 여기는 부분들에게 부드러워진다. 내담자와 치료자 모두 모든 부분이 전체의 생존을 지원해온 방식을 충분히 인식할 때, 여전히 발생하는 내적 투쟁이 어떻게 '그때의' 위협을 방어하려고 애쓰는 부분들을 반영할 뿐인지를 이해할 때 더욱 부드러워진다. 정원에 나무를 심고 가꾸는 것과 마찬가지로 내적 애착을 구축하는 데에는 인내와 반복, 치유가 정상적이고 자연스러우며 서두를 필요가 없다는 깊은 확신이 필요하다. 가장 상처 입은 생물이더라도 타고난 치유되려는 성향을 일깨우려면 그저 좋은 '토양'과 인내심 있고 연민 어린 '정원사'만 있으면 된다.

> 나는 여전히 내가 지내왔던 모든 나이에 머물러 있다. 나는 한때 어린아이였기 때문에 언제나 어린아이다. 나는 한때 청소년이었고 황홀감에 사로잡혀 있었기 때문에 이것들은 여전히 나의 일부이며 언제나 그럴 것이다. (…) 이것은 내가 특정 나이에 갇혀 있거나 에워싸여 있어야 한다는 의미가 아니라 (…) 그것들은 끌어내어지기 위해 내 안에 있다. 나의 과거는 현재를 만드는 것의 일부이며 (…) 부인되거나 거부되어서는 안 된다.
>
> 메들렌 렝글 L' Engle, 1972, pp. 199~200

부록

부록 A. '분리'를 위한 5단계

우리가 무언가에 의해 촉발되어 외상을 입은 부분들이 활성화되면 부분들은 강렬하면서도 압도적인 감정과 '우리' 또는 우리가 되고자 하는 것과 다른 방식으로 행동하거나 반응하려는 충동으로 신체를 뒤덮어버린다. 이러한 경험을 '섞임'이라고 부른다. 우리의 성인 자기를 다시 찾으려면 '내가 여기 있고' '그(그녀) 역시 여기에 있다'라는 체감각을 느낄 때까지 부분들의 강렬한 반응으로부터 떨어지기 위해 마음챙김을 통해 '분리'될 필요가 있다. 분리를 위한 5단계는 다음과 같다.

1. 속상하거나 압도적인 감정과 생각 모두를 부분들과의 의사소통으로 간주하고, 정말 그런지 확신하지 못하더라도 그렇게 가정하려고 노력하라.

2. 감정과 생각을 '그(들)의' 반응으로 표현하라. "그(들)가 속상해해요." "그(들)가 힘든 시간을 보내고 있어요." "그(들)가 압도당했어요." '부분(들)'의 감정에 관해 말하면서 그들을 대변할 때 어떤 일이 일어나는지 살펴보라.

3. 부분들의 감정을 덜 강렬하게 느끼고 당신 자신도 느낄 수 있을 정도로 그들과 조금 더 거리를 둬라. 자세를 바꾸거나 척추를 늘리거나 몸의 중심에 힘을 주거나 편안히 앉는다. 그러고 나서 "그들이 _____을(를) 느끼고 있어요"라는 말을 반복한다.

4. 속상해하는 부분을 대화로 안심시키려 할 때 당신의 현명한 성인의 마음, 곧 연민 어린 친구이거나 체계적인 전문가 부분을 활용하라. 그 부분들이 두려워하거나, 압도되었거나, 수치스러워하거나, 슬퍼한다는 점을 인정해줘라. 만약 당신의 동료, 내담자, 친구가 두려워한다면 당신은 어떻게 반응하겠는가? 그들에게 뭐라고 말해주겠는가? 그들이 두려움을 덜 느끼려면 당신이 어떻게 해야 하는지 물어보라.

5. 부분들의 피드백과 의견을 들어라. 당신이 하는 일이 조금이라도 도움이 되는가? 바로 이 순간 조금이라도 덜 외롭고, 덜 두렵고, 화를 누그러뜨리기 위해 그들에게 필요한 것은 무엇인가? 당신이 경청하고 관심을 보일 때 그들이 좋아하는가? 그들과 연락하며 그들이 곤경에 처했다는 것을 기억하기 위해 더 많이 노력하고 보호해주겠다고 약속하라.

이 기법의 성공 여부는 일관성과 반복, 그리고 이 기법이 잘 먹히지 않을 때에도 계속 사용하겠다는 의지에 달렸다.

부록 B. 부분들을 위한 명상모임

이 기법은 여러가지 면에서 도움이 된다. 매일 (또는 거의 매일) 마음챙김 명상을 하면 외상을 입은 신경계 치료에 효과가 좋다. 당신의 정상적 삶을 살아가는 부분을 방해하거나 불안정하게 만들 수 있는 부분들에 대한 내적 인식을 촉진하고 자기 자신과 외상을 입은 부분들을 향한 연민을 길러준다.

이 기법에 필요한 것은 당신이 느끼는 어떠한 고통이나 외로움, 수치심, 압도됨, 위협 모두 해리된 어린아이 부분들과의 의사소통이라는 점을 기꺼이 신뢰하는 것이다. 그들이 촉발되거나 감정에 압도될 때까지 기다리는 대신, 명상모임을 연습하는 것은 내적 대화를 끌어내고, 신뢰를 구축하며, 누군가가 돌보고 문제가 악화되는 것을 막아준다고 부분들을 안심시키는 데 도움이 된다.

하루 한 번, 되도록 매일 같은 시간에 앉아 있기 편한 조용한 장소를 찾아라. 긴장을 풀고, 눈을 감고, 심호흡을 한 다음 내면을 향해 얘기하라. 예를 들면 "나의 모든 부분이 명상모임에 들어오기를 요청합니다. 이 모임은 여러분을 비난하거나 판단하거나 통제하기 위한 것이 아닙니다. 나는 여러분을 알고 싶습니다. 나는 여러분이 언제 힘든지를 알고 싶습니다. 나는 여러분을 괴롭히는 것이 무엇인지 알아서 여러분을 더 잘 도울 수 있는 법을 배우고 싶습니다." 그런 다음 잠시 멈춘 뒤 명상모임을 시각화하고, 부분들에게 환영의 뜻을 전하고, 천천히 합류하는 아이들과 10대들에게 호기심을 갖는다. 천천히 모여드는 부분들을 알아보겠는가? 누가 등장하는지, 그들이 몸짓과 표정으로 자신이 누구인지를 어떻게 전달하는지를 보며 놀랐는가?

많은 사람이 예상보다 부분들이 많고, 고통과 취약성이 명확하며, 연령대가 다양한 것을 보고 놀란다. 나이, 표정, 옷차림, 몸짓 등 당신이 알아차리는 모든 것이 그들에 대해 더 많은 것을 말해줄 것이라고 간주하라. 당신이 할 일은 그들을 환영하고 그들이 필요로 하고 희망하거나 두려워하는 것이 무엇인지에 대해 호기심을 갖는 것이다.

때로는 선명한 이미지가 없이 그저 부분들이 당신에게 합류하는 느낌만 있거나, 아무도 나타나지 않기도 한다. 그래도 문제가 되지 않는다. 당신은 여전히 그들과 그들이 견뎌온 것을 인정해줄 수 있다. "여러분 중 일부 또는 모두가 이것을 믿지 않으리라고 생각합니다. 아마 여러분은 이것이 함정이라거나 여러분의 경계태세를 늦추려는 것이라 여겨 걱정할지도 모릅니다."

일단 부분들이 모임에 합류한다는 이미지가 보이거나 느낌이 든다면, 그들이 무엇을 걱정하는지 당신에게 말해달라고 요청하라. 그들의 걱정과 관련해 당신이 알기를 원하는 것이 있는가?

잘 경청하는 사람이 되려고 노력하라. 부분들이 자신에 대해 말하는 것을 정말로 '이해하려고' 노력하라. 그들의 두려움과 감정을 진지하게 받아들여라. 만약 당신이 곁에 있지 않아 그들이 버려진 느낌이 들었거나 상처받았다고 표현하고 그들의 지각이 일부 사실이라고 인식된다면, 그것을 '인정'하라. 책임을 지려고 노력하라. "내

가 곁에 있어야 했어. 너희가 왜 힘들었는지 알 것 같아."'기회균등'
을 환영하는 사람이 돼라. 비록 당신이 특정 부분의 수치심·취약성
·분노에 염증을 느낀다 하더라도, 부분들이 표현하는 모든 감정과
신념을 외상을 입은 어린아이라면 누구나 가질 수 있는 자연스럽고
정상적인 것으로 수용하려고 노력하라.

할 수 있는 한 부분들의 두려움과 절망을 누그러뜨리는 데 필요한
지지와 타당화를 생각해내라. "사람들이 화를 내는 것이 얼마나 너
희를 두렵게 하는지 기억할게. 내가 앞에 서 있을 테니까 누가 너희
를 비난할까 봐 걱정하지 않아도 돼.""아마도 너희가 나쁜 일을 조
심하도록 내가 도울 수 있을 거야. 너를 _____로부터 지켜주겠
다고 약속할게.""너희는 오랫동안 혼자였잖아. 난 그걸 잊지 않을
거야." 오늘 또는 바로 지금에 집중하려고 노력하라. "바로 지금, 바
로 여기에 주목해봐. 내가 여기 있을 것이고, 절대로 떠나지 않을 거
야." 외상을 입은 아이들은 많은 두려움을 안고 있으므로 그 모두를
한꺼번에 끄집어내거나 한 번에 해결하려고 노력하는 것은 그들에
게 도움이 되지 않는다. 마찬가지로 어떤 부분들이 처음에 당신을
신뢰하지 않거나 당신의 말을 듣기를 주저하거나 심지어 화를 내는
것은 자연스러운 일이다. 당신은 그들에게 이렇게 말해줄 수 있다.
"우리는 매일 만날 거야. 그리고 너희의 걱정에 대해, 너희를 돕고
이해하기 위해, 그리고 함께하기 위해 내가 매일 무엇을 할 것인지
더 많이 말해줄 거야. 시간이 지나면 나를 믿을 수 있을 거야. 시간은
충분하니까 서두를 필요 없어."

부록 C. 내적 대화법

1단계 지금 이 순간 당신을 고통스럽게 하는 생각과 감정에 초점을 맞추고 그것을 어느 한 부분이 지닌 것으로 간주하라. 잠시 그 부분에 집중하고, 그것에 대해 무엇을 알아차리는지 살펴보라. 그 부분은 바로 지금 당신이 경험하고 있는 생각, 감정, 신념, 직감적 반응을 통해 당신에게 말하고 있다. 어떤 부분이 이런 식으로 느끼고 생각하는가? 매우 작은 아이인가? 보통 크기의 아이인가? 10대인가? 당신이 곁에 있다는 것을 알림으로써 그 부분과 연결돼라.

2단계 만약 당신이 그 부분과 너무 섞여서 대화할 수 없다고 느낀다면, 그 부분에게 '가만히 있어달라'거나 '조금 긴장을 풀어달라'고 요청하여 부분을 위한 공간을 조금 더 만들고, 이 부분이 말하고자 하는 것을 경청하기 위해 성인인 당신을 위한 공간도 만들어라. 이 단계는 당신이 너무 '섞여' 있거나 혼란스럽거나 압도되는 느낌이 들 때마다 반복할 수 있다. 혼란, 압도됨, 불안은 언제나 부분들이 혼란스럽거나 압도되었거나 불안하다는 것을 의미한다. 부분들은 자신의 감정을 전달함으로써 당신에게 말하고 있다. 당신이 우울, 수치심, 분노, 자기비난을 느낄 때도 마찬가지다. 수치스러워하는, 우울한, 화난, 판단하는 부분들이 튀어나오면 언제든지 1단계를 반복하라.

3단계 호기심을 가져라. 그녀 또는 그가 무엇을 걱정하는지 그 부분에게 물어보라. 전제는 부분들이 촉발되어 과거와 관련된 두려움을 경험하기 때문에 그 부분들이 활성화된다는 것이다. 아이들은 사람들이 자신의 걱정을 들어주고 진지하게 받아들인다는 것을 알 필요가 있다. 그러지 않으면 그들은 안전하다고 느끼지 못한다. 이해가 되지 않더라도 떠오르는 말을 잘 경청하고 그 말을 다시 그 부분에게 반영해줘라. "네가 정말로 무가치하고 사랑스럽지 않다고 느끼는 것 같아." 꼭 이렇게 물어보라. "이게 맞아? 내가 제대로 알아들었니?" 이렇게 하면 당신이 정말로 경청하고 연결되어 도우려고 노력한다는 사실을 부분들이 알게 된다. 때때로 부분들은 성인의 현재 삶에서 자기들이 있을 자리가 없을 거라고 걱정하기도 하는데, 2단계가 효과적이려면 이러한 두려움을 없애줘야 한다. 때때로 당신에게 매우 어린 부분들이 있다면, 그들은 말이 아니라 감정이나 신체감각을 통해 이야기한다. 예를 들어 당신이 "내가 친구의 생일 축하 파티에 간다면 무엇이 걱정되니?"라고 물었는데 언어적인 반응이 아니라 두려움이나 수치심과 같은 신체적인 반응이 나타날 수 있다. 이러한 감정이나 긴장을 의사소통으로 간주하고 그것을 반영해줘라. "사람들이 너를 볼까 봐 두려워하는 것 같은데, 맞아?"

4단계 밑바탕에 존재하는 두려움을 탐색하라. 일반적으로 밑바탕에 깔린 두려움은 '현재의 촉발자극에 투사된 나쁜 일이 일어날 것이다'라는 주제와 관련된 것이다. 종종 핵심 두려움에 도달하기 위해서는 여러 수준의 두려움을 탐색해야 한다. 해당 부분에게 다시 질문하라.

"뭐가 걱정되는 거니?" 분노, 슬픔, 수치심, 죄책감, 두려움 등 어떤 감정이나 말이 떠오르더라도 이 부분은 그 감정이 편하지 않고 무언가를 걱정하고 있다고 상정하라.

그런 다음, 다음 수준의 두려움을 알길 원한다면 "만약 실제로 그렇게 된다면 무엇이 걱정되니?"라고 질문하라. 질문은 되도록 구체적이어야 하며 해당 부분이 표현한 두려움과(비록 그 두려움이 이치에 맞지 않더라도) 연관된 것이어야 한다. 대답은 '안전'에 대한 것이며, 이어지는 질문이 필요할 때가 많다. "만약 이런 일이 일어난다면 그(그녀)가 어떻게 안전하지 않게 되니?"

핵심 두려움에 도달하려면 보통 이런 흐름의 질문이 2~4개 필요하며, 일반적으로 핵심 두려움은 어떤 식으로든 트라우마와 관련되어 있다. "혼자가 될 거야." "갇힐 거야." "너무 힘들어서 만신창이가 될 거야."

5단계 타당화·지원·위로·보살핌·안심·보호와 같이 부분들이 당시에 받지 못했던 것과 관련해서 성인 자기가 그 부분에게 직접 제공할 수 있는 교정_경험으로 무엇이 있을지 파악하라. 두려움이 현 시점에서 발생하기 때문에 부분들은 이러한 두려움이 지금 이 순간과 관련된다고 느끼겠지만 실제로는 오래전에 생겨난 것이다. 이러한 두려움은, 당신이 어린아이였을 때와 달리 강점과 자원을 가진 성인이며 대부분의 시간 동안 당신의 통제하에 안전하다는 사실을 모르는 어린아이 부분들이 지닌 것이다. 걱정하는 부분에게 "네가 _____을 그렇게나 두려워하지 않으려면, 바로 지금, 바로 여기서 내가 무엇을 해주면 좋겠니?"라고 물어보라. 대개 그 부분의 대답은 다음과 같을 것이다. "성인인 네가 나와 함께 있고 나처럼 무서워하지 않는다는 것을 느껴야 해."

6단계 오늘날 성인인 당신이 과거의 당신이었던 어린아이를 위해 어떻게 교정 경험을 제공할 수 있을지에 초점을 둬라. 어린아이 부분들은 성인마저도 겁을 먹거나 압도되면 정말 위험할 것이고, 따라서 자신을 도와줄 사람이 아무도 없을 것이라고 두려워할 수 있다. 나는 내담자들에게 성인은 실제적인 위험만을 걱정할 뿐 과거의 위험이 정확히 똑같은 방식으로 일어날 것을 두려워하지는 않는다고 강조한다. 성인은 어린아이 부분들에게 바로 지금 너희들이 혼자가 아니며 너희와 함께 있다고 안심시켜줄 수 있다. 또는 어떠한 나쁜 일도 일어나고 있지 않으며, 그들이 당시에 그것이 얼마나 무서웠는지를 기억할 뿐이라고 말하며 부분들을 안심시킨다. 만약 말로 몸이나 감정이 진정되지 않는다면, 안전하다는 것을 전달하기 위해 몸을 활용해볼 수 있다. 가령 가슴이나 배처럼 불안이 느껴지는 신체 부위에 손을 올리거나, 등의 중앙에서 위쪽으로 부드럽게 스트레칭하여 척추를 늘리거나, 당신이 얼마나 크고 힘이 센지를 보여주기 위해 일어나 주변을 걸어볼 수도 있다. 또 그 부분과 함께 있는 것을 상상해서 안심시킬 수도 있다. 그 부분이 두려워하고 있다면 당신은 어떻게 해주고 싶은가? 손을 잡아주고 싶은가? 데려가고 싶은가? 그 장소에서 벗어나게 해주고 싶은가?

7단계 연습하라! 이러한 기술을 더 많이 연습할수록 위기에서 회복되고 벗어나기가 더 쉬워진다. 모든 위기는 어떤 부분이 촉발되어 두려움, 수치심, 분노로 반응하는 데서 비롯된다는 것을 기억하라.

　이제부터 당신이 부분들의 말을 경청하고, 그들의 두려움을 진지하게 받아들이며, 연민을 품고, 그들과 연결되어 그들이 기다려왔던 보호와 지원을 제공하려고 노력하겠다는 진실한 약속을 전달하는 것이 핵심이다.

부록 D. 내적 애착 복구를 위한 치료 패러다임

이 패러다임의 전제는 해리장애, 해리의 특징을 보이는 경계선성격 장애, 구조적으로 해리된 복합 PTSD 내담자 모두 부분들이 정상적 삶을 살아가는 자기의 의식을 침범하기 때문에 치료받으러 온다는 것이다. 내담자가 치료자에게 호소하는 문제는 어떤 식으로든 외상 과 관련된 암묵기억을 지닌 부분의 활성화를 나타낸다. 우울증은 상 실감으로 인해 우울한 내면의 어린아이가 촉발되었다는 신호일 수 있다. 불안은 아이를 낳으면서 암묵기억이 활성화되어 불안해하는 부분의 의사소통일 수 있다. 관계의 어려움은 신뢰와 불신, 친밀감 과 거리두기와 관련한 부분들 간의 갈등을 나타내는 것일 수 있다.

내담자가 호소하는 문제의 밑바탕에 존재하는 암묵기억이 무엇 이든, 치료는 부분들이 오랜 세월 기다려왔던 권위자의 도움을 약속 하는 것이기 때문에 부분들을 더욱 활성화하는 경향이 있다. 치료는 본질상 공개하려는 충동을 불러일으킬 뿐 아니라 절차적으로 학습 된 비밀을 악화시킬 것이다. 치료는 신뢰하고 연결되려는 갈망을 자 극하지만 동시에 주저하고 과경계하도록 만들기도 한다. 치료자와 의 친밀함과 '마음을 터놓도록' 초대하는 것은 암묵기억을 촉발하 며, 분리나 거리감 역시 암묵기억을 촉발한다.

치료자의 임무는 양측 모두에게 '발언권'을 주는 것이다.

1. 각 회기에서 내담자가 그날의 주호소 문제나 고통을 안고 도착하면, 치료자의 임무는 우선 그 고통을 부분과 결부시키는 것이다. 다시 말해 내담자가 많이 불안해한다면 치료자는 불안을 어린아이 부분의 초조함이나 두려움으로 재구성하고 '내담자'에게 공감하기보다는 그 부분에게 공감을 표현한다. 내담자의 감정을 경청하는 데 약간의 시간을 할애하는 것이 중요할 수 있지만, 내담자가 자기 자신에 대해 절차적으로 학습한 '이야기'를 강화하지 않고 고통을 겪는 부분에 대해 마음챙김의 태도를 취하며 호기심을 갖도록 돕는 것이 중요하다.

2. '당신'이 내담자의 성인 자기를 가리키고 '그' 또는 '그녀'가 부분을 나타내도록 대명사를 바꾼다. "맞아요, 그녀가 정말로 무서워하는군요, 그렇죠? 그녀를 촉발한 것이 무엇인지 당신은 아세요? 아니면 그냥 일어났더니 그녀가 이 상태이던가요?"

3. 고통 중에 있는 부분에 대한 호기심을 불러일으켜라. 그 부분은 매우 어린가? 그의 감정이 낯익은가? 내담자의 삶에서 일어나는 어떤 일이 그 부분에게 이러한 감정을 유발했겠는가? (해당 부분을 어린 시절의 이력이나 외상의 맥락에 두려는 시도가 전혀 없다는 점에 주목하라. 내담자의 일상생활이라는 맥락에서 그 부분이 지금 경험하는 것, 그리고 정상적 삶의 자기와 그 부분 간의 관계에 초점을 둔다.)

4. 성인뿐 아니라 어린아이, 10대, 사춘기의 아동 등 그 부분의 나이에 맞는 언어와 어조를 사용한다.

5. 취약성에 주의를 기울임으로써 다른 부분들이 촉발될 가능성에 대비한다. 가령 부분의 언어를 사용하는 것에 의문을 품는 회의적인 부분, 무시당한다고 느끼는 화난 부분, 입을 다물고 '폐쇄되는' 부분들이 촉발될 것에 대비할 필요가 있다.

6. 취약한 부분과의 대화나 취약한 부분에 관한 대화를 방해하는 부분들을 알아차리고 이름을 붙인다. "흥미롭군요. 제가 잘난 척한다고 생각하는 부분이 있네요. 그렇죠? 제 말이나 말투의 어떤 점에서 그렇게 느꼈는지 궁금하네요." "지금 우리가 하는 것에 대해 회의적인 부분이 의심스러워한다는 점을 알고 있답니다. 중요한 문제네요." "이 부분들이 불안해하는 부분을 보호하려고 얼마나 애쓰는지 아셔야 해요. 그들은 우리가 너무 가까이 다가가는 것을 원하지 않는군요."

7. 모든 부분을 위하는 목소리나 대변인이 돼라. "여기서는 모든 부분을 환영한다는 것을 기억하세요." "얘가 어린아이라는 점을 명심하기 바랍니다. 그렇게 속상해하는 것이 당연하지요."

8. 내담자가 (부분의 언어를 사용하든 아니든 관계없이) 감정이나 생각을 표현하거나 신체적인 반응, 이미지(심상), 충동을 설명할 때 이 모든 정보가 부분들의 의사소통에서 비롯되었을 수 있다는 점을 계속 상기시켜라. "만약 이 신념·감정·충동·이미지가 부분

들이 전달하는 것이라면, 그 부분은 당신에게 무엇을 말하려는 걸까요?"

9. 그런 뒤 내담자가 "그것이 맞니? 정말 그러니?"라고 자문해서 부분들에게 확인받게 하라. 대답이 '아니요'라면, 내담자가 부분을 초청하여 '예'라는 대답을 들을 때까지 표현을 수정하게 한다.

10. 내담자에게 내면을 향해 "이렇게 느끼는 게 피곤하지 않니?" 또는 "과거에 머물러 있는 게 지겹지 않니?"라고 묻도록 한다.

11. 만약 '그래'라고 대답한다면, 모든 개입의 초점은 부분들을 돕는 데 맞춰져야 한다. 종종, 특히 내담자가 입을 다물거나 말하기를 거절할 때, 우리의 개입은 신체의 통제권을 성인이 다시 갖도록 하는 데 맞춰진다. 하지만 그러한 접근은 환영받지 못하는 부분에게 부정적인 메시지를 전달한다. 따라서 그라운딩(신체에너지가 지면을 향하게 하여 다리와 발바닥을 인식하고 신체 기반의 지지 경험을 증진시키는 기법. 현재에 머무는 힘과 안정감을 증진시킨다 – 옮긴이) 같은 기법이 부분들에게 도움이 될 것이다.

12. 각각의 개입을 시도한 뒤에는 내담자가 부분들에게 확인받도록 요청한다. "그게 도움이 되니?" "이렇게 하니까 기분이 더 나아졌니, 아니면 나빠졌니?" 답변이 긍정적이라면 이 개입을 반복하거나 그 부분의 감정을 인정해준다. "그래, 나도 기분이 좋아. 네 손을 잡는 게 좋아." "난 널 보호해주고 싶어."

부록 E. 해리 경험 기록지

시간/날짜	
내가 가진 생각	
내가 느낀 감정	
나는 어떻게 행동하는가?	
내 몸에서 무슨 일이 일어나는가?	
내가 나이가 더 많은가, 더 어린가?	
이것은 내가 지금 어떤 부분의 상태라고 말해주는가?	

부록 F. 친구가 되어주는 네 가지 질문

1단계 내담자에게 고통 중에 있는 부분을 식별하도록 요청한다. 그런 다음 "이 우울한 부분에게 당신이 _____한다면 무엇이 걱정되는지 물어보세요"라며 내담자와의 대화를 시작한다. (예를 들어 파티에 간다거나 '아니요'라고 말하는 것, 화를 내거나 상사에게 맞서는 것 등이 괄호에 들어갈 수 있다.)

2단계 "만약 그녀가 걱정하는 것이 (그 부분이 말한 것을 그대로 반복한다.) 실제로 일어난다면, 그다음에 어떤 일이 일어날 것이라고 걱정하는지 그녀에게 물어보세요."

3단계 "그녀에게 물어보세요. 이러한 걱정이 (그 부분이 말한 것을 그대로 반복한다.) 실제로 일어난다면, 그다음에 어떤 일이 일어날 것이라고 걱정하나요?" 핵심 두려움에 도달하기까지 3단계를 반복한다. 일반적으로 소멸이나 유기에 대한 두려움이 드러난다.

4단계 "그녀의 두려움을 반영함으로써 인정해주고, 그다음 '그녀가 _____을 두려워하지 않기 위해서 바로 지금, 바로 여기서 당신에게 원하는 것이 무엇인지' 그 부분에게 물어보세요."'바로 지금, 바로 여기'가 가장 중요한 단어다. 부분을 위해 내담자가 해줄 수 있는 것, 다시 말해 그 부분이 내담자에게 원하는 것은 치료자의 적절한 지도를 통해 정상적 삶의 부분이 충족시켜줄 수 있도록 충분히 작으면서 구체적인 것이어야 한다.

참고문헌

들어가며

Bromberg, P. (2011). *The shadow of the tsunami and the growth of the relational mind*. New York: Taylor & Francis.

Gazzaniga, M. S. (1985). *The social brain: discovering the networks of the mind*. New York: Basic Books.

Hanson, R. (2014). *Hardwiring happiness: the new brain science of contentment, calm, and confidence*. New York: Harmony Publications.

Herman, J. L. (1992) *Trauma and recovery*. New York: Basic Books.

Ogden, P. & Fisher, J. (2015). *Sensorimotor psychotherapy: interventions for trauma and attachment*. New York: W.W. Norton.

Ogden, P., Minton, K. & Pain, C. (2006). *Trauma and the body: a sensorimotor approach to psychotherapy*. New York: W.W. Norton.

Pollack, S.M., Padulla, T., & Seigel, R.D. (2014). *Sitting together: essential skills for mindfulness-based psychotherapy*. New York: Guilford Press.

Porges, S.W. (2011). *The Polyvagal theory: neurophysiological foundations of emotions, attachment, communication, and self-regulation*. New York: W.W. Norton.

Schwartz, R. (1995). *Internal family systems therapy*. New York: Guilford Press.

Schwartz, R. (2001). *Introduction to the internal family systems model*. Oak Park, IL: Trailhead Publications.

Siegel, D.J. (1999). *The developing mind: toward a neurobiology of interpersonal experience*. New York: Guilford Press.

Siegel, D. J. (2010). *The neurobiology of 'we.'* Keynote address, Psychotherapy Networker Symposium, Washington, D.C., March 2010.

Van der Hart, O., Nijenhuis, E.R.S., & Steele, K. (2006). *The haunted self: structural dissociation and the treatment of chronic traumatization*. New York: W.W. Norton.

Van der Hart, O., Nijenhuis, E.R.S., Steele, K., & Brown, D. (2004). Trauma-related dissociation: conceptual clarity lost and found. *Australian and New Zealand Journal of Psychiatry*, 38, 906 – 914.

Van der Hart, O., van Dijke, A., van Son, M., and Steele, K. (2000). Somatoform dissociation in traumatized World War I combat soldiers: a neglected clinical heritage. *Journal of Trauma and Dissociation*, 1(4), 33 – 66.

Van der Kolk, B.A. (2014). *The body keeps the score: brain, mind and body in the healing of trauma*. New York: Viking Press.

1장

Brand, B.L., Sar, V., Stavropoulos, P., Kruger, C., Korzekwa, M., Martinez-Taboas, A., & Middleton, W. (2016). Separating fact from fiction: an empirical examination of six myths about dissociative identity disorder. *Harvard Review of Psychiatry*, 24(4), 257 – 270.

Cozolino, L. (2002). *The neuroscience of psychotherapy: building and rebuilding the human brain*. New York: W.W. Norton.

Gazzaniga, M. S. (1985). *The social brain: discovering the networks of the mind*. New York: Harper-Collins.

Gazzaniga, M. S. (2015). *Tales from both sides of the brain: a life of neuroscience*. New York: Harper-Collins.

Herman, J. L. (1992) *Trauma and recovery*. New York: Basic Books.

Liotti, G. (1999). Disorganization of attachment as a model for understanding dissociative psychopathology. In J. Solomon and C. George (Eds.). *Attachment disorganization*. New York: Guilford Press.

Lyons-Ruth, K. et al. (2006). From infant attachment disorganization to adult dissociation: relational adaptations or traumatic experiences? *Psychiatric Clinics of North America*, 29(1).

Ogden, P., Minton, K., & Pain, C. (2006). *Trauma and the body: a sensorimotor approach to psychotherapy*. New York: W.W. Norton.

Panksepp J. (1998). *Affective neuroscience: the foundations of human and animal emotions*. New York: Oxford University Press.

Putnam, F.W. (1989). *Diagnosis and treatment of multiple personality disorder*. New York: Guilford Press.

Schore, A.N. (2001). The effects of early relational trauma on right brain development, affect regulation, and infant mental health. *Infant Mental Health Journal*, 22,

201 – 269.

Schore, A.N. (2010). Relational trauma and the developing right brain: the neurobiology of broken attachment bonds. In T. Bardon, *Relational trauma in infancy: psychoanalytic, attachment and neuropsychological contributions to parentinfant attachment.* London: Routledge.

Schwartz, R. (1995). *Internal family systems therapy.* New York: Guilford Press.

Schwartz, R. (2001). *Introduction to the internal family systems model.* Oak Park, IL: Trailhead Publications.

Siegel, D. J. (2010). *The neurobiology of 'we.'* Keynote address, Psychotherapy Networker Symposium, Washington, D.C.

Solomon, J. & George, C. (1999). *Attachment disorganization.* New York: Guilford Press.

Solomon, M.F. & Siegel, D.J., Eds. (2003). *Healing trauma: attachment, mind, body and brain.* New York: W.W. Norton.

Teicher, M.H. et al. (2004). Childhood neglect is associated with reduced corpus callosum area. *Biological Psychiatry,* 56(2), 80 – 85.

Van der Hart, O., Nijenhuis, E.R.S., Steele, K., & Brown, D. (2004). Trauma-related dissociation: conceptual clarity lost and found. *Australian and New Zealand Journal of Psychiatry,* 38, 906 – 914.

Van der Hart, O., Nijenhuis, E.R.S., & Steele, K. (2006). *The haunted self: structural dissociation and the treatment of chronic traumatization.* New York: W. W. Norton.

Van der Kolk, B. A. (2006). Clinical implications of neuroscience research in PTSD. *Annals NY Academy of Sciences,* 1 – 17.

Van der Kolk, B.A. (2014). *The body keeps the score: brain, mind and body in the healing of trauma.* New York: Viking Press.

2장

Gazzaniga, M. S. (2015). *Tales from both sides of the brain: a life of neuroscience.* New York: Harper-Collins.

Grigsby, J. & Stevens, D. (2000). *Neurodynamics of personality.* 1st Edition. New York: Guilford Press.

Hanson, R. (2014). *Hardwiring happiness: the new brain science of contentment, calm, and confidence.* New York: Harmony Publications.

Meichenbaum, D. (2012). *Roadmap to resilience: a guide for military, trauma victims and their families.* Clearwater, FL: Institute Press.

Ogden, P., Minton, K. & Pain, C. (2006). *Trauma and the body: a sensorimotor approach to psychotherapy.* New York: W.W. Norton.

Porges S. W. (2011). *The Polyvagal theory: neurophysiological foundations of emotions, attachment, communication, and self-regulation.* New York: W.W. Norton.

Rothschild, B. (in press). *The body remembers, volume 2: revolutionizing trauma treatment.* New York: W.W. Norton.

Saakvitne, K.W., Gamble, S.J., Pearlman, L.A., & Lev, B.T. (2000) *Risking connection: a training curriculum for work with survivors of childhood abuse.* Baltimore, MD: Sidran Institute Press.

Siegel, D.J. (1999). *The developing mind: toward a neurobiology of interpersonal experience.* New York: Guilford Press.

Siegel, D. J. (2010). *The neurobiology of 'we.'* Keynote address, Psychotherapy Networker Symposium, Washington, D.C.

Van der Kolk, B. A. (1994). The body keeps the score: memory & the evolving psychobiology of post-traumatic stress. *Harvard Review of Psychiatry,* 1(5), 253-265.

Van der Kolk, B.A. (2014). *The body keeps the score: brain, mind and body in the healing of trauma.* New York: Viking Press.

Van der Kolk, B.A., Hopper, J., & Osterman, J. (2001). Exploring the nature of traumatic memory: combining clinical knowledge with laboratory methods. *Journal of Aggression, Maltreatment & Trauma,* 4(2), 9-31.

Van der Kolk, B. A., van der Hart, O., & Burbridge, J. (1995). Approaches to the treatment of PTSD. In S. Hobfoll & M. de Vries (Eds.), *Extreme stress and communities: impact and intervention.* NATO Asi Series. Series D, Behavioural and Social Sciences, Vol 80. Norwell, MA: Kluwer Academic.

3장

Chodron, P. (2008). *The pocket Pema Chodron.* Boston: Shambhala Publications.

Damasio, A. (1999). *The feeling of what happens: body and emotion in the making of consciousness.* New York: Harcourt, Brace.

Davis, D. M. & Hayes, J. A. (2011). What are the benefits of mindfulness? A practice review of psychotherapy-related research. *Psychotherapy,* 48(2), 198-208.

Diamond, S., Balvin, R., & Diamond, F. (1963). *Inhibition and choice.* New York: Harper and Row.

Hanson, R. (2014). *Hardwiring happiness: the new brain science of contentment, calm, and confidence.* New York: Harmony Publications.

Herman, J. L. (1992) *Trauma and recovery*. New York: Basic Books.

Liotti, G. (2004). Attachment, trauma and disorganized attachment: three strands of a single braid. *Psychotherapy: Theory, Research, Practice, Training*, 41, 472−486.

Lyons−Ruth, K. et al. (2006). From infant attachment disorganization to adult dissociation: relational adaptations or traumatic experiences? *Psychiatric Clinics of North America*, 29(1).

Meichenbaum, D. (2012). *Roadmap to resilience: a guide for military, trauma victims and their families*. Clearwater, FL: Institute Press.

Ogden, P. & Fisher, J. (2015). *Sensorimotor Psychotherapy: interventions for trauma and attachment*. New York: W.W. Norton.

Ogden, P., Minton, K., & Pain, C. (2006). *Trauma and the body: a sensorimotor approach to psychotherapy*. New York: W.W. Norton.

Rothschild, B. (in press). *The body remembers. Volume II: revolutionizing trauma treatment*. New York: W.W. Norton.

Schwartz, R. (2001). *Introduction to the internal family systems model*. Oak Park, IL: Trailheads Publications.

Siegel, D.J. (1999). *The developing mind: toward a neurobiology of interpersonal experience*. New York: Guilford Press.

Siegel, D. J. (2010). *The neurobiology of 'we.'* Keynote address, Psychotherapy Networker Symposium, Washington, D.C.

Van der Hart, O., Nijenhuis, E.R.S., & Steele, K. (2006). *The haunted self: structural dissociation and the treatment of chronic traumatization*. New York: W.W. Norton.

Van der Kolk, B.A. (2014). *The body keeps the score: brain, mind and body in the healing of trauma*. New York: Viking Press.

Van der Kolk, B.A. & Fisler, R. (1995). Dissociation and the fragmentary nature of traumatic memories: overview & exploratory study. *Journal of Traumatic Stress*, 8(4), 505−525.

4장

Bromberg, P. (2011). *The shadow of the tsunami and the growth of the relational mind*. New York: Taylor & Francis.

Cozolino, L. (2002). *The neuroscience of psychotherapy: building and rebuilding the human brain*. New York: W.W. Norton.

Jimenez, J. R. "I am not I." *Lorca and Jimenez*. R. Bly, Ed. Boston: Beacon Press, 1967.

Karadag, F., Sar, V., Tamar−Gurol, D., Evren, C., Karagoz, M., & Erkiran, M. J. (2005).

Dissociative disorders among inpatients with drug or alcohol dependency. *Clinical Psychiatry*, 66(10), 1247 – 1253.

Korzekwa, M., Dell, P.F., & Pain, C. (2009a). Dissociation and borderline personality: an update for clinicians. *Current Psychiatry Reports*, 11, 82 – 88.

Korzekwa, M., Dell, P.F., Links, P.S., Thabane, L., & Fougere, P. (2009b). Dissociation in borderline personality disorder: a detailed look. *Journal of Trauma and Dissociation*, 10(3), 346 – 367.

Langer, L. L. (1991). *Holocaust testimonies: the ruins of memory*. New Haven, CT: Yale University Press.

Linehan, M. M. (1993). *Cognitive-behavioral treatment of borderline personality disorder*. New York: Guilford Press.

Meichenbaum, D. (2012). *Roadmap to resilience: a guide for military, trauma victims and their families*. Clearwater, FL: Institute Press.

Ogden, P. & Fisher, J. (2015). *Sensorimotor Psychotherapy: interventions for trauma and attachment*. New York: W.W. Norton.

Porges, S. W. (2005). The role of social engagement in attachment and bonding: a phylogenetic perspective. In Carter, C.S. et al. *Attachment and bonding: a new synthesis*. Cambridge, MA: MIT Press.

Schore, A.N. (2001). The effects of early relational trauma on right brain development, affect regulation, & infant mental health. *Infant Mental Health Journal*, 22, 201 – 269.

Schwartz, R. (2001). *Introduction to the internal family systems model*. Oak Park, IL: Trailheads Publications.

Steele, K., van der Hart, O., & Nijenhuis, E.R.S. (2005). Phase-oriented treatment of structural dissociation in complex traumatization: overcoming trauma-related phobias. *Journal of Trauma and Dissociation*, 6(3), 11 – 53.

Van der Hart, O., Nijenhuis, E.R.S., & Steele, K. (2006). *The haunted self: structural dissociation and the treatment of chronic traumatization*. New York: W.W. Norton.

Van der Kolk, B.A. (2014). *The body keeps the score: brain, mind and body in the healing of trauma*. New York: Viking Press.

Zanarini, M.C., Frankenberg, F.R., Dubo, E.D., Sickel, A.E., Trikha, A., Levin, A., & Reynolds, V. (1998). Axis I co-morbidity of Borderline Personality Disorder. *American Journal of Psychiatry*, 155, 1733 – 1739.

5장

Creswell, J.D., Way, B.M., Eisenberger, N.I., & Lieberman, M.D. (2007). Neural correlates of dispositional mindfulness during affect labeling. *Psychosomatic Medicine*, 69, 560 – 565.

Gazzaniga, M. S. (1985). *The social brain: discovering the networks of the mind*. New York: Basic Books.

Hanson, R. (2014). *Hardwiring happiness: the new brain science of contentment, calm, and confidence*. New York: Harmony Publications.

Jimenez, J.R. (1967). I am not I. *Lorca and Jimenez*. R. Bly, Ed. Boston: Beacon Press.

Levine, P. (2015). *Trauma and memory: brain and body in search of the living past*. *Berkeley*, CA: North Atlantic Books.

Linehan, M. M. (1993). *Cognitive-behavioral treatment of borderline personality disorder*. New York: Guilford Press.

Meichenbaum, D. (2012). *Roadmap to resilience: a guide for military, trauma victims and their families*. Clearwater, FL: Institute Press.

Ogden, P. & Fisher, J. (2015). *Sensorimotor Psychotherapy: interventions for trauma and attachment*. New York: W.W. Norton.

Ogden, P., Minton, K., & Pain, C. (2006). *Trauma and the body: a sensorimotor approach to psychotherapy*. New York: W.W. Norton.

Phillips, M. & Frederick, C. (1995). *Healing the divided self: clinical and Ericksonian hypnotherapy for post-traumatic and dissociative conditions*: New York: W.W. Norton.

Santorelli, S. (2014). Practice: befriending self. *Mindful*, Feb. 2014.

Schwartz, R. (1995). *Internal family systems therapy*. New York: Guilford Press.

Schwartz, R. (2001). *Introduction to the internal family systems model*. Oak Park, IL: Trailheads Publications.

Shapiro, F. (2001). *Eye movement desensitization and reprocessing: basic principles, protocols, and procedures*, 2nd edition. New York: Guilford Press.

Siegel, D.J. (1999). *The developing mind: toward a neurobiology of interpersonal experience*. New York: Guilford Press.

Van der Hart, O., Nijenhuis, E.R.S., & Steele, K. (2006). *The haunted self: structural dissociation and the treatment of chronic traumatization*. New York: W.W. Norton.

6장

Beebe, B. et al. (2009). The origins of 12-month attachment: a microanalysis of

4-month mother–infant interaction. *Attachment & Human Development,* 12(1 – 2), 1 – 135.

Benjamin, J. (1994). What angel would hear me? The erotics of transference. *Psychoanalytic Inquiry,* 14(4), 535 – 557.

Grigsby, J. & Stevens, D. (2002). Memory, human dynamics and relationships. *Psychiatry,* 65(1), 13 – 34.

Liotti, G. (2011). Attachment disorganization and the controlling strategies: an illustration of the contributions of attachment theory to developmental psychopathology and to psychotherapy integration. *Journal of Psychotherapy Integration,* 21(3), 232 – 252.

Lyons–Ruth, K. et al. (2006). From infant attachment disorganization to adult dissociation: relational adaptations or traumatic experiences? *Psychiatric Clinics of North America,* 29(1).

Main, M. & Hesse, E. (1990). Parent's unresolved traumatic experiences are related to infant disorganised attachment status. In Greenberg, M. et al., *Attachment in preschool years: theory, research and intervention.* Chicago: University of Chicago Press.

Ogden, P., Minton, K., & Pain, C. (2006). *Trauma and the body: a sensorimotor approach to psychotherapy.* New York: W.W. Norton.

Schore, A.N. (2003). *Affect dysregulation and disorders of the self.* New York: W.W. Norton.

Schore, A.N. (2001a). The effects of early relational trauma on right brain development, affect regulation, & infant mental health. *Infant Mental Health Journal,* 22, 201 – 269.

Schore, A.N. (2001b). The right brain as the neurobiological substratum of Freud's dynamic unconscious. In D. Scharff & J. Scharff (Eds.). *Freud at the millennium: the evolution and application of psychoanalysis.* New York: Other Press.

Siegel, D.J. (1999). *The developing mind: toward a neurobiology of interpersonal experience.* New York: Guilford Press.

Solomon, M. (2011). *The trauma that has no name: early attachment issues.* Presentation at the Psychotherapy Networker Symposium, Washington, D.C., March 2011.

Tronick E. (2007). *The neurobehavioral and social-emotional development of infants and children.* New York: W.W. Norton.

Van der Hart, O., Nijenhuis, E.R.S., & Steele, K. (2006). *The haunted self: structural dissociation and the treatment of chronic traumatization.* New York: W.W. Norton.

7장

Faris, P., Hofbauer, R., Daughters, R., Vandenlangenberg, E., Iversen, L., Goodale, R., Maxwell, R., Eckert, E., & Hartman, B. (2008). De-stabilization of the positive vago-vagal reflex in bulimia nervosa. *Physiology & Behavior*, 94(1), 136 – 153. DOI: 10.1016/j.physbeh.2007.11.036.

Fisher, J. (2015). *The trauma-informed stabilization treatment model.* Two-day workshop. Toronto, Canada: Leading Edge Seminars.

Herman, J. L. (1992). *Trauma and recovery.* New York: Basic Books.

Khoury, L., Tang, Y.L., Beck, B., Kubells, J. F., & Ressler, K.J. (2010). Substance use, childhood traumatic experience, and posttraumatic stress disorder in an urban civilian population. *Depress Anxiety*, 27(12), 1077 – 1086.

Krysinska, K. & Lester, D. (2010). Post-traumatic stress disorder and suicide risk: a systematic review. *Archives of Suicide Research*, 14(1), 1 – 23.

Linehan, M. M. (1993). *Cognitive-behavioral treatment of borderline personality disorder.* New York: Guilford Press.

Liotti, G. (2011). Attachment disorganization and the controlling strategies: an illustration of the contributions of attachment theory to developmental psychopathology and to psychotherapy integration. *Journal of Psychotherapy Integration*, 21(3), 232 – 252.

Miller, D. (1994). *Women who hurt themselves: a book of hope and understanding.* New York: Basic Books.

Min, M., Farkas, K., Minnes, S., & Singer, L.T. (2007). Impact of childhood abuse and neglect on substance abuse and psychological distress in adulthood. *Journal of Traumatic Stress*, 20(5), 833 – 844.

Najavits, L. M. (2002). *Seeking safety: a treatment manual for PTSD and substance abuse.* New York: Guilford Press.

Ogden, P. & Fisher, J. (2015). *Sensorimotor Psychotherapy: interventions for trauma and attachment.* New York: W.W. Norton.

Schwartz, R. (2001). *Introduction to the internal family systems model.* Oak Park, IL: Trailhead Publications.

Teicher, M.H. et al. (2002). Developmental neurobiology of childhood stress and trauma. *Psychiatric Clinics of North America*, 25(2), 397 – 426.

8장

American Psychiatric Association (2000). *Diagnostic and statistical handbook of mental disorders-TR.* Washington, D.C.: American Psychiatric Association.

Brand, B.L., Lanius, R. Loewenstein, R.J., Vermetten, E., & Spiegel, D. (2012). Where are we going? An update on assessment, treatment, and neurobiological research in dissociative disorders as we move towards the DSM-5. *Journal of Trauma & Dissociation,* 13, 9–31.

Brand, B.L., Sar, V., Stavropoulos, P., Kruger, C., Korzekwa, M., Martinez-Taboas, A., & Middleton, W. (2016). Separating fact from fiction: an empirical examination of six myths about dissociative identity disorder. *Harvard Review of Psychiatry,* 24(4), 257–270.

Briere, J., Elliott, D.M., Harris, K., & Cotman, A. (1995). Trauma Symptom Inventory: psychometrics and association with childhood and adult trauma in clinical samples. *Journal of Interpersonal Violence,* 10, 387–401.

Carlson, E.B., Putnam, F.W., Ross, C.A., & Torem, M. (1993). Validity of the Dissociative Experiences Scale in screening for multiple personality disorder: a multicenter study. *American Journal of Psychiatry,* 150, 1030–1036.

Dorahy, M.J., Shannon, C., Seager, L., Corr, M., Stewart, K., Hanna, D., Mulholland, C., & Middleton, W. (2009). Auditory hallucinations in dissociative identity disorder and schizophrenia with and without a childhood trauma history. *Journal of Nervous and Mental Disease,* 197, 892–898.

Gazzaniga, M. S. (1985). *The social brain: discovering the networks of the mind.* New York: Basic Books.

Gazzaniga, M. S. (2015). *Tales from both sides of the brain: a life of neuroscience.* New York: Harper-Collins.

Korzekwa, M., Dell, P.F., Links, P.S., Thabane, L., & Fougere, P. (2009). Dissociation in borderline personality disorder: a detailed look. *Journal of Trauma and Dissociation,* 10(3), 346–367.

LeDoux, J. (2002). *The synaptic self: how our brains become who we are.* New York: Guilford Press.

Lyons-Ruth, K. et al. (2006). From infant attachment disorganization to adult dissociation: relational adaptations or traumatic experiences? *Psychiatric Clinics of North America,* 29(1).

Ogden, P. & Fisher, J. (2015). *Sensorimotor Psychotherapy: interventions for trauma and attachment.* New York: W.W. Norton.

Ogden, P., Minton, K. & Pain, C. (2006). *Trauma and the body: a sensorimotor approach to psychotherapy.* New York: W.W. Norton.

Reinders, A.T.T.S., Nijenhuis, E.R.S., Quak, J., Korp, J., Haaksma, J. Paans, M.J., Willemsen, A.T.M., & den Boer, J.A. (2006). Psychobiological characteristics of dissociative identity disorder: a symptom provocation study. *Biological Psychiatry*, 60, 730–740.

Schwartz, R. (2001). *Introduction to the internal family systems model*. Oak Park, IL: Trailheads Publications.

Steinberg M. (1994). *The structured clinical interview for DSM-IV dissociative disordersrevised (SCID-D)*. Washington, D.C.: American Psychiatric Press.

Steinberg, M. (2013). In-depth: understanding dissociative disorders. *Psych Central*. Retrieved on September 13, 2015 from http://psychcentral.com/lib/in-depth-understanding-dissociative-disorders/.

Zanarini, M.C., Frankenberg, F.R., Dubo, E.D., Sickel, A.E., Trikha, A., Levin, A., & Reynolds, V. (1998). Axis I co-morbidity of borderline personality disorder. *American Journal of Psychiatry*, 155, 1733–1739.

9장

Epstein, M. (1995). *Thoughts without a thinker: psychotherapy from a Buddhist perspective*. New York: Basic Books.

Fogel, A. & Garvey, A. (2007). *Alive communication. Infant Behavior and Development*, 30, 251–257.

Gilbert, P. & Andrews, B. (1998). *Shame: interpersonal behaviour, pychopathology & culture*. New York: Oxford University Press.

Herman, J.L. (1992). *Trauma and recovery*. New York: Basic Books.

Hughes, D. (2007). *Attachment-focused family therapy*. New York: W.W. Norton.

Kurtz, R. (1990). *Body-centered psychotherapy: the Hakomi method*. Updated edition. Mendocino, CA: Life Rhythm.

Ogden, P. & Fisher, J. (2015). *Sensorimotor Psychotherapy: interventions for trauma and attachment*. New York: W.W. Norton.

Ogden, P., Minton, K., & Pain, C. (2006). *Trauma and the body: a sensorimotor approach to psychotherapy*. New York: W.W. Norton.

Porges, S. W. (2011). *The polyvagal theory: neurophysiological foundations of emotions, attachment, communication, and self-regulation*. New York: W.W. Norton.

Schwartz, J. & Begley, S. (2002). *The mind and the brain: neuralplasticity and the power of mental force*. New York: Harper-Collins.

Schwartz, R. (2001). *Introduction to the internal family systems model*. Oak Park, IL: Trailhead Publications.

Van der Kolk, B.A. (2014). *The body keeps the score: brain, mind and body in the healing of trauma*. New York: Viking Press.

10장

Hanson, R. (2014). *Hardwiring happiness: the new brain science of contentment, calm, and confidence*. New York: Harmony Publications.

Kim, S., Fonagy, P., Allen, J., Martinez, S., Iyengar, U., & Strathearn, L. (2014). Mothers who are securely attached in pregnancy show more attuned infant mirroring 7 months postpartum. *Infant Behavior and Development*, 37(4), 491–504.

Kurtz, R. (1990). *Body-centered psychotherapy: the Hakomi method*. Updated edition. Mendocino, CA: Life Rhythm.

Ogden, P. & Fisher, J. (2015). *Sensorimotor Psychotherapy: interventions for trauma and attachment*. New York: W.W. Norton.

Ogden, P., Minton, K., & Pain, C. (2006). *Trauma and the body: a sensorimotor approach to psychotherapy*. New York: W.W. Norton.

11장

Friedman, W.J. (2012). Resonance: welcoming you in me—a core therapeutic competency. *Undivided, the Online Journal of Unduality and Psychology*, 1(3).

L'Engle, M. (1972). *A circle of quiet*. New York: Harper Collins.

Ogden, P. & Fisher, J. (2015). *Sensorimotor Psychotherapy: interventions for trauma and attachment*. New York: W.W. Norton.

Roisman, G. I., Padron, E., Sroufe, L.A., & Egeland, B. (2002). Earned-secure attachment status in retrospect and prospect. *Child Development*, 73(4), 1204–1219.

Schore, A. N. (2001). Neurobiology, developmental psychology, and psychoanalysis: convergent findings on the subject of projective identification. In Edwards, J. (Ed.). *Being alive: building on the work of Anne Alvarez*. New York: Brunner-Routledge.

Siegel, D. J. (2010a). *The neurobiology of 'we.'* Keynote address, Psychotherapy Networker Symposium, Washington, D.C., March 2010.

Siegel, D. J. (2010b). *The mindful therapist: a clinician's guide to mindsight and neural integration*. New York: W.W. Norton.